文化创意产业系列丛书

WENHUA SHICHANGXUE

文化市场学

（第二版）

李怀亮　金雪涛 ◎ 主编

首都经济贸易大学出版社
Capital University of Economics and Business Press
·北京·

图书在版编目(CIP)数据

文化市场学/李怀亮,金雪涛主编. —2 版. —北京:首都经济贸易大学出版社,2016.3

(文化创意产业系列丛书)

ISBN 978-7-5638-2354-3

Ⅰ.①文… Ⅱ.①李… ②金… Ⅲ.①文化市场—高等学校—教材 Ⅳ.①G114

中国版本图书馆 CIP 数据核字(2015)第 078970 号

文化市场学(第二版)

李怀亮　金雪涛　主编

出版发行	首都经济贸易大学出版社
地　　址	北京市朝阳区红庙(邮编 100026)
电　　话	(010)65976483　65065761　65071505(传真)
网　　址	http://www.sjmcb.com
E-mail	publish@cueb.edu.cn
经　　销	全国新华书店
照　　排	北京砚祥志远激光照排技术有限公司
印　　刷	北京九州迅驰传媒文化有限公司
开　　本	710 毫米×1000 毫米　1/16
字　　数	356 千字
印　　张	20.25
版　　次	2011 年 1 月第 1 版　**2016 年 3 月第 2 版**　2022 年 1 月总第 7 次印刷
书　　号	ISBN 978-7-5638-2354-3
定　　价	34.00 元

图书印装若有质量问题,本社负责调换

版权所有　侵权必究

目 录

1 导论 ·· 1
　1.1 文化市场学的发展 ·· 1
　1.2 我国文化市场学研究的特征 ···································· 7
　1.3 文化市场学的研究内容与方法 ······························ 14
　小结 ·· 19
　思考题 ·· 20
　参考文献 ·· 20

2 文化市场概述 ··· 22
　2.1 文化市场 ·· 22
　2.2 文化产业 ·· 32
　2.3 公益性文化与经营性文化 ···································· 37
　小结 ·· 45
　思考题 ·· 45
　参考文献 ·· 45

3 文化产品的组成与特征 ··· 47
　3.1 文化产品的内涵 ·· 47
　3.2 文化产品的组成 ·· 50
　3.3 文化产品的特征 ·· 71
　小结 ·· 79
　思考题 ·· 79
　参考文献 ·· 80

4 文化市场营销环境 ··· 82
　4.1 文化市场营销的宏观环境 ···································· 82

· 1 ·

4.2　文化市场营销的中观环境 …………………………………… 103
　　4.3　文化市场营销的微观环境 …………………………………… 108
　　小结 ……………………………………………………………………… 115
　　思考题 …………………………………………………………………… 115
　　参考文献 ………………………………………………………………… 115

5　文化市场的消费行为分析 …………………………………………… 117
　　5.1　文化消费行为的影响因素 …………………………………… 118
　　5.2　文化消费行为的特征 ………………………………………… 129
　　5.3　文化消费行为的决策过程 …………………………………… 133
　　5.4　对文化消费行为的引导 ……………………………………… 135
　　小结 ……………………………………………………………………… 140
　　思考题 …………………………………………………………………… 141
　　参考文献 ………………………………………………………………… 141

6　文化市场细分与定位 ………………………………………………… 143
　　6.1　文化市场细分 ………………………………………………… 143
　　6.2　目标市场选择 ………………………………………………… 156
　　6.3　文化市场定位 ………………………………………………… 165
　　小结 ……………………………………………………………………… 172
　　思考题 …………………………………………………………………… 173
　　参考文献 ………………………………………………………………… 173

7　文化市场营销的产品策略 …………………………………………… 175
　　7.1　文化产品整体 ………………………………………………… 175
　　7.2　文化产品的周期策略 ………………………………………… 180
　　7.3　文化产品的创新策略 ………………………………………… 190
　　7.4　文化产品的品牌策略 ………………………………………… 195
　　小结 ……………………………………………………………………… 202
　　思考题 …………………………………………………………………… 203
　　参考文献 ………………………………………………………………… 203

目 录

8 文化市场营销的价格策略 ………………………………… 205
- 8.1 影响文化产品价格的主要因素 ……………………… 205
- 8.2 文化产品的定价决策程序 …………………………… 213
- 8.3 文化产品的定价方法 ………………………………… 214
- 8.4 文化产品的定价策略 ………………………………… 219
- 小结 ……………………………………………………… 227
- 思考题 …………………………………………………… 228
- 参考文献 ………………………………………………… 228

9 文化市场营销的渠道策略 ………………………………… 230
- 9.1 文化产品分销渠道的结构及分销渠道的职能 ……… 230
- 9.2 文化产品分销渠道策略 ……………………………… 237
- 9.3 文化产品分销渠道的关系管理 ……………………… 246
- 小结 ……………………………………………………… 260
- 思考题 …………………………………………………… 260
- 参考文献 ………………………………………………… 261

10 文化市场营销的促销策略 ………………………………… 262
- 10.1 文化产品的促销与促销组合 ………………………… 262
- 10.2 文化产品促销组合结构 ……………………………… 272
- 10.3 文化产品的整合营销传播 …………………………… 301
- 小结 ……………………………………………………… 315
- 思考题 …………………………………………………… 316
- 参考文献 ………………………………………………… 316

后 记 …………………………………………………………… 318

1 导 论

1.1 文化市场学的发展

1.1.1 市场学发展概述

"市场学"又称"市场营销学",英文为"Marketing",它是从企业角度出发,以实现企业产品的社会价值为目的,研究与实现交换有关的需求、市场、环境、战略与策略等方面问题的一门专门学科,涉及企业对产品的构想、定价、分销和促销,直至实现交换的全过程,涵盖营销管理者在交换过程中面临的所有基本问题,并为他们提供分析问题、解决问题的基本构架。市场学综合运用经济学、管理学、心理学、社会学、法学、行为学、传播学、统计学以及哲学、数学等学科的研究方法,借鉴这些学科的精华,完善自身的研究构架,丰富自己的研究内容,是一门综合性很强的学科。从性质上来看,市场营销学属于管理类学科,但由于它涉及学科广泛,因而具有综合性、广泛性、全程性和实践性等学科特点。

由于分析问题的出发点不同和角度不一样,不同国家及不同学者对于市场营销的概念有着不同的定义。美国市场营销协会(American Marketing Association,AMA)1983年把市场营销定义为:"市场营销是计划和执行关于商品、服务和创意提供、定价、分销、促销,以创造符合个人和组织目标的交换的一种过程"[1]。

美国学者麦卡锡认为:"市场营销应该从顾客开始,而不应该从生产过程开始。应该由市场营销而不是由生产来决定将要生产什么产品,诸如产品开发、设计、包装的策略,各种价格的制定,赊销及收账的策略,产品的销售地点以及如何做广告和如何推销等问题,都应该由市场营销来决定,但并不意味着市场营销应该把传统的生产、簿记、财务都接管过来,而只是说市场营销为这些活动提供指导"[2]。

---

[1] 朱李明,高云龙.市场营销学教程[M].北京:社会科学文献出版社,2007.
[2] 朱李明,高云龙.市场营销学教程[M].北京:社会科学文献出版社,2007.

著名的营销学者菲利普·科特勒认为:"市场营销是个人和集体通过创造并同他人交换产品和价值以满足需求和欲望的一种社会管理过程"。从科特勒的定义中可以看出,他对市场营销是基于微观的角度作出定义的。市场营销的主体大部分是企业、组织和个人,他们都以追求最大限度的自身利益为最终目标。这促使他们"通过市场调研以全面掌握消费者需求的现状及其变化趋势",从而开发和生产满足市场上消费者需求的产品或服务,并把这些产品或服务以需求者满意的方式与其进行交换,从而实现产品的价值以及自身的利益。

市场营销是社会生产力发展、人类社会不断进步、市场经济不断完善的产物,其目的是通过满足对方需求来实现产品或服务的价值,从而实现自身的利益。市场营销不仅取决于微观主体(企业和营销者)的组织和管理,同样还取决于微观市场以及宏观的经济环境。麦卡锡认为:"市场营销既是各个组织所从事的一系列活动,又是一种社会过程。也就是说,既有微观的市场营销,又有宏观的市场营销。""微观的市场营销是一个企业或组织所进行的这些活动:通过预测顾客和委托人的需要,引导满足需要的货物和劳务从生产者流向顾客和委托人,以实现企业或组织的目标。而宏观市场营销所要强调的,则是社会系统为了实现资源的有效利用和产品的合理分配所要完成的进程"[①]。

可见,微观的市场营销主要是从企业和组织的角度分析,目的是为了实现交换。而宏观的市场营销是以社会为出发点,从协调企业行为以及与社会利益之间关系的角度来定义市场营销。在发达的市场经济社会,任何组织或个人,都要将自己的经济活动融入社会,这样才能实现商品的交换。而市场营销正是通过市场调研,掌握宏观经济环境以及消费者需求,从而不断地完善产品和服务,以适应社会生产和消费者的需求,实现营销者的利润。

1.1.2 市场学的发展阶段

市场学作为一门综合性很强的学科,于 19 世纪末诞生于美国,其产生和发展的历程大致分为三个阶段:产生阶段、形成和发展阶段以及完善阶段。

1.1.2.1 市场学的产生阶段

19 世纪末是市场学的产生阶段,但人们普遍认为市场营销的萌芽出现在 19 世

---

① 朱李明,高云龙.市场营销学教程[M].社会科学文献出版社,2007.

纪中期。工业革命的出现促进了制造业的发展，解放了生产力，西方资本主义社会生产也在这一时期有了很大的进步。从1879年开始，美国制造业的发展速度惊人，制造业的从业人员不断增加，产量也不断提高。直到1929年，美国的制造业从业人员几乎增加了一倍，产出量也翻了一番。产量的增加，提高了产品的供给量，使得原来"稀缺"的产品变得不再"稀缺"，商品市场竞争日益激烈。从这个时候开始，企业开始注重产品的销售问题，它们开始对市场进行研究和分析、建立市场定位、确定产品价格、雇佣专门的人员进行推销，并且采取了售后服务的措施。通过实施这些手段和策略，企业大大提高了自身的竞争力，使自己在市场上处于优势地位。同时，一些企业也开始意识到广告对于产品宣传的重要性，争先在广播上做广告，促进了广告市场的发展。

市场环境的变化为从事理论研究的学者们提供了新的课题。但早期学者们并没有从整体出发对市场学进行分析研究，而是从各个分支如分配学、销售学、广告学等方面开始。这种现象也体现在各个学校的市场学研究学者彼此之间相互独立，对于课程的名称没有统一的称呼，彼此之间也很少交流。1902年密歇根大学开设了一门叫做"美国产业的分配与规则"的课程，主要对美国产业中企业的分配行为以及法律法规进行研究；1906年俄亥俄大学开设了"产品分配"课程，同样从产品的贸易和销售入手研究产品的分配问题；到1910年，这些独立研究市场学的学者们认为需要一个名词来概括他们研究并且教授的有关市场学的课程，于是，当年美国威斯康星大学教授卡尔夫·斯达·巴特勒率先提出了市场营销的概念；1912年，阿克·肖提出了以市场为导向的市场营销概念，也因为这个概念的提出，阿克·肖被誉为市场学之父；同年，哈佛大学教授赫杰特齐第一次以"市场营销学"命名出版了研究市场销售和产品分配的教科书；1915年，阿克·肖出版了市场营销专著《关于市场分销的若干问题》，强调了以市场为导向的市场营销观念；1916年，韦尔德编写出版了第一部论述具体产品市场营销的著作《农产品的市场营销》；1920年，彻林顿撰写了《市场营销基础》一书，更为系统地论述了市场营销的基本理论。从此，市场学的概念不断被强化。在实践中，1923年美国人A.C.丹尔逊创建了专业的市场调查公司，建立营销信息系统的工作就成为市场营销活动的重要组成部分。

应当指出的是，市场营销的产生阶段，学者们对于市场营销的研究以生产为基础，主要侧重与产品的分销和广告宣传。虽然阿克·肖一直强调以市场为导向的市场学，但是这一营销观念并没有得到一些部门大企业的认同和运用。

1.1.2.2 市场学的形成和发展阶段

虽然在19世纪中期,市场学的概念就已经被一些学者所确立,并且提出了一些相关的理论,但是由于当时市场资源还是稀缺的,商品处于供不应求的状态,企业虽然已经开始注重产品的销售问题,但是仍然没有提高对于以市场为导向的市场营销实践的认识。随着工业革命的继续推进,不断为市场带来新的生机,西方资本主义制造业的发展更加迅猛。制造业的快速增长已经超出了人口的增长速度;制造业商品的供给逐渐地超过了人们的需求,"产能过剩"的现象在各个国家日益体现。1929年,西方世界爆发了大规模的经济危机,大量的制造业商品堆积在仓库中无法售出,制造业企业破产、工人失业,整个社会进入了萧条阶段。这场经济危机导致资本主义国家损失了2 600多亿美元。在大萧条时期,各资本主义国家的工业生产下降了37%,世界贸易额减少了2/3。在沉重的市场压力下,为了摆脱困境,各企业不得不在想方设法解决积压产品销售的同时,在市场上寻求新的出路,各企业纷纷成立了专门的研究机构对市场以及市场营销进行研究。

企业对于市场营销的重视促进了市场学的发展。1926年,美国成立了"全美市场营销和广告学教师协会";1931年该组织改组为"市场营销协会"(American Marketing Association,AMA),该学会从1934年开始出版《美国营销杂志》,第二年改为《全国市场营销评论》;1936年,市场营销学会改组成为包括学术界和企业界双方共同参与的组织,这一改组标志着市场营销已经成为企业和学术界双方重视和参与的社会化活动以及学术研究方向。

企业对市场营销的重视促进了市场营销活动的发展,同时也推动了有关市场学的理论研究。从19世纪20年代开始,有关市场学的文章和著作不断发表和出版,而且有关市场学的研究也由原来的分支推动变为从整体出发、系统地分析。越来越多的学者开始重视以市场为导向的市场学,同时也开始注重市场营销理论框架的构建,其中的代表是梅纳德、贝克曼和韦德勒三人合著的《市场营销学原理》。这本书比较详细地阐述了市场营销的内涵和实践,对企业营销活动有很好的指导意义。

自20世纪20年代第一家广播电台成立之后,广播媒体对人们的生活发生了重大影响,这也促使尼尔逊采用他的统计方法计算出收听广播媒体的观众总数。尼尔逊在30年代末,根据不同年龄、性别、家庭状况对访问对象进行交叉分析,使得不同消费者对问题回答的差异性显现出来。

虽然,这一时期市场营销理论已经基本形成了一定的框架体系,但是这一时期学者对市场学的研究还是更注重企业的销售和推销层面,对企业的营销观念和营销实践还没有成熟的认识。从20世纪50年代开始,市场学才逐渐走向成熟。

1.1.2.3　市场学的完善阶段

第二次世界大战解决了社会上"产能过剩"的问题。在战争中,大量的产品被耗费,同时一批新的科技得以应用,新的产品被生产出来、新的能源得到开发。战争中,大量的基础设施被摧毁,在战争结束以后,社会迫切需要重建新的社会。这就推动了原来用于战争中的新产品、新能源和新技术由军用转向民用,大大地提高了社会生产力水平,经济也得到了迅猛的发展。经济的快速发展,促使市场形式发生了重大的改变:一方面是新的技术投入市场,提高了生产力;新的产品投入市场提高了产品的种类;消费者拥有更多的选择权,形成了买方主导的市场环境。另一方面是西方政府吸取了经济危机的教训,采取了"三高一短"(高工资、高福利、高消费,缩短工作时间)的措施提高了工人的收入,增加了休闲时间,大大提高了居民的购买力和购买欲望。需求以及购买力的提高,使得消费者对于生产商生产的产品有了更高的要求,选择的标准越来越严格。在这样的情况下,原来的营销理论和方法已经不能适应逐渐改变的市场,企业不得不改变原有的销售策略,以满足消费者的需求。企业在寻求新的营销策略的过程中提高了自身的竞争力,同时也推动了市场营销理论和实践的发展。

首先,企业不再仅仅关注产品的宣传和销售,而是把目光聚集到发现和研究市场的潜在需求上,并开始研究企业如何以市场需求为导向进行生产和经营活动,制定系统的市场营销策略,组织全面的市场营销活动。一些跨国公司和企业集团在实践中创造出了一整套市场营销的策略和技术,为理论研究奠定了基础。

其次,市场学的理论和实践逐渐成为世界各国企业和学术界共同关注的问题,并且出现了很多研究市场学的学者。20世纪50年代市场学开始在欧洲传播;60年代市场学进入前苏联和日本,并且在日本被日本企业家灵活运用,其研究也有了新成果;70年代以后,市场学理论进入中国和东南亚地区,但是在此之前,中国港、澳、台地区已经出现了有关市场学的研究和实践应用;在中国内地,最早开设市场营销课程的是广州暨南大学,其目的是为了满足港、澳、台地区学生和华人、华侨孩子的教育需要。之后,北京和上海也开设了类似的课程。市场学在向全世界广泛传播和应用的过程中,各个国家的企业和学校在应用和研究市场学的同时,将自己国家和地区的文化和市场环境融入其中,不仅增强了市场学在该地区的适应性和应用性,也为进一步完善市场学理论提供了支持。

再次,市场营销学在此期间也越来越丰富,对于市场营销的规律、概念、原理和实践的研究越来越多,市场营销研究的领域也逐渐扩大,市场营销理论体系日趋完善。其主要特征体现在:以市场需求为导向的营销观念基本确立,"以需求为中心"成为市场营销的核心理念;对市场营销的研究已逐渐从对产品的研究、功能的研究和机构的研究转向对管理的研究,使市场营销理论成为企业经营管理决策的重要依据;市场营销的观念和策略已不局限于在企业界应用,而且已经延伸到学校、医院、教会、公安部门、公共机构等非营利组织,成为一种普遍的社会经营理念,即"大营销观念"。

在市场营销学不断完善的过程中涌现出很多优秀的学者,他们的研究使市场学理论更加完善,丰富了市场学理论。1960年,麦卡锡和普利沃特合著出版了《市场营销基础》,第一次将企业的营销要素归纳为四个基本策略的组合,即著名的"4P's"(Product,Price,Place,Promotion,即产品、价格、地点、促销)理论,这一理论取代了此前的各种营销组合理论,成为现代市场营销学的基础理论;1967年,菲利普·科特勒出版了《营销管理——分析、计划与控制》,从企业管理和决策的角度出发,提出了营销环境、市场机会、营销战略计划、购买行为分析、市场细分和目标市场以及营销策略组合等理论,为构建完整的市场学理论体系提供了系统的理论支持,促进了市场学理论的成熟和完善。在这之后,随着市场环境的变化,麦卡锡和科特勒等学者也在不断拓展和完善自己对于市场学理论的研究。菲利普·科特勒在1991年《营销管理》的第七版中增加了"营销计划背景分析"、"竞争者分析"和"服务营销"等内容;在1994年的第八版中论述了"营销近视"的问题,并提出了"通过质量、服务和价值来建立顾客满意度";在1997年的第九版中又论述了营销的新内容——"网上营销",而在2000年出版的"千禧版"中则对网络营销、电子商务等因高科技的推动而发展起来的新的营销方式作了更为全面而深入的分析。网络营销以现代营销理论为基础,借助网络、通信和数字媒体技术实现营销目标,是指组织或个人基于开发便捷的互联网络,对产品和服务所做的一系列经营活动,从而达到满足组织或个人需求的全过程。21世纪是经济持续发展进入高速腾飞的阶段,伴随着网络的普及和信息化程度的提升,整合营销传播应运而生。美国南卡罗莱纳大学教授特伦奇·希姆普认为:"整合营销传播学是制订并执行针对顾客或与未来顾客的各种说服性传播计划的过程。"美国学者舒尔茨·唐列巴姆和劳特伯恩也给出了他们的观察结论:"整合营销传播是一种整体看待事物的新方式,而过去在此我们只看到其中的各个部分,比如广告、销售促进、人员沟通、售点广告、人员沟通等,它是重新编排的信息传播,使它看起来更符合消费者看待信息传播的方式,像一股从无法辨别的源泉流出的信息流。"另外,1872年起源于美国的直复营销也在20世纪80年代以后逐渐得到重视。1872年,蒙哥马利·华尔德创办了美国第一家邮购商店,标志着一种全新的营销方式的产生,但直至20世纪80年代以前,直复营销并不为人重视,甚至被看成是一种不正当的营销方式。美国直复营销协会(DMA)定义为:"直复市场营销是一种互动的营销系统,运用一种或多种广告媒介在任意地点产生可衡量的反应或交易。"

在麦卡锡和科特勒等大批市场营销学者的不断研究以及市场环境的不断变化中,市场学理论和实践不断完善和丰富。

1.2 我国文化市场学研究的特征

1.2.1 我国文化市场的发展

有关文化的经营活动在我国出现较晚。20世纪80年代之前,我国还没有文化产品的经营活动,电视、出版、报社等文化机构也都是以国家计划的形式经营。直到80年代初期我国才出现音乐茶座、业余乐队等表演形式的文化经营活动。随着改革开放的不断深入,商品意识深入人心,文化产品和服务业逐渐地被纳入商品经济的范畴,并且近年来文化产业的产值、就业吸纳量和占GDP的比重逐年增长,我国文化产业的规模不断扩大,文化产业增加值占GDP的比重也稳步提升。2004—2008年间,文化产业增加值的年平均现价增长速度达到22%,高于同期GDP的年平均现价增长速度3.6个百分点。国家统计局2010年5月14日在第六届中国(深圳)国际文化产业博览交易会上发布的相关数据显示,2009年我国文化产业增加值为8 400亿元左右,比2008年现价增长10%,快于同期GDP的现价增长速度3.2个百分点,占同期GDP初步核算数的比重为2.5%左右,比2008年提高0.07

个百分点①。

我国文化产业发展的内在动力源于国家政策、文化需求和新技术等几个方面。

1.2.1.1　从国家政策的推动上来看

1978—1992 年,我国文化产业处于兴起阶段,政府出台了为数不多的主要是针对发展迅速的文化外围行业的政策,政策基调以管制为主。这一阶段文化还没有被赋予"产业"的地位,只是与意识形态关系不密切的个别行业出现了产业化的苗头;1982 年,国务院颁布了《广告管理暂行条例》,以规范广告业的健康发展;1987 年 2 月,文化部、财政部、国家工商行政管理局联合发布了《文化事业单位开展经营活动的暂行办法》,从 20 世纪 80 年代中后期开始,国家分期分批减少对部分文化事业经费的投入,实行"独立核算、自负盈亏、照章纳税、财政不予补贴"的政策,逐步结束了这些单位吃"皇粮"的历史,也极大地催生了广播、电视、报纸等领域中的经营性业务(主要是广告业务和发行业务)的市场化、产业化进程。

1993—2002 年,我国文化产业进入全面扩张阶段,国家开始有意识地运用"产业政策"推动文化产业的发展,政策基调以规范为主。电影发行权、制片权进一步放开,发行放映开始实行"院线制",引进片的发行垄断陆续被打破。1998 年,我国提出在 3 年内取消包括电视台在内的部分事业单位政府财政拨款,明确要求电视台等事业单位在 3 年内全部实行自收自支;1996 年,国务院出台了《国务院关于进一步完善文化经济政策的若干规定》,2000 年,国务院颁布了《关于支持文化事业发展若干经济政策的通知》,这些政策比较系统地制定了鼓励我国文化产业发展的财政、税收和金融政策。与此同时,国家还大力推进文化产业的依法管理工作,《著作权法》《广播电视管理条例》《电影管理条例》《出版管理条例》《音像制品管理条例》《印刷管理条例》等相继出台。2003 年,党的十六届三中全会通过的《完善社会主义市场经济体制若干问题的决定》,使文化产业的战略地位得到了进一步确认。继 2005 年初国务院下发《关于鼓励支持和引导个体私营等非公有制经济发展的若干意见》之后,国务院发布了《关于非公有资本进入文化产业的若干决定》,这使得非公有制资本进入文化产业既有理论依据,也有现实依据和法律依据;2005 年颁布的《关于加强文化产品进口管理的办法》和《关于进一步加强和改进文化产品和服务出口工作的意见》为文化产品和服务进出口工作提供了有力的政策支持,切实

---

① 国家统计局.2009 年我国文化产业继续较快发展[J/OL].新华网,http://news.163.com/10/0514/16/66LL18EU000146BC.html.

保护了知识产权,提高了对外开放水平;《关于文化体制改革试点中支持文化产业发展若干税收政策问题的通知》为文化单位改制提供了政策支持。2007年,党和国家对文化建设予以空前的关注和强调。当年1月23日,胡锦涛主席主持第38次政治局集体学习,主题是世界网络技术发展和我国网络文化建设与管理,提出要加强网络文化建设和管理,充分发挥互联网在中国社会主义文化建设中的重要作用;当年10月底,党的"十七大"报告进一步描绘了社会主义文化建设的基本内容和发展方向,对下一阶段文化建设的任务作出了全面阐述和具体安排。2009年,我国文化产业振兴规划再次明确:"文化产业是市场经济条件下繁荣发展社会主义文化的重要载体,是满足人民群众多样化、多层次、多方面精神文化需求的重要途径,也是推动经济结构调整、转变经济发展方式的重要着力点";同时提出,要从"文化市场主体进一步完善、文化产业结构进一步优化、文化创新能力进一步提升、现代文化市场体系进一步完善和文化产品和服务出口进一步扩大"等五方面的规划目标。

近年来,我国政府对文化产业的重视程度不断加深。2009年,我国出台了第一部文化产业专项规划——《文化产业振兴规划》。该规划提出要建设传输快捷、覆盖广泛的文化传播渠道,并提出要建设文化产业基地、发展新兴的文化业态、促进我国文化产品对外贸易等一系列政策。2010年,我国九部委更是联合出台了《关于金融支持文化产业振兴和发展繁荣的指导意见》。该意见明确了未来开发文化产业特点的信贷产品,加大信贷投放的政策;并提出将不断完善授信模式,加强和改进对文化产业的金融服务;不断完善和建立利率定价机制和信用评级制度和业务考评体系;形成多层次资本市场以扩大文化企业直接融资规模。该政策使我国文化产业公司提供了多元的融资渠道,为今后我国文化产业的发展奠定了良好的融资基础。2012年,我国国务院办公厅印发了《国家"十二五"时期文化改革发展规划纲要》,提出要加强社会主义核心价值体系建设、加快构建公共文化服务体系,加强文化遗产保护传承与利用、加强对外文化交流合作等十二部分,《纲要》的出台为未来我国文化产业的发展指明了方向。随着国际地位的不断提升,我国更加注重文化产业建设和国际话语权建设。2013年,十八届三中全会上提出我国要"建设社会主义文化强国、增强国家文化软实力"。另外,伴随着互联网的发展,新媒体的作用和地位日益提升。2014年,我国国家主席习近平在8月18日的讲话中提出"关于推动传统媒体与新媒体融合发展的指导意见",该意见将推动我国新媒体与传统媒体的协同发展,这将为我国文化产业内部的融合发展奠定基础。

1.2.1.2 从文化需求增长来看

2013年,中国的人均GDP为6 995美元,消费结构的升级成为推动本轮经济增长周期的重要因素。文化消费也不例外。根据国家统计局的数据,1981年农村居民人均文化娱乐教育支出仅10.1元,2013年达512元。2013年我国城乡居民家庭文化娱乐服务消费支出总量为1.038万亿元左右;2006年时,我国城乡居民文化消费支出总量约为5 700亿元,2005年时这一数值为4 900亿元。由此可以看出,近年来我国城乡居民文化消费支出总量增长幅度是相当快的。

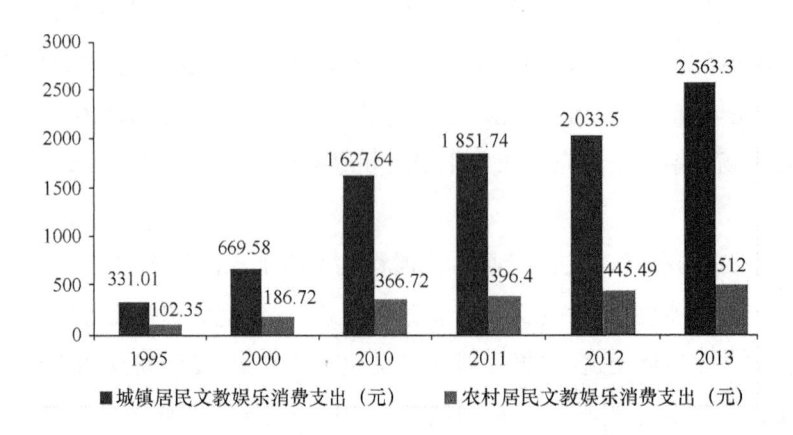

图 1-1 我国居民人均文教娱乐消费情况[①]

2008年,中国人均GDP已经超过了3 000美元,消费结构的升级成为推动本轮经济增长周期的重要因素,文化消费也不例外。以农村居民的文化消费为例,根据国家统计局的数据,1981年农村居民人均文化、娱乐、教育支出仅为10.1元,2008年则达到314.5元。2008年我国城乡居民家庭文化、娱乐服务消费支出总量约为6 931亿元;2006年时,我国城乡居民文化消费支出总量约为5 700亿元;2005年时这一数据为4 900亿元。由此可以看出,近年来我国城乡居民文化消费支出总量增长幅度是相当快的。文化产业的发展空间首先是由文化消费的内需潜力决定的。根据国际经验,一定的人均GDP发展水平与一定的恩格尔系数以及一定的文化消费支出存在相关性。《文化蓝皮书:2004年中国文化产业发展报告》总报告表明,在2003年我国人均GDP达到1 000美元的时候,居民实际文化消费需求大

---

① 数据来源:国家统计局。

大低于国际平均水平,文化产业发展存在"战略性短缺"。《文化蓝皮书:2006 年文化产业发展报告》总报告再次根据 2005 年我国人均 GDP 超过 1 600 美元的现状,得出城乡居民文化消费还不足相同发展水平国家平均值的 1/4 的结论。2008 年发现,在人均 GDP 超过 3 000 美元时,按照国际标准计算,文化消费支出总量应达到 40 000 亿元以上,而我国目前的统计只有不足 7 000 亿元。因此,与相同发展程度的国家相比,我国居民文化消费潜力还远未得到释放。

1.2.1.3 从技术推动上来看

没有先进的科学技术就没有当代的文化产业,文化产业的核心是文化创意,但正如集科学家和艺术家于一身的达·芬奇所说:"艺术借助科技的翅膀才能高飞。"一个好的文化资源,一个优秀的文化创意要转化成文化产品必须借助于相应的技术手段,文化产品的存储、传播等环节一样要使用相关技术,对文化产业各环节的管理也要有技术支持。近年来,数字技术的进步日新月异,始终指向"三网融合"的方向。广电和通讯两大行业的合流动向,代表了中国新兴文化产业发展的大趋势,数字、网络等高新技术大力推动着文化产业的升级。技术进步总是创造出新的生产力和新的消费形式,并以前所未有的生产方式和商业模式支撑新的经济增长点。根据有关研究,从现在开始的 5~10 年时间,由于数字技术走向成熟,文化产业发展将进入第三个长波周期的上升阶段。人们在日常生活中会因新技术的出现而被激发出更多的新需求,而这些需求将与其所对应的供给一起促进文化产业的发展。比如,移动多媒体广播电视、网络广播影视、数字多媒体广播、手机广播电视、移动文化信息服务和数字娱乐产品等电子媒体增值业务,会为各种便携显示终端提供多种类的内容和应用;又如,纸质有声读物、电子书、手机报和网络出版物等也将成为文化产业中新兴的出版发行业态;再如,利用高新技术改造传统娱乐设施和舞台技术,将鼓励文化设备提供商研发新型电影院、数字电影娱乐设备、便携式音响系统、流动演出系统及多功能集成化音响产品。

1.2.2 文化市场学研究的中国特色

随着世界经济的持续发展,物质财富不断积累,人类的消费结构、需求结构正在发生着重大变化,从而推动了经济结构和经济增长方式发生历史性的转变。人类正在告别几千年来孜孜以求的物质经济,步入崭新的精神经济时代。文化市场与物质商品市场相比较,更多的是以脑力劳动和精神服务为交换对象,具有意识形态和商品的两重属性。我国的文化市场是社会主义的文化市场,既是社会主义市场体系的重要组成部分,又是社会主义精神文明建设的重要阵地。

市场营销学是在20世纪70年代初期被引进中国的。准确地说,这一概念首先进入中国的台、港、澳地区,然后才进入中国内地,直至1978年市场营销学才开始被正式引入。文化市场营销的概念,在世界范围内最早出现于1967年。科特勒在其《营销管理》一书中指出,像博物馆、音乐厅、公共图书馆或者大学这样的文化机构生产了文化产品,它们不得不在吸引消费者的注意力和自己所共享的国家资源两个方面展开竞争。从这个时候开始,确定了文化市场也同样需要市场营销理论的支持。

近年来,伴随我国文化产业的发展,在人们精神生活日益多元化的形势下,文化企业如何生产出满足消费者需求的文化产品?在文化市场竞争日趋激烈的境遇下,文化企业如何增强自身的实力并扩大市场份额?市场营销学已经是一门较为成熟的学科,但由于文化市场有其特殊性,所以需要在一般市场营销理论的基础上,构建具有文化产业及其微观经济主体特征的经营管理分析框架。目前,我国文化市场学研究正在逐渐体现出以下特征。

1.2.2.1 文化市场营销的分析理论日益成熟,为市场营销行为提供理论支持

文化市场营销学是一个实践性强、综合性高、跨多学科的新的分析研究领域。随着文化企业竞争和市场开拓的逐步发展,一些专业的分析者开始出现,如1996年成立的央视—索福瑞媒介分析公司(CSM),它是由中国央视调查咨询中心与法国索福瑞集团合作成立的合资公司,拥有目前世界上最为庞大的电视观众调查网。再如,慧聪媒体分析中心是一家以报刊媒体广告监测和分析、市场调研为主的市场资讯服务公司,目前拥有中国规模最大的报刊广告数据库、报刊资料库,提供报刊广告数据、分析报告、报刊广告报价和报刊基本资料的查询和定制①。另外,一些大型的文化企业也设有自己的分析机构。尽管这些商业性分析机构目前还处于初创期,还有许多亟须解决的问题,但是,他们的分析为文化市场营销提供了更具操作性的思路。此外,他们所进行的文化市场数据监测活动,为其他分析者提供了量

---

① 马文·哈里斯.文化·人·自然——普通人类学导引[M].顾建光,高云霞,译.杭州:浙江人民出版社,1992.

化的材料,并且建立起了基本的数据库,为进一步的分析奠定了基础。总之,经过20多年的发展,中国文化市场营销的分析者已经由单纯的文化企业经营者演变成为包括高等院校文化管理院系、文化企业经营发展部、文化产业咨询公司、文化市场调查公司以及广告公司等在内的多种复合型分析者结构。

1.2.2.2 文化市场营销分析针对性更强,营销战略的制定也更加有目的性

随着社会生产力的进步,文化产业迅速发展,逐步从卖方市场转变为买方市场,文化市场营销活动也逐步向消费者的需求靠拢,从原先单一的营销方式(如印刷、发行和广告)逐步转变成今天的对多种经营、文化企业机制、文化市场、收视率指标系统、公关活动和经营战略等的分析,文化市场营销的分析对象被大大拓展了。这种分析对象不断被细化的趋势显示了文化市场的日益复杂化,也是文化市场营销实践对分析者要求不断提高的表现。这主要是由于随着文化行业竞争的日益加剧,文化市场的风险加大了,科学系统地对文化市场进行研究分析,文化企业才能在市场中趋利避害。

1.2.2.3 文化市场营销分析的手段和方法更加多样化、理性化

文化市场营销分析的手段和方法多种多样,最初主要以定性分析为主,即只是对文化企业经营经验的介绍和归纳,通过对某一现象的描述提出自己的想法和可行的做法。这种分析对于中国文化市场初创时期的运作提供了较强的操作性参照框架,对于普及成功的文化市场运作经验起到了很好的促进作用。随着文化市场竞争者的增加,文化企业逐渐从产品经济时代进入市场经济时代,简单的经验模仿已无法满足文化行业竞争制胜的需求,文化市场对文化企业的经营管理活动提出了精确化的要求。因此,在这个领域,越来越多的经营者将目光集中于收视率、读者调查和观众消费趣味调查等方面。

当前,文化市场上企业竞争更加激烈,伴随着市场风险的不断加大,要求研究者对文化市场分析保持良好的动态研究,即对文化市场的任何变动都能及时作出相应的分析和正确的反应,随时了解和掌握文化企业的经营管理活动现状。分析者具备的市场数据资源和产业政策资源以及对数据、政策的分析能力,决定了其分析成果在多大程度上被认可,并被转化为文化产业的现实生产力。在处于转轨经济期的中国文化产业,谁能抓住市场与政策所提供的有效经营空间,谁就能够拥有发展的优先权。因此,不断权衡利弊,在文化市场营销方面逐渐认识到将定性分析

与定量分析相结合的分析方法才是适应市场发展趋势的正确方法。这种建立在产业发展要求基础之上的分析方法的结构性变化同时也是文化企业营销分析体系自身发展规律所要求的。科学化的分析方法无论对于理论的建构，还是对于操作性经营技术的路径设计都将提供源源不断的动力支撑，这对于中国文化企业的良性发展是十分重要的。

1.3 文化市场学的研究内容与方法

明确的研究对象、研究目的和研究方法，是一门科学得以成立的重要前提。文化市场学是随着文化产业化的发展而兴起的一门新型的分支学科，目前尚处于探索之中，还没有形成一个完备的学科体系，不同的切入视角和对象规定使得文化市场学的研究有着不同的内容建构和方法选择。

1.3.1 本书的研究内容与结构

文化市场是文化与经济一体化的产物，它是市场经济在文化领域的延伸，又是文化建设在市场经济中的表现形态，因而，文化市场学的研究首先是和文化经济学紧密联系在一起的。文化市场学作为文化经济学一个环节的深入，与文化经济学具有纵向的关联，无论从哪个角度切入，其研究都是以文化经济学的基本原理为基础的。归纳来看，目前的文化市场学研究基本上有三个相对独立的视角：其一是从产业组织的角度考察文化产业及其子产业的市场结构、行为、绩效以及它们之间的相互影响，并据此探讨文化企业或者产业的发展战略。在这个意义上，可以将文化市场学视为文化产业经济学的一门分支学科。其二是从市场发展的角度聚焦于文化市场资源开发、市场体制改革、市场培育与孵化、市场运行现状监控与分析和市场规则制定等方面的研究。在这个意义上，可以将文化市场学视为文化产业管理学的一门分支学科。其三是从更为注重实践应用的导向出发，分析现代文化市场作为文化经济具体呈现形态的构成体系和运动特征，并在此基础上探讨文化市场营销活动的规律和策略，为文化企业的营销管理服务。

本书的研究对象定位于第三个角度，即以满足文化消费者需求为中心的文化企业市场营销活动过程及其规律。更进一步讲，就是要研究作为文化产品或服务卖主的企业如何在动态的市场上有效地管理其与买主的交换过程和交换关系以及相关市场营销活动的过程。文化营销涉及对文化市场的全面了解，同时它本身也构成文化市场运动的主要过程。

所谓市场，是由一组具有买卖关系的经济实体构成的，这种买卖关系的性质通过买主和卖主的数量规模和双方的交易规则反映出来。市场包含三个主要要素：人，购买欲望，购买力。文化营销抓住这些主要的突破要素，围绕文化消费者要什么（买什么）？文化生产者做什么（有什么）？文化经营者供什么（卖什么）？对如何去要、如何去做从而如何去供作出相应的回答。文化市场营销学作为市场营销学的一门应用学科，诉诸营销理论的指导研究是毋庸置疑的，但也同时更加需要在理论框架内对文化这种特殊商品的营销进行具体分析。这些具体分析成为本书的重点所在，同时也是文化市场学研究的存在依据。基于这些考虑，本书在结构安排上基本因循经典营销学的分析框架，在内容的充实上则侧重于关于文化的营销特性分析。

本书的第一章从市场学发展入手，首先介绍市场营销的概念、内涵以及市场学的发展阶段。接下来，从文化产品的特殊性以及文化产品的需求不断上升的角度分析对文化市场以及文化市场学研究的必要性，并且结合中国文化市场的发展情况，介绍和分析中国文化市场学研究的特征。最后，根据上面两节的内容，介绍文化市场学研究的基本结构、内容和方法，对本书研究的思路、研究的内容和所运用的研究方法作了具体的说明。通过这些介绍让读者对于本书的分析框架有初步的认识，方便读者更好地理解本书的内容。

本书的第二章分为三节。第一节首先介绍文化市场的概念以及内涵，并给出不同国家对于文化市场的不同划分方法；其次，介绍文化市场与一般商品市场相同的几种功能，并通过分析文化市场的特殊性给出文化市场所具有的特殊功能；最后，介绍文化市场的主体，并分析文化市场具有独特的公益性文化经营主体的原因。第二节主要是对文化产业的介绍，其中包括文化产业的定义和内涵，并且介绍文化产业层次构成理论以及各个国家对于文化产业层次的划分标准。第三节对文化市场中存在的公益性文化和经营性文化的概念、主体作具体介绍，分析中国文化事业单位转型的原因和发展阶段。最后，分析公益性文化和经营性文化之间的关系，论述两者并不是完全独立的，而是可以互补、相互促进和相互转化的。在文化市场上，只有公益性文化和经营性文化并存才能更好地促进文化领域协调、健康发展。

本书的第三章从文化产品的内涵入手,阐述了文化产品的商品属性与意识形态的二重属性;前者是其非本质属性,后者是其本质属性。本章说明文化产品是一个由多种产品构成的产品体系,其分类具有多种标准:从行业构成来看,主要有传媒出版产品、广播影视产品、广告产品、动漫产品、演出娱乐产品、文物艺术品、旅游产品、网络文化产品等,这些产品具有各自的特点。文化产品的整个运动过程包括生产、分配、交换和消费四个环节。尽管文化产品种类繁多,但文化产品整体在各个运动环节上却呈现着一些共同的特征。这些共同特征很大程度上是由文化产品的精神特性所决定的,从而进一步使文化产品与一般物质产品区别开来,并成为文化市场营销分析的基本依据。

　　本书的第四章分析文化市场的宏观和微观环境。文化市场宏观营销环境是指对文化企业营销活动造成市场机会和环境威胁的主要社会力量。文化市场宏观营销环境涉及很多因素,大致包括文化企业所处的社会经济发展情况、技术、政治法律、社会文化等。文化市场营销的微观环境要素主要是指对文化企业营销活动过程和结果有直接影响的各种力量,这些要素与文化企业经营的供应链直接发生关联,包括文化企业本身、市场营销渠道机构、文化企业面对的市场、竞争者和社会公众。

　　本书的第五章主要分析文化消费行为特征和文化消费决策。文化产品消费者的决策过程是由一系列活动组成的,包括确认需要、搜集信息、方案评估、决策购买和购后行为五个方面。为引导民众进行积极向上的文化产品消费,政府应优化文化消费环境、健全文化市场的运行机制,扩大文化消费总量,逐步减少地区、城乡之间文化消费的不均衡现象,提升国民文化素养,引导积极的文化消费行为。

　　本书的第六章论述文化目标市场的营销由三个步骤组成:市场细分、目标市场选择和进行市场定位。市场细分必须依据科学的细分变量来进行。文化市场细分变量主要有地理变量、人文变量、心理变量和行为变量四大类。其中人文变量和心理变量是最为重要的两个标准。市场细分有效性的标志主要有可衡量性、可进入性、可盈利性和差异性。从企业自身资源、市场需求、产品特性、产品生命周期以及竞争者等目标市场涵盖策略入手,本章阐述文化目标市场定位的具体操作,包括选择竞争优势、定位战略以及准确有效的传播定位。

　　本书的第七章主要内容是文化市场的产品策略分析。首先介绍文化产品整体的基本概念、构成及其基本特征,进而对文化产品生命周期的测定、影响因素及相关的营销策略进行分析。在此基础上，从文化产品的创新思维与创新决策过程两个方面阐述文化产品的创新策略。最后重点介绍文化产品的品牌策略，包括品牌创建与经营的基本内涵以及在实践应用中的具体策略分析。

本书的第八章介绍文化产品的定价策略。文化产品定价策略是指企业为实现企业的定价目标，根据市场中影响产品价格的不同因素，在制定价格时灵活采取的各种定价手段和定价技巧。定价策略主要包括新产品定价策略、心理定价策略、折扣定价策略、竞争定价策略和阶段定价策略。文化企业应根据产品特点、消费者的消费心理、市场环境及其变化趋势等因素，运用各种定价策略对基本价格进行调整，以利于实现企业的经营目标。

本书的第九章介绍分销渠道的概念和职能，对文化产品分销渠道的结构与流程进行梳理，对影响文化产品分销渠道策略的因素进行剖析，阐述分销渠道设计的过程和步骤，并对文化产品分销渠道的关系管理进行探讨，研究一般情况下选择中间商必须考虑的问题，诸如如何激励中间商、如何处理渠道冲突等。

本书的第十章介绍文化产品的促销和促销组合的概念，阐述文化产品促销的过程及影响文化产品促销组合的因素，剖析文化产品促销组合结构，对广告的特征、广告促销方案的制订、人员推销的功能、人员推销的过程、推销人员的组织管理、销售促进的作用、销售促进的基本策略、公共关系的基本特征和公共关系的基本策略等进行阐述，研究文化产品整合营销传播的概念、文化产品整合营销传播的模型、文化产品整合营销传播的过程等新的营销理论。

需要说明的是，在20世纪60年代，美国学者麦卡锡(Mccarthy)在《基础营销》(Basic Marketing)一书中，提出了以满足消费者需求为目标的4P营销战略理论，即产品(Product)、定价(Price)、渠道(Place)、促销(Promotion)，这成为营销理论的经典，是现代市场营销理论最具划时代意义的变革。随着营销实践的变化，随后的一些学者还提出了注重体现企业与消费者之间交易过程的4C理论和强调企业与顾客在市场变化的动态中应建立稳定互动关系的4R理论。文化营销具有很强的特殊性，但这并不意味着文化市场营销的研究应当全面颠覆这些经典理论，恰恰相反，我们认为，以市场导向为中心的体现或者说侧重消费者购买经历的4P理论为文化市场营销策略的制定提供了一个较为合理的分析框架。传统4P理论是在研究制造业的时候提出来的，当把它应用到文化产业上时，难免会暴露出一定的局限性。为弥补这个不足，在经典理论的引用过程中，我们力图结合文化市场的实践特性进行理论修正和延伸。

1.3.2　文化市场学的研究方法

研究方法的选择直接取决于明确的研究对象和目的。本书的文化市场学定位于文化营销的研究，要按照市场营销学的研究范式来进行，全书的结构体例安排就反映了这一基本要求。作为一门社会科学分支，文化市场营销学是建立在经济学、文化学、社会学、心理学和管理学等学科的基础研究之上的，因而这些学科的相关知识和方法大量渗透到文化市场学的研究中来。譬如经济学对效用、价格机制、竞争结构、一体化经营、差异化生产和商业周期等的分析；文化学对文化意识形态性、文化传播和文化消费特殊性等的分析；心理学对消费动机、顾客关系沟通和营销信息有效传递等的分析；社会学对社会群体行为、市场主体之间的关系博弈和社会文化变迁等的分析；管理学对科学调研方法、职能化流程管理和经营绩效评价等的分析。文化市场学就是按照首先研究文化市场规律，继而探讨文化营销策略这样一条思路主线，把各个学科的相关研究有效地组织起来，形成新的结论。在这个组织过程中，下面四种研究方法比较突出。

1.3.2.1　演绎推理和归纳推理相结合

所谓归纳，就是个别到一般；所谓演绎，就是一般到个别。文化市场学首先借鉴适用于国民经济各个行业的一般营销理论，先验的假设文化市场也符合这个规律，在对文化产业的具体分析中对其予以检验。对于检验通过的结论予以提取，如果结论没有通过，就要继续加深对文化各子市场的分析，从中找出一定的规律性，继续把它作为一个前提结论，再通过演绎分析证伪检验。如此循环，直至得出一个在文化市场层次上相对普适的，也具有一定实践指导意义的认知和见解。

1.3.2.2　实证研究与规范研究相结合

社会科学研究的普遍特征是基于对社会现象的解释，提出一定的建议对策，文化市场学也不例外。文化市场学的基本环节就是从研究文化市场主体、文化产品特征、文化供求、文化交易等范畴出发，实证研究判定文化市场经济活动在生产、流通、消费各个环节的运动规律，即文化市场是如何运行的，文化产品是如何流转的。在这个基础上，基于提高文化资源配置效率，提高文化企业经营管理水平，畅通市场流通运行的要求，还要提出如何开拓和发现市场，如何开发产品、制定价格、建设渠道和制定促销措施等策略对策，即文化市场运行怎样才算合理，文化营销又该如何去做的命题。

1.3.2.3　定性分析与定量分析相结合

文化市场经济活动现象也是质与量的统一,既有对象的本质规定,又有一定的数量体现。定性分析是基础和前提,文化市场学少不了对文化产品属性、文化市场运行特征、消费者购买行为、文化市场环境等进行大量的定性描述和剖析。文化精神文明作为一种复杂的人文现象,在现代市场经济走向社会化大生产的过程中还体现为一种社会行为,这使得其人文社会科学特征鲜明。所以,在全书的论述中,定性分析不可避免地要占用较多的篇幅。定量分析是补充和深入,为提高文化市场学原理更加精准的描述和营销实践的可操作性,在文化新产品的扩散理论、定价理论、市场营销调研、市场需求预测、市场营销控制等问题的论述上,尽量运用数量方法加以分析和说明。

1.3.2.4　案例分析

文化市场营销学是一门实践性很强的学科,单纯依靠理论知识的研究难以达到对文化市场运行规律的完备认识,营销策略制定的可行性、有效性也难以评估。而采用案例分析则可以在一定程度上解决这一问题。文化市场营销案例是指描述某一特定的文化营销活动的内容、情景与过程的一种客观性的材料。文化市场营销案例分析的目的在于:从营销实践中归纳和提炼文化营销理论,运用所得出的文化营销理论,或是从理论的高度审视案例中正确应用营销理论的成功所在,或是从中总结未正确应用营销理论的失败之处,或是分析在改变案例客观环境的假设条件下可能出现的不同结果,由此促进文化市场学研究结论的理论真理性和实践指导性。

小　结

本章从市场学发展入手,首先介绍了市场营销的概念、内涵以及市场学的发展阶段。接下来,从文化产品的特殊性以及文化产品的需求不断上升的角度分析了对文化市场以及文化市场学研究的必要性,并且结合中国文化市场的发展情况,介绍和分析了中国文化市场学研究的特殊性以及实际意义。最后,根据上面两节的内容,介绍了文化市场学研究的基本结构、内容和方法,并对本书研究的思路、研究的内容和所运用的研究方法作了具体的说明。通过这些内容的介绍让读者对本书的分析框架有初步的认识，方便读者更好地理解本书的内容。

思考题

1. 什么是市场营销？市场营销学的发展分为哪几个阶段？
2. 简单解释文化市场营销理论在中国的发展情况以及实际意义。
3. 文化市场学研究的对象和基本内容是什么？
4. 文化市场学研究运用的分析方法是什么？

参考文献

1. 菲利普·科特勒. 营销管理[M]. 10版. 北京：中国人民大学出版社，2001.
2. 朱李明，高云龙. 市场营销学教程[M]. 北京：中国社会科学文献出版社，2007.
3. 文化市场营销策略初探[OL]. http://hi.baidu.com/glgp2/blog/item/，2007-6.
4. 王晨. 文化企业管理[M]. 湖南：湖南文艺出版社，2006.
5. 周本存. 文化与市场营销[M]. 合肥：合肥工业大学出版社，2005：26.
6. 李康化. 文化市场营销学[M]. 上海：上海文艺出版社，2005.
7. 胡惠林，李康化. 文化经济学[M]. 太原：书海出版社，2006.
8. 张杰. 文化产业的双重本质与发展战略[J]. 长江学术，2007(1).
9. 孟昭元. 双重价值取向：文化产业运行的机制创新[J]. 桂海论丛，2006(11).
10. Riley R，C Van Doren. Movies as Tourism Pro-motion：A Push Factor in a Pull Location[J]. Tourism Manage-ment，1992，13：267-274.
11. 菲利普·科特勒. 营销管理——分析、计划和控制[M]. 上海：上海人民出版社，2005.
12. Philip Kotler，Joanne Scheff. 票房营销[M]. 陈庆春，等，译. 北京：中国人民大学出版社，2004.
13. 孙枫林. 中国电子产品开拓国际市场的营销策略研究[J]. 湖南大学学报

(社会科学版),1996(3).

14. 赵浩兴.市场国际化与中国企业的营销创新[J].宁夏社会科学,2003(5).

15. Christopher H Lovelock.服务营销[M].陆雄文,庄莉,译.北京:中国人民大学出版社,2001.

16. Diggles K. Guide to Arts Marketing：The Principles and Practice of Marketing as They Apply to the Arts[M].London：Rhimegold,1980.

17. Finola Kerrigan, Peter Fraser, Mustafa Ozbilgin. Arts Marketing[M].London：Elsevier,2004.

18. Mokwa M P, W M dawson, E A Prieve. Marketing the Arts[M].New York：Praeger,1980.

19. Elizabeth Hill, Catherine O'Sullivan, Terry O'Sullivan. Creative Arts Marketing[M].Scotland：Scotprint Ltd,1995.

20. 胡月明.演出营销[M].北京:中国经济出版社,2003.

2 文化市场概述

2.1 文化市场

文化市场是文化与经济相结合的产物。它是以'文化产品'为核心的市场经济的延伸。文化交易的概念、文化产品的交易、文化产业的发展从十九世纪初期就在西方发达国家出现。直至今天,西方发达国家的文化市场已经较为成熟。

近年来,在政策大力扶持与市场积极推动下,我国文化产业得到了快速发展,在促进经济平稳发展、优化产业结构、提高我国自主创新能力和国际竞争力等方面发挥了重要作用。2012 年我国文化产业增加值达到 18 071 亿元,占 GDP 比重已达 3.48%,比 2011 年增长 16.5%,比同期 GDP 现价增速高 6.8 个百分点。《2014 中国文化产业年度发展报告》,2013 年我国文化产业增加值突破 2.1 万亿元,占 GDP 比重预计达到 3.77%,对社会经济的拉动作用将进一步加强。文化产业是体现国家综合国力的重要组成部分,不仅体现了一国"软实力"竞争力,在提高全民素质,增强民族凝聚力等方面也发挥着举足轻重的作用。

2.1.1 文化市场的内涵

想要了解文化市场的内涵,首先要了解作为市场重要基础——"文化"的定义。文化是各种名词当中意义最为复杂的词汇之一,古今中外的学者从不同角度对其作了不同的诠释。被称为人类学之父的英国人类学家 E. B. 泰勒(Edward Burnett Tylor)将文化定义为:"文化或文明就是由作为社会成员的人所获得的,包括知识、信念、艺术、道德法则、法律、风俗以及其他能力和习惯的复杂整体。"马文·哈里斯曾指出:"在不同社会中的文化条件是一个适于对人类思想和活动法则进行研究的主题。"这个定义将文化解释为社会发展过程中人类创造物的总称。泰勒也被学术界认为是第一个在文化定义上具有重大影响的人。随着时代的变化,对于文化的定义也在不断地变化和完善,而且,不同的学科对于文化的理解和定义也有所不同,这些都促进了文化的发展与繁荣。

在对文化定义的激烈争论中,有关"文化的属性"是学者们争论最多的问题。早在19世纪以前,人们就把文化的属性定义在教化、激励和启悟等精神层面上,很少有学者探讨文化的经济属性。1999年10月,在意大利佛罗伦萨会议上,世界银行提出,文化同样具有经济属性,"是经济发展的重要组成部分,也将是世界经济运作方式与条件的重要因素。"

世界银行对于文化经济属性的关注,提高了人们对于文化市场以及文化产业的好奇心,并且认为"文化"未来势必会代替制造商品,成为人们消费结构中的主要部分。所谓"文化市场",从字面的理解来看,就是为文化商品提供交易的场所,是文化产品生产和消费的中介。文化产品想要实现交换必须要通过一个中介来帮助其完成,这就是文化市场。但是,文化市场上的产品可以是有形的,也可以是无形的。文化市场上的交换也是错综复杂的,狭义地把其定义为"提供文化商品的场所"是不全面的。

从广义的角度来看,文化市场应是文化商品的交换过程中各种经济关系的总和,这不仅体现在文化商品的交换上面,同时还涉及文化商品与其他产品的交换关系和文化所有者与其他生产资料所有者之间的经济关系,以及为文化商品交换的完成提供服务的经济关系和服务。

文化市场作为市场经济的延伸,它既具备一般市场的特点,同时又具备自身的特殊性。可以说,文化市场包罗万象,它不仅涉及文化物质产品的交易,同时涉及文化创意的交易等,想要理解它的内涵需要从以下几个方面入手。

2.1.1.1 文化市场是提供文化产品的交换场所

从市场学的角度分析,市场是指某种特定产品(或服务)的现实购买者和潜在购买者的集合。文化市场就是为文化产品的生产者、经营者和消费者提供交易的场所。文化市场的经营者向消费者提供符合消费者需求的文化产品,从而实现交换,获得利润。消费者根据经营者提供的产品,选择符合自己需求的文化产品,完成交换。但文化市场不同于一般商品市场,一般商品市场上大部分商品是一对一进行交换的,而文化市场上的产品可以一对多进行交换,即生产者可以把自己的产品同时卖给多个消费者,如表演市场,演员的一场演出的消费者就是观看这场演出的所有观众。

2.1.1.2 文化市场提供精神产品

文化市场提供的是精神产品,用以满足人们的精神效用,这种价值不能通过测算体现出来。一般商品市场主要经营的是物质产品,用于满足人们日常生活的需要。文化市场经营的产品虽然大多数也是以物质形式存在的,但是它们大多是为了满足人们的精神需求,处于马斯洛需求理论的中上层阶段(马斯洛需求理论认为,文化需求处于人需求的中层阶段,只有满足了生理、物质等需求以后,人们才会产生文化需求)。这种产品的交易完成后,不能像一般商品一样通过衡量其质量、用途等从而衡量出其使用价值。文化产品的效用是不可评估的,而且是因人而异的,这主要是与人们的智力、成长环境、经历以及对于文化的理解程度有关。所以,在文化市场上,很难衡量一个文化产品的价值,而主要取决于消费者自身的感受。

2.1.1.3 文化市场上交易有形产品和无形产品

文化商品市场不同于一般商品市场,其交换的产品包括有形产品和无形产品两个部分。其中,有形产品主要指图书、音像、出版和艺术品等实物型产品;无形产品主要指演出、博物馆、旅游、现场比赛等非实物型产品。通常,有形文化产品的消费者可以将购买的产品进行物质形态的保留,而无形文化产品则大部分转化为消费者的精神效用,提高消费者的综合素质,不能进行实物形态的保留。并且,无形的文化产品的附加值更高,而且可以重复消费。比如,一场音乐会,指挥和演奏者们在表演的过程中可能会出现新的创意,产生不一样的共鸣,演奏出不一样的音乐,这样,消费者即使听同样的一场音乐会也会有不同的享受和收获,精神效用得到不同程度的满足。

2.1.1.4 文化市场既有所有权的交易,又有所有权基础上衍生权利的交易

文化市场上产品的交易既有所有权的交易,又有所有权基础上衍生出来的使用权等行为权利的交易。一般商品市场中,当商品交换完成后,物品的产权就发生了变化:由生产、经营者手中转到消费者手中,归购买者所有。伴随着我国对文化产业的重视和支持,2009年6月,我国在上海建立了上海文化产权交易所;同年9月,深圳文化产权交易所也挂牌成立。这两家国家级的文化产权交易所的挂牌成立,标志着我国文化产权市场正式产生。近年来,我国各地方政府也先后建立了本地区的文化产权交易所,这些交易所已经成为我国文化产业与资本市场实现有效对接的平台,帮助文化产权交易实现了艺术品非标准标的物的一头对多头、多头对多头的交易。这种方式有效地帮助我国版权、文物、艺术品、创意品牌等文化产品实现了价值发现。另外,文化产权交易市场的门槛很低,这可以使普通民众参与到

艺术品投资中,有效提高文化产权市场流动性。

除了有形的艺术品之外,文化市场上的文化交换活动,大部分是一种精神传播活动,即通过演出、参观等形式进行文化商品的交易,对消费者进行精神传播。这种商品的交换通常不伴随产权的交易,购买者无法获得自己所购买商品的产权,也无法将其进行转让。如:消费者到电影院看电影,电影的画面以及电影带来的享受只能停留在自己的大脑里,满足观看者自身的精神效用,其他人无法代替。

2.1.1.5 文化市场产品与其他市场产品相结合

文化市场的产品是为了满足人们的精神效用,但是其产生交易的原因可能是依托其他产品的市场营销。这种关系主要体现在广告上。一般商品生产者和经营者为了更好地实现自己生产商品的交换,大多采取广告的形式,也就是进行文化宣传,从而实现自己商品的交易。这种方式在文化市场上占很大的比例。也可以说,文化市场是为一般商品市场的生产者和消费者提供相互了解、相互交易的中介。

2.1.2 文化市场的分类

文化市场是一个庞大、复杂的系统,从不同的角度可以划分出不同的类别。

2.1.2.1 按区域划分

文化市场按区域划分,可分为区域文化市场和国际文化市场。区域文化市场是指一定范围内(国家或者地区)文化商品和劳务交换的场所。这个范围划定可能是根据国家来划分,也可能是根据宗教、民族和语言等方式来划分。国际文化市场不仅涵盖各个区域文化市场的总和,同时还包括各区域之间的文化贸易市场,其涵盖范围更加宽泛,服务更加丰富,是跨越了宗教、民族和语言等因素的障碍所形成的"大市场"。随着国际贸易的不断深入发展,国际文化市场也不断扩大。1996年,全球核心文化产品的贸易总额为 2 348 亿美元,到 2005 年,这个数字增长到了 4 452 亿美元,2002—2005 年年均增长率达到了 8.7%。

2.1.2.2 按产业性质划分

文化市场按文化产业的性质划分,可分为文化产品市场、文化服务市场以及文化要素市场。文化产品市场是指直接面对消费者的商业形式的文化产品和文化劳务市场,包括艺术品、报刊、音像、电影、电视和娱乐等产品交易市场;文化服务市场是指作为其他产业厂商和消费者的中介,为其交易提供文化附加值的市场,包括创意、咨询、设计、广告等市场;文化要素市场是指各类文化要素的交易市场,包括文化资本(版权、创意)、资金、技术和劳动力交易市场等。

2.1.3 文化市场的功能

市场的功能是指市场在运行过程中具有的职能,表现为市场交换过程中所从事的具体活动。一切市场都具有共同的功能,只是由于市场的性质和社会生产以及流通的发展状况不同,因此市场所起作用的方向、后果和范围也不尽相同。文化市场作为市场经济中市场的一个分支,具有普通市场在商品交换领域所具备的一般功能;同时,受到文化产品和文化交易特殊性的影响,文化市场也有自己特殊的功能。这种功能不仅仅体现在市场对于消费者的影响上,同样体现在对整个社会的影响上。

2.1.3.1 资源配置功能

资源配置市场具备的最基本的、最重要的功能,是市场区别于其他经济体的主要特征。市场的资源配置功能是指市场对产品的生产、分配、交换、消费的整个过程中各种资源的调节,使其在不同地区、不同行业、不同产品的使用方向上得到合理的分配。一个国家的资源特别是稀缺资源配置是否合理,直接关系到资源的利用效率,关系到一个国家财富的增长和经济发展的速度。文化市场的资源配置功能主要体现在市场对文化资源进行分配上。所谓"文化资源",就是人们从事文化产品生产、文化经营活动、文化交换所必需的要素,包括劳动资源和物质资源,即生产文化产品的资金、技术以及劳动力等等。

文化市场可以体现出文化产品的供给和需求关系,为文化产品的生产者和经营者提供信息,通过市场机制主导配置文化资源。把资本、技术和劳动等文化资源进行合理调配,将最好的资本投入到最有效率、收入最高的产品生产中去,提高文化资源的配置效率,从而提高文化产品的社会生产力,更好地满足消费者的文化需求。

2.1.3.2 交换功能

市场的最终目的是为了实现商品的交换,实现商品在生产者、经营者和消费者之间的转换。消费者通过支付生产者或经营者等价的货币或者商品,从而获得商品的使用权,完成交易。文化市场的交换功能是指文化消费者通过文化市场这个中介了解彼此的信息,从而进行文化产品的供给与需求的结合。文化市场的生产者和经营者通过市场了解消费者的需求,生产和经营消费者感兴趣的产品,实现产品的交换,从而实现自身的利润最大化。但是文化市场在其交换功能上有别于一般的商品市场,具有一定的特殊性。文化市场的生产者、经营者生产和经营文化产品并不完全是为了获得利润,还有一部分公共文化组织提供文化产品是为了提高消费者的文化品位,满足大众的文化需求。他们通常不以营利为目的来生产文化产品,并且通过低费用或是免费来完成产品的交换。比如,各个国家的大部分博物馆或者是免费的,或是低票价的,这主要是为了提高国民的综合素质,而并非为了营利。

2.1.3.3 价值实现功能

商品的价值是在生产领域中创造出来的,但是价值的实现必须通过市场进行商品交换来完成。市场的价值功能集中体现在:商品生产者的目的是实现价值,消费者的目的是要消费使用价值。市场恰好能实现生产者和消费者的目的。文化市场的价值功能与一般商品市场一样,能够满足消费者和生产者对于产品价值的交换,从而实现各自的需求。但是,文化市场上的商品与一般商品市场的产品存在差别,不仅包含有形的商品,同样包含无形的文化商品,还有创意商品等。有形的文化商品,消费者可以通过市场衡量商品的使用价值,从而决定是否购买。而对于无形的文化商品和创意产品,其价值不能体现在对商品的使用上,所以无法完全判断其价值的大小,消费者只能通过比较和经验来判断,从而确定是否购买。比如,一场音乐会的价值大小,对于消费者而言通常是很难判断的,而且消费者听完音乐会得到的效用也是无法用实物估量的,对其价值的判断,只能通过其他的方法,包括内心的感受、参加人员的身份以及媒体的评价等。

2.1.3.4 供给功能

市场的供给功能包括对于商品的运输和储存功能,是保证商品交换不可或缺的环节,是实现商品交换功能的必要条件。由于一般商品的生产和消费在时间、空间上存在着较大背离,市场上交易的商品并不是经过一次转手或停顿就能实现的,而是要经过多次转手和停顿才能实现商品的交易。因此,从商品的生产到商品的交换过程中,还要经过运输、转销和存储等环节,这些都是市场供给功能的体现。文化产品的交易过程比一般商品的交易过程要简单得多,涉及的中间环节比一般商品市场要少得多。但是文化商品市场同样涉及产品的运输和存储问题,这主要体现在实物文化产品上。文化生产商生产出的实物文化产品(图书、音像等)想要销售给消费者,也要经过存储和运输,才能最终实现交易。文化市场的特殊性体现在它生产无形的文化产品,虽然无形的文化产品不涉及存储和运输的问题,但是同样涉及转销的问题。比如,演艺中介、节目制作等,都需要通过转销实现文化商品的最终交易。

2.1.3.5 服务功能

市场的服务功能指的是为了实现产品的交易而出现的中介结构,包括银行、咨询、保险等。市场的服务功能为更好地完成商品的交换提供了保证。文化市场上不仅拥有文化产品的生产机构、经营机构,同样还有为实现文化产品生产和交易提供资金保证的金融机构、保险机构以及中介机构。这些机构的出现,有效地沟通了文化企业之间、文化企业与其他商品生产企业、地区文化企业、国家文化企业之间的商品、资金、技术和信息等资源的联系,更加促进了文化产品的交换。文化市场是一个高投入、高产出的市场,企业生产文化产品所需要的资金是巨大的,所以就需要向银行、金融机构以及其他资本集团进行融资。这样,企业才能更好地完成文化产品的生产任务。如美国有专门的投资公司投资电影,已经形成了较为完善的市场规则;目前,中国的文化市场也出现了国有资本、私人资本和国外资本对电影拍摄、宣传和上映进行投资,并且规模在不断地扩大。

2.1.3.6 经济功能

既然是"市场",其经济功能就是不可忽视的。经济功能是市场最直接的功能。生产者、经营者和消费者之间的经济活动相结合对整个经济体系有一定的影响。文化产业作为"朝阳产业",其市场上的产品生产者、经营者和消费者之间的经济活动逐渐成为现代经济体系中非常重要的一部分,显示出各方面的经济功能。首先,文化市场上的交易是现代市场经济交易的重要部分。从全球范围来看,传媒、娱乐、旅游、教育、体育、服装设计和广告等文化产品的交易规模已经超过了其他产品的市场交易,并且诞生了很多如时代华纳、维亚康姆、迪斯尼这样的跨国公司。美国文化市场的交易以及文化产业的总体收入已经占据美国国民生产总值的25%以上,在国内仅次于军工产业,位居第二。其次,文化市场的交易活动促进了国家经济的结构性增长。现在欧洲发达国家的旅游收入已经占据各国经济收入的重要组成部分,各个国家已经逐渐把原来对于工业生产的注意力转移到文化市场上。进入21世纪,美国、澳大利亚、加拿大和芬兰的文化市场从业人员占全部就业人员的 20%,10%,6%,5%[①]。文化市场提供了大量的就业机会,为国家发展做出了巨大的贡献。

案例 2-1　　精彩纷呈的深圳文博会[②]

中国(深圳)国际文化产业博览交易会(以下简称"文博会")由中华人民共和国文化部、中华人民共和国商务部、国家广播电影电视总局、中华人民共和国新闻出版总署、中国国际贸易促进委员会、广东省人民政府和深圳市人民政府共同主办,由深圳报业集团、深圳广播电影电视集团、深圳出版发行集团公司、深圳国际文化产业博览交易会有限公司联合承办。

文博会是中国唯一的一个国家级、国际化、综合性的文化产业博览交易会,以博览和交易为核心,全力打造中国文化产品与项目交易平台,促进和拉动中国文化产业发展,积极推动中国文化产品走向世界。从2004年至今已经连续成功举办了六届文博会。文博会是了解中国文化产业发展现状和文化产品市场、进行文化产业技术和信息交流的理想渠道,同时为中国文化产品的国际采购提供集中的"卖家资源",实现更快捷、更便利、更低成本采购,是中外文化产业界实现交流与合作的绝佳平台。

2010年的第六届文博会主会场面积达105 000平方米,设置标准展位4 500个,包括文化产业项目交易馆、文化精品馆、数字影视-动漫游戏馆、演艺产业馆、创意设计馆、新闻出版馆、美术馆、工艺美术馆等八大专业馆。文化产业项目交易馆是第六届文博会主会场的主展馆,展馆面积达30 000平方米,分为各省市、自治区及地县市政府组团展区、香港、澳门展区、文化品牌企业展区、海外采购展区、投融资项目洽谈交易区等展区。

第六届文博会总成交额为1 088.56亿元,比上届增加207.87亿元,增幅达到23.6%;实现出口交易114.06亿元,增长30.12%。文化产业核心层成交额为395.59亿元,其中出版发行和版权服务成交额为14.93亿元,广播、电影服务业为41.42亿元,文化艺术服务业为339.24亿元。此外,八大文化产业项目成交额为259.54亿元,排在前几位的是文化创意业,其成交

[①] 蔡尚伟,温洪泉.文化产业导论[M].上海:复旦大学出版社,2006.
[②] 根据深圳文博会官方网站新闻资料整理,http://www.cnicif.com/。

额为 110.06 亿元,数字内容和动漫产业成交额为 76.89 亿元。

2.1.3.7　文化功能

文化市场除了对社会产生影响以外,同时对文化传承、文化建设以及文化传播也会产生影响。文化市场上的产品是文化产品,其本身就具有一定的文化性,对于社会文化有一定的影响。当生产者在生产新的文化产品的同时,对于传统的文化进行继承和发扬,使传统文化被新一代所接受。比如,在现代,图书出版、音像制品以及旅游等文化市场的生产者,将自己国家的或是其他国家的历史故事以及文化遗产记载、编撰、改写成图书、画册,或拍摄成电影、电视;同时,对其历史事件的遗址给予保留和保护,或开发成景点等等,这些对于传统文化的发扬光大具有十分重要的作用。如今,文化市场发展十分迅速,产品更新很快,在新产品不断出现的同时,不仅仅创造了新的文化氛围,同时继承了老的文化传统,起到了文化传承的作用。比如,在我国"数字动漫"出现以后,不少动画片生产者将传统的故事制成了动漫,包括三国演义、西游记等,使儿童们了解传统的故事和文化,促进了历史的传承。

2.1.3.8　政治功能

文化市场不同于其他商品市场的原因之一,还体现在其具有一定的政治功能。历代统治者都具有不同的治国方略,但其中一个共同点就是统治意识形态。统治意识形态就是统治者通过强化对自己有利的意识形态,排挤那些对自己不利的意识形态,从而引导人们的意识向对自己统治有利的方向发展。虽然,现代文化市场各种文化充溢并共同发展,但仍然避免不了政治因素的介入。政府将那些符合政治发展的、有利于提高人民综合素质的文化产品纳入公共品范围,这样更有利于营造良好的社会氛围、稳定社会,更好地实现政府治理。

2.1.4　文化市场的主体

市场主体是指在市场上从事经济活动、享有权利和承担义务的个人和组织。在一般的商品市场中,任何市场主体参与经济活动都带有明确的目的,以在满足社会需要中追求自身利益最大化为目标。市场的主体通常分为生产者、经营者、劳动者以及消费者。

文化市场是整体市场的一部分,其主体同样包括文化产品的生产者、经营者、劳动者和消费者。这其中既包括组织也包括个人。文化市场上存在着各种以赢利为目的,生产、经营和为文化产品提供服务的文化企业;同样,文化市场还活跃着直接参与生产的文化劳动者以及追求精神消费、享受文化效用的文化消费者。

2.1.4.1 文化企业

文化企业是指在文化市场上以赢利为目的,进行文化商品生产和经营的企业。在西方发达国家,从文化企业出现、发展到现在已经十分成熟,而且已经出现了很多跨国的文化经营集团。这些集团在各个国家通过兼并、收购等经济活动不断地发展壮大自己的实力,占有了全球文化市场的大部分市场份额,形成了寡头市场地位。如2001年Comcast购买了AT&T的宽带及有线电视部门,从而在美国实现了2 200万有线电视网络用户的奇迹,几乎占据美国有线市场1/5的市场份额。

中国的文化企业相对于西方发达国家数量很少,而且主要集中在为新兴文化产品以及为文化产品提供服务的行业,包括动漫、网络、新媒体、广告和咨询等。这主要是由于政府对于传统的广播、电视、报刊、书籍和杂志等的市场准入等经济性规制是在逐步地、有计划地开放的原因,所以,以事业单位这种组织形态存在的文化生产者占主导。可以预见,政府对于传统文化行业将按照国情和经济发展的需要逐渐放松经济性规制,这必将促进文化市场上文化企业的增加和市场的活跃。

2.1.4.2 文化劳动者

文化市场上的劳动者,是直接参与文化产品策划、生产、营销、管理等环节的文化从业人员,包括导演、演员、制片、发行、主持人等职业。与其他市场的劳动者相比,文化市场对于劳动者的要求更高,不仅要求其从业人员具有对于文化市场的综合性理解,还要求是具有技术、管理和文化素质的复合型人才。同时,由于文化市场上的文化产品大部分需要创意和创新,因而要求其从业人员必须具有很强的创新能力。随着社会经济的快速发展,文化市场的繁荣,越来越多的人才参与文化产品的生产、经营,促进了文化市场更进一步的发展。

2.1.4.3 文化消费者

文化消费者是指对文化产品进行消费的组织和个人,文化消费者不仅仅是直接消费文化产品的人,还包括那些以文化产品作为中间产品的组织。比如,很多企业都以广告的形式来宣传自己生产的产品,这就需要这些企业支付、购买广告。广告只是其用来实现自身产品宣传的手段,并得到精神效用,而不是对其进行实际消费。经济的发展,带动了人们文化素质的提高,从而带动了人们对于文化产品的消费。

文化市场上不仅存在一般市场上存在的主体,同样还存在着政府主导的市场主体。由于文化市场是特殊的商品市场,具有社会、文化和政治功能。市场虽然能够调节资源的优化配置,但是不能调节文化资源的平等性,尤其是对那些公益设施以及公益文化,市场更是无法调节。因为公益文化如图书馆、博物馆、文化馆等公益设施经济效益差,以赢利为目的的文化企业不愿意经营,但是公益文化又是政府宣传文化,提高国民素质,巩固自己统治地位的重要部分,所以,只能由政府参与投资,这就促使文化市场存在着由政府支持的非营利的文化生产组织。在西方发达国家,政府支持公益文化主要体现在各种协会上,每年政府会对其从事的文化经济活动进行补贴,从而帮助其正常运营,并且实现公众的文化需求;在我国,这种政府支持的非营利组织有很多,其主要以"事业单位"的形式存在。

"文化事业单位"是中国特有的名词。新中国成立后,为了提高社会的文化需求,由国家出资建设了从事教育、广播、电视等领域的文化机构。这类机构不同于国家机关,也不同于企业,被称为事业单位。文化事业单位与西方的非营利机构的性质大致相同,同时也担负着政治宣传和文化教育的责任。随着改革开放和文化市场的发展,文化事业单位也在发生着巨大的变化。在文化市场新增加的产品和服务中,大部分是企业性质,政府不再参与建设;原有的事业单位的一些经营模式已经不适应中国现有的文化市场,文化部门的"事转企"工作正在有序展开。2009年,我国决定将出版业完全划入企业经营,这标志着传统的事业单位正在逐步转向企业化经营,未来将有更多的事业单位转向企业经营。

2.2 文化产业

产业是社会分工的产物,它随着社会分工的产生而产生,并随着社会分工的发展而发展;产业是社会生产力不断发展的必然结果,是具有某种同类属性的企业经济活动的集合[1]。市场是为生产者、经营者和消费者之间提供交换的场所,而产业则是汇集了市场上企业经济活动组成的集合、集合和集合之间关系、集合内部的政策法规以及政府对于该集合的政策等微观和宏观经济活动。产业主要研究的是某一集合的生产者的经济活动以及这个集合中的政府政策法规,对于集合的消费者

---

[1] 苏东水.产业经济学[M].北京:北京高等教育出版社,2005.

的行为并没有深入地进行研究。

2.2.1 文化产业的基本概念

产业是指生产同类或有密切替代关系产品、服务的企业集合。从供给的层面上看,产业可以界定为具有使用相同原材料、相同工艺技术或生产产品用途相同的企业的集合①。按照西方国家采用的三次产业分类法,我国也进行了产业的划分:第一产业为农业,包括农、林、渔、牧各业;第二产业为工业,包括采掘、制造、自来水、建筑等产业;第三产业包括服务业和流通业,文化产业就属于第三产业的范畴。

随着经济的快速发展,人们对于精神文明的需求越来越多,对于文化产品的消费也越来越多,文化产业在经济中起到的作用越来越大,各国对于文化产业也越来越重视。美国曾经把文化产业形容为"朝阳产业",并采取了很多措施对其进行扶植。

对于文化产业的定义,虽然各国研究组织和学者在文化产业具有多重内涵上取得了一致的意见,但是目前,各国的学术界对于文化产业的具体定义仍然没有统一。大部分学者都是在不同的历史条件以及文化背景下来分析文化产业的定义的。

"文化产业"概念的提出,首先源自于法兰克福学派的阿多诺和霍克海默。他们在其1947年出版的《启蒙的辩证法》一书中首次提出了"文化产业"的说法,并且从哲学与艺术学价值判断的双重角度对"文化产业"说进行了否定性的批判,认为它是"资本主义技术统治和工具理性的发展",并指出"文化元素一旦与现代科技结合形成工业体系就会产生巨大的影响社会的力量"②。显然,阿多诺和霍克海默对于"文化产业"概念的提出是为了对其进行批判,它们认为文化产业将会成为统治者统治社会的工具。但随着社会经济的发展,文化产业也不断发展壮大成为具有极大潜力、对经济贡献较大的产业组织,丰富的产品和多元化的经营模式使得学者们对于文化产业的理解发生了变化。20世纪80年代,日本学者日下公人在《新文化产业论》中提出"文化产业的目的就是创造一种文化符号,然后销售这种文化和文化符号"。联合国教科文组织把文化产业定义为:"文化产业是以工业化

---

① 杨公仆,夏大慰.产业经济学教程[M].上海:上海财经大学出版社,2002.
② 阿多诺,霍克海默.启蒙的辩证法[M].重庆:重庆出版社,1990.

和商业化发展方式所进行的文化产品和文化服务的生产与再生产。"[1]欧盟将"文化产业"称为"内容产业",认为"文化产业"就是指那些"制造、开发、包装和销售信息产品及其服务的产业",它包括"各种媒介上所传播的印刷品内容(报纸、书籍、杂志等)、音像电子出版物、音像传播内容、用做消费的各种数字化软件等"[2]。

除了以上定义以外,各个国家对于文化产业的定义也有很大的区别。美国是文化产业发展最早、最快、最发达的国家。美国政府将文化产业定义为:"通过工业化和商品化方式进行的文化产品和文化服务的生产、交换和传播",即文化产业就是对于文化商品以及服务进行的市场化经营。

不同于美国,英国政府把文化产业理解为"创意产业",认为文化产品生产最重要的因素就是"人",人的创造性思维是文化产品生产必不可少的因素。英国政府认为,文化产业的经济活动就是"那些出自个人的创造性、技能及其智慧和对知识产权的开发生产以及创造潜在的财富和就业机会的活动。"英国曼彻斯特大学大众文化研究所研究员贾斯廷·奥康纳认为:"文化产业是指以经营符号性商品为主的活动,这些商品的基本经济价值源自于它们的文化价值";"它首先包括了为我们称之为'传统的'文化产业——广播、电视、出版、唱片、设计、建筑、新媒体"[3]。

中国在2003年颁布了《关于支持和促进文化产业发展的若干意见》,其中把文化产业定义为:"文化产业是指从事文化生产和提供文化服务的经营性行业"。2004年,国家统计局在颁布文化产业统计指标时指出,文化产业就是"从事文化产品的生产、流通和提供文化服务的经营性活动的行业总称。其特征是以产业作为手段来发展文化事业,以文化为资源来进行生产,向社会提供文化产品和服务,目的是为了满足人民群众日益增长的精神文化生活需要。"

根据学者们以及各个国家对于文化产业的定义,结合产业理论中一般产业的内涵和属性,我们认为,文化产业应当是指从事文化产品生产以及提供文化服务的经济集合,是社会的重要组成部分。在这个经济集合中既包括从事文化产品生产、提供文化产品服务的以赢利为目的文化企业、组织以及个人,又包括非营利的文化机构;同时,那些与文化生产相关联,为文化产品生产提供服务的关联产业也包含

---

[1] 王仲尧.文化市场与管理[M].黑龙江:黑龙江人民出版社,2002.
[2] 蔡尚伟,温洪泉.文化产业导论[M].上海:复旦大学出版社,2006.
[3] 贾斯廷·奥康纳.欧洲的文化产业和文化政策[OL].http://www.mmu.ac.uk/-ss/mipc/iciss/reports.

在其中。

产业理论对于产业划分有多种方法,按照战略关联划分法,不同国家的文化产业处于不同的战略地位。在美国,文化产业占国民收入1/3的比例,已经成为国家的支柱产业;在中国,文化产业在国民总收入中的比例在3%左右。但是,随着经济的不断发展,文化产业对中国总体经济的贡献必将越来越大,所以应当属于国家的重点产业。

在三次产业划分法中,文化产业被划分为第三产业,这主要是因为文化产品并不是人们最基本的需求;同时,在文化产品中,对于人的创造性和满足消费者偏好的要求更高,符合第三产业的特征。除了三次产业分类法,还有四次产业的分类方法。中国学者王树林在其主编的《21世纪的主导产业:第四产业》一书中,把科学研究行业、信息服务行业、新闻出版、广播电视电影、文化行业等文化产业划分为第四产业。

2.2.2 文化产业的内部层次构成

因为文化产业的内涵和外延涉及面广,很多国家的学者或研究机构又根据文化产业内的组成部分进行细分,形成了不同逻辑特征的层次划分。

澳大利亚经济学家大卫·索斯比在《经济与文化》一书中用一个同心圆来划分文化产业。按照索斯比的划分,音乐、舞蹈、戏剧、文学、视觉艺术、工艺等创造性的艺术处于文化产业同心圆的核心;那些既具有文化产业特征,同时又生产其他非文化性产品与服务的行业,如电影、电视、广播、报刊和书籍等,处于文化产业同心圆的基础层;文化产业的延伸层则是指具有文化内容的行业,包括广告、咨询、建筑等[1]。以下是不同国家对于文化产业内部的划分。

2.2.2.1 美国的划分

美国十分重视文化产业,经济学家赛维克为国际知识产权联盟撰写的年度报告中指出,版权产业对美国经济和就业的贡献超过了任何一个制造行业,包括化工、工业设备、电子、纺织服装、食品加工和飞机等部门,而版权产业中核心的部分就是文化产品。美国政府同样非常重视文化产业的发展,制定了一系列支持文化产业发展的经济规划和政策法规。联邦、州和市政府一直积极创造一个促进美国

---

[1] David, Throsby. Economics and Culture[M]. Cambridge University Press, 2001.

文化繁荣、发展并对美国经济做出贡献的经济环境。联邦政府不仅给非营利文化产业提供直接资助,还以税制方式提供极为重要的财政利益,间接补贴对文化产业的发展也起到了一定的作用。许多城市和州对剧场、音乐堂、博物馆、史迹和公园的建设和维修提供资助,甚至给艺术家提供工作室和公寓补助。

美国政府采用了世界知识产业组织的界定方法,将文化产业分为核心版权产业、交叉产业、部分版权产业以及边缘产业。"核心版权产业"是指受版权保护的作品或其他物品的创造、生产与制造、表演、宣传、传播与展示或分销和销售的产业;"交叉版权产业"指的是那些生产、制造和销售功能主要是为了促进有版权作品的创造、生产或使用的设备的产业;"部分版权产业"是指那些拥有部分版权的产品的产业;"边缘版权产业"包括将版权产品发行给商家和消费者的产业,这样的经济组织有为发行版权产品的运输服务以及批发商和零售商①。

2.2.2.2 英国的划分

英国将文化产业理解为创意产业,所以其划分主要是以行业所需要的创造性为依据的。英国将广告、建筑、艺术和文物交易、工艺品、设计、时装设计、电影、互动休闲、音乐、表演艺术、出版、软件、电视和广播等需要创造性思维的行业确认为创意产业。

2.2.2.3 中国的划分

中国对于文化产业的划分,采用了索斯比的同心圆理论划分法,将文化产业划分为核心层、外围层和相关产业层。文化产业核心层是指直接参与文化产品生产和传播的行业,包括新闻服务、出版发行和版权服务、广播、电视、电影服务、文化艺术服务;文化产业外围层是指为提供休闲服务的文化行业,包括网络文化服务、文化休闲娱乐服务和其他文化服务;相关文化产业层包括文化用品、设备及相关文化产品的生产,文化用品、文化设备及相关文化产品的销售。

国家统计局制定的《文化及相关产业统计分类》中,按照文化活动的相对重要性及其对社会的影响程度,将文化产业划分为"核心层"、"外围层"和"相关层",具体将其细分成80个国民经济行业小类(如图2-1所示)。

---

① 蔡尚伟,温洪泉.文化产业导论[M].上海:复旦大学出版社,2006.

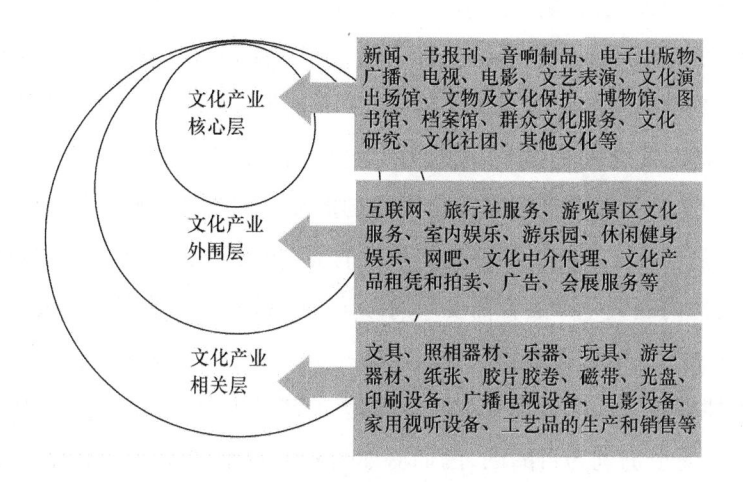

图 2-1 文化产业的构成(我国分类)

2.3 公益性文化与经营性文化

随着社会的发展,人们对物质产品的需求不断得到满足,从而转向对精神文明的需求,这种精神文明的需求促进了提供文化产品的文化市场以及文化产业的快速发展。但是受到文化产品双重属性的功能以及市场自身配置资源的缺陷限制,文化产品不能完全满足大众文化的需要。这就需要政府参与文化生产,提供符合社会效应的文化产品。因此,文化市场上出现了两种文化形态:公益性文化和经营性文化。

2.3.1 公益性文化

2.3.1.1 公益性文化的含义

公益性文化是指由政府或非营利的组织和个人参与,以满足大众文化需求为目的的公共文化产品或服务的传播。公益性文化是社会公共事业的重要组成部分。一个国家公益性文化的发展程度,集中展示了一个国家或地区的文化底蕴和文化积累,是构成现代社会文明不可缺少的文化元素。之所以产生公益性文化,主要是与文化产品的双重属性以及市场的缺陷有关。

文化产品具有经济和社会双重属性。作为商品,文化产品具有交换的属性。文化产品的生产者通过生产满足消费者的文化需求,从而完成文化商品的交换,实现自身利益的最大化；文化产品作为文化消费的对象，还具有文化属性。它的消费对于消费者的意识形态产生影响。优秀的文化产品可以优化消费者的意识形态，反之则会影响消费者的积极意识。但是，并不是所有的良好的意识形态都是消费者愿意购买的。文化消费属于"注意力"消费，人们往往对那些吸引眼球的文化产品感兴趣，却忽略了那些具有高文化内涵的产品。但是这些吸引眼球的文化产品未必对人们的精神文明建设都能起到积极的促进作用。想要人们购买这种不吸引眼球的高文化内涵文化产品就需要政府参与，免费提供，这就产生了公益性文化。

公益性文化也是弥补市场自身缺陷的一个重要工具。一般商品市场具有资源配置功能，能够将资源配置到需求高、利润大的产品生产中去。文化市场同一般商品市场一样，是以赢利为目的的，因而必然将资源调配到满足消费者需要、利润较高的文化产品交易中去，而并不能调节文化产品对社会的影响。市场的这种行为有可能导致一些拥有丰富文化内涵的文化产品"无人问津"，文化产品市场失衡。所以，想要保证文化市场平衡、稳定、健康地发展，人们的综合文化素质得到提高，就必须由政府来参与提供那些"无人问津"的文化产品，公益性文化由此产生。

公益性文化主要是为公民提供公共的文化产品。公共文化产品等同于"公共产品"，是"公共产品"的一部分。所谓"公共产品"就是指"每个人对于该产品的消费都不会减少其他人对于该产品的消费"。公共文化产品属于非商品性的文化物品，它是由政府、社会机构或个人出资生产和提供、不以营利为目的、大众可以免费获得的文化产品和服务。而生产者通过传播公共文化，能提高大众的文化意识和文化素养，满足大众对于文化的需求。公共文化产品包括街头雕塑、广场音乐会、图书馆、博物馆、历史文化遗址、免费公园和公共广播电视等。

向社会提供公共性或者准公共性文化产品和服务的机构是公益文化组织。这个机构可能是政府出资也可能是私人或企业赞助的。虽然公共文化组织是非营利性质的，但是作为一种公益组织，他们与文化企业面临着同样的市场和消费者。要想让自己的产品赢得社会公众的认同和关注，公共文化组织也需要提高自己的影响力、公信力，从而让自己组织的产品更好地传播，被更多的消费者接受。如果是靠赞助生存的公共组织还需要更好地营销自己的文化产品，才能获得捐助。以博物馆为例，西方发达国家的博物馆分为国家级博物馆和地方级博物馆，国家级博物馆主要依靠国家的支持来维持日常开销，而地方级的博物馆就需要企业或是社会上的赞助才能生存。这就促使一些博物馆增加了自己的营销部门，加大自己组织内部的营销管理,推广自己组织的文化产品,从而获得赞助。例如,美国芝加哥科学及工业博物馆,在开馆之前调整了自己的组织机构,在博物馆中率先成立了自己的营销部门,采取一系列营销措施推广和博物馆有关的收藏、展览等。在营销活动推出后,该博物馆的观众不断增加,成为美国博物馆中参观人数较多的博物馆。也正是科学及工业博物馆改变组织结构取得的成功,促使美国各个博物馆以及其他国家的博物馆纷纷效仿,并同样取得了很好的效果。现在,在一些公益文化机构的内部组织结构中,与市场相匹配的管理、营销以及公关已经成为必不可少的部分。

虽然目前各个公共组织都拥有自己的营销机构,但是其目的并不是为了实现自身的利润。公共文化组织的最终功能还是为了实现社会效应,为社会公众文化服务,满足社会公众的文化需求。对于公众文化的划分,不同的国家各不相同。

在西方发达国家,其文化产品同一般商品相同,大部分以产业化为主,只有少数文化产品是公共文化产品。以广播电视为例,在美国,广播电视通常被认为是企业化运营的模式,人们想要看自己感兴趣的节目就必须要为其支付费用,只有少数的节目是免费的。在英国,英国政府将电视、广播划分为公共广播和私人电视广播。英国的公共广播电视台是 BBC 广播电视台,它是由英国政府资助,主要经营新闻、文化等多方面社会文化的广播,对政府的政治观点进行宣传,同时也提供高品质、拥有丰富内容的节目。而且,BBC 不同于其他公共广播,它的收入完全来源于出租广播牌照的费用,从不向厂商出售广告时段;日本的 NHK 电视台则是与公众协商支付一定的费用来维持日常的开销,但其提供的内容仍然属于公共广播范围之内。

2.3.1.2 公益文化的特征

在我国,公益文化组织主要体现为文化事业单位。在改革开放初期,为了满足人们的精神文明需要,国家将包括电视、广播、出版等单位定义为事业单位。文化事业单位的目的就是为了传播大众文化,满足大众的精神文明需求。从我国文化事业建设和管理情况看,公益性文化事业单位具有以下四个主要特性。

(1)公益性。中国公共文化事业单位同其他国家的文化公益组织一样是不以赢利为目的的。中国文化事业单位的支持主体是中国政府。政府以财政作为有力的支撑,建立一个受法律保护的、遍及全社会的服务系统,以超越局部和个别利益的公正性操作,提供大量免费、无差别的基础性文化产品和服务。通过政府的参与,使得公益性文化得到更好的普及以及更快的发展。

(2)非营利性。与其他公共组织相同,公益文化同样是非营利的,其经营收取的费用主要是用来维持日常支出和更好地推广公共文化。中国更是如此,政府提供的公共文化产品和服务是不以营利为目的的。政府通过支持公益文化事业,满足大众的文化需要,从而更好地实现文化产品的社会效应。公益文化的非营利性要求政府或非营利组织具有服务社会大众的公益使命,并以注重社会公共利益为首要目标,以实现社会效益最大化为最终目的。

(3)教化性。教化性是公益性文化的独特特征。与一般公共品不同,公益性文化不仅仅具有正外部性,同时还具有教化性。优秀的公共文化产品能够促进人们的价值观向更好、更健康的方向发展,从而实现社会风气的改善。在现代社会中,公益性文化事业在文化领域中占有主导地位。对于公众来说,公益文化不仅是完成教化的载体,而且也是成就愉悦的本体。

(4)引导性。公益性文化事业注重的是目标导向和长远利益,而不是短期效益和眼前利益。公益文化组织对于文化商品的生产是长远的,而不是短暂的。这主要是一个积累的过程,只有循序渐进地向公民灌输优秀的文化,公民才能逐渐地改变自己的价值观念,从而使自己的意识形态向更好、更健康的方向发展。

2.3.1.3　公益性文化单位的改革

可以说,文化事业单位的建立,促进了中国公共文化的发展,提高了公民的文化修养。但是,随着中国市场经济的不断完善和消费者选择的多元化,原来的一些事业单位已经不适应市场经济的发展,原因有以下几点。

(1)政府对于文化事业的投入有限,使得一些原有的事业单位无法生存,不能提供满足消费者文化需求的服务。我国的文化事业单位是为了适应改革开放后人民群众对于文化的需求而产生的公共组织,但随着经济的快速发展,国家原本对于文化事业的投入资金已经不能满足一些文化事业单位的运营需要,导致一批文化事业单位严重亏损,无法正常运营和发挥其公共文化组织的作用。

(2)人们收入的增加,加快了对部分文化产品的需求。随着经济的发展,人们的收入不断增加,物质需求的满足使得一些人转而追求精神需求。一些原有的公益性文化组织由于生产的文化产品能够满足人们的需要,产生了大量的需求,这使其脱离了公益性文化产品和公益性文化组织的行列。以电影行业为例,我国电影行业已经逐渐产业化,生产组织也逐渐企业化运营,并且取得了很好的收益。2009年,我国电影票房收入达到80亿元,加上国产电影海外销售收入和全国各电影频道播放的电影广告收入,全年电影综合收入达到106.65亿元。

(3)新的文化产品的出现改变了原有公益文化的结构。随着社会分工的不断细化,文化产品市场的产品和服务也在不断地创新和细化。新的产品和服务带来了新的机遇和新的利润,原有的文化事业单位结合这些新的文化产品,改变了自身的内部结构,成为以营利为目的文化企业。

从20世纪80年代中期开始,我国就开始逐步对文化事业单位进行改革,改革的历程分为三个阶段:第一阶段大致是1985—1993年,改革的内容是在原有行政管理体制内部放松管制,实行"以文养文"的政策,并逐步形成"双轨制",包括允许文化事业单位向工商行政管理部门申请登记,获得《营业执照》;独立核算,自主经营,留利分成;开展贷款、集资活动以获得资本金和周转金;人员停薪留职,合同聘用以及经营性活动报经税务部门批准,酌情给予税收优惠等。第二阶段大致是20世纪90年代中期到21世纪初期,改革的主要特点是开始将"事业单位"作为改革的中心环节,逐渐明确事业单位的独立法人地位和自主权。第三阶段是自2000年起至今,改革的重点是对事业单位进行"事业"和"产业"的划分,推动全面的文化体制改革。2003年,中国共产党第十六届中央委员会第三次全体会议对文化事业和文化产业作了比较明确的规定:"公益性文化事业单位要深化劳动人事、收入分配和社会保障制度改革,加大国家投入,增强活力,改善服务。经营性文化产业单位要创新体制,转换机制,面向市场,壮大实力。"2004年,在中央的统一部署下,在9个地区和7个单位进行文化体制改革试点工作。对于那些非大众需要的文化行业采取市场化手段,转为市场化经营;对于公共图书馆、博物馆和文化馆采取自行经营、政府补助的方式,实际上也是采用了西方国家的公益文化组织自行营销体制。

在文化体制改革全面铺开以后,文化企业可以通过市场实现自身的利润,而国家也拥有更多的资金对公益性文化事业单位进行投入,增强其活力。文化体制的改革促进了中国文化市场的蓬勃发展。

2.3.2 经营性文化

经营性文化是指对文化产品进行赢利性质的经济活动,其目的是为了实现产品的交换。文化产品生产者为满足消费者需求,生产和经营文化产品,从而实现自身利益最大化的活动就是经营性文化活动。比较公益性文化活动,经营性文化活动的生产者和经营者是以实现利润最大化为目标的。

　　经营性文化以企业为载体,以实现交换为最终目标。企业是经营性文化的主要组成部分,其内在活动动机符合经济规律,即追求利益最大化的经济目标。企业对文化产品和服务的经营管理活动是企业自身以文化创意、设计和品牌等作为投入要素,进行文化产品和服务的开发、生产、传播和销售的过程。其间,涉及企业内部的计划、组织、领导、控制和协调等基本的管理职能和过程。同时,其中也包括企业与外部的供应、联盟、兼并、重组等外部交换和合作关系。

　　西方发达国家的经营性文化较为成熟,其文化企业的运营已经形成了完整的体系。以电视媒介为例,商业性质的电视媒介是通过提供电视产品达到盈利的目标。商业电视媒介收入主要来源于广告、节目销售以及其他经营性收入。美国是商业媒介运营最为发达的国家,大多数的电视台都是由公司拥有和运作的,其经营手段与市场经济体制下企业的运作手段完全相符。中国的经营媒介出现较晚,而且还不成熟。与发达国家相比,中国媒介仍属于公共文化的一部分,主要体现在对大众文化的传播上。目前中国的媒介机构仍然是以满足大众的文化需求、提高国民的文化素质为目的来经营的。

　　虽然经营性文化是运用市场规律对文化产品进行生产和经营,但由于文化产品和普通物质产品不同,文化企业生产和提供的最终产品是文化产品中蕴含的精神内容,也就是说,文化企业价值的创造过程是通过对精神内容要素的创造、整合、生产和销售来实现的。因此,文化企业的管理与一般企业的管理有着很大的差别,企业在人力资源、财务、战略、组织发展、文化建设和项目管理等方面都体现出一定的独特性。

　　经营性文化中生产者生产和经营的商品称为"文化商品"。对于文化商品,各个国家的定义不同,但是"文化商品"一词的确存在。许多国家都制定颁布了《著作权法》或《版权法》,在法律条款中都规定了作者对其作品享有财产权利,并且规定此种财产权具有独占性,在一定时期内可以继承、转让或授权使用并由此获得报酬,其他人不得侵犯。可见,文化商品是"排他的",这就使其具备了私人物品的特征。

2.3.3　公益性文化与经营性文化的关系

　　公益性文化是为了满足大众对文化产品的需求所产生的;经营性文化是文化

市场发展的必然结果。这两种文化经营形式构成了完整的文化市场,缺一不可,这主要体现在以下方面。

2.3.3.1 公益性文化和经营性文化有差异性

经营性文化和公益性文化的差异性明确了两者间的经营界线,强化了市场主体的地位。

经营性文化是以市场为主导的,这就决定其具有文化的消遣性、娱乐性,能够满足大多数消费者的文化需求。经营性文化的市场特征充分体现出公民的市场主体和文化主体地位,即市场由买方决定。消费者在经营文化市场上占主体地位的本质反映,表现在消费者拥有更多的、自主的文化选择和文化消费,可以选择自己喜欢的产品进行消费。经营性文化产品生产者也只有在创造需求、引导消费和满足需求的过程中才能实现其存在价值。公益性文化组织并不以满足单个群体消费者的需求为出发点,其主要目的是提供大众文化,提高文化的社会效应。公益性文化事业和经营性文化产业属性的不同决定其运作主体、实现方式和发展规律的差异,证明其共同存在发展的必要性。

2.3.3.2 公益性文化事业和经营性文化产业有共生性

公益性文化和经营性文化的共生性改善了主流文化与大众文化的资源配置关系,促进了文化领域的协调发展。

文化产品大体可以划分为两种类型:一是文化商品,即具有竞争性和排他性的文化产品,其生产和提供应由市场调节;二是公共文化产品,是指"公共性"特别强,关系到国家和民族文化传承、创新的文化产品,如图书馆、博物馆、纪念馆、文化馆等。文化市场在配置资源上存在着缺陷,导致资源流向那些娱乐性强、内涵较低的文化产品。大众对文化的需求从本质上说,是为了满足自己的精神需要,而一般文化商品的消费者更倾向于购买娱乐性强、趣味性大、益智性高、内容简单的文化产品。这必然导致文化资源向这些产品流动,从而导致综合文化性高的文化产品生产资源缺乏。公共文化事业的公共性决定了它的非营利性质,公共文化设施和服务包括文化广场、纪念碑、大型节日庆典等。这类产品和服务恰好弥补了市场对于资源配置的缺陷,使得文化市场上大众文化和经营文化的资源合理配置,文化领域协调发展。

2.3.3.3 公益性文化事业和经营性文化产业具有统一性

公益性文化和经营性文化的统一性缓和了主流文化与大众文化的矛盾。现代高新科技革命对人类当代文化的发展正在产生着不可比拟的巨大影响。文化生产方式的改变、媒介的快速发展，使得文化的流传性加大。在现代社会里，思想文化的有效传播、意识形态建设和文化经济的实现，都只有通过和借助于媒介的手段才能实现。主流文化在大众媒介的传播下不断地被人们了解、追捧，导致对社会发展有利的大众文化不断地被人们忽视，而且无法经营。公益文化的出现改善了主流文化和大众文化的矛盾，政府通过对媒介进行管理和限制，增加公益文化的传播，从而使人们更多地了解大众文化。这样，大众文化才会更好地被人们接受，发挥其最大的作用。一个民族价值观和道德文化都是通过大众文化的传承而得以生存和发展的，消极的大众文化对公众的意识形态会产生消极的影响。所以，只有政府参与大众文化的传播，才能更好地宣传大众文化。

2.3.3.4 公益性文化和经营性文化是相互补充的

从表面上看，公益性文化和经营性文化生产存在着明显的差异，但实际上两者具有互补关系。公益性文化在提供公共文化服务时，为经营性文化产业提供了丰富的文化资源和创作源泉，培养了高素质的创作队伍和消费群体，完善了文化发展的基础设施；经营性文化在满足人们特殊文化需求的同时为公益文化发展提供了巨大的市场空间，激发了传统文化资源的传承和交流活力，拓展了文化服务领域和视野，加快了文化的传播速度和效率。没有公共文化设施和公共文化服务，文化资源就不可能得到保护、利用和开发，文化产业的发展就成为"无源之水"；而没有经营文化的大力发展，文化公益性和普及性也难以实现。经营性文化产业的市场性并没有完全改变它特有的文化性质，文化产业是内容产业，它特定的内容和便捷的传播渠道在丰富人们精神文化生活和传播消费文化的同时，也承载着传播公益文化的功能。两者相辅相成，共同发展。

2.3.3.5 公益性文化和经营性文化可以相互转换

公益性文化和经营性文化是两种不同性质的文化形态，但其不是完全独立和互不准入的，而是可以相互促进、相互转化的。随着社会技术的进步，公益性文化所经营的文化产品也在不断地改变成经营性文化产品。以电视媒介为例，电视发展最初受到传输媒介的限制，只能对其实行政府化。但是，随着技术的发展，出现了更多的传输方式，这就使得原来稀缺的传输媒介变得不再稀缺，更多的资本进入到电视传播领域，使原来具有公共性质的电视媒介部分转为私营性文化。同样，私营文化也能够转化为公益性文化。以版权为例，大多数的国家现行规定，著作人去世 50 年后,其作品进入公共领域,成为公共文化产品,企业和个人使用不需要支付版权费用。可见,公益性文化和经营性文化并不是相互对立的,它们之间可以相互转化,从而促进文化领域的协调发展。

小 结

本章分为三节。第一节首先介绍了文化市场的概念以及内涵,并给出了不同国家对于文化市场的不同划分方法;其次介绍了文化市场与一般商品市场相同的几种功能,并通过分析文化市场的特殊性给出了文化市场所具有的特殊功能;最后介绍了文化市场的主体,并分析了文化市场具有独特的公益性文化经营主体的原因。第二节主要是对文化产业的介绍,其中包括文化产业的定义和内涵,并且介绍了文化产业层次构成理论以及各个国家对于文化产业层次的划分标准。第三节对文化市场中存在的公益性文化和经营性文化的概念、主体作了具体介绍,分析了中国文化事业单位转型的原因和发展阶段;分析了公益性文化和经营性文化之间的关系,认为两者并不是完全独立的,而是可以互补、相互促进和相互转化的。在文化市场上,只有公益性文化和经营性文化并存才能更好地促进文化领域的协调、健康发展。

思考题

1. 文化市场的含义、功能是什么?
2. 文化产业的市场主体包括哪些部分?
3. 文化产业同一般产业的核心区别在哪里?
4. 文化产业的概念和内涵是什么?
5. 索斯比划分文化产业层次理论包括哪几部分?
6. 我国是如何划分文化产业层次的?
7. 公益性文化的概念是什么?我国公益文化表现形式及其属性是什么?
8. 公益性文化和经营性文化之间的关系是怎样的?

参考文献

1. 马文·哈里斯. 文化·人·自然——普通人类学导引[M]. 顾建光,高云霞,译.浙江:浙江人民出版社,1992.

2. 申维辰.评价文化[M].陕西:陕西教育出版社,2004.

3. 蔡尚伟,温洪泉.文化产业导论[M].上海:复旦大学出版社,2006.

4. 苏东水.产业经济学[M].北京:北京高等教育出版社,2005.

5. 阿多诺,霍克海默.启蒙的辩证法[M].重庆:重庆出版社,1990.

6. 王仲尧.文化市场与管理[M].黑龙江:黑龙江人民出版社,2002.

7. 贾斯廷·奥康纳.欧洲的文化产业和文化政策[OL]. http://www.mmu.ac.uk/~ss/mipc/iciss/reports.

8. David,Throsby. Economics and Culture [M]. Cambridge University Press,2001.

9. 顾江.文化产业经济学[M].南京:南京大学出版社,2007.

10. 刘玉珠,柳士法.文化市场学[M].上海:上海文艺出版社,2004.

11. 胡惠林,李康化.文化经济学[M].山西:山西人民出版社,2006.

12. 刘吉发,岳红吉,陈怀平.文化产业学[M],北京:经济管理出版社,2005.

13. 李向民,王晨,成乔明.文化产业管理概论[M].山西:山西人民出版社,2006.

14. 王晨.文化企业管理[M].湖南:湖南文艺出版社,2006.

15. 临海.寻求中国年轻品牌的成长道路:英国品牌启示[M].北京:企业管理出版社,2008.

16. 张晓明,胡惠林,章建刚.2008年文化产业发展报告[M].北京:社会科学文献出版社,2008.

17. 吴克宇.电视媒介经济学[M].北京:华夏出版社,2004.

18. 程建平.公益性文化与经营性文化社会价值辨析[J].河南社会科学,2006(5):144-146.

19. 花建等.文化产业竞争力[M].广东:广东人民出版社,2005.

20. 李思屈.文化产业概论[M].杭州:浙江大学出版社,2007.

3 文化产品的组成与特征

文化产品(通过市场交换即文化商品)是构成文化市场的基本要素之一,和文化产业链相关的各种文化经营活动都是紧密围绕着文化产品来进行的。作为市场客体的文化产品是文化市场的主要行为对象,文化营销的目的就是有效提高文化产品的市场流通效率。文化产品在进入市场流通后,除具有一般商品的性质外,更多地还表现出其特殊性,这为文化营销策略的制定提出了更高和特殊的要求。从这个意义上说,对文化产品的考察构成文化市场学的必要组成部分,这就需要我们对与此相关的理论意义上的文化产品的本质内涵、表现属性和市场实践中的文化产品的品种构成、基本特征有一个清晰的把握。

3.1 文化产品的内涵

商品经济的全面发展使得无形的精神文明——文化走向市场交换。如果说,文化的商品规定性只是作为一个历史范畴把现代文化与传统文化区别开来,那么文化商品的意识形态本质属性则将其与其他商品区别开来。这一时空定位事实上就界定了文化产品的基本内涵,并由此决定了文化产品特殊的市场运动特征。特别是,在影响文化产品营销分析的两个主要方面——产品整体价值结构和产品生命周期运动上,文化产品的不同特性就尤为突出。

3.1.1 文化与文化产品

文化即"人化",是人类本身实践对象化、行为化的产物,文化与经济、政治一起构成人类社会发展的三大子系统。长期以来,人们在使用"文化"这一概念时,其内涵、外延差异很大,故文化有广义与狭义之分。广义文化是指人类在社会历史发展过程中所创造的物质财富和精神财富的总和;狭义文化即精神财富。具体来看,文化通过一个国家或民族的历史、地理、风土人情、传统习俗、生活方式、文学艺术、行为规范、思维方式和价值观念等方式予以表现,其中既包括世界观、人生观、价值观等具有意识形态性质的部分，也包括自然科学和技术、语言和文字等非意识形态的部分。

人类既是文化的创作者和继承者，又是文化的享受者和改造者，在这个意义上，文化和其他物质产品无异，表现为经济生产和社会消费的特征，只是从物质外观来看，多数文化产品表现为一种无形的服务。社会分工的发展带来了文化产品生产主体和消费主体的分离，为换取必要的生活资料，文化产品的生产者就让渡自己的文化产品换取其所需要的其他使用价值。历史上这种现象就曾大量存在，比如，一类被称之为"倡优"的职业演艺者，还有为大家所熟知的景泰蓝、耀州瓷等专业艺术品创作和售卖等。随着商品经济逐渐发展到市场经济的高级阶段，文化产品种类越来越多，文化产品层次越来越高，文化产品的偶尔交换取得了普遍的形式，文化市场诞生并走向繁荣。作为用于交换的劳动产品，文化产品通过文化市场获得了它的质的规定性，呈现出商品属性。从实践来看，文化市场发展不仅需要文化产品商品化的理论依据，还需要法理上的支持。事实上，许多国家和国际组织都制定了诸如《著作权法》、《世界版权公约》和《伯尔尼公约》等类似的法规合约，这方面更多的努力也正在付诸实践，并为文化产品的全面商品化流通做着积极的贡献。

需要指出的是，文化市场研究是以文化产品商品化为前提的，在现实中还存在着大量的文化产品并不通过市场交易走向消费。这类产品多数是本书第二章所述的公益性文化产品，比如街头雕塑、公共报栏、广场音乐会、博物馆、历史文化遗存等，这些产品的公共物品属性导致了其市场提供机制的失灵。文化市场学主要探讨可以并且已经能由市场化提供的文化商品，对公共文化产品的探讨也只是偶尔考察其市场提供参与的多元可行性上。因此，公益性文化产品不构成文化市场学研究的主要内容，本书的研究是指文化商品，结合实际习惯，仍以文化产品称之，即文化产品就是指那些市场化提供的文化有形实物和无形服务，后文如无特殊说明都遵照这个约定，不再赘释。

3.1.2 文化产品属性

文化产品取得了商品的质的规定性，同时也就意味着文化形态的生命运动及其发生机制和特征都发生了重大变化。文化产品在由精神原创诞生后，经由工业化的批量生产，通过市场组织走向大众消费，文化运动表现为产业经济的运动形式。这一运动过程是由文化产品所蕴含的全部矛盾关系所推动的,文化产品的内在属性则决定着这一文化运动过程中的全部特征。文化产品最根本的特殊性在于它有着双重的属性,即文化产品的商品属性和文化产品的社会意识形态属性。前者是其非本质属性,后者是其本质属性。

文化产品之所以具有商品属性,是因为它也是一种用于交换的劳动产品,在其生产过程中凝结了人类的一般劳动,具有价值和使用价值。一方面,文化生产劳动作为人类劳动力在生理学意义上的耗费,作为相同或者抽象的人类劳动,形成文化产品的商品价值,为文化产品提供了交换的可能性和内在驱动力。另一方面,文化生产劳动同时具有其特殊劳动形式,是专门用于生产文化而非其他产品的有用劳动,它形成文化产品的使用价值,为文化产品取得了交换的必要性和外在牵引力。文化产品和其他产品一样,其价值是一般劳动的耗费,但是文化产品的价值决定有其特殊性。尽管许多文化产品都具有其物质载体,但文化生产的核心是一种精神生产的劳动,它不是一般意义上的简单劳动,而是一种复杂劳动。这种劳动消耗非寻常物质生产可比,其劳动的组织形式、行为、过程及其历史发展都有其特殊性,最突出的就是文化生产个体必要劳动时间差异巨大,因而难以找到一个社会必要劳动时间来作为衡量的标准将复杂劳动以一定比例转化。因此,文化产品的价值构成具有很大的不确定性,有待于市场供求机制来发现。文化产品的使用价值及其有用性,即能够满足人们某方面文化需要的属性,包括认知价值、审美价值和伦理价值三个方面。各种文化产品中使用价值三个部分的组合方式和构成比例都不同,科学理论的认知价值比较大,艺术产品的审美价值居于主要地位,宗教的伦理价值则最为突出。而且,在一般情况下,这三部分使用价值又是相互融合、相互制约的,它们的关系归根到底是真、美、善的关系[①]。

从文化产品的认知、审美和伦理的价值功能来看,它都不是一般意义上的满足生理需要的"纯物质",而是表现为其作为文化精神产品的存在特性,那就是社会意识形态性。文化产品所反映出的思想性、艺术性和审美观,表现出它作为社会意识形态的本质特征。文化产品的创作首先作为一种社会意识是社会存在的一种反映,无论是自然景观的描绘、社会生活的纪实,还是个人情感的抒发和想象都是社会存在的直接或者间接反映,这种反映以上述三类价值的形式人化,使得产品使

---

① 岳红记,何炼成,刘吉发.试论文化产品的价值与价格[J].经济师,2007(3).

价值的意义超出了个人的范畴，构成人类思想的上层建筑，成为社会再造的工具。文化产品的意识形态性还表现在文艺和政治的不可分开上。文化意识形态为经济基础所决定，同时又是一定阶级的意志和情感的反映，作为经济基础集中表现的政治上层建筑成为文化意识形态和经济基础的作用中介。尽管并不是全部文化作品都直接和政治相联系并为阶级利益服务，但却为共同的经济基础所决定，反过来总是和政治紧密联系在一起的，融思想性、艺术性、知识性、审美性和群众性于一体，通过自己独特的潜移默化的方式行使意识形态功能。

文化产品的商品属性和社会意识形态性是文化产品具有的两种基本属性。前者是一个历史的范畴，标志着文化产品进入了市场经济的商品形式，是非本质属性；后者是其本质属性，是关于文化的属性，使其与其他商品区别开来，决定着文化产品的本质内容和社会功能，这二者是有机统一的。这种二重属性决定了文化产品不仅具有经济效益，而且具有社会效益。这就要求我们在发展文化产业、繁荣文化市场中一定要保证这两种效益同时实现。文化产品的双重属性是个复杂的现象，有些文化精品同时具有较高的商品价值，但有些商品性很强的文化艺术却未必是文化精品，当然也不乏许多文化精品未能够走向市场取得商品的形式。文化营销认同文化产品的商品属性，遵循市场和营销活动的一般规律，也更加注重文化产品的意识形态本质分析，致力于其特殊的营销战略和模式的探索。

3.2 文化产品的组成

文化的本质属性决定了文化产品的多样性。文化产品是一种社会意识形态，它是对纷繁复杂的社会存在的反映，这决定了文化内容本身的广阔性，人类思维的主观性差异还赋予了文化产品多种的形式外壳。随着文化走入市场，采取了工业化的生产方式，现代科技更是为文化的生产、流通和消费提供了多样的表现方式，使得文化产品体现为一个由多个产品组成的产品体系。这些产品的市场运动不仅具有文化产品的一般规律，还表现出自己的特性所在，对其予以分类认识就有着很大的必要性。

3.2.1 文化产品的分类

文化产品数量繁多，类型多样，对其分类具有多种标准，下面是其几种常见的分类形式。

根据物质载体的有无可以将文化产品分为服务性文化产品和实物性文化产品。前者如表演艺术(音乐、舞蹈)、语言艺术(文学)和综合艺术(戏剧、影视),以及剧院、娱乐场所、图书馆、博物馆、展览馆、广播电台、电视台提供的表演性演出服务、游艺娱乐服务、阅读展览服务和广播电视服务等;后者是实物产品,如造型艺术(绘画、雕塑)、美术品、工艺制品以及书籍、报刊、音像制品和电脑光盘等传媒出版物。

以文化产品艺术形象的存在方式为标准,可以将文化产品分为空间的文化产品、时间的文化产品和时空的文化产品。绘画、雕塑、工艺美术等具有一定形体,而形体总是存在于一定的空间之中,所以称为"空间艺术";音乐、文学等文化产品的艺术形象要在时间中展现完成,所以称为"时间艺术";另外一些产品,如舞蹈、戏剧、电影等,艺术形象的展开和完成同时需要时间和空间,故称为"时空艺术"。

现代文化实践还催生了一种按照制作者、制作方式、制作过程的不同来分类的方法[①],这种分类方法在较大程度上揭示了现代文化产品生产方式的特征。按照这一分类方法,由艺术家自己创造的唯一的、不可复制的、纯粹的戏剧、书画等稀缺性的个性化作品可以称为艺术品(和常规意义的艺术品略有不同);由艺术家、工艺师、匠人制作的旅游歌舞、雕塑、工艺美术品等可以复制的手工化产品称为工艺品;大量依靠设备、按工业标准批量生产的如影视作品、出版制品等标准化产品称为工业品。这三类产品的艺术家参与程度依次减弱,设备依赖性则依次增强。

文化产品的分类可根据文化产业的分类作为参考,事实上,文化产业的分类和边界确定根本上就是根据文化产品的特征和相互间的差异性来区分的。结合国家统计局《文化及相关产业分类》标准和当代中国文化市场的业态表现,可以把文化产品区分为传媒出版产品、广播影视产品、广告产品、动漫产品、演出娱乐产品、文物艺术品、旅游产品和网络文化产品这八大类及若干小类,这些产品构成文化产品的核心层。另外,文化产品的外延具有不确定性,在一定程度上还可以包括策划、咨询、博彩、竞技体育、会展、公关和培训等文化产品外围层和文化用品、玩具、设备产品等文化产品相关层。后者可以归为相关制造业等,故不予考虑,前者限于篇幅这里也略而不谈,于是前面的八类主体文化产品就构成本节所要介绍的全部内容。

---

① 孙安民.营销文化[M].北京:北京出版社,2007.

事实上,各种产业经济活动都是紧密联系在一起的,随着信息技术的发展,文化产业的产业融合现象越来越显著,任何分类都难以做到清晰和完备。依此而论,这里的划分对文化产品的营销也只是起到一定的市场细分指导作用,更多关于文化产品的分类认识还有待深入。

3.2.2 传媒出版产品

《辞海》中这样定义出版:将作品加工后,经过复制向公众发行。从这一定义可以看出,出版的本质特征在于复制性地将作品"公之于众"。这个"公之于众"过程的环节较多,广义的出版包括编辑加工、印刷、发行等一系列活动,狭义的出版则仅指编辑加工,不包括印刷和发行。这些"公之于众"的产品通常带有大众传播媒介的功能,所以统称为传媒出版产品,它们构成文化产品核心层的重要部分。出版物通常都具有其物质载体,如传统上的纸张,后来的磁盘、光盘以及新型的网络等。出版产品主要是指这些有形出版物以及与其配套的一些发行、印刷、批发和零售服务。按照这些物质载体的不同,可以把传媒出版产品分为四大类:图书、报纸、期刊、音像电子出版物。

图书是出版产品最为常见的一种形式,凡是装订成册或者按照一定次序分页汇集的纸质出版物都属于广义的图书范畴。各种著作的版权经由购买汇集到图书出版的原始制作单位——出版社,在著作历经编辑和印刷包装后,由各大书店(也有依靠供销社和出版社自办部门发行的)发行上市与读者见面,进入消费,这就是图书出版产品市场的全部流通活动。近年来,我国图书产品生产增长持续稳固,各种规模指标引人注目(见表3-1)。截至2013年底,全国共有出版社447家,全年全国共出版图书44 427种,定价总金额929.24亿元,较2012年增长8.95%[①]。产品规模的稳步增长为图书市场的繁荣奠定了基本的支持作用,但与此同时,我国图书出版存在的一些问题也引起了人们广泛的关注。我国图书市场繁荣的背后实质上是教育类图书的一枝独秀,有竞争力的消费类图书还很缺乏(这同时也是我国图书版权出口萎缩,大量版权贸易存在逆差的一个重要原因),图书出版种类的增加与消费者的实际需求出现了脱节,导致市场交易出现滞胀现象,图书库存严重。同时,出版市场结构也严重失衡,秩序比较混乱,我国出版发行单位总量失控,散、滥、

---

① 国家新闻出版总署年度统计公报:http://www.gapp.gov.cn/govpublic/80/795.shtml。

小、差现象严重,选题不合理、内容低俗、粗制滥造的图书大量生产,版号买卖、随意加大发行折扣等问题不断发生,书刊价格过高。此外,我国图书产品在地域分布上极其不平衡,欠发达地区的出版处于薄弱状态,相对滞后的发行体制和不发达的销售网络也没有为这一不平衡现象作出应有的补救。

表3-1 我国纸质出版产品发展概况(1978—2013)

类别	图书				期刊				报纸			
年份	种数(种)	新出版(种)	总印数(亿册)	总印张数(亿印张)	种数(种)	平均期印数(万册)	总印数(亿册)	总印张数(亿印张)	种数(种)	平均期印数(万份)	总印数(亿份)	总印张数(亿印张)
1978	14 987	11 888	37.7	135.4	930	6 200	7.6	22.7	186	4 280	127.8	113.5
1985	45 603	33 743	66.7	282.8	4 705	23 952	25.6	77.3	1 445	19 107	246.8	202.8
1990	80 224	55 245	56.4	232.1	5 751	16 156	17.9	48.1	1 444	14 670	211.3	182.8
1995	101 381	59 159	63.2	316.8	7 583	19 794	23.4	67.0	2 089	17 644	263.3	359.6
2000	143 376	84 235	62.7	376.2	8 725	21 544	29.4	100.0	2007	17 914	329.3	799.8
2001	154 526	91 416	63.1	406.1	8 889	20 697	28.9	100.9	2111	18 130	351.1	938.9
2002	170 962	100 693	68.7	456.1	9 029	20 406	29.5	106.4	2 137	18 721	367.8	1 067.4
2003	190 391	110 812	66.7	462.2	9074	19 909	29.5	109.1	2 119	19 072	383.1	1 235.6
2004	208 294	121 597	64.1	465.6	9 490	17 208	28.3	110.5	1 922	19 522	402.4	1 524.8
2005	222 473	128 578	64.7	493.3	9 468	16 286	27.6	125.3	1 931	19 549	412.6	1 613.1
2006	23 3971	160 757	64.1	512.0	9 468	16 435	28.5	136.9	1 938	19 703	424.5	1 658.9
2007	248 283	136 226	62.9	486.5	9 468	16 697	30.4	157.9	1 938	20 545	438.0	1 700.8
2008	274 123	148 978	70.6	561.1	9 549	16 767	31.0	158.0	1 943	21 155	442.9	1 930.6
2009	301 719	168 296	70.4	565.5	9 851	16 457	31.5	166.2	1 937	20 837	439.1	1 969.4
2010	328 387	189 295	71.7	606.3	9 884	16 349	32.2	181.1	1 939	21 438	452.2	2 148.0
2011	369 523	207 506	77.1	634.5	9 849	16 880	32.9	192.7	1 928	21 517	467.4	2 272.1
2012	414 005	241 986	79.2	667.0	9 867	16 769	33.5	196.0	1 918	22 762	482.3	2 211.0
2013	44 4427	25 5981	83.1	712.6	9 877	16 453	32.7	194.7	1 915	23 695	482.4	2 097.8

数据来源:据国家统计局统计数据整理

以刊登新闻为主,定期连续发布,并依赖于更为简洁的活页形态纸质载体成为报纸区别于图书的重要标志之一。期刊则以书籍形态展现,与报纸一样也定期连续出版,只是周期比报纸稍长。报刊在传统四大媒体中无疑是普及性最广和影响力最大的媒体。报刊产品具有诸多特点：传播速度较快（杂志稍慢）、信息传递及时；信息量大，文化知识庞杂，说明性强；易保存、可重复；受众具有阅读主动性、随意性等。随着时代的发展，报刊的品种越来越多，内容越来越丰富，版式更灵活，印刷更精美，报刊广告的内容与形式也越来越多样化。所以，报刊与读者的距离也更接近了。

我国现有报刊产品的总量、结构和布局，反映着我国报刊出版业发展的基本格局。

报纸产品在经历了 20 世纪末的快速发展之后，行业总量增长在近年来趋于稳定（见表 3－1），产品结构则始终处于动态的变化之中。目前，从级别上看，省市级报纸占绝大多数，中央级报纸比例较低，但市场影响力显著，县级报近于忽略不计；从性质上看，逐步形成了以党报为龙头，晚报、都市报紧随，各种行业、专业和其他生活服务类报纸（总计要占到半数）协同发展的局面。在不同刊期的报纸中，日报和周报，尤其是日报，是我国报纸的主要类型，我国 72% 的日报还是党报和晚报、都市类报纸。国内报纸市场现在已经进入分众消费时期，报纸产品代表性地反映了文化产品进入成熟期后竞争的一个最重要特征，那就是同质竞争现象严重，谋求差异化生产满足目标细分市场的需求成为报纸产品营销的一个关键步骤。

相比其他出版产品，我国的期刊产品规模还比较低（见表 3－1）。连续几年以来，我国的期刊，尤其是文摘类期刊，从种类增加上来看已经趋近饱和，印张规模主要在财经、时尚等期刊的拉动下缓步上升。我国期刊市场表面热闹，而实际上却是竞争惨烈，有杂志创刊就很快有杂志消失，多数期刊缺乏长期利益导向，忽视了受众的内容需求分析，没有形成真正的市场定位和读者群。结合国际惯例和我国市场的实践，可以把期刊分为三类：第一类是消费类期刊，主要是为满足消费者的个人兴趣而出版的各类期刊；第二类是商业类期刊，其内容与职业有关，读者往往因为职业的原因带来阅读需要；另外一类就是学术期刊。目前，我国最多的是商业与行业期刊，约占一半，大学学报等学术期刊占很大部分，而消费类期刊的比例则相当低，仅占百分之十几。然而，期刊理论研究和国际实践都表明，消费类期刊才是期刊产业化（市场化）的主体，这一理论断言和事实上的相悖或许能从一定程度上解释我国期刊业产业规模小和广告收入比例不高的原因。

音像电子制品的制作、发行、复制、出租、放映也是传媒出版市场的重要活动之一。从更为具体的专业来分，"音"是指录音制品，载体主要有唱片（L）、卡式录音带(AT)、激光唱盘(CD)等;"像"是指录像制品,主要是后电影制品、后电视剧制品、后演出制品和录像教材等,载体主要有录像带(VT)、激光视盘(LD,VCD,SCVD,DVD)等;电子出版物是指以数字代码方式,将有知识性、思想性内容的信息编辑加工后存储在固定物理形态的磁、光、电等介质上,通过电子阅读、显示、播放设备读取使用的大众传播媒体,包括只读光盘(CD-ROM,DVD-ROM等)、一次写入光盘(CD-R,DVD-R等)、可擦写光盘(CD-RW,DVD-RW等)、软磁盘、硬磁盘和集成电路卡等。党的"十四大"以来,我国音像电子市场规模增长和结构调整持续进行:音像制品从磁介质占统治地位逐渐向光介质发展;录像制品以用于营业性放映为主转为用于出租为主;数据库、图书配套的电子出版日益盛行,音像经营业态由依附、游击状态和家庭式、作坊式,甚至杂货铺式向专营化、连锁化、集团化和规模化发展,音像经营单位在数量上的增长逐渐放慢,开始由以粗放型增长为主向集约型增长为主转变,各类音像电子产品逐步由以数量型增长为主向质量型增长为主转变(见表3-2),市场逐步走向成熟。从未来发展来看,音像和电子出版业将向产品分化、市场细化,生产、制作和流通分工更加明确的方向发展,也就是高品质、高水平有特定受众群体的HD(高清)、BD(蓝光)等高端产品和通过网络和手机低收费甚或免费传播的低端产品将持续发展,而目前占主流的音像电子制品中间市场,由于知识产权保护严重不足,获利甚微,其市场潜力不可避免地将会走向萎缩。

表3-2 我国音像电子出版产品发展概况(2000—2013)

类别 年份	录音制品 种类 (种)	出版数量 (亿盒、张)	录像制品 种类 (种)	出版数量 (亿盒、张)	电子出版物 种类 (种)	出版数量 (万张)
2000	8 982	1.22	8 666	0.81	2 249	3 991.52
2001	9 526	1.37	11 445	1.44	2 396	4 507.17
2002	12 296	2.26	13 576	2.18	4 713	9 681.35
2003	13 333	2.20	14 891	3.54	4 961	9 320.89
2004	15 406	2.06	18 917	3.62	6 081	14 788.66
2005	16 313	2.30	18 648	3.86	6 152	14 008.97
2006	15 850	2.60	17 856	3.23	7 207	16 035.72
2007	15 314	2.06	16 641	2.85	8 652	13 584.04
2008	11 721	2.54	11 772	1.79	9 668	15 770.64

续表

年份	种类（种）	出版数量（亿盒、张）	种类（种）	出版数量（亿盒、张）	种类（种）	出版数量（万张）
2009	12 315	2.37	13 069	1.55	10 708	22 914.04
2010	10 639	2.39	10 913	1.85	11 175	25 911.86
2011	9 931	2.46	9 477	2.18	11 154	21 322.22
2012	9 591	2.28	8 894	1.66	11 822	26 344.86
2013	9 576	2.39	7 396	1.67	11 708	35 220.18

数据来源：据国家统计局统计数据整理

另外，从表3-2中我们也可以看出，自2008年以来我国录音制品和录像制品种类减少，其中录音制品的出版数量呈现缓慢下降趋势，录像制品的出版数量下降幅度较大。与此相反，我国电子出版物种类和出版数量都呈现出增长的态势。这主要是由于随着互联网的普及和发展，移动终端正逐步取代单一的录像、录音播放器，受众对电子出版物的需求呈现井喷态势，对传统的录音和录像制品需求减弱，未来这一趋势将会更加明显。

3.2.3 广播影视产品

广播、电影、电视产品是文化产品核心部分的主体之一，无论从传播影响力还是从产业贡献度上看都居于较为重要的地位。广播影视产品的共同特征是产品生产、传播技术依赖性强，知识密集程度高，产品消费具有视听动感，渲染力强，与意识形态紧密相连，在宣传领域地位重要。广播影视市场作为我国文化市场的重要组成部分，目前还处于成长期，前景态势十分看好，正日益发展成为国民经济市场体系新的亮点。2013年全年全国广播电影电视总收入为3 734.88亿元，其中财政收入437亿元，同比增长10.44%；实际创收收入3 242.77亿元，同比增长15.67%，增幅比上年下降2.56个百分点，增长明显放缓。从广播影视节目的制作和播出量、整体技术水平和规模以及实际覆盖人口来看，2013年全国广播电视向数字化、网络化、融合化加速演进，广播与电视综合人口覆盖率达97.79%和98.42%，广播影视数字化水平明显提升，有线广播电视用户2.29亿户，入户率达54.14%，数字电视用户1.72亿户，占有线广播电视用户的74.95%[①]。从这些数

---

① 本段及接下来几段的数据均来自于《中国广播电影电视发展报告(2014)》。

据来看,目前我国已经成为广播影视大国。

广播是广播台、广播电视台利用现代通信技术,将音频节目通过无线电波或导线,向一定范围的受众远程输送,供其收听。电波途径的无线广播占到绝大多数,也即一般意义所指的广播。传输的这种节目就是广播产品。我国广播产品有着巨大的生产实力和需求市场,截至2013年底,全国共设播出机构2 568座,公开办广播节目2 863套,广播节目综合人口覆盖率达到97.79%。广播产品通常按内容性质可以划分为新闻资讯类、专题服务类、综艺类、广播剧、广告等类型。目前我国综艺益智类节目播出时间最长,其次是专题服务类和新闻资讯类节目,广播剧节目播出时间最短(见表3-3)。中等收入以下群体是广播产品的主要消费群体,广播收听一般是免费的,广播产品的价值是通过广告转卖市场来实现的。广播产业市场主要是指广播广告市场以及广播生产的节目交易市场。21世纪以来,我国广播市场在全球广播行业暗淡的背景下逆市上扬,快速发展,已经成为仅次于美国的全球第二大广播市场。2013年,全国广播电视广告收入达到1 387.01亿元,增速比2012年下降了3.93%,广播广告收入增速分别降至2.74%,这意味着创收收入结构逐渐优化,版权商业模式加速成长。随着城市交通的发展和私家车的增多,政策松动带来的频率所有权和经营权的分离,以及技术创新带来的广播数字化第三代技术的发展,我国广播市场必将逐步走向繁荣。从产品来看,广播"窄播"化使得各类节目频率都加大了改革步伐,新闻频率、文艺频率和交通频率日益凸显自己的竞争优势,收听率持续上浮。听众对信息要求的逐渐多样化也使得服务和专题类节目有了很大的开发空间。

表3-3 2013年全国广播电视节目播出情况

项目	公共节目套数(套)	全年播出时间(小时)	分类(小时)					
			新闻资讯类	专题服务类	综艺类	广播剧、影视剧	广告类	其它类
广播	2 637	13 795 461	2 820 087	3 108 653	3 732 369	770 085	1 259 269	2 104 998
中央级		432 014	150 205	163 562	92 581	4 686	16 518	4 462
省级		1 983 499	312 154	499 611	570 820	89 073	279 160	232 681
电视	3 250	17 057 212	2 352 285	2 108 917	1 419 911	7 366 010	1 951 125	1 858 964
中央级		270 112	69 008	81 855	37 646	48 976	7 490	25 137
省级		2 237 960	293 336	407 454	161 707	776 080	292 015	307 368

数据来源:国家统计局

现代传输技术不仅能够传输音频节目,还能够通过卫星、有线网络或者无线电波实现视频、音频集成的节目输送,相应的收看终端就是电视。电视产品是电视台或其他节目制作机构经过有效劳动时间生产出来的电视节目,它的市场就是广大人民群众对各类公共事件的知情权和日益增长的文化娱乐需要。电视节目内容和形态的设置受受众需求导向的同时,还与电视台的经济实力相联系,并受国家传播方针、政策的制约。截至2013年底,我国中央、省、地三级广播电视播出机构批准开办的高清电视频道达到50个,八个省区基本实现户户通,电视节目综合人口覆盖率达到98.42%。类似于广播产品,电视产品按内容也可以分为新闻资讯类、专题服务类、综艺类、影视剧、广告等类型。从目前我国的编排实践来看,影视剧、广告和新闻资讯是电视节目播出最多的三类节目,播出的电视节目近半数是电视剧,如果加上综艺益智类节目,娱乐类节目的比重超过了一半,显而易见,电视的娱乐化程度要比广播高出许多(见表3-3)。进一步的调查还显示,天气预报、综合新闻、电视剧、真人秀、法制和体育赛事排在电视节目收视的前列,医疗、社会治安、教育等十大问题和突发热点一直是国内电视观众比较关注的焦点。传播优势明显的电视媒介也存在着二级广告市场,并且电视广告收入一直在电视台总收入中占很高的比例。2013年,全国电视广告收入增速降至6.97%,增速明显放缓,表明我国传统的电视收入结构正在进行转变。但从趋势来看,直接由受众市场得到的有线电视网络收入近年来增长迅速,在电视台总体收入中的比例不断增大,这一趋势还将因为数字电视的发展而得到大大加强。随着各种新兴媒体的发展,我国电视受众的规模近年来出现了缓慢的缩小趋势,广告主也越来越趋向立体化的多维投放模式,电视市场在快速发展的同时隐忧凸显,这促进了中国电视逐步进入"零和博弈"的份额竞争时代,电视市场格局面临着即将到来的重新调整。最为突出的特点是:省级卫视整体进步明显,内部差距加大,给央视的绝对地位带来严峻挑战。面对激烈的竞争,在"制播分离"和"内容为王"的市场环境中,抓住数字电视发展的有利契机,加大节目制作的开发和交流、优化频道和栏目改版、创新节目形态,走主动营销之路成为各电视媒体的唯一生存之道。

　　电影产品最传统的传播形式是通过影院放映电影。随着社会的发展,出现了一些与传统意义上的电影不同的与知识产权有关联的非影院产品形态,如VCD、电影画册和电影玩具等,这里把它们归纳为出版等其他相关子行业,对电影产品的定义就取其传统意义。电影产品通常也按照内容分类,如故事片、美术片、科教片、纪录片以及电视电影。电影产业的核心部分主要包括制作、发行、放映三个环节。在中国电影发展的历史中,几乎没有给纯粹的艺术实验留下任何位置,政治运动和艺术运动总是密不可分地交织在一起。其结果就是,改革带来的累积需求释放催生了电影制作的粗放式增长。自2002年的院线制改革以来,我国电影生产在量上逐年刷新历史纪录,创作数量持续6年攀升,标志着中国影片已经步入世界影片生产大国的行列(见表3-4)。电影生产呈现出多主体踊跃投资的新局面,从2002年的只有几十家投资主体,发展为2009年的超过300家。2008年,中影集团总投资近20亿元的"中影国家数字制作基地"落成并投入使用,结束了中国大片到海外加工的局面。但与此同时,国产影片质量多数低下,成规模、多层次、具有市场竞争力、能够走向终端市场的产品仍然稀缺,因而远远没有达到电影强国的水平,国内电影最近隐现的数量增长趋缓,在一定程度上反映了提高影片质量这一迫切要求。随着院线制改革的逐步深入和市场需求的扩展,我国院线建设方兴未艾,电影票房迅猛增长。2009年,我国创业板市场诞生,随后华谊兄弟、乐视网等一系列文化影视公司上市,有效推动了我国电影产业的发展。2011年,中国文化产业投资基金成立,该公司为近年来我国影视企业的发展提供了大量资本,并推动了诸多影视公司的上市融资。在影视企业拓宽融资渠道之后,我国电影市场更是呈现了爆发式增长。

表3-4 我国电影片摄制产量发展情况(2000—2013)　　　单位:部

年份	电影故事片厂	故事片	动画片	科学教育片	纪录片	特种影片
2000	31	91	1	49	10	—
2001	27	88	1	56	9	—
2002	31	100	2	60	7	—
2003	31	140	2	53	6	—
2004	31	212	4	30	10	—
2005	32	260	7	33	2	—
2006	32	330	13	36	13	—
2007	32	402	6	34	9	—
2008	33	406	16	39	16	2
2009	31	456	27	52	19	4
2010	31	526	16	54	19	9
2011	31	558	24	76	26	5
2012	31	745	33	74	15	26
2013	31	638	29	121	18	18

数据来源:国家统计局

截至2013年底,我国影院数量达到3 831家,银幕数达到18 398块,是2008年的4倍多,同时我国影院建设也逐步向多厅化、商圈化、品味化发展。2013年我国电影票房达到历史性的217.69亿元,同比增长27.51%,票房收入增长处于全球领先地位。国产影片票房占总票房的58.65%,这标志着国产影片重新夺回了我国电视市场的主动权。相比之下,发行环节的力量相对薄弱,但目前也正在壮大,逐步改变我国电影发行在产业链环节的弱势地位。在电影需求整体趋势上升的当前时期,顺应逐步细化发展的市场需求导向,提升电影制作的竞争力、改善影院条件和服务水平、适当降低票价,从而带来电影社会渗透力的增强和电影持续消费习惯的培养是促进我国电影市场再上新台阶的主要措施。

就目前我国的广播影视产品市场总体的发展来看,政策环境和技术发展都相对利好,普遍存在的问题是强意识形态性使得我国广播影视长期处于计划经济体制管控之下,产业化起步晚,继而在新的条件下,还不能实现经营理念的迅速转变,未能有效转变劣势为优势。具体体现在广播影视产品的生产质量不高、创意性的核心要素作用不明显,精品供不应求,知名品牌缺乏,未能满足消费者日益多元化的需求。以市场为目标、产品为途径的广播影视市场营销体系建设还处于初级阶段,营销方式还体现着计划经济的思维模式。广播影视产业的特殊性还在于其产业的多层次开发、多渠道回收的特征上,其产业链联动性强、联动面广,这就为广播影视以项目为对象的整体营销的理念提出了更高的要求。比如,很多企业已认识到这个问题,开始通过产业链上游的合作投资来实现购买行为的专业化。目前建立我国广电产品分类化的节目发行公司的条件已经成熟,如电视剧发行公司、娱乐节目发行公司等,可在一定程度上借鉴"广播电视节目辛迪加"模式。在我国电影"大制片厂模式"和"大院线制模式"的产业格局雏形日益明晰的背景下,电影生产更应注重发行量的扩大,克服弱势,通过"腰身"的带动,来带动制作的"头部"和放映的"尾部"联动,以此拉近生产和市场的距离。

3.2.4 广告产品

美国营销协会在1963年对广告作出了经充分修改的定义[①]:广告是由可确认的广告主,以任何方式付款,对其观念、商品或服务所作的非人员性的陈述和推广。

---

① 丁俊杰.广告学导论[M].长沙:中南大学出版社,2003.

广告从本质上来说是一种信息传播活动,传播受众享受这种陈述和推广性服务。但从市场交易来看,广告主才是广告这种产品的真正购买者。广告主是指那些为达到某种推销目的,自行(一般较少,不构成广告市场的意义)或者委托他人设计、制作、发布广告的自然人或者法人组织。一般包括生产商、中间经销商(此时为商业性广告)以及政府机构和社会团体(此时为非商业性广告)等。其他两大市场主体广告制作、代理公司和传播媒介协作配合广告主完成这种陈述和推广性产品的生产。由于广告主从一开始就直接参与到广告产品的生产之中,这使得广告公司和媒介的广告营销具有很大的特殊性,关系营销和整合传播理念就显得相对重要。

按照广告的产品内容,可把广告分为工业性广告和消费品广告两类。前者为工业生产服务;后者为家庭、个人生活服务,直接面向广大消费者,因而占据主要的市场份额。按广告的诉求方式,还可以分为理性诉求和情感诉求广告两类。前者侧重客观事实陈述,后者侧重情感诱导,一般广告都是这两种诉求不同程度的结合,因而这种分类只具有相对的意义。最为常见的广告分类是根据传播渠道的不同来划分的,据此可分为报纸广告、杂志广告、广播广告、电视广告、户外广告五类传统媒体广告和网络广告等新型媒介广告。

报纸广告的优势在于接触率高、信息推广容易、有相对稳定的受众群体、价格低廉;缺点是信息分散、时效性短、广告内容被反复阅读的可能性小。与报纸广告相反,杂志广告易于保存和反复阅读,时效相对较长,广告针对性强,更容易达到目标受众。广播广告综合了语言和音乐效果,具有传播的及时性和广泛性,受众层次多样,但传播方式单一,无法长期保存。将声音和图像结合起来的电视广告最受市场欢迎,视听合一,传播和感染力强,但也存在信息量小,稍纵即逝,费用高等不足之处。户外的霓虹灯、路牌、灯箱等也因为其为公众所注目的优势被用来投放广告,但受时空限制,这种广告的影响力通常有限。随着互联网的流行,兴起了以信息量大、针对性强为主要特点的网络广告,点击率低,缺乏吸引力,推介服务被动是其显见的劣势。近几年来,新型媒介广告形式不断涌现,手机视频广告、短信广告、楼宇广告等是其常见的形式。

我国广告市场在经历了改革开放以来的恢复与发展阶段以后,广告产业已经成为市场度最高的文化子产业之一,其市场收入逐年攀升。进入新世纪,我国广告市场在保持增长态势的同时增幅放缓,广告发展趋于理性,市场逐渐走向成熟。统计数据显示,2007年我国广告市场总收入(统计口径的原因,未包含网络等新媒体)达到 3 120 亿元人民币①。但从目前广告市场细分来看,广告资源配置极度不平衡,传统媒体的创新乏力和新媒体尚不完善的自身发展制约着广告主投放需求的有效释放。电视广告在传统媒体中增速最快,存量市场份额也占据绝对主导地位,交通车辆的增多保证了广播广告的持续高速增长,网络、商务楼宇 LCD 广告增幅最大,尽管其市场份额目前仍处于低位,但已经超越了杂志和广播广告,紧随电视、报纸和户外广告之后。受竞争挤压,第二大市场——报纸广告持续呈现负增长。从广告购买的广告主来看,食品、药品与日用品制造业和商业及服务性行业是广告投放的主要行业。从产品生产来看,广告公司没有发挥其应有的组织主体地位,产品也没有足够的能力挑战消费者碎片化的、个性化的需求。随着外资广告公司的大量进入,追求广告公司服务类型的多层次性、专业性,投放渠道多元化,深度整合广告资源从而带来广告产品质量和影响力的提升成为我国广告市场健康发展的着力所在。

3.2.5 动漫产品

动漫是动画和漫画的合称。动画是把人物或形象的表情、动作、变化等分段画成许多画幅,再用摄影机连续拍摄而成。漫画一词在中文中有两种意思:一种是指笔触简练,篇幅短小,风格具有讽刺、幽默和诙谐的味道,却蕴含深刻寓意的单幅绘画作品;另一种是指画风精致写实,内容宽泛,风格各异,运用分镜式手法来表达一个完整故事的多幅绘画作品。动漫产品是通过动画和漫画这两种形式表达艺术思想,其具体形式可以是出版物,也可以是影视剧产品或互联网、手机、智能化电子终端等视频内容,目前电脑和数字技术已成为其制作主流。技术的发展使得动漫生产呈现出动画和漫画制作逐步融合的趋势。比如,出版市场一大亮点的动画装帧图书,从动画的连续画面中抽取关键帧,演变为平面"动画"作品,可以将其称之为"动画作品漫画化";在流媒体传播方面,北京卡酷动画卫视打造的《漫画天下》栏目,将漫画、FLASH、视频等多种表现形式融为一体,动感展现漫画作品,可以将其称之为"漫画作品动画化"。动画与漫画不仅在技术上相互融合,二者在内容上近年来的相互改编也越来越多。

相对于其他文化产品,动漫艺术具有形式美的特点,其群体影响力主要集中于

① 江蓝生,等.2008 年中国文化产业发展报告[M].北京:社会科学文献出版社,2008.

青少年;同时,动漫产品也是一类奢侈品,中等以上收入群体是其主要消费人群。动漫产品主要分为三类:核心产品为漫画、动画卡通、网络和影视等有知识产权的原创人物及故事本身的直接播出发行市场;附属产品包括在核心产品上开发出来的产品,如音像制品、图书等;另外,动漫衍生品还包括服装、游戏、玩具和主题公园等。第一类是动漫产品的基本产品形式,需要电视、电影、网络、手机和音像等媒介平台播出,目前是我国动漫产品的主要业态。进入新世纪以来,在国家动漫产业扶持优惠政策的推动和市场需求的拉动之下,我国国产电视动画片产量逐年增长(见图3-1),2013年全国制作完成的国产电视动画片共358部,时长超过20万分钟。另外,随着电影市场的日益成熟,中国越来越多的动画企业开始投资生产制作动画电影,2013年国产动画电影制作备案84部,实际制作完成29部,其中公开上映25部(含合拍片2部),实现票房收入5.91亿元,同比增长45.4%[①]。目前,我国共有动漫企业4 600余家,通过认定的动漫企业累计达到587家,重点企业43家,从业人数近22万人。就漫画产品而言,日本漫画作品开始受到读者冷落,国内原创漫画则呈欣欣向荣之势,市场表现不俗。中国本土第二、第三代漫画人已经逐步走向成熟,个人风格更加显著。动画影视产品数量在跨越式增长的同时质量也有所提高,国内国外成绩骄人。2007年,仅三辰卡通的蓝猫品牌系列节目就输出到全世

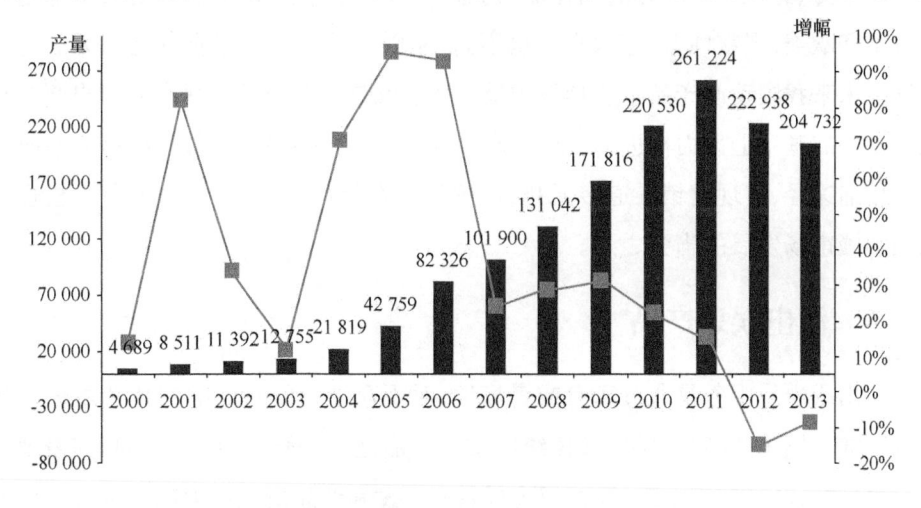

图3-1 2000—2013年国产电视动画片产量及其增速

---

① 数据来源:《2014中国动漫产业发展报告》。

界 36 个国家和地区,实现版权贸易收入 1 136 万美元。2009 年春节期间,国产原创动画片《喜羊羊与灰太狼之牛气冲天》首映日票房就达 800 万元,首周一举突破 3 000 万元。另外,近年来国产动画电影也呈现出系列化和品牌化的发展趋势。动漫出版市场在长期低迷的情况下,近年来也获得了突破性的开发,《中华小子》《福娃奥运漫游记》等动画抓帧图书先后热销。由于动漫衍生品的收入从潜力上看要占到动漫产业的大多数,因而近年来我国经营衍生品的动漫企业也逐渐增加,不仅有三辰卡通、武汉江通等传统动漫企业,还新增了腾讯、新浪、百度、盛大等互联网企业。

国产电视动画片的增量和增速尽管成绩骄人,但总体来看我国动漫市场供不应求的状况依然明显,动漫发行市场目前年度缺口高达 20 万分钟左右,这一缺口的时间价值高达 200 亿元人民币,衍生品市场的潜力更是巨大,新兴媒介的快速成长为动漫播出提供了更为广阔的渠道,动漫产业发展空间亟待开发。许多外国动漫企业抓住这一机遇,以免费和向电视台付费的方式进入我国市场,为其动漫衍生产品的市场获利构筑了畅通的桥梁,市场盈利大量流向海外,使得国产动漫受到严重冲击。这一现象的主要原因在于我国动漫创作水平还不够高。动漫界缺乏足够具有原创力、有较大影响力的画作家,内容单一、故事情节和绘画风格大多都是模仿日本和欧美,观赏性差,艺术水准也不高,原创作品在数量和质量上都无法得到保证。未来我国动漫产品生产趋势的最大特点就是要在动漫影视产品和出版产品创意发展的基础上大力推进动漫衍生产品的开发。另外,积极开发互联网、手机等新型传播途径,实现营销渠道多元化;严厉打击盗版行为,保护卡通形象产权也是我国动漫市场发展的当务之急。

3.2.6 演出娱乐产品

演出或娱乐服务是通过舞台或者场地,对观众进行面对面的文化艺术表现的形式。演出娱乐产品是最早、最传统的文化产品之一,随着历史的发展,其表现形式日趋多样,产品外延不断扩大,成为最具有开发和产品衍生潜力的原创性文化产品。演出娱乐产品可以分为演出产品和大众娱乐产品两大类。演出产品是指各个国家和民族拥有的戏剧、音乐、舞蹈、曲艺、魔术、杂技、马戏和时装表演等异彩纷呈的文艺现场表演;娱乐产品主要是指各种歌厅、舞厅、卡拉 OK 厅、音乐茶座、电子游戏厅、棋牌室、游乐场以及台球馆、保龄球馆、高尔夫球场等提供的各种大众娱乐服务。现实中还存在着很多公益性的演出和娱乐服务，文化市场学主要关注点在于走向市场的商业性演出娱乐产品。

作为一类文化产品，演出娱乐产品有五个方面的突出特性：第一是服务性，演出娱乐产品是事态产品，不是物态产品，它不直接从事文化产品买卖，而是以服务的形式直接面对消费者；第二是产品的生产和消费具有时空一致性，演出娱乐产品的生产和消费在空间上是并列的，在时间上是同一的，生产和消费行为必须在同一时间同一场所进行；第三是因为这种时空一致性，使得文化产品的消费互动性强、参与程度高，面对观众的表演带来强烈的艺术感染冲击，使消费者达到意境的共鸣和反思，达到自我娱乐、自我宣泄满足，在这一过程中，消费者主体地位大大加强，文化产品在娱乐中实现自己的审美、认识等教化功能；第四是多样性，新兴娱乐项目方兴未艾，传统演出得到再度开发，只要是人们喜闻乐见的产品形式就会处于不断的开拓之中；第五是复合性，消费者不仅要看、听，还要吃、玩，将演出、娱乐、饮食和竞技融为一体，在带动相关产业市场发展的同时，也为演出娱乐产品本身的营销带来一些启示。

改革开放以来，我国演出市场在经历了20世纪80年代的突飞猛进、急剧扩张阶段，以及随即而来的裹足不前甚至倒退和港台、国外演出持续走热的畸形发展阶段以后，在新世纪逐步走上结构合理、稳步发展的道路，规范有序又充满生机活力的演出市场体系正在形成。根据相关数据统计，2013年底，我国文化系统共有艺术表演团体达8 180个，从业人员26万余人，全年国内演出165.11万场[1]。从演出市场的组织结构来看，已经初步形成了演出团体、演出公司与演出场所分工配合、协作发展的主导格局，国有剧团转制初见成效，民营剧团的崛起也令人瞩目。进一步来看，文艺演出主要集中在北京、上海、广州等大中型城市，剧目以戏曲曲艺、歌舞剧、音乐演唱会居多，港台、欧美歌手占据舞台的情况得到明显改观，高雅艺术和民族优秀艺术得到了良好的生存发展空间。但与此同时也存在着一些影响演出市场进一步拓展的突出问题，比如，国有剧团依然是计划经济体制运转模式，缺乏具有时代深度和强烈艺术震撼力的经典大作，剧种布局不合理（戏曲剧团数量过多的同时是儿童剧、话剧等偏少）以及区域市场不平衡等。

文化娱乐相比其他文化产业具有更为明显的商业性，社会各界的投资主体趋

---

[1] 叶朗.2014年中国文化产业发展报告[R].北京:北京大学出版社,2015.

之若鹜,这加剧了文化娱乐市场的恶性竞争与无序发展,使我国文化市场发展的过度膨胀与结构失衡问题持续存在。在经过 2003 年前后大规模的市场调整后,我国文化娱乐市场开始逐步走上健康发展的道路,规模化、产业化是其主要特征。从产品提供看,基本形成了歌舞娱乐类、游艺游戏类、消遣休闲健身类等多个序列,高档娱乐提供规模趋向稳定,大众娱乐形式发展迅速,娱乐品种越来越多,与丰富多彩的文化需求的结构性矛盾逐步缓解。娱乐产品从内容上看,品位也有所提高,不健康的娱乐服务泛滥的不良风气有了一定程度的改善。

3.2.7 文物艺术品

文物是人类历史发展过程中遗留下来的存在社会上或埋藏在地下的遗物、遗迹,是人类宝贵的历史文化遗产。文物包含的内容比较广泛,但基本上可以分为两大类:一类是不可移动文物,主要以古建筑、古遗址、古墓葬等形式存在,通过分别核定、公布为国家、省、市等级别的文物保护单位的形式来保护和管理;另一类是可移动文物,包括绘画、雕刻、工艺品、书法墨迹、古文书、玩物及其他有形的文化遗产(包括形成遗产价值的环境及地点和共存遗物)。不可移动文物的某些组成部分也可能由于拆卸等一些原因转化为可移动文物。与不可移动文物相比,可移动文物有进入文物市场的可能性。在我国文物市场上,文物商品主要来自于五个方面:传世之物;民间收藏;盗掘文物;农田水利基本建设或取土时发现的,未经及时保护从而流向市场;经有关部门批准,终止收藏可以投放市场的文物藏品。

艺术品或艺术产品,是指人们为了满足精神生活的需要,将自己的创意思维通过有目的的艺术劳动加工所创造的物品。通常,艺术品取其狭义,即美术品,如绘画、雕塑、书法、印章、工艺美术品(陶瓷、玉石器等)、建筑物和园林等等。这些产品在外观上看,通常具有一定的物化形式,完全可以脱离艺术的生产者和消费者而独立存在,这为艺术品进入市场流通提供了必要的基础条件。建筑物和园林通常不可移动,多数归为建筑产品,因而,在文化市场学的研究中,艺术品主要是指绘画、雕塑、书法、印章、工艺美术品等。按照文化部 2004 年 7 月 1 日发布的《美术品经营管理办法》的具体规定,艺术品是指绘画作品、书法篆刻作品、雕塑雕刻作品、艺术摄影作品、装置艺术作品等以及上述作品的有限复制品。这些作品的收购、销售、装裱、经纪、评估、咨询以及展览等构成艺术品市场经济的全部活动。

文物艺术品最大的特点是其价值和价格决定具有很大的特殊性。文物产品最初的制造者并不是有意为了后世制造"文物",文物产品作为社会文化历史的见证,才由一般的物质产品演变成了特殊的精神文化产品,其使用价值是历史积累和转换的结果,价值已与原始价值基本脱钩,经过转换的特殊精神文化使用价值及其当代的稀缺程度决定了它今天的价值。当代艺术品生产也需要复杂的精神劳动,但这种劳动对艺术品价值的决定作用很小,在很大程度上,艺术品也是由其特殊的使用价值和稀缺程度决定的。一般而言,艺术品的艺术水平和质量越高,它的价值越大,而这种高水平和高质量并不与较多的复杂劳动必然相关。这种特殊性使得文物艺术品在供求关系作用下的价格表现常常出现极大的波动。另外,文物艺术品的价值实现也具有特殊性,通常需要多次交换才能实现其完整的价值,因而文物艺术品市场还存在着一级画廊、文物商店制作销售,次级交易会展览、拍卖的划分。

文物艺术品是相对稀缺的精神文化产品,具有很高的收入弹性,也常常处于国家的严格管理之下,也只有在今天人们收入水平大大提高,出现了高收入人群,国家适度放开的情况下,文物艺术品市场才会得到迅猛发展。改革开放以来,我国的艺术品创作发展也很迅速,各省市基本上成立了画院,私营画廊(仅上海就有画廊800余家)、个人工作室迅速增加,市井小型创作随处可见。大量体制外艺术家投身到艺术创作上来,艺术新思潮、新派别、新风格更是层出不穷。在艺术品数量迅速增加的同时,艺术品的结构也日益多元化。从交易来看,目前绘画、古钱、瓷器是比较火爆的文物艺术产品,其中中国书画占到成交额的90%以上。作为具有消费和投资双重特性的特殊产品,文物艺术品市场未来的持续发展是毋庸置疑的。在2004~2005年的拍卖高潮后,我国的文物艺术品市场开始走向调整阶段,逐步回归理性,赝品充斥、价格泡沫、经营主体错位,一级市场冷而二级市场热的畸形繁荣等问题有望逐步得到解决。

3.2.8 旅游产品

旅游,通常是指人们不为谋求职业或从中获取赢利而短期离开常住地去他地所作的停留。世界旅游组织给出了更确切的定义,即旅游是公民为了休闲、商务或其他目的,离开他们的惯常环境,到其他一些地方去以及连续时间不超过一年的短期停留。这个过程中,从旅游者角度看,旅游产品是指旅客花费了一定的时间、费用和精力所换取的一次旅游经历;从供给的角度看,旅游产品即旅游从业者通过开发、利用旅游资源提供给旅游者以满足其旅游活动需求的旅游吸引物与服务的组合。

旅游产品是一个纷繁复杂的多元产品体系。从组合结构来看,旅游产品有旅游吸引物、旅游设施、可进入性和旅游服务等多种要素构成,现实表现为旅行社、旅游饭店、旅游景点、旅游餐饮、旅游交通和旅游娱乐等。旅游产品可以分为四种类型:观光旅游产品,包括自然名胜、人文古迹和城市风光等;度假旅游产品,包括海滨、山地、温泉、乡村和野营等;专项旅游产品,如纪念日旅游、民俗文化旅游、产业旅游以及一些特殊旅游(如绿野仙踪游、垂直极限游等);生态旅游产品,生态旅游最初作为一种新的旅游形式出现,主旨是保护环境、回归自然,变革了以往的旅游发展模式,但现在生态旅游无论从概念、方式以及要求等方面都有很大的创新,成为旅游业可持续发展的核心理论。第二次世界大战以后,全球旅游业迎来了蓬勃发展的新时期,旅游产品开发日趋多样化、专业化、个性化。各种旅游产品,如观光游、商务旅行、奖励旅游、探险旅游、度假游、会展旅游和自助游等层出不穷。国际旅游业的发展经验表明,在产业生命周期的前期,旅游产品还主要以观光游为主,这在我国也得到了实践证明。1987年以前,我国的旅游产品开发主要是旅游景点数量的开发,旅游产品多数为初级的旅游观光产品;20世纪末期,我国在继续发展观光旅游的同时,开始关注特种旅游产品和专项旅游产品的开发,旅游产品呈现出以文化资源、旅游线路为主的特征;进入新世纪以来,资源的全面整合得到我国旅游产品开发的重视,产品开始由路线型向板块型推进,逐步形成以路线型产品为基础,主体型产品和特种型产品为主体的旅游产品体系。总体来看,我国旅游产品体现了从点到线再到面的发展历程和趋向,前景态势比较看好。

从我国市场来看,随着社会的发展,旅游业在经济发展中的产业地位、经济贡献逐步增强,并且潜力显现,日益发展成为我国经济发展的支柱性产业之一。统计数据显示,进入新世纪以来,我国旅游业旅游人数、旅游收入逐年稳定增长(见图3-2,2003年和2008年因为"非典"和地震稍有变化)[①]。2013年全年入境旅游人数12 908万人次,国际旅游外汇收入516.6亿美元;国内出游人数达32.6亿人次,国内旅游收入26 276亿元。进一步发展我国文化旅游市场,要注重旅游资源开发,更要注重营销策略。与少数旅游景点人满为患同时存在的是我国许多旅游景点的客源不足。要实现客源的增长,需要精心设计和制作主题鲜明、特色突出的旅

---

① 国家旅游局旅游统计信息统计公告[R]. http://www.cnta.gov.cn/html/rjy/index.html.

游精品,加强舆论造势和广告宣传,制造旅游亮点,形成各自不同的卖点;要与旅行社、相关景点建立合作关系,以旅游项目和旅游线路为纽带,联姻结亲,共同组织引导客源;要做好配套服务,以主带副,因游促销,以主打文化旅游产品为依托,深入开发旅游纪念品、旅游演出、旅游餐饮等副产品,从而全方位、立体型开发旅游产品的整体价值。

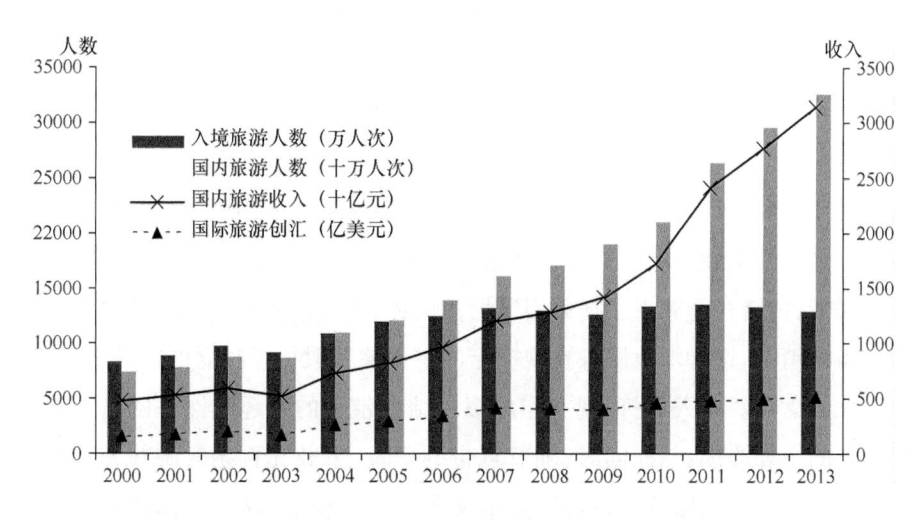

图 3-2 2000—2013 年中国旅游人数及收入增长

3.2.9 网络文化产品

互联网的发展突破了通信的原始范畴,互联网在信息传播上的功能优势,使其日益发展成为新兴的大众传播媒介。由于多数文化产品属于内容产品,具有天生的虚拟性,因此被认为是最适合于网上生产、流通和消费的产品。这种依靠互联网来生产和提供的文化就称之为网络文化产品。网络文化产品依靠网络传输和计算机终端取得了新的渠道形式,使一切文化形态和艺术方式都在因特网上获得了新的生命。目前我国网络文化产品主要有网络新闻、网络出版、网络视听、网络广告、搜索引擎、网络游戏和电子公告板等。

提起互联网服务,人们最容易想到的是门户网站,它们提供的网络新闻是网络文化的基本产品,网络新闻最充分地体现了新闻的时效性和信息海量的特点。网络技术革新了出版产品的制作工艺,在网上制作传播出版产品成为传统的图书报刊和音像制品的一种替代形式。在网上,传统的出版、复制和发行的后两个环节被省略,制作和销售融为一体,生产和流通成本都大大降低。与传统出版物相比,网络电子出版物优势明显,互联网实现了图书出版的交互功能,其高速传输的下载平衡处理技术,为所有电子出版交易平台的建立提供了条件。随着网络传输的速度和质量的不断提高,人们还可以直接通过网络收听收看广播电视节目,可以随时随地通过局域网进行交互式查询,点播存储在服务器上的集图文、图像、视频、音频于一体的视频服务(VOD),这些都是网络视听产品。网络视听产品针对性强,广告发布自主、方便,信息量大,受众可控、可测的特性使得互联网媒介得到了许多广告主的青睐。网络广告市场近年来市场规模迅猛扩大,一方面成为广告市场中增长最为迅速的子类产品之一;另一方面也构成网络文化企业的主营收入。如果说前述四类产品还主要是体现了网络的渠道特征,那么搜索服务、网络游戏、电子公告板则体现了网络在文化产品生产中的内在参与性。人们在收集信息时,面对海量信息手足无措,网络企业开发了搜索引擎增值服务,引导消费者更为有效地实现其他网络产品的消费,这种增值服务在规模上的扩大使其取得了独立的产品形式,并显示出巨大的潜力。多人对打、现实和虚拟相结合带来的强趣味性是网络游戏备受玩家推崇的主要原因;与此同时,随着宽带的普及,下载几百兆的游戏客户端变得可行,电子商务、网上银行使得游戏点卡交易也十分便捷,这些为网游市场的迅猛发展提供了客观条件。还有一类常见的网络文化产品就是电子公告板,即互联网以电子布告牌、网络论坛、网络新闻组、网络聊天室和留言板等交互形式为人们提供信息和文化服务。电子公告的最大特点是使消费者本人在消费的同时也参与到产品的生产当中,实现充分互动。

实时、交互、便捷,生产成本低廉,消费参与程度高是网络文化产品的共同特征,同时也是网络文化市场诞生和快速发展的主要原因。随着技术的进步,互联网与电信网和有线电视网正在沿着三网合一的方向发展,无线网络也会参与进来。一方面,在数字处理技术的基础上,所有的传播媒介都被整合起来,并在此基础上将所有的信息站点和不同媒介的用户互联,实现服务共享,互联网在彻底改变传媒的同时自身也在发生着变革,产品新形式不断涌现。另一方面,自1994年互联网正式登陆我国以来,经过10多年的快速发展,网络用户数量已经初具规模。来自中国互联网信息中心的有关数据显示①,截至2013年底,我国网民数达到6.18亿,

---

① 中国互联网络信息中心,第33次中国互联网络发展状况统计报告[EB]. http://www.cnnic.net.cn/hlwfzyj/hlwxzbg/hlwtjbg/201403/t20140305_46240.htm.

互联网普及率为45.8%,整体网民规模增速持续放缓。但与此同时,手机网民继续保持良好的增长态势,规模已达5亿,年增长率为19.1%,手机已成为第一大上网终端。供求双方的力量增长为网络文化产品市场的持续发展提供了有利保证。从我国网民网络消费的构成来看,网络购物用户规模持续增长,团购成为增长亮点。2013年,我国网络购物用户规模达3.02亿人,使用率达48.9,团购用户规模达1.41亿人,团购使用率为22.8%。另外,手机端视频、音乐用户规模增长明显,智能手机和无线网络的发展以及视频运营商和网络运营商和合作也大大降低了用户上网的成本,因而扩展了手机端对的网络需求。另一方面,随着手机游戏软件的不断开发和移动端硬件配置的不断提升,我国网络游戏用户增长明显放缓,手机网络游戏迅猛增长。2013年,中国网络游戏用户规模为3.38亿人,仅增长了234万人,但手机网络用户已达2.15亿人,较2012年底增长了7 594万,年增长率达54.5%。除了传统的视频业务和即时通讯业务继续维持增长外,网络支付、旅行预订等也都成为近年来兴起的新的消费构成。

尽管近年来我国网络文化市场逐步兴起,但其目前存在着知识产权保护弱、行业管制混乱、产业链各方利益纠葛、市场规模不稳定、盈利模式不清晰等问题,这为网络文化市场的发展带来了困难,网络文化营销最重要的是在这些问题解决的基础上注重于产品本身的开发,以此带来消费者与时俱进的理念和持续消费习惯的培养。

3.3 文化产品的特征

文化产品的整个运动过程包括生产、分配、交换和消费四个环节。尽管文化产品种类繁多,但文化产品整体在各个运动环节上却呈现出一些共同的特征。文化生产形成的文化供给是文化市场营销的基础,文化市场消费形成的文化需求是文化市场营销的导向,文化市场营销本身就属于文化产品的流通环节,从而三个环节上都与文化营销紧密相关。归纳分析文化产品在这三个环节上的运动特征成为文化产品的组合开发、价格制定、渠道建设和促销策略选择不可或缺的基础依据。

3.3.1 文化产品的生产和供给特征

文化产品的生产包括两个方面的内容:一是精神文化产品最初的制作和创造;

二是投入产业化运营后的批量复制生产。文化产品的生产过程是这两个过程的对立统一。文化生产过程在一定的历史条件下,表现为一定的文化生产形态或者说方式。现代文化生产存在两种主要的形态:一种是作者性的原创式文化生产,主要是指文化生产者(作家、艺术家、理论工作者)以个体性的精神劳动形式,按照个人意愿,为达到崇尚自我目的追求个性与创新性的原始精神生产活动。这一过程带有很强的个人主观色彩、非组织化生产的特征,因而具有很大的随意性。我们说文化经济是创意经济,正是因为一切文化产品都是经过以创意性为特征的脑力劳动、艺术劳动而走向物的生产的。另一种是复制性的文化生产。文化原始产品诞生后,其题材、立意、表达方式等因素被文化企业按照市场需求进行合理的组合和搭配,然后,运用社会化生产工具进行加工、复制和模式化生产。这一过程具有很强的市场选择和客观色彩,有组织的生产特征,因而具有很强的社会和经济的功利性。作为该过程的结果,它不仅具备原创作品已有的品格,而且还由于社会选择的结果,是合规律性与目的性的统一,实现了文化商品的现实性。作为第一阶段生产成果的原创产品,有少量产品(如相当一部分美术品)可以直接进入市场流通,但多数文化产品都需要经过市场规律支配下的第二阶段生产,才能确保文化产品的商业化生产,从而保证产品的畅销,形成有效文化市场供给。

从文化产品的微观生产组织来看,文化产品的生产是一个文化或者信息资源、人力资源、资本资源的投入到产出的过程,是一个文化或者信息资源效用形式改变和效用水平提高的过程。其中,资本要素的作用在于改变文化或者信息资源的效用形式,以及加快文化产品生产从而提高效率。劳动要素是文化产品效用或者使用价值的源泉,不仅在于改变效用形式,更在于提高效用水平。智力复杂劳动在文化产品的生产中具有不可替代的作用,因而文化产品不同于一般物品,文化生产的劳动和资本要素的边际替代率很小,近乎为0。另外,在进行产品生产的成本—收益分析时不难发现,由于大量存在复制性生产,文化产品(尤其是传媒类产品)的生产具有外在性特征,即存在着外在性成本和外在性收益。这些外在性成本和外在性收益具有不确定性,由谁支付和归谁所有的问题都不明确。比如,某网络媒体的一则原创新闻被迅速地大规模复制后,转载媒体就可能因为简单编辑就得到了外在收益,而原创媒体却损失了转载媒体应予支付的相应费用,从而带来外在成本。文化产品的生产外在性是与文化产品与生俱来的知识产权特性紧密联系在一起的,从市场实践来看,这种外在性已经严重阻碍了文化市场机制功能的正常发挥,完善文化市场版权立法的强烈呼声在很大程度上就是因为这一原因。

现代文化产品生产不仅表现出生产方式上的特殊性,在产品生产的过程和结果上也有着与其他物质产品和传统文化生产不同的特点,主要体现为以下三"性":

第一,创新性。文化产品生产是一种具有高度创造性和探索性的精神生产。精神生产不同于物质生产,它更强调创新,文化产品与生俱来的知识产权特性根本就在于它的创新生产。其缘由在于,文化产品只有不断创新,才有普遍的永恒价值,才能加入人类的精神价值体系。这就要求文化生产者发挥最大程度的创造性思维和丰富的想象力,在前人的基础上,对系列问题的回答不断向纵深突破,逐步实现由必然王国向自由王国的迈进,最大程度地实现人的本质力量的对象化,实现文化产品价值内核——穿透力、感染力、震撼力——的持续构筑。精英文化产品的创新性是不言而喻的,这在内容、形式和概念上都得到体现,大众文化产品同样具有创新因素,只不过这种创新是在程式基础上的创新。

第二,技术和知识依赖性。现代文化生产本质上是知识的转移和智力的开发,具有较高的知识、技术和智能的综合性。无论是演出表演、激光唱片的生产,还是影视制作、图书出版,没有这三者的综合效应就没有现代文化和现代文化的生产。文化智力开发充分体现了文化生产的原创生产,知识转移体现了文化价值传承和积累的特性,技术包装使得文化跳出意识的内在精神,外在表现为集成知识传承和智力开发的有形实物或者无形服务的形式。在这种文化和知识的发明、创造和转化过程中,原有文化和知识结构经过组织加工后,通过文化和知识流的运动和反馈,不断地得到积累和创造,使得现代文化生产成为一种文化和知识的扩大再生产。

第三,复杂性。文化产品的复杂性表现在文化产成品是个结构复杂、层次繁多的观念形态上,包含着前面第二节中所述的多种产品种类。文化产品显示出内部的巨大差异性根本在于文化生产是一种复杂的精神生产,文化原创是一种高度的个性化行为,文化艺术家对客观生活的不同感受都会为产品的制造打上各种的主观烙印。文化产品的复杂性与广泛性还与文化产品消费的复杂性及其社会功能密切相连,文化消费价值功能的日益多样化、多角度、多层次的诉求也为文化产品的多样生产提出了客观要求,而现代科学技术的发展同时也为文化生产获得多样的外在形式和传播方式提供了现实保证。

文化产品经生产后,以实物(图书、音像、美术品等)或者非实物(电视、电影、文艺表演等)的形式表现为市场供给。前者属于完全占有性供给,后者属于有限占有性供给。同其他商品规律一样,影响文化产品供给的最主要的因素是产品的价格。文化产品供给的一般规律主要表现为文化供给和商品价格之间的关系。在其他条件不变的情况下,文化供给与文化商品的价格变化成正比。不同的文化产品表现出不同的供给弹性,但总体来说,由于多数文化产品具有快速复制性,规模经济特性明显,供给弹性比较大。而少数商品,如美术品,从原创生产直接走向市场,由于数量有限,供给弹性反倒比较小。和普通商品一样,文化产品的供给也要受到产品的生产周期的影响,因此长期供给弹性一般要大于短期。除此之外,文化产品的生产能力和文化经济政策也是影响文化供给的重要因素。前者主要体现在精神生产者的智力水平、结构和所使用的生产资料和劳动对象的匹配程度上,不同于物质产品的开发可以通过短期集中的科技攻关来实现,这种生产能力根本上要受到社会文化发展水平的制约。产业扶持(或遏制)、财政补贴甚至行政管控是后者常见的形式,文化经济政策不仅要服从于一般产业经济发展的调整需要,更多地还要受制于国家意识形态宣传的管理。

3.3.2 文化产品的消费和需求特征

任何文化产品,只有当它是可消费的,能够转化为人们的自我文明升华的文化力量和文化要素时,它才是有意义的和可存在的。无论从理论还是实践上看,文化消费和需求的研究都是文化营销的重要环节。消费者消费商品是因为商品能够给予消费主体以效用,一般物质产品的消费给消费者带来生理上的满足,而文化产品则更多的是一种心理享受。作为马斯洛需求的较高层次,文化消费具有其明显的特点。从经济学理论分析上看,有两个现象比较特殊:一个现象是边际效用递减规律失效。一般物质产品在一次消费中,随着消费量的增加,获得的效用增加逐渐减少;对文化产品消费的效用变化考察则相对困难。有观点认为,文化产品由于能够反复消费从而具有边际效用递增现象;也有观点认为,文化产品的消费因为追求心里的求新感受和信息的一次获得,从而具有速度更快的边际效用递减现象。比如,看了一次的电影再看一次,有人认为有了更深的感受,而另一些人则认为已经索然无味。明确结论有待商榷,但一般意义上的递减规律失效是无疑的。另外一个现象是文化产品因为其消费不具有完全的排他性,还由于市场价格机制的非正常运行以及文化经济活动的社会相关性,从而带来了消费的外在性。比如,我们常见一些媒介媚俗、娱乐炒作给消费者带来消费的负外部性(外在性成本)。一首美妙的音乐在播放时,被邻居同时免费享受就带来了消费的正外部性(外在性收益)。文化消费的外部性方面与社会资本相关,可想而知,由于长期对某种文化内容的消费,会渐渐产生文化认同感和价值判断的模式。

文化营销的市场研究相对更重视文化消费的实践特征分析,从整个消费过程看文化消费主要有下述几个特点。

3.3.2.1 消费动机的强诱导性

文化消费者出于自身需要才产生消费行为,但这种自身需要相对于一般物质产品更容易受外界因素的诱导。就个人来讲,领导、老师和亲友等的强势和魅力能很容易影响到自身的文化消费。一段时期内,受文化时尚、文化潮流的群体影响,自己也会加入到"追风"一族当中,产生文化购买欲,文化生产者在很多情况下也是通过生产新产品来"创造"新需求的,尽管本来没有明天看电影的任何打算,我们却经常因为获知一部电影的首映消息而改变计划。个人、社会群体以及生产者对个人消费动机的诱导实际上反映了文化消费的潜在需求及其引导问题,这对文化营销的意义是极为深刻的。

3.3.2.2 消费决策的灵活性

普通产品的消费,在引起消费需求后会经历信息搜集、方案决定、再到消费实施并最终体验这样一种固定的决策模式。文化消费具有灵活性,随时可能轻易从决策的一个阶段跳到另一个阶段或者逆向返回。例如,下班后突然想放松一下,打开电视,又觉得没什么意思,就抓起一本杂志来看,看着看着,随手就把音响打开了。文化消费决策灵活性是以文化产品种类多样及其之间的强替代性为前提的,各类文化产品的消费实际上都是闲暇享受的一种存在方式,内容上也都是文化知识和信息传递。这种决策的灵活性现实中就表现为各类文化产品之间的激烈竞争。

3.3.2.3 消费内容的精神性

尽管多数文化产品都是以物质载体提供给消费者的,但这只构成了消费的形式价值,文化消费最主要的还是追求文化产品核心的精神享受。文化产品的本质就是精神符号,物质外观只是手段,是历史意义上的表现形式。也正是因为文化产品消费是一种精神的"解码"过程,如同文化生产"编码"一样,文化消费也具有主观的差异性。如同一碗饭,皆感果腹;如同一件衣服,皆感遮体;然而,同是一部《红楼梦》,正如鲁迅所言:"经学家看见义,道学家看见淫,才子看见缠绵,革命家看的是排满,流言家看的是宫闱秘事"。

3.3.2.4 消费价值的非消耗性

一般物质商品的消费效用是明确的,待商品消费完毕,这种满足随即消失,而文化产品却表现为一种无限性,这是由文化消费过程中的不可穷尽性、不可言传性和超时空性决定的。文化产品的消费不能宣布为"完全消费掉了",文化产品的价值不但不会随着时间的流逝而消耗,反而会在人们的共鸣中更加丰富,表现为一个无限创造的过程。作为一种精神享受,文化消费结果的瞬时感受是不明显的、难以测定的,更表现为一种历史的积累。看完一部名著,不只是看书这段时间的惬意感受,读者还会因此从中得到知识的传授、精神的教化、审美的建构、灵魂的塑造等,并且这些也不一定是能在瞬时阅读的过程中完全就能获得的,消费者在以后的实践中才可能会有更多的效用感受。这种宏观群体的消费效果就表现为一种社会文明,这对社会的发展和个人的影响作用在现时消费看来更是潜在的和难以测定的,其价值功能在持续传承中体现。

文化消费的需求带来了市场需求,从一般规律上看,文化消费需求是整体处于较高层次的精神需求。就消费者来看,对文化产品的需求也因为个体的经济收入、知识水平、智力结构、民族、宗教、年龄、职业、性别的不同而存在明显的个体差异,呈现出文化需求能力的层次性和偏好多样性。每一类文化产品的需求都有其自身的特征,其影响因素来自各个方面。与普通商品一样,市场价格对市场需求的影响最为明显,二者呈负相关关系。不同的文化产品具有不同的价格弹性,作为非生活必需品的文化产品,整体的价格弹性都比较大。而且,文化产品需求的收入弹性、文化产品直接的交叉价格弹性也都比较大。原因就在于上述所说的,文化产品是一种闲暇替代品,只有人们收入达到一定程度,闲暇需求增加,才会大量选择文化消费的休闲方式。政治因素对文化需求的影响是文化产品的一个特别之处,国家的文化政策、舆论导向和文化精神倡导都会明显表现在文化需求上。另外,就地区市场来看,人口的构成和流动以及地理环境(如城乡差别)也是影响市场需求的重要因素。

随着生产力和社会的发展,文化产品的需求也处于动态的发展之中。就个体而言,人们的文化需求观念不断更新,需求内容不断扩张,需求层次不断提高;就市场而言,文化消费的规模也在不断提高,其对国民经济的拉动作用日益增强;就我国社会实践而言,文化消费结构也趋向进一步合理化。改革开放以来,服务性的文化消费相对实物性的文化消费发展更快,文化娱乐型消费主体地位明显,文化教育型消费增长也很迅速,传统文化消费仍然占有一席之地,科技特色鲜明的现代文化占据了绝对优势。放眼世界,经济全球化的发展还带来了文化消费的全球化[①],消费资源全球共享、消费时尚全球蔓延、消费方式全球趋同是其主要的表现。

3.3.3 文化产品的流通和交易特征

文化产品的流通是文化市场经济的核心环节。作为文化产品供给和需求的连接,它通过促成文化产品市场交易的形成使文化产品由生产走向消费。文化营销在本质上从属于流通环节。所以,从一定程度上讲,更应直接关注文化产品受生产和消费影响的流通环节的特征。

现代文化产品的流通运动也是商流、资金流、信息流和物流四者的有机统一。商流是动机和目的,资金流是条件,信息流是手段,物流是过程。就文化产品的特殊性来看,其最大的特点就是物流大大简化,灵活迅捷,信息流流量大,作用突出,商流和资金流一致性程度高。文化产品多数都是无形的服务性产品,只需要网络传输或者生产就地销售即可,物流在时间上几乎是实时的,空间上也是直面消费者的。即便是传媒出版类的实物产品,也都非常注意时效性,不存在类似工业生产资料那样的大规模实物运转。在消费者产生消费意向到消费完成的过程中,商品购买请求、品种咨询、商品交易的时间、地点、价格、清算等有关信息大量通过网络、电话和公众传播等手段来实现。文化产品的消费零售特征明显,商业信用购买不是很频繁,通常商品所有权的转移和货币等一般等价物的转移时差也就比较小。如旅游产品,消费者首先通过旅行社、网站、社会口碑等手段得到大量信息,在甄别后确认消费意向,多数情况下是通过现金支付的手段同步完成商品交易,继而在原生产地实现几乎没有进行物流运转的旅游产品的消费,这一整个过程就是旅游产品的流通过程,代表性地体现了文化产品各种流量的运动特征。

文化产品流通发展水平的标志是文化产品的流通力,即文化产品流通能力。这一能力可以通过对流通深度和广度、流通主体、流通组织形式等方面的考察来反映。从我国的实践来看,文化产品的售卖专业性还是比较强的,但是普及率都不是

---

① 李金融.全球化文化消费的双重效应及我们的对策[J].消费经济,1999(3).

很高，商品流通还居于一定的层次范围内，即使是在城市区域，报亭、影院、艺术馆的分布密度都相对偏小。就流通主体看，一方面，文化产品的生产直面服务性为生产控制流通创造了可能；另一方面，文化产品的消费也最大程度地体现了消费的分散性、方便性、多变性和差异性的特点，商业流通企业要把这些特点及时地、完备地予以反馈从而实现对消费者的满足，也需要直接参与生产。这就出现了文化产品生产和流通部门互相融合的现象，并且在这一过程中，产业生产部门主要作用明显，居于流通市场主体的地位。这直接体现为文化产品流通组织的渠道基本上为产业生产部门所控制，文化产品的流通本来就很少需要大量的物流运转，渠道主要依靠大众传播来实现，文化生产企业自己就是大众媒介，因而在渠道网络整合中处于主导地位，只是根据需要，选择直销、经销代理或合作经销等多种方式而已。

对文化产品流通过程的回顾有利于我们更加清楚地了解文化产品的流通特征。在一般情况下，商品都要经过收购、运输、储存和销售这四个环节才能彻底完成产品从生产到消费的这一转移过程。文化产品流通的前三个环节都大大简化，使得文化销售几乎成为文化产品流通的全部。文化产品的提供者和消费者之间基本上不需要中间商，除了出版产品和艺术品等之外，文化产品的生产和消费在空间上基本趋于统一，也并不存在集中交易的实际场所，这样就失去了中间商批量收购并组织运到产业市场进行交易的必要。消费者的实时消费使得文化产品的储存也几乎不需要。因而，文化产品流通从一开始就是文化产品的售卖，文化售卖结束的同时文化流通也就结束了。

文化产品的市场流通最关键的还是要通过交易市场的运行来实现，文化产品的交易也遵循价格供求机制的作用规律。作为文化交易核心要素的文化产品价格，其价格形成也具有很大的特殊性。文化产品的价格在很大程度上受文化产品的价值所影响，但前面说过，这一价值不能够找到一个社会必要劳动时间标准来衡量，具有相当的不确定性。更准确地说，文化产品在第一阶段的原创性生产当中，社会个别劳动时间起到很大作用，价值确定尤为困难，知识财产权的确立使得多数文化产品首先是以著作版权的形式取得相对独立的运动，这一环节的价格几乎完全是由市场供求决定的。除了美术品之外，多数产品还要经过第二阶段的批量生产，这一阶段的价值增加基本类似于一般物质产品。文化产品整体价格构成是这两个阶段的累加，前一阶段的特殊性使得文化产品供求矛盾运动更为激烈，价格市场发现机制突出，文化产品价格背离价值的频率和幅度都超过了一般商品。此外，文化产品的售卖方仍掌握着文化产品中文化元素的语义内容,文化交易没有实现文化产品使用价值的完全让渡,文化产品所有权也不必然转移,这就使得文化交易具有多种形式。同一文化产品可以一次卖给一个消费者,也可以同时卖给数个消费者,甚至还可以在不同时间相继卖给数个消费者。这样,文化产品的价值可以多次实现,于是,一次交易的市场价格具有更大的不确定性。因而,文化产品的价格并非由某个因素单独决定,而是由效用、成本、垄断等因素共同作用、共同决定的。文化营销需要我们深入了解文化产品的这种复杂的价格形成机制,从而实现文化产品售卖的合理定价,为文化产品顺利实现交易、完成流通创造必要的条件。

小 结

商品经济的全面发展使得文化产品走向市场交换并同时取得了商品的规定性。文化产品具有商品和意识形态的二重属性:前者是其非本质属性;后者是其本质属性。文化产品是一个由许多种产品构成的产品体系,其分类具有多种标准。从行业构成来看,主要有传媒出版产品、广播影视产品、广告产品、动漫产品、演出娱乐产品、文物艺术品、旅游产品、网络文化产品八大类,这些产品具有各自的特点。这些共同特征在很大程度上是由文化产品的精神特性所决定的,从而进一步使文化产品与一般物质产品区别开来,并成为文化营销分析的基本依据。掌握文化产品的组成与特征,将为文化市场营销活动奠定坚实的基础。从目前来看,我国的各类文化市场都不同程度地取得了一定进展,并逐步走向成熟,但同时也存在各种亟须解决的问题。文化产品的整个运动过程包括生产、分配、交换和消费四个环节,尽管文化产品种类繁多,但文化产品整体在各个运动环节上却呈现着一些共同的特征。

思考题

1. 文化产品的整体价值结构和生命周期运动分析为文化营销的产品策略带来了哪些启示?

2. 近年来,IP电视、手机电视和移动多媒体广播等视听新媒体产品不断涌现,它们具有哪些独有的特征? 其产品分类如何归属较为合理?

3. 文化产品的意识形态属性对文化产品在生产、流通和消费各个环节的特征有哪些直接影响？试结合各类产品予以归纳。

4. 如何理解基于文化产品特性分析的文化整合营销理念引入的重要意义？

参考文献

1. 胡惠林,李康化.文化经济学[M].太原:书海出版社,2006.

2. 张晓明,胡惠林,章建刚.2008 中国文化产业发展报告[R].北京:社会科学文献出版社,2008.

3. 刘玉珠,柳士法.文化市场学[M].上海:上海文艺出版社,2002.

4. 孙安民.营销文化[M].北京:北京出版社,2007.

5. 李康化.文化市场与营销变革[M].北京:北京大学出版社,2008.

6. 张忠友,张勇.文化产品的差异性和特殊性论析文化[J].桂海论丛,2007(9).

7. 何群.文化生产及产品分析[M].北京:高等教育出版社,2006.

8. 左惠.文化产品供给论—文化产业发展的经济学分析[M].北京:经济科学出版社,2009.

9. 李颖生.中国文化产业经典案例分析[M].郑州:河南文艺出版社,2007.

10. 蔡嘉清.文化产业营销[M].北京:清华大学出版社,2007.

11. 庞彦强.艺术经济通论[M].北京:文化艺术出版社,2008.

12. 李婷,周仕参,熊菀君,钱金英.文化产品的需求分析[J].新西部,2008(6).

13. 王志标.影响文化产品价格的因素分析[J].中南财经政法大学学报,2008(5).

14. 孙亮.文化艺术市场营销[M].北京:文化艺术出版社,2008.

15. 胡惠林.文化产业概论[M].昆明:云南大学出版社,2005.

16. 严三九,王虎.文化产业创意与策划[M].上海:复旦大学出版社,2008.

17. 张廷兴.中国文化产业概论[M].北京:中国广播电视出版社,2008.

18. 邵培仁.文化产业经营通论[M].成都:四川大学出版社,2007.

19. 岳红记,何炼成,刘吉发.试论文化产品的价值与价格[J].经济师,2007

(3).

20. 丁俊杰.广告学导论[M].长沙:中南大学出版社,2003.

21 郭国庆.市场营销学通论[M].北京:中国人民大学出版社,2005.

22. 金雪涛,张东胜,檀倩.我国动漫产业发展的制约因素与对策[J].商业时代,2009(1).

23. 李金融.全球化文化消费的双重效应及我们的对策[J].消费经济,1999(3).

24. 左惠.文化产品的外部性特征分析[J].生产力研究,2009(7).

25. 王新营.文化产品的价值承载问题研究[J].北京印刷学院学报,2009(6).

4 文化市场营销环境

到目前为止,市场营销学的发展已经接近成熟,但对于文化市场来说,因其存在区别于一般市场的特性,因此对于研究其市场营销理论与实践仍存在一些不适之处。文化市场与一般的商品市场的主要区别在于,文化市场以精神商品和服务为交换对象,这样的交换对象具有意识形态和商品两种属性。而且,从文化市场发展的历史来看,人们追求文化产品更多的是对精神领域、意识形态的需求和消费,而其中很少一部分是对相关商品的需求。因此,文化市场营销也不能照搬一般市场营销的固有模式,应当寻求适合文化市场特性的营销模式。

菲利普·科特勒认为:"营销环境是指在营销活动之外,能够影响营销部门建立和保持与目标顾客良好关系能力的各种因素和力量。"[①]任何市场营销活动都离不开一定的环境,包括内部的环境影响和外部的因素限制等。通常情况下,将营销环境按照主体和活动范围的不同,分为宏观市场营销环境和微观市场营销环境。

4.1 文化市场营销的宏观环境

4.1.1 经济环境

经济环境是文化市场营销宏观环境的重要组成部分,是最受关注的。根据马斯洛的需求层次理论,只有在经济条件发展到一定阶段时,文化产品的需求才会增长。人的需求是有层次性的,对文化的需求是人的需求的高级阶段,只有在人们具有足够的经济支付能力和低层次需求满足的前提下文化需求才能快速增长。

文化市场要进行交换,消费者就必须具有一定的购买力。购买力取决于消费者收入水平、商品价格、经济发展水平、消费结构、储蓄情况以及信贷等因素,这些因素是构成经济环境的主要因素。

---

① 菲利普·科特勒.市场营销导论[M].北京:华夏出版社,2001.

4.1.1.1 消费者收入水平

个人收入是形成购买力的最基本的来源,文化市场的消费者的收入水平决定了文化市场的规模和发展状况。文化企业对于文化市场消费者收入水平的关注不仅是因为广告商对受众的关注程度高,更直接的原因是由于文化产品在市场上的交换情况受消费者收入水平的影响。文化市场的消费者收入水平的差异也给该市场带来了更细的分类,并因此影响着消费者对文化产品和服务的需求和购买。消费者的收入水平差异最终影响了文化市场的规模大小和需求的构成。

文化的经济特性决定了文化消费活动是一个经济运动的过程。文化消费活动受市场经济价值规律作用,文化消费总量和结构受消费大众的收入水平及其收入分配制约,而我国市场机制尚未成熟,人均 GDP 水平不高,最终消费占 GDP 的比重为 52.4%(2014 年上半年数据,全球平均水平为 78%),恩格尔系数还较高。加上消费结构和消费支出的惯性以及边际效用递减约束着消费量的扩大和消费结构的变化,文化市场、文化消费还处于发育初期。

4.1.1.2 消费结构

消费结构是指各类消费支出额在消费支出总额中所占的比重,因此,消费结构也称为消费支出模式[①]。研究消费结构的最重要的经济学指标是恩格尔系数,即食品支出占家庭总支出的比例。在影响需求的其他条件不变的情况下,随着家庭收入的增加,食品支出占家庭收入的比重会不断下降,而用于其他方面的支出(如服装、娱乐、教育、保健等)的比重就会不断上升。

对于文化市场来说,经济较发达地区其工业化水平较高,则其文化市场发展就更加完善,而且,在这样的地区,人们的生活水平较高,恩格尔系数较小,对文化产品和文化类服务的需求和购买力就更强。但是,这并不意味着经济欠发达地区就无法发展文化产业和扩大文化市场规模。例如,湖南省的经济发展并不在全国前列,2013 年时的人均 GDP 为 36 621.08 元,低于全国平均水平,但是近年来该省文化产业的迅猛发展众所周知,文化产业人均产值居全国第二。[②] 可见,文化产业的发展虽受到经济发展的影响和制约,但经济欠发达地区也可以寻求适合自己的发展思路,开拓进取,获取文化市场的跨越式发展。

---

① 王永德.市场营销学[M].北京:中国大地出版社,2005.
② 湖南文化产业年均增速超 25% 人均产值全国第二[OL].中国经济网,2013 - 7 - 23.

4.1.1.3 经济发展水平

消费者收入水平和消费结构两个因素直接影响文化市场的营销环境,除此之外,文化企业的市场营销活动要受到一个国家或地区的整个经济发展水平的间接制约。

经济成长状况决定着文化市场的繁荣程度。经济发展水平作为文化市场的外在间接影响因素,其变化是通过影响目标市场进而影响到文化产品的交换以及广告投放情况的。简单地说,在外部经济环境良好的情况下,企业对于广告的投放量加大,继而对文化企业也有很大的促进作用。著名的"经济发展阶段"理论指出,世界各国的经济发展可以归纳为五种类型:传统经济社会;经济起飞前的准备阶段;经济起飞阶段;迈向经济成熟阶段;大量消费阶段。符合前三种类型的国家被称为发展中国家,后两种即为发达国家。发达国家与发展中国家在营销策略方面存在很多不同之处。

英国文化产业的年产值将近 60 亿英镑,澳大利亚文化产业的年产值近 200 亿澳元。文化产业产值占各国 GDP 的比重越来越大。据统计,2010 年,美国为 21%,日本为 18.5%,中国仅为 3% 左右。尽管近年来我国不断提出要大力发展文化产业,但截至 2013 年,我国文化产业产值仅占我国当年 GDP 的 3.77%,这与其他发达国家仍存在较大差距。正如美国学者沃尔夫所说,"文化、娱乐——而不是那些看上去更实在的汽车制造、钢铁、金融服务业——正在迅速成为新的全球经济增长的驱动轮。"

从广告投放的国际标准来看,广告投放总额占国民生产总值的比率是个常量,在发达国家这个常量一般是 2%,在中等发达国家是 1.5% 左右,而在我国,2000 年这一数值是 0.79%,2003 年全国广告营业额达到 1 078.68 亿元,也仅约占国民生产总值的 0.92%,2012 年全国广告营业额达到 4 698 亿元,约占国民生产总值的 0.9%,比上年增长 0.24%。另外,就中国的经济发展来看,1979 年中国的国内生产总值为 4 063 亿元,2012 年这一数据增长为 519 322 亿元,增长了 127 倍;1979 年中国广告营业额仅为 0.1 亿元,2012 年这一数据增长为 4 698 亿元,增长了 46 980 倍。两者相比较,中国广告营业额的增长竟然是 GDP 增长倍数的 370 倍。可见,经济的成长状况决定了文化市场的发展,对于广告经营这类文化产业核心力量的影响十分明显。

4.1.1.4 储蓄和信贷

消费者的购买力还要受储蓄和信贷的直接影响。当消费者的收入一定时,储蓄越多,现实消费量就越小,但潜在消费量越大;反之,储蓄越少,现实消费量就越大,但潜在消费量越小。对于文化市场的消费者也是一样,因此,文化产品的营销活动就要更加关注目标人群的储蓄情况。特别是针对不同的储蓄目的,其储蓄的多少影响了需求消费模式,需要制定出适应该储蓄动机的营销策略,为消费者提供符合需求的文化产品和服务。经济学家发现,消费和储蓄都随收入的增加而增加,但收入增加到一定程度后,消费增加的百分比将逐渐降低,而储蓄增加的百分比将逐渐提高①。

与储蓄相关,消费信贷也影响着购买力,但是与储蓄的情况相反,消费信贷的扩大等于购买力的扩大,是购买力的预支。信贷在西方国家更普遍,消费者普遍通过借贷进行当前消费。在我国,信贷大多数用于购房、购车等方面。近年来,信贷渐渐进入每个人的日常生活,如刷信用卡购物等。在文化市场,信贷也慢慢渗入其中,并且正在成为营销活动重要的推动力。金融机构将文化产业作为信贷对象在国外发达国家普遍存在,而在近几年,我国一些商业银行也将目标瞄准了文化产业,信贷额度逐年增加。据新元文智估算,2012年文化产业中政府补贴和奖励金额约为300亿元,银行信贷总额超过1 000亿元,企业股权融资预计达到400亿元,新上市的17家文化企业募集资金突破100亿元,发行的企业债规模在20亿与30亿元之间。②很明显,银行信贷在我国文化产业投融资体系中非常重要。随着文化创意产业的不断发展和地位的提升,银行界已不再将眼光局限在传统领域,而是越来越多地进军文化创意领域,通过投资电影、电视制作项目等等,为媒体娱乐和广告产业提供商业服务③。比如,2008年电影业制作出大量高水准、精制作的影视作品,如《画皮》《命运呼叫转移》《叶问》等,这些具有代表性的优秀作品都是由北京银行为其提供强大资金支持的。《画皮》的后期制作和影片宣传费用、《命运呼叫转移》的DVD后续制作以及《叶问》影片的发行费用均由北京银行提供④。

4.1.2 技术环境

科学技术是社会生产力提高的最直接、最活跃的因素,作为营销环境的一部

---

① 王永德. 市场营销学[M]. 北京:中国大地出版社,2005.
② 文化产业投融资体系与渠道[N]. 中国财经报,2014 - 9 - 24.
③ 文化产业——新兴的信贷客户群[R]. 中国报告大厅市场研究报告网,2009 - 04.
④ 北京银行:信贷支持文化创意产业发展[OL]. http://www.loanchina.com/news/sort/NewsDetail_68630.html,2009 - 03.

分,科学技术不仅直接影响文化企业内部的生产经营,还与其他的环境因素相互依赖、相互作用,科技的发展水平是经济发展水平的集中反映,共同影响文化企业的市场营销活动。随着数字技术的迅速发展,多媒体技术以及互联网的推进,信息传播的范围、速度以及影响力都发生了急剧的变化,达到了真正意义上的超越时间、空间和媒介的界限,使得各种信息能够以文字、图像、音频和视频等各种形式在世界各地迅速传输。

但是,技术的进步给文化企业带来的不只是机会和益处,也存在挑战和损失的风险。在数字技术的推动下,不断出现新的媒介终端,如数字电视、IPTV 等。这一方面开拓了媒介市场,满足了更多消费者的需求;另一方面,技术进步对传统媒体冲击以及对传统媒体从业人员的挑战也是显而易见的。每一种新技术都会给某些企业造成新的市场机会,因而会产生新的行业;同时,还会给某个行业的企业造成环境威胁,使这个行业受到冲击甚至被淘汰。

技术进步使得文化类产品的开发设计层出不穷,不断有代表先进技术的新产品面世,并且为文化市场带来全新的生产模式。这些都是技术进步为文化市场所做的贡献。具体来说,技术进步可以归结为以下几个方面。

4.1.2.1 制作技术不断完善,文化产品的科技含量不断提高、传播方式逐渐多样化

美国电影巨片《指环王》通过数字特技手段,带给人们巨大的视觉冲击,《极地特快》拼接先进的动作捕捉技术,用 3D 动画加动作捕捉使得电影如梦幻般美好又如现实般真实,使人们沉浸在无限的想象空间里。2009 年美国电影《阿凡达》中,电脑动画场景占了 60%,特技镜头达 3 000 个,可谓史无前例。《阿凡达》使用了创新的面部捕捉头戴装置,即在每个"表演捕捉"的演员头上佩戴一套摄像装置。这个头戴装置的核心便是一个离演员面部只有几英寸距离的微缩高清摄像头,它能用广角镜头记录下演员面部最微妙的表情变化,将演员 95% 的面部动作传送给计算机里的虚拟角色,使得最后由电脑生成的 CG 角色与真人演员无异。今天我们听到的流行音乐 CD,几乎都采用了计算机作曲、数字混音的手段,这就使得我们现在所接触的音乐作品的风格更加多样化。现在电影制作几乎都动用了数字特技、数字动画手段。

技术进步促进了传统文化产业内容和类型的改变。比如,一首大家喜欢的歌曲由 CD 存储就是一部音乐作品,经过数字化处理成为 MP3 格式再通过 MP3 播放

4 文化市场营销环境

出来就是数码产品,同样的一段音乐通过通讯终端手机的下载就成为手机铃声。这些都是我们日常生活中十分常见的,也证明技术进步已经深入到文化市场的各个方面。传统的文化产业在技术进步的作用下出现了新的内容和表现形式。以电影为例,电影的诞生是科学技术发展到一定阶段的产物,从无声电影、有声电影到彩色电影,从普通银幕电影发展到宽银幕电影、立体声电影、环形电影、全息电影等等。随着电脑技术的发展又出现了《侏罗纪公园》、《空中大灌篮》等一些充分利用电脑拍摄的新的电影,数字技术已经在电影的制作、发行和放映等环节全方位地加以应用;在演出和戏曲业、舞台美术、电脑灯光和特技等在舞台和剧场演出的应用,促使传统艺术与现代技术充分结合[1]。

下面的案例可以使人们了解技术进步为文化产业带来的巨大变化。

案例4-1　　科技进步促进了唱片业的发展[2]

一、圆盘唱片

1877年爱迪生发明留声机。1888年德国人贝里纳改进了早期的留声机,推出了圆盘唱片。圆盘唱片由于水平播放,使针压保持稳定,提高了音质,而且它的生产工艺便于工业化大规模复制,使唱片走入人们的生活。因此,圆盘唱片的出现宣告了唱片工业的诞生。

二、音频盒式磁带

1963年,荷兰飞利浦公司推出了音频盒式磁带。音带复制工艺简便,使用方便,可以放音,可以录音,特别是1967年应用杜比降噪技术以后,音质有了很大提高。音带的产生不仅提供了一种新的载体,而且改变了人们欣赏音乐的方式。人们听音乐不再局限于客厅,在野外、在汽车里都可以听音乐。1979年索尼公司推出"随身听"后,人们使用音带更为方便。因此,社会生活对唱片(磁带)的需求量大大增加,使得音乐更为普及,唱片公司得到了更大的发展机会。

三、激光数码唱片

1980年激光数码光盘存储技术问世。1982年索尼公司和飞利浦公司

---

[1] 王晨.文化企业管理[M].长沙:湖南文艺出版社,2006.
[2] 孙亮.文化艺术市场营销[M].北京:文化艺术出版社,2008.

在雅典消费性电子工业博览会上推出了激光数码唱片。激光唱片声音干净,音源可靠,选曲方便,可反复使用而无耗损。这些突出的优点,使激光唱片很快风靡世界,取代音带成为音乐的主要载体。

四、网络时代

每次新音乐载体的出现都会推动产业进步,无论是唱片还是播放机都呈现出巨大的发展空间和商业价值。网络信息传输技术的出现,对唱片业的影响更为深刻。它不仅提供了一种新的载体和传播方式,还将影响整个唱片业态,改变音乐制作、销售的运行模式,重新整合新的产业链。唱片工业促进了音乐的繁荣、传播、交流,形成了庞大的产业,创造了巨大的财富,而这些都是与新技术的应用分不开的。

4.1.2.2 技术进步催生出新型文化产业

技术进步使得信息数字技术进入文化产业,产生了诸如网络游戏、数字动漫、远程学习、移动视频、IPTV 等新兴的文化行业。这些行业采用新的经营模式和技术,提供多样化的内容呈现、体验和销售方式,深刻地改变着人们的生活和消费方式。从形式上来看,这些新型的文化产业几乎都是通过将原有的技术加以整合,将图像、文字、音频、视频等进行整合而形成的产品和服务。有学者将这样的新型文化产业称为数码文化产业,认为该产业具有包括创意、内容制作、技术支持、市场推广、产品交易、内容复制与传输等各个方面在内的完整的产业链[①]。例如,近年来伴随着图书电子化进程的加快,电子书种类繁多,为了专门用于显示书籍、报纸等印刷品来源的书面材料的数字版本,电子阅读器得到了大量推广。电子书阅读器是一种采用 LCD、电子纸为显示屏幕的新式数字阅读器,可以阅读网上绝大部分格式的电子书比如 PDF,CHM,TXT 等。全球最大的图书网络销售商亚马逊就抓住这一机遇,利用现有出版社资源,售卖图书的电子版,并开发其配套的电子书阅读器 kindle,形成了较为完整的产业链运营模式。

4.1.2.3 技术环境的变化加快了文化产业链的变化,也扩大了文化服务的范围

精神内容能够通过数字技术被数码化,成为不同的内容模块,从而能够根据需要加以组合,形成丰富多样的文化产品。精神内容的生产不再沿着单一的生产

---

① 王晨.文化企业管理[M].长沙:湖南文艺出版社,2006.

价值链,而是根据产品和市场需要被迅速地整合起来,满足消费者的定制需求。一部电影可以通过版权许可延伸出玩具、音像、文具等产品,还可以将内容改编成游戏的脚本,制作游戏产品,也可以将电影改编成动画、电视剧,还可以将电影的场景和构思作为主题公园的蓝图,如迪斯尼主题乐园。再如,伴随着技术的革新,为了进一步满足用户需求,谷歌于2012年研发了谷歌眼镜。它具备和智能手机一样的功能,可以通过声音控制拍照、视频通话和辨明方向,以及网上冲浪、处理文字信息和电子邮件等,这种集多功能于一身的眼镜可以充分满足消费者的多样化需求。

4.1.2.4 技术进步促使文化产品或传播渠道抢夺传统产品和渠道的市场

显而易见的是,随着技术进步带给消费者以及文化市场很多益处和进步之外,新出现的文化产品或传播渠道,如互联网、手机、智能型消费电子终端等不断吞噬着传统媒体的市场。截至2012年,我国电视观众规模已达12.82亿人,虽然相对增幅有所回落,但绝对规模仍保持扩大趋势,全国电视机普及率接近饱和。新媒体的迅速发展引起电视观众的媒体环境发生明显变化,观众从最初单一依赖传统电视媒转变为通过电视、网络、手机三大媒体观看视频,使得我国观众每日收视时长呈明显下降趋势。电视媒体深度渗透率[①]有所下滑;取而代之的是网络和手机媒体的迅猛发展。电视仍然是人们接触的主要媒体,但其深度渗透率却呈下滑趋势;网络和手机的渗透率增幅较大,其中经常接触手机的观众比例已达28.46%。传统电视的深度渗透率呈现下降趋势,尽管电视仍是观众依赖度最高的收视终端,但电脑和移动终端与电视的差距明显减少。

除此之外,科学技术的进步也为文化市场中传统的消费行为注入全新的观念。科技的进步,出现了电视购物、网络购物等以往不曾有过的购物方式,尤其是网络购物,淘宝、易趣等大型购物网站更是被大家广泛地访问和使用。由于网络上信息集纳能力巨大,消费者购物之前通过网络收集相关信息十分便捷,使得在购物之前可以首先了解相关产品的报价、质量、售后等信息,改善了原先文化市场交易行为信息不对称的情况,这一方面给消费者带来了便利,另一方面也加大了对经营者的

---

① 深度渗透率,指所有平时接触某媒介的观众中"几乎每天"和"经常(每周不少于三天)"接触的观众比例。数据越高,表示观众对该媒介的接触程度越深。

数据来源:张宁,王建宏,赵文江. 中国电视观众现状报告——2012年全国电视观众抽样调查与分析[R]. 北京:中国传媒大学出版社,2013.

挑战，经营者必须提高他们的营销能力并且努力使其产品更加满足消费者的需求，才能够获得更多利益。

总之，科学技术的进步对文化产业的影响不仅在于对传统文化产业的继承和发展，也在于创造性地发展新型文化产业方面。随着基础科学的不断完善，文化市场也会随着世界经济和科技的不断进步而不断完善和发展，并且在市场营销方面不断推出适应科学技术和经济环境发展的营销战略。

4.1.3 政治法律环境

各国政府对于社会各个阶层、各类市场都有一定的限制和管理极限，对文化企业的管理也是一样。文化企业的市场营销活动在很大程度上受政治法律环境的影响。这里所说的政治法律环境，主要是指与文化市场的营销有关的各种政策法规以及有关的政府管理机构和社会团体的相关活动等。政治环境包括政府机构以及各种组织，它们都会影响和支配社会各种组织及个人的行为，如对文化产业的管制与准入政策，各国政府机构对本民族文化的保护政策等。另外，文化企业也需要政府的法规来保护它们的新技术创新，保护社会利益，保护一个企业免受另一个企业的侵害以及保护消费者的利益。

4.1.3.1 政治环境

在文化市场中，对文化企业的决策起决定作用的是文化企业的所有制形式，国家的文化管理体制、文化政策直接影响到企业的运行模式和经营范围。现代政治对文化产业的影响集中体现在对文化体制的影响上，各国的政治体制有所不同，这就决定了社会上任何企业都要在符合该国政治体制的要求下寻求发展。大多数西方国家具有严格的法律，规定文化市场的活动。我国作为以社会主义公有制为主体的国家，文化企业的性质也具有公有制的性质，因此，其经济效益和市场效益比私有制的企业较低，但是其社会效益更高。因此，我国的文化企业应当兼顾这两方面的效益，在顾及社会效益的同时，追求经济效益最大化。

针对文化产业，国家不断提出新的、适应生产力发展的政策来帮助文化市场的健康发展。如2001年8月，中央宣传部、国家广电总局、新闻出版总署出台《关于深化新闻出版广播影视业改革的若干意见》规定，传媒集团可以实行多媒体兼营和跨地区经营，并且可以通过开辟安全有效的融资渠道以提高资本运行的效率。这样的规定是国家在一定程度上保护文化市场的表现。2003年8月，印度政府颁布了一项新规定,要求新闻广播公司必须由单独一个国内法人控制多数股权。而默多克投资的印度最大的外国广播公司——星空传媒显然不符合此项规定,默多克占有26%的股份,其余74%的股份则由6个印度投资者分别持有。应对这样的政策,默多克只能要么将6个印度当地投资者合成一个股东,要么只能另外找个投资人了。这样做也体现了政府为了保护本国的文化产业而做出的努力。

案例4-2　　　　　　进口配额与国产电影保护[①]

自从我国加入世界贸易组织以来,外国电影大举进入中国市场,深受中国观众喜爱。为了保护国产电影,我国通过一系列行政手段限制了进口片的引进。

2001年,中美加入WTO的条款中,中方承诺在于中国《电影管理条例》相一致的情况下,允许每年以分账形式进口20部外国影片,用于影院放映;除此之外,"批片"是另一种外片进口的重要形式。从2004年底,电影总局允许中影和华影两家具有进口影片发行权的公司每年可以推荐10部"非美"影片在国内发行,这些影片通常以买断的形式引进,版权价格一般不会高于10万美元,由拥有国内版权的公司配合其完成国内发行;另外,中影集团进出口公司也会以"买断"的形式引进一些通常不是由好莱坞"八大"公司出品的美国影片。2004年,我国每年大约有20部分账大片和30部批片上映。

但在随后的几年中,由于美国对这一配额存在诸多不满,因而在2012年2月18日,中美双方就解决WTO电影相关问题的谅解备忘录达成协议,其中重要的一项内容是,中国将在原来每年引进美国电影配额约20部的基础上增加14部3D或IMAX电影,进口电影票房分账比例从13%提高到25%。

政策环境是一个文化企业在进入市场时应当首先考虑的因素,这些相关政策包括产业政策、宣传政策、财政政策、金融政策、投资政策和价格政策等。另外,除了基本政策以外,我国同时也出台了一些措施鼓励或者是限制文化企业的一些行为。比如,我国在加入世界贸易组织之后,规定开放书报刊行业,而新闻制作产业

[①] 根据新闻材料及国家广电出版总署资料整理。

则禁止国外企业介入。又如,我国对互联网的规定是,商业网站不具有信息采集权和发布权,只能转载现有的新闻媒体的信息。这样的情况都说明,文化企业的营销管理人员,应当首先认识到政策的导向,根据政策要求来制定合理有效的营销策略。除此之外,社会经济环境日新月异,因而政府对于文化市场的政策也在不断地修订和完善,为此,市场营销人员应当具有根据变动的政策作出准确的市场预期的能力。

4.1.3.2 法律环境

营销组合的每个方面都受法律和规则的影响,营销管理人员或其法律顾问的职责是了解法律并遵守法律,因为违反法规会给企业造成重大的后果。有时,在政府机构采取行动之前,如果正好把握住形势并采取补救措施就可以避免政府的制裁。

市场经济是法制经济、管理经济,而文化产业涵盖面广,牵涉诸多业务主管部门,如果没有一套科学、完善和系统的"文化产业法律法规"是极不利于文化产业大发展的。文化产业既具有意识性质,又具有一般的产业性质,它既要按照《公司法》、《合同法》、《证券法》等基本法规运作,又要遵循其自身运行规律和文化市场的运行需求。政府应制定"文化产业法",或按照文化产业的不同门类制定相应的法规,如影院合资经营管理规定、音像分销的合资合作办法、影视法、网络文化管理办法、传媒管理办法和体育产业法等,或按照文化产业性质制定有关法规,如文化产业投资法、文化市场管理法、文化产业从业人员的培训及管理规定和文化产业税收政策等。要从文化产业与其他产业的共性与个性上入手,认真研究文化产业的运作机制、运行规律,即文化产业既具有认识价值、思想价值、教育功能和审美价值等特点,又具有商业价值、经济价值、实用价值和娱乐价值等要素。因此,既不能按照纯粹的物质资料生产来要求文化产业,一切追求经济效益而不讲精神文明建设,也不能仅从事业的、精神的层面来要求文化产业,只强调意识形态性质、思想教育性质,因为文化产品的寓教于乐、益知增趣、修身养性的作用是其他任何产品都不可替代的。这些特殊性决定了制定文化产业政策法规的特殊性。有学者根据立法的目的,将文化产业立法分为三类:第一类为公共文化事务法,其目的是确定国家在发展公共文化事业方面的责任,并为社会提供参与公共文化事务所需要的条件和环境,包括各种优惠政策和法律保障等;第二类为文化管理法,其目的是确定政府行使文化管理职能的权力和责任,规范文化行政行为,如登记、审查、处罚等行为;第三类为行为法,其目的是确定文化生产和消费的基本经济关系,为社会提供公平竞争的环境①。

近年来,我国的文化法制建设开始了制度化、规范化的改革,可以说,在调整社会文化关系和文化管理的一些重要方面,我国已经初步做到了"有法可依、有章可循"。但是,我国现行的文化产业立法大多并非基于文化产业而单独制定的法律规范,如《著作权法》、《计算机软件保护条例》等。我国的文化产业立法还存在着政策和法律两者相互错位的现象,使得原本各自的分工和职责相抵触②。另外,立法过分强调了管制的作用,而忽视了鼓励和促进的重要性。

纵观文化产业的各行各业几乎都涉及知识产权问题。文化产品以内容为中心,其内容的版权问题尤为重要。例如,一个作家在把作品的内容交付出版社的同时,也将与之相关的版权转移给出版商,作家同时享有获得版税的权利。同时,精神内容产品的衍生性极强,一部小说可以被改编成戏剧、电影、电视剧和网络游戏,其中的人物形象和名称可以被授权成为玩具、服装、运动品和文具等产品的外形和品牌。因此,一件文化产品从其产生之日起就附带着诸多方面的版权问题。

版权规定了内容产品的权利归属和利益分配问题,确保了创意者、内容产品的投资者、内容生产者等利益相关者之间的对内容产品所产生的商业价值的权利,以及这些权利存续的时间和范围。如果没有版权的保护,内容产品将很容易受到威胁。精神产品的传播和销售主要依靠对内容的复制技术来完成,内容产品再复制成本低、接近零消耗,而且转移和传播也十分迅速。如果没有版权法规的保护,投资人和作者的权利就会被蚕食殆尽,并且由此失去投资和创新的动力。可想而知,整个精神内容的生产产业和相关产业也将失去生命力③。

美国是把知识产权保护与产业发展紧密结合起来并取得巨大成功的国家。早在20世纪开始,美国就进行产业结构调整,着重发展朝阳产业,其中一类是以版权保护为后盾,以软件、音像、图书为主要内容的文化产业。有资料显示,就文化产业而言,2002年美国就生产制作了全球75%的电视节目,尽管近年来美国电影在全球市场的份额有所下降,但仍占有绝对垄断性的市场份额;2005年,美国的全部版

---

① 张希光. 我国文化产业的法律环境[OL]. http://www.allnet.cn/1107/Xbdkf/xbwh/whcy_03.htm.
② 李友根,肖冰. 论文化产业的法律调整[J]. 文化产业研究,2006(2).
③ 王晨. 文化企业管理[M]. 长沙:湖南文艺出版社,2006.

权产业产值为13.9余万亿美元,占GDP的11.12%[①]。以电影产业为例,围绕着版权衍生出剧本创意、音像出版、图书出版、特许营销、主题游乐园甚至是主题宾馆等庞大的产业群,产业群上的每个链条都给版权产业这棵大树带来了充足的营养。不光是版权人,这个产业群里的每个人都获益匪浅。而这一切都源于美国先进而又严厉的知识产权保护制度。

与美国相比,我国知识产权的保护力度十分薄弱,盗版猖獗,围绕着版权的授权链受到严重冲击甚至中断,这个链条上"待哺"的所有环节都因"营养缺乏"而奄奄一息,连最基本的生存都成问题,何谈文化产业的发展呢?我们又有何理由责怪本土音乐缺乏原创精神、国产电影叫座不叫好呢[②]?对我国文化企业而言,加强知识产权保护的工作成为重中之重。在这方面,我国应当学习日本的先进经验。日本政府采取了一系列政策强化对知识产权的保护,其中包括快速准确地审查和认定专利申请;建立专利法庭;强化防假冒和盗版的措施;促进知识产权新领域的保护。

针对我国文化产业的现状以及出现的问题,我国应当通过立法和执法,严厉打击盗版犯罪行为,将必要的文化市场的政策上升到法律的高度,用法律的强制性促进文化市场的完善。

案例 4-3　　　　我国电影的网络付费点播[③]

在国内市场,一部成本1 000万元左右的影片,除去前期广告植入、赞助和版权预售等收入,如果不能获得3 000万元的票房,那就意味着亏损。而在好莱坞,这一盈亏平衡点正好相反,一部花费3 000万美元制作的电影,只需要取得1 000万美元的全球票房收入,即可基本保证盈利。原因在于,国外市场的版权保护机制更加健全,发行方可以从其他渠道持续获得稳定收益。

中国的视频网站自2004年开始兴起以来,主要采取的是"为用户提供免费内容,靠流量吸引广告营收"的发展模式,尽管也有少数网站采取付费

[①] 文化产业亟须知识产权保护制度[OL].国家知识产权局网站,http://www.sipo.gov.cn/sipo2008/yl/2008/200807/t20080715_411471.html.

[②] 人民日报:文化产业亟须知识产权保护制度[OL].http://www.cnr.cn/zhuanti1/gbyx/cbsxxdt/200807/t20080715_505035964.html.

[③] 选自《电影艺术》2011年第6期。

服务的模式,但并未形成气候。近年来,在国家推动文化产业发展的战略框架下,影视等文化产品的版权保护越来越得到重视,国务院2008年6月颁布的《国家知识产权战略纲要》和2009年11月颁布的《文化产业振兴规划》把"完善国家知识产权保护体系,严厉打击各种盗版侵权行为,促进国家文化创新能力建设"提升到了国家战略的高度。在此背景下,各政府部门推出了一系列加强文化产品版权保护的举措。在影视领域,国家版权局、公安部、工信部自2005年开始展开的"打击网络侵权盗版专项治理"行动,2007年起广电总局和信息产业部推出的"信息网络传播视听节目许可证"制度,2010年11月广电总局下发的《广播影视知识产权战略实施意见》,2011年1月,高院、高检和公安部联合发布的《关于办理侵犯知识产权刑事案件适用法律若干问题的意见》等开始逐渐将对视频网站的规范落到实处,一些侵权违规网站被绳之以法。重拳之下,网络版权环境得到了有效的改善。

在政策背景之下,随着网络内容版权环境的改善和扩大收入来源的需要,视频网站纷纷推出了付费频道,走上了"免费+付费"的双轨发展模式,2011年,主要的视频网站更结成了两个联盟,推进影视内容的付费点播发行,其中"新媒体数字院线发行平台"由电影网联合新浪网、搜狐网、优酷网、土豆网、酷6网、激动网、百视通于1月20日成立。电影网在这一联盟中发挥了核心的作用,因为作为电影频道的直属网站,电影网具有得天独厚的内容资源优势,电影网也利用这一优势早在2009年就联合其他16家视频网站牵头成立了"电影网络版权营销平台",通过这一平台,电影网购买最新影片的网络版权之后,在自身承担购片成本50%的前提下,再以低于独家播映的价格分销给平台里的其他成员,但在上映时间上会有所区别。而目前这一新平台则实现了电影在各视频网站间的同时排播,电影在影院上映8周后开始在各网站付费点播,持续4周,价格约为电影票价的1折左右,再过4周之后用户则可免费观看。

总之,电影网络点播付费模式有利于培养中国受众的消费习惯,加强民众版权购买的意识,有助于改善我国盗版严重的现象。

案例4-4　　唱片公司和三大音乐协会联合抵制百度[①]

2008年6月,中国音乐著作权协会(MCSC)、中国音像著作权集体管理协会(CAVCA)和国际唱片业协会(IFPI)三大音乐协会对外宣布联合抵制中国最大的搜索引擎百度音乐下载侵权。

在三大协会的牵头下,音乐版权持有者联合签署声明要求百度停止音乐下载。公开声明由三大协会联合环球唱片公司、华纳唱片公司等国内外几十家音乐唱片公司和版权机构联名签署并发布。三大协会相关代表表示,这次联合声明,包括了著作权和邻接权方面的首次联手并得到国内外音乐公司的支持,涉及的音乐内容包括华语音乐80%以上的内容,还包括国际主流音乐的绝大部分。这次行动是音乐行业针对百度音乐服务发起的反盗版行动的延续。2006年以来,有一系列针对百度的反盗版行动。

中国音乐著作权协会总干事屈景明表示,签署公开声明的全部权利人还同时签署了一份给广告主和广告公司的声明,联名建议广告主和广告公司慎重考虑是否继续在盗版媒体投放广告。另外,权利人还将联名上书国家版权局。屈景明认为,司法诉讼不是权利人维权的唯一手段。音乐内容产品是一种时间性较强的产品,尤其是涉及版权的案子往往比较冗长,有些案子常常会需要一年左右的时间,而权利人最终获得的赔偿数额往往还不能完全支付其诉讼成本。所以,权利人在进行诉讼的同时,还必须利用其他手段。

百度方面表示对此事高度关注,但百度并未透露如何应对,只是表示,目前包括百代、滚石等国际唱片公司在内,百度与约60家唱片公司进行了合作,囊括国内音乐市场上几乎半数以上活跃的唱片公司,进行唱片推广和广告分成等新型商业模式的尝试。

根据互联网调查公司艾瑞公布的数字,百度的MP3搜索拥有超过84%的市场占有率。事实上,百度与音乐公司的争斗不断,各有胜负,而最近百度占据上风。如2007年底,对于持续两年半的国际唱片公司诉搜索公司百度一案,北京市高级人民法院作出终审判决,驳回国际唱片业协会组织的5

[①] 原名为《三大音乐协会再战百度　多家唱片公司发表联合声明》[OL]. http://news.163.com/08/0604/09/4DJ731DN000120GU.html,2008-06.

家唱片公司的全部诉讼诉求,百度不侵权,不承担任何赔偿责任。

2005年9月,百代旗下的上海步升起诉百度音乐著作权侵权一案中,百度被法院判令以每首2 000元的赔偿标准向上海步升进行赔偿。在上海步升胜诉之后,华纳、索尼等七大唱片商又把百度告上了法庭。但2007年,百代首先与百度由对簿公堂变为版权合作,成为全球范围内唱片公司与搜索引擎达成的最大规模的版权合作。截至目前,百度与包括百代、滚石等在内的近60家国内外唱片公司建立了战略合作伙伴关系。

当时有分析师认为,唱片公司与互联网公司诉讼之路过于艰辛,搜索引擎在全球都受到了"避风港"原则的庇护。在数字音乐冲击下,唱片公司不如利用版权进行合作,以多换些收入。如根据百度与全球四大唱片公司之一的滚石达成全面战略合作的协议,滚石授权百度使用其所有华语歌曲,供网民在百度MP3搜索上免费试听,而滚石和百度将为试听页面设计广告位,并通过广告商的赞助进行分成。双方还承诺进一步探索广告支持的免费音乐下载模式。

2008年6月的这次三大协会发起的反盗版行动最终以百度胜诉而告一段落,虽然最终的结果并不如众多版权人所愿的那样,但百度同意同唱片业进一步扩大进行广告分成的做法,至少说明了三大协会的努力在一定程度上给了百度极大的舆论压力,也反映了国内知识产权保护社会大环境的好转。

案例4-5　　　　　　班加罗尔成功的奥秘[①]

印度卡纳达克邦首府班加罗尔是以信息产业为支柱产业的新兴科技型城市,其信息产业,尤其是软件业的发展已经蜚声国际,不仅成为班加罗尔的主要都市型工业,还为班加罗尔带来了"印度硅谷"的美誉。班加罗尔软件业的产业规模与质量不仅在印度首屈一指,即便在世界范围内也是一流的。

一、适宜的外部环境

班加罗尔之所以将信息产业发展成为具有代表性的都市型工业,与其

---

① 李思屈.文化产业概论[M].杭州:浙江大学出版社,2007.

各方面的环境条件是密不可分的。这里政府民主、法规严明、治安良好、热情好客,顶级IT专家云集、研究制度一流,文化丰富、劳资关系良好、气候宜人,正是这些政策环境、技术环境甚至地理环境,为班加罗尔的软件行业带来资金、技术和人才。

二、有效的政策支持

印度政府和卡纳达克邦政府的推动措施和政策是软件产业得以发展的关键力量。

1. 班加罗尔发展软件业与印度政府的信息产业战略导向一致。

20世纪80年代后期,印度政府根据现代信息技术发展的潮流,制定了重点发展计算机软件业,将其置于优先地位。1991年,印度政府在班加罗尔成立了该国第一个计算机软件技术园。1992年,班加罗尔又成为印度第一个建立地球卫星站发展通信服务以加速软件出口业的城市。

2. 政府制定了一系列税收、贷款、投资等方面的政策措施。

(1) 关税政策。政府对软件出口实行零关税、零流通和零服务税,允许出口商选择纳税方式,免除进出口软件的双重赋税,允许其保留出口收入的50%。

2000年,进出口政策出台"促进出口资本货物计划",对任何部门进口资本货物都征以5%的关税。在此之前,对软件企业进口到岸价不超过100万卢比的资本货物实行零关税政策;为提高计算机软件的质量,引进国外先进技术,政府还放宽了对计算机进口的限制,大幅度降低了关税等。

(2) 所得税政策。凡是软件产品全部出口的企业,免缴所得税;对各种形式的软件出口收入(包括部分由IT业带动的服务业出口收入),免征所得税,免税期为5年,每年的免税额以20%的比例递减;风险基金企业投资人和项目的所得,包括利益收入均免征所得税。

(3) 进出口优惠政策。根据1999年颁布的政策规定,进口各种计算机无需任何许可证;自2000年开始,对按处理价格进口10年的二手资本货物,不再要求有许可证;从1997~2002年,对具备ISO9000质量资格认证和"软件成熟度模板"二级以上水平的软件企业进行离岸产品开发、网上咨询服务给予特殊进口许可证;自2000年开始,对过去有关企业资格审查由1年一审改为4年一审。

(4)货物税和劳务税政策。软件园区企业从国内保税区采购货物时,免缴货物税;自1999年开始,对软件服务企业免征劳务税。

(5)投资政策。上述的税收优惠政策,诸如免收进出口软件的双重赋税,全部产品用于出口的软件可免征所得税,吸引了大批知名软件企业在班加罗尔的投资。在企业资产方面实施的优惠政策有:外资控股可达75%~100%;允许进口计算机技术的企业资产限额从2亿卢比降至100万卢比。

(6)信息技术政策。卡纳达克邦政府相关政策鼓励企业在卡纳达克邦其他地区成立业务部,在这一政策的鼓励下,班加罗尔在迈索尔、胡布利、玛尼帕尔、门格洛尔等城市设置了许多分支机构,扶持当地IT产业,尤其是软件产业的发展。这些机构主要提供人员培训、就业机会等。这样,建立起来的一些IT企业不仅通过软件出口为国家赚取了大量外汇,而且也增加了当地的财政收入。

(7)产业扶持政策。采取前所未有的低额税收,从2000年3月2日开始,印度对计算机业和计算机相关外围行业只征收0.25%的税收,这是印度有史以来最低的征税比率;免征硬件业4%的每年续约劳动合同税。

印度软件产业的发展是高技术以外的非技术因素发挥了巨大的推动作用。印度政府非常重视发展软件产业,早在20世纪90年代初就制定了重点开发计算机软件的长远战略,并以此作为经济起飞的龙头。印度政府准确切入的长远战略决策,是符合科技发展的潮流和方向的。正如香港摩根公司经济学家维克拉姆·戈亚尔所说:"印度并没有按照传统的模式发展。它没有从最基础的行业开始,而是直接进入信息产业。"为尽快完成这一转变,1984年,印度电子部建立了软件开发局,负责计算机政策的实施;1998年,在内阁新设立了"信息技术部",提出信息产业的开发要建立在高起点之上的战略决策,并通过制定大量的税收、贷款、投资等方面优惠扶持政策,为软件产业迅速崛起提供了强有力的政策支持。

4.1.4 文化环境

文化企业提供的产品以精神消费品为主,文化市场的消费是一种精神消费,因而,文化市场的交换行为直接受到消费者的文化观念和偏好的影响,消费者的任何欲望和购买行为都受到社会文化的深刻影响。文化市场是由那些想买东西并且具有购买力的人(即潜在购买者)构成的,而且这种人越多,文化市场的规模就越大。社会文化环境是指一个国家、地区和民族长期流传而形成的文化氛围,它是一种复杂的总体,包括知识、信仰、艺术、道德、法律、风俗和任何人作为一名社会成员获得的所有能力和习惯。文化因素包含了核心文化和亚文化两个主要方面。文化具有多层次性,具体可如图4-1所示。

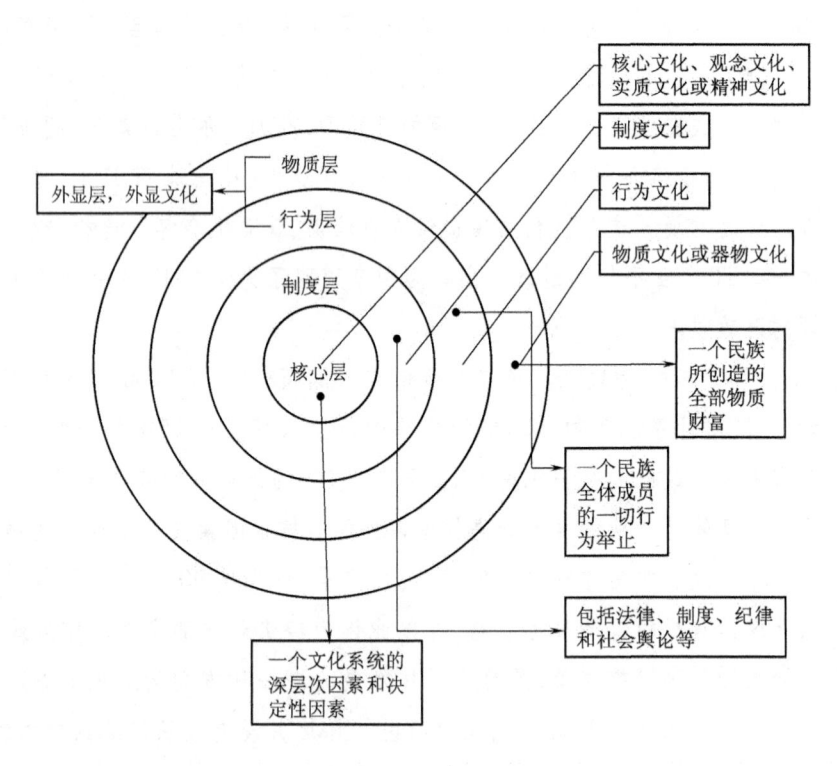

图4-1 文化的层次

某一社会中的人所持有的许多核心信仰和价值观念往往是持久的。例如,美国人对于民主、自由的坚持,对于工作、家庭关系的理解等,这些观念是根深蒂固的。文化工作者在多年工作中得到的经验是,与这些文化有关的电影、文学、电视、戏剧、歌曲等都会深受人们的喜爱。也只有严格按照这样的思路开展工作的文化企业才能最终获利。我国的文化在很多方面与西方不同,甚至存在严重的冲突。例如,中国人对性的观念、对青少年健康教育的重视等,都对电影、电视、游戏等很多文化产品有着很大的影响。文化是人类社会市场营销活动的一般规律[①]。只有

---

① 周本存.文化与市场营销[M].合肥:合肥工业大学出版社,2005.

准确把握文化环境,才能真正掌握市场营销环境及其变化规律,才能确保营销主体的营销行为适应社会环境的需要。2003年初,由赵本山主演,反映北方农村生活的电视剧《刘老根》在全国播出。据央视—索福瑞调查显示,在北方和西部地区主要城市,该剧收视率都在前5名,而在东部地区如上海、杭州等地却未能进入收视率的前10名。这些都说明了不同社会文化环境对文化市场消费行为的巨大影响。

亚文化是一个相对的概念,它是指文化系统的一个组成部分或者组成要素。每个社会都有亚文化群体,即因具有共同的价值观念体系而形成的共同的生活经验或者生活环境的人类群体。他们有共同的信仰、爱好和行为。这些亚文化群体表现出不同的需求,例如,受到欧美文化的影响而出现的嬉皮士和雅皮士现象,受网络文化的影响而新崛起的 SOHO 和网游一族等,都代表着不同的亚文化。对市场营销而言,比较重要的亚文化有四类:民族亚文化、宗教亚文化、地理亚文化和种族亚文化。在世界范围内,无论哪个民族,经过不同的历史变迁和自然环境的变化,都会创造出与众不同的社会文化,而宗教与文化之间存在着密切的关系。因此,在宗教差别的基础上形成了宗教亚文化,这在世界上也是很容易区分和理解的。地理亚文化的应用则更加广泛,以中国为例,即使是拥有10亿人口的汉族由于分布在祖国的各个地区也会产生不同的地理亚文化。种族亚文化则体现为不同种族的生产方式和生活方式都有所差异。亚文化对文化企业的产品市场规模、产品生命周期等有着重要的影响。例如,在中国内地,欧洲游戏软件一直敌不过日本、韩国游戏,其原因在于中国游戏玩家大都为青少年学生,中国青年一代对欧洲历史、文化背景、游戏故事情节等不是十分熟悉,对于欧洲游戏的高复杂性也难以适应,所以,欧洲游戏只是受到一些对欧美文化有所了解的白领阶层的喜爱[①]。

4.1.5 人口环境

人口是构成市场的第一要素。文化市场是由有购买欲望同时又有支付能力的人构成的,人口的多少以及人口的构成直接影响文化市场的潜在容量。对人口环境的分析从以下几个方面进行。

4.1.5.1 人口数量与增长速度对文化企业营销的影响

人口数量是决定市场规模的一个基本因素,人口越多,如果收入水平不变,则

---

① 王晨.文化企业管理[M].长沙:湖南文艺出版社,2006.

对文化消费品的需求量也就越多,那么市场也就越大。从量的角度来分析,我国是世界人口最多的国家,截至2013年底,我国网民规模达6.18亿人,手机网民规模达5亿人,均已成为世界第一,且这一数字仍在不断上涨。庞大的人口基数和网民规模为我国互联网文化产业提供了广阔的发展空间和庞大的市场。另外,如果人口增长过快,也会给企业营销带来不利的影响。人口增长可能导致人均收入水平下降,因而限制了经济发展,从而使市场吸引力降低,消费者购买力下降。人口增长率是从动态上衡量一定区域范围内市场容量的大小变化,可以判断市场空间的未来走向和规模变化的大小。

4.1.5.2 人口结构对文化企业营销的影响

人口结构主要包括人口的教育水平、年龄结构、性别结构、家庭结构、社会结构以及民族结构。通常,一个地区教育水平越高,对读书、娱乐、电影、音乐等文化产品的需求也越高,对文化产品中精神内容的需求也越讲究品位和层次。年龄结构和家庭类型是文化需求结构的重要因素。现在,"80后"成为社会建设的重要力量,而20世纪60~70年代出生的人进入中青年事业稳定时期,这两个年龄层次的人群对精神消费有着不同的需求。前者大多为独生子女,又生活在改革开放的年代,具有乐观享乐思想,并容易接受新鲜事物,追逐时尚潮流的能力也较强。后者则更加传统,更容易被古典文化所吸引,但也在一定程度上追求生活品质。他们更加关注健康和艺术消费等。近年来,我国文化企业对目标人群的年龄分层也已经逐步形成。例如,北京地区的主要报纸《北京晚报》《京华时报》《北京晨报》,读者的平均年龄集中在31~40岁。2012年下半年的统计数据是:《新京报》有37.08%读者集中在31~40岁,中年读者相对来说具备稳定的工作和收入,消费能力也较高,广告潜力较大。在读者职位比较上,《新京报》读者中,有15%的读者属于机关/事业单位干部,专业技术人员/教师/医生、一般职工/文员/秘书占10%以上比例。从读者收入来看,收入水平对生活品味和消费水平有着重要影响。读者中,高收入人群比例越高,报纸在消费引导方面起的作用越大,《北京晚报》《新京报》《北京青年报》《京华时报》读者个人月收入在1 001~4 000元的读者占主体。《新京报》在高收入读者的比例上相对突出,月收入超过8 000元的读者占12%[①]一般来说,对文化产品而言,家庭是购买和消费的基本单位,目前,全球家庭呈现的特点是

---

① 北京都市报读者人群分析全分解[OL].中国广告网,http://www.cnad.com/html/Article/2012/0224/20120224111040200.shtml.

晚婚、少子女、离婚率高、双职工家庭增多和家庭规模小型化。这些变化趋势对文化市场的需求形成了不同的影响。例如,丁克一族由于没有孩子的负担,因而增加了娱乐的消费,增加了旅游、教育等方面的支出。

4.1.5.3 人口的地理分布对文化企业营销的影响

地理分布是指人口在不同地区的密集程度。人口的集中程度不同会造成市场规模不同;不同地区人口消费习惯不同,则市场的需求特性就会不同[①]。除了静态的地理分布的不同会对文化市场营销活动产生影响以外,人口的地域流动也是一个重要的影响因素。不同地区的人有各自的文化和对产品服务的偏好,随着人口的流动,这种文化和偏好也会随之流向其他地区,因而带动了不同地区对该产品或服务的购买力。对于人口流动较多的地区而言,一方面,由于劳动力增多,加剧了行业竞争;另一方面,人口增多也使当地基本需求量增大,消费结构随之发生变化,并给当地的文化企业带来较多的市场份额和营销机会。中国上海、北京这样的文化中心和经济中心是文化的风向标,大型的会展、体育赛事、重要的文艺演出都会集中在这里。

4.2 文化市场营销的中观环境

产业是介于宏观经济和微观经济之间的桥梁。文化产业的周期、产业结构与竞争状态、产业内的战略群体发展构成了文化市场营销的中观环境。

4.2.1 文化产业周期

产业周期是指一个产业从萌芽产生到衰退消失的时间周期,它是市场需求和市场竞争综合作用的结果,包括形成期、成长期、成熟期、衰退期四个阶段。在一个产业中,企业的经营状况取决于其所在产业的整体发展状况以及该企业在产业中所处的竞争地位。分析产业发展状况的常用方法是认识产业所处的生命周期的阶段。只有了解产业目前所处的生命周期阶段,才能决定企业在某一产业中应采取进入、维持还是撤退策略,才能进行正确的新的投资决策,才能对企业在多个产业领域的业务进行合理组合,提高整体盈利水平。

---

① 王永德. 市场营销学[M]. 北京:中国大地出版社,2005.

那么,我国现在的文化产业属于产业周期的哪个时期呢?我国的文化产业经过20世纪90年代发展到21世纪的第一个十年,从市场导入期发展到高速成长期,到现在的初步成熟期,经历了许许多多的变化。当前,我国的文化产业已经初步达到了成熟期的标准:文化市场竞争的激烈程度提升、同质化竞争现象突出、广告收入的增长趋势减缓、文化市场营销费用增加导致利润降低等[①]。如南京、武汉、北京、成都等地的报纸表现出很高程度上的同质化竞争趋势,而广播、电视节目的逐级复制似乎早已是广电市场竞争的手段,同一黄金时间播放同一电视剧的情况也屡见不鲜。

4.2.2 文化产业结构

根据波特教授提出的"五力模型"可以从潜在进入者、替代品、购买者、供应者与现有竞争者之间的抗衡来分析产业竞争的强度以及产业利润率。潜在进入者的进入威胁在于减少了市场集中,激发了现有企业间的竞争,并且瓜分了原有的市场份额。替代品作为新技术与社会新需求的产物,对现有产业的"替代"威胁的严重性十分明显,但几种替代品长期共存的情况也很常见,替代品之间的竞争规律仍然是价值高的产品获得竞争优势。购买者、供应者讨价还价的能力取决于各自的实力,比如卖(买)方的集中程度、产品差异化程度与资产专用性程度、纵向一体化程度以及信息掌握程度等。产业内现有企业的竞争,即一个产业内的企业为市场占有率而进行的竞争,通常表现为价格竞争、广告战、新产品引进以及增进对消费者的服务等方式。

从产业组织理论来看,经济学中对市场结构的四种分类:完全竞争、垄断竞争、寡头竞争和完全垄断有助于对市场竞争者的性质加以正确的估计。严格定义的完全竞争市场在现实生活中并不存在,但这一市场中激烈的价格竞争使价格趋向于边际成本的描述在许多消费品市场中却屡见不鲜。垄断竞争市场中,产品的差异性为企业建立了固定客户,并且允许企业对这些固定客户享有价格超过边际成本的一些市场权力。寡头垄断市场中,企业的决策要依赖于其他企业的选择,决策主体的行为发生直接相互作用条件下的决策均衡问题日益受到广泛重视。完全垄断市场上,垄断厂商控制操纵价格和产量的行为因损害了消费者的利益受到了反垄

---

① 李康化.文化市场营销学[M].上海:上海文艺出版社,2005:57.

断政策的制约,但企业通过创新来取得垄断力量和实现高额利润的努力也存在一定的合理性,从长期看对垄断的限制对消费者是不利的,因为它限制了竞争。

从以上的分析可以看出文化产业结构对产业中企业的行为具有显著的影响,这主要表现在竞争激烈程度不同,则企业选择的竞争策略也会不同。以价格策略为例,在寡头垄断市场中,新进入者的最优策略价格可能是跟随定价;而在竞争程度较大的市场中,新进入者如果采取低价渗透策略往往会产生较高的收入和市场认可度。

另外,在产业结构中,还应该注意上下游产业之间的关系,这主要体现在产业链的运作上。所谓产业链是指,在一种最终产品的生产和加工过程中——从最初的资源或原材料一直到最终产品到达消费者手中——所包含的各个环节所构成的整个纵向的链条。产业链不仅是一个产品链和价值链,同时也是一个信息链和功能链,可看作是由制造商、供应商、经销商和消费者铰合在一起组成的一个系统,并通过物流的周转和信息流的反馈促进产业链系统的持续运转。打造文化产业的产业链是实施文化产业项目的战略之一。以音像业为例,它的上游产业是内容生产业和光盘生产业等,下游是音像设备业、投递物流业等。一个文化企业,只有处理好上下游相关产业的关系,才能不断发展。文化产业链的价值实现形式主要有强势主导型和优势互补型。由强有力的主导者操作文化产业链的架构,其他相关产业共同协作。而优势互补型是由存在优势互补的文化企业以战略联盟的形式架构整个产业链。提升文化产业链是开拓文化市场的一个重要管理模式[①]。

案例4-6　　京津冀三地联手推动文化产业一体化发展[②]

在第五届中国(天津滨海)国际文化创意展交会上,京津冀三地共同签署《京津冀三地文化领域协同发展战略框架协议》,推动区域文化产业一体化发展。

这次签署的《京津冀三地文化领域协同发展战略框架协议》提出,未来,京津冀三地将由政府部门牵头整合区域文化资源,采取相应的政策措施,推动区域文化产业一体化发展。

---

① 李思屈. 文化产业概论[M]. 浙江:浙江大学出版社,2007.
② 京津冀三地联手推动文化产业一体化发展[OL]. 天津广播网,2014-8-28. http://www.radiotj.com/gnwyw/system/2014/08/28/000490813.shtml.

北京市文化局副局长关宇说:"框架协议涉及了文化领域合作的很多方面,首先在顶层设计上,包括组织领导上有一个联席会议,这样的一个组织就保证了今后京津冀三地的合作是常态化的、制度化的。另外我们合作的领域包括公共服务体系建设、文化产业发展、非物质文化遗产保护、文化演艺交流等方面,下一步都会有一些新的合作和开拓。"

《京津冀三地文化领域协同发展战略框架协议》,共涉及 8 方面内容:包括统筹规划区域文化发展布局;推进现代公共文化服务体系建设;推进演义文化交流与合作;加强文化产业协作发展;加快优秀传统文化的保护与利用;推动文化旅游融合发展;培育统一开放的区域文化市场,以及加强文化人才的交流培训。

天津市文广局副局长徐恒秋说:"我们在人才的交流和培养方面,也要建立一个三地的文化人才信息资源库,促进人才的资源共享、信息互动、人才交流。特别是发挥各自的比较优势,像我们天津的戏曲曲艺,在人才培养方面我们有优势。我们有天津市艺术学校,建校已经 50 多年;中国北方曲校,是中国北方唯一一个曲艺专门学校。发挥三方各自的比较优势,来共同加强人才培养,为三地的文化人才建设进一步拓宽渠道。"

京津冀三地地缘相接,文化一脉,具有广泛的合作前景。河北省文化厅副厅长李建华认为,如果三地能够打破地域限制,共同推动文化产业一体化发展,将使广大市民从中受益。李建华认为:"京津冀文化的协同发展,对三方市场都是一个大的拓展。肯定会产生一个更大、更宽的交流舞台和平台。这样我们就可以把北京的京戏、舞剧、芭蕾,天津的交响、评戏请到河北来。河北人坐在自己家门口可以欣赏到国家级的文化盛宴。北京和天津的百姓也能看到来自河北家乡最纯正的河北梆子和吴桥杂技。"

案例 4-7　　横店集团:探索影视文化产业发展新路径[①]

横店集团地处浙江金华东阳,创建于 1975 年,是特大型乡镇企业集团之一。2004 年,横店成为首个国家级影视产业实验区。横店集团以工业起

---

① 横店集团:探索影视文化产业发展新路径[OL]. http://www.cnci.gov.cn/content/200973/news_48303.shtml,2009-7.

家,1995年建起了广州街影视实景基地。自此,横店集团大力培育影视文化产业,成功的发展战略转移和产业结构调整,使横店的影视文化产业迅速崛起。

发挥文化产业联动效应

文化产业具有投入大、回报周期长的特点。从1995年开始,横店集团逐年加大投入,迄今已斥资30多亿元。横店集团依托文化产业的联动效应,走市场化、社会化的道路,以影视带动旅游,以旅游促进第三产业。

今年端午小长假,短短3天时间,横店影视城就接待了7.5万人次的游客。在影视城的门口,记者注意到联票挂牌价为245元/每人,粗略地算了一下,3天时间仅门票收入就有1 000多万元。为了吸引更多游客,早在2000年,横店影视城就开始为所有剧组免费提供拍摄基地。

影视文化基地的高曝光率,间接助推了横店的名气。去年,横店影视城接待游客达到了600万人次,在浙江省仅次于免费开放的西湖景区。

正如横店集团创始人徐文荣所说,在文化产业基础上发展旅游业,有利于进一步深化改革开放,推进内外交流,加快聚集人气、汇聚财气,实现区域经济快速发展。人气带动了横店的餐饮、住宿、运输等行业发展。在横店,仅横店集团投资的宾馆床位就达8 000个,在节假日时,横店的宾馆供不应求。与此同时,人流带动物流,横店集团投资兴建了面积达18万平方米、设施一流的国际商贸城。2006年,横店农民的人均收入即突破10 000元。

打造文化产业价值链

凭着对现有资源的优化配置和组合,在硬件上实现了多元化应用之后,横店集团开始探索影视文化产业链的上下游,深度挖掘影视文化产业链的高附加值部分。

影视文化产业是一个庞大的体系,横店集团发挥民营企业在资金和管理上的优势,终于拉长了产业链。

自2004年开始,横店集团在横店影视产业实验区成立了剧本创作中心,为横店影视机构策划创作重点影视剧本,开展影视剧本委托策划、定向创作及剧本代理等业务;创办演艺职业培训中心,开展对应用型影视表演人才的短期培训;与省电影家协会影视表演考级委员会合作,在区内设立影视表演考级点,颁发国家认定的资格证书。

同时,横店开始电影院线建设,先后参控股浙江星光院线等院线。在长沙、南京、郑州、武汉、太原等城市,横店也投资建设了一批五星级影城,现有影院10多家,在建影院多家,其中今年计划建成开业6至8家;组建的跨省院线浙江横店电影院线,今年1月已正式运作,对所属影城统一供片。

2004年10月14日,美国时代华纳公司、中国电影集团和横店集团共同组建了中影华纳横店影视公司,该公司参与出品的影片均取得了良好的票房收入。横店集团总裁徐永安说,"现在的横店影视城,已不再是单纯的影视拍摄基地,而是囊括影视策划、拍摄、制作、展示交易、后期产品开发等。"

10来年前,横店只是一个默默无闻、毫无影视文化资源的小镇。而今,随处可见在荒坡上建起的影视拍摄基地和川流不息的人群。从无到有,从小到大,横店集团为探索影视业产业化、专业化、社会化、基地化做出了成功的尝试。

4.3 文化市场营销的微观环境

4.3.1 文化企业

文化企业已经成为生产和提供文化产品的主要组织形式,是以文化、创意和人力资源等无形资源为投入要素,提供精神类文化产品和服务,以及运用这些精神内容获取经济利益的组织。它是以利润最大化为目标的。

文化企业的产出是精神文化产品和服务,它不仅具有经济效益,而且具有社会文化效益。企业追求利润的本性决定了它必须通过规模化经营来实现规模经济,所以电视台要追求收视率、影视片要追求上座率和院线规模。

在生产投入方面,文化企业的投入以无形资本为主,包括人力资本、创意、专利技术、版权、著作权、品牌资源、商业模式、个人的社会关系资本等等,这些资源的特点是通常被个人、某个团体和组织拥有,企业并不一定对其拥有完全的控制权,企业也很难获取关于这些资源的完全信息。例如电影的摄制、导演、演员、编剧都不是一个企业的长期雇用人员,通常都是根据电影项目由制片人进行选聘,这些创意人员贡献的是他们的智慧，为他们个人所有，并不为企业所控制和占有。

4.3.1.1 文化企业之间的关系

企业开展营销活动要充分考虑到企业内部的环境力量和因素。文化企业是组织文化产品生产和经营的经济单位，是一个系统组织。文化企业内部一般设立计划、技术、采购、生产、营销、质检、财务、后勤等部门。文化企业内部各职能部门的工作及其相互之间的协调关系，直接影响文化企业的整个营销活动。

在经济全球化的今天，文化企业拥有了广阔的发展空间，但也面临着巨大的挑战。在竞争激烈的市场环境下，文化企业的市场行为要受到竞争对手营销活动的影响，尤其是对于那些偏向竞争对手导向战略的竞争者。

文化企业的竞争能力决定了它的企业优势，竞争能力的获得不仅取决于企业所拥有的资源，包括品牌、物质技术、顾客满意等方面，还取决于企业的创新能力，包括观念的创新、产品的创新和游戏规则的创新。因此，企业必须不断创新，不能墨守成规，从而为自己营造一个有利于自己发展的竞争环境。另外，还有新进入市场的竞争者带来的威胁和压力。市场不断有新的企业进入和一些企业退出，这就使得市场不断分割，资源不断流动和重新配置的情况出现。

案例 4-8　　　　开放手机联盟[①]

开放手机联盟（Open Handset Alliance）成立于 2007 年 11 月 5 日，由谷歌发起，联合了智能手机生态链上的所有重要环节，目前 OHA 在全球有 86 家成员，由 5 类成员组成：包括移动运营商、手机制造商、芯片制造商、软件厂商、应用和服务提供商。开放手机联盟旨在开发多种技术，大幅削减移动设备和服务的开发与推广成本。Android 平台包括操作系统、中间件、便于用户使用的界面以及各类应用软件。

除谷歌之外，OHA 的创始成员有中国移动、intel、Nvidia、高通、HTC、motolola、三星、LG 等。后期陆续加入的成员有中国联通、中国电信、华为、中兴、联想、OPPO、海尔、TCL（阿尔卡特）、宏碁、联发科、华硕、沃达丰、索爱、NEC、夏普、东芝。

从这一长串名单中，可以看出，几乎所有知名的硬件厂商都加入了

---

① 成也谷歌败也谷歌：脆弱的手机开放联盟［OL］．http://www.pcpop.com/doc/0/840/840390.shtml.

OHA,从体量上来说,这是个巨无霸联盟。但实际上,谷歌对参与者的资格要求较高,OHA联盟中,全球手机制造商的成员数量仅为23家。中国国内的只有几家一线品牌加入,魅族、小米、天语等火热的手机厂商都不是OHA联盟的成员。

谷歌为什么要建立OHA?

回头来看,苹果的iOS在2007年1月一发布就取得了巨大的成功,谷歌发起OHA的目标就是与苹果竞争。2007年11月OHA正式成立,2008年发布了第一款安卓手机。从这个路径来说,谷歌通过OHA把更多的手机厂商团结在一起。可以采用安卓系统低成本地进入智能手机领域,对手机厂商也不异于是一块天大的馅饼。在安卓的发展过程中,谷歌的贡献勿庸置疑,而手机厂商的贡献也同样巨大,比如降低硬件成本推动智能手机普及,打通直面消费者的销售环节。

从近年来安卓系统战胜诺基亚的塞班系统,与苹果的iOS系统在手机领域各占半壁江山来看,开放手机联盟实现了移动运营商、手机制造商、芯片制造商、软件厂商、应用和服务提供商的共赢。

4.3.1.2 文化企业内部的关系

文化企业所有的资源和行为潜力是企业竞争优势的决定因素。文化企业的资源为无形的精神资产,这部分资产具有其特点。首先,文化企业的资源具有稀缺性特点。文化企业拥有供其发展所需要的资源,但是这些资源得来十分不易,并且其具有差异性、不可复制性的特点。因而,这样的情况下,就需要企业进行长期的投资和积累才能形成。例如,我国的网络游戏和软件行业对引擎技术和关键源代码的垄断,我国广播电视和电信行业的政策性垄断,使得经营部门能够通过长期的政策保护积累垄断资源。① 其次,文化企业的资源具有不可完全复制性的特点。在长期的资源积累中,文化企业拥有的资源优势越来越明显,使得文化企业与该类资源建立的较为稳定的关系结构以及经营模式,使得其他企业很难模仿成功。例如,迪士尼主题公园、美国的NBA、好莱坞电影公司的大制作等,这些文化企业都是集多年的经营管理经验以及人才的专业性、产品的独自占有权利等于一身的,其他的公司很难通过模仿而达到成功。另外,文化企业的资源具有不可完全替代性的特

---

① 王晨.文化企业管理[M].湖南:湖南文艺出版社,2006.

点。任何企业的产品在市场上都存在或多或少的替代品,从而与该产品构成竞争关系。文化企业的竞争对手难以获得完全相同的资源,因为文化企业资源多为无形资产,如创意、思路、灵感等。其他企业很难找到其他产品替代。

4.3.2 文化产品

文化产品是文化市场营销的核心所在,也是文化企业实现影响力的首要武器。文化产品是指文化企业能够提供给目标消费者人群的文化内容和服务的复合体,包括内容产品和服务两大部分。文化产业的内容承载具体划分为"核心层"、"外围层"和"相关层",策划一项文化活动的产业链往往是从核心层向外围层再向相关层一次推进的。

历数一些发达国家的文化产品,我们可以看到从创意开始,他们就注意到产品的开发和拓展。许多电影和动漫产品一经问世,与之相关的书籍、电脑游戏、玩具、服饰等也相继推出,许多衍生产品的价值远高于核心产品本身的价值。有资料显示,美国电影《星球大战》三部曲票房收入 18 亿美元,其衍生产品收入超过 45 亿美元,电影《狮子王》票房收入一个亿,后产品收入高达 6 个亿。美国每年有 70 亿美元的电影票房收入,而电影后产品的收入约 190 亿,是票房收入的近 3 倍。《哈利波特》、《古墓丽影》、《变形金刚》、《蜘蛛侠》等产品之所以能创造数十亿的市场价值,都是依赖完整而强大的产业链,从小说到电影、游戏,再到主题公园、卡通玩具,不断挖掘衍生新的产品,不断创造新的价值。①

在国内文化领域,近年来文化的产业化和产业链已经开始被重视被开发,沈从文的小说让湘西的凤凰城成为旅游者向往的魅力小城,大型实景演出《印象·刘三姐》带动了旅游业、房地产业和宾馆业,这种催生文化产业、开发文化产品链的努力,带来了丰厚的经济回报。

文化产品与一般的产品的不同之处在于以下几个方面:①市场性与非市场性。有的文化产品是人们生产出来并用于交换的劳动产品,可以进入市场并盈利,如电影等。但有的文化产品是作为公共物品被提供的,不能进入市场,也不是为了获利,如博物馆等。②价值的非消耗性。文化产品的消费方式更多地表现为欣赏,人们所消耗的是知识、文化、艺术的物质载体,而其文化价值不但不会消耗,反而会在

---

① 文化产品要重视形成产业链[OL],http://news.sohu.com/20081027/n260257321.shtml,2008.

人们的共鸣中变得更加丰富。一篇优秀的文学作品、一部成功的影视作品,可以通过复制、拷贝和再版、再演等形式不断扩大其社会影响,增加其自身价值。③效用和价值难以衡量。由于文化观念的差异,人们对于同一文化产品的评价会相差很大,因而文化产品的效用很难直接衡量。同时,文化产品的价值也难以计量。我们通常说一本书、一张报纸卖多少钱,往往是指其经济价值而言的,而不是指它的精神文化价值。④易传播性。光盘、网络等新型载体的出现,使文化产品的传播更加迅速而广泛,也使文化产品的复制和盗版更加容易。①

与此同时,我们应该注意到,这种文化产业链的发展还不普遍,比如有的只是利用文化作为幌子,只重视商业运作而缺失了文化产业链的源头,即文化,成了纯粹的商业行为;有的文化产品虽然注意了开发衍生产品,但更多的是为了宣传的需要,既没有形成规模,更没有形成产业链,这样的行为都是企业的营销人员还缺乏文化产品意识而导致的。国产电影大片的收入几乎全部来自票房收入,许多有影响的新闻娱乐传媒,其收入也主要来自于广告收入。

例如,广州军区杂技团上演的杂技剧《天鹅湖》在国外演出时非常成功,大受欢迎,但仅仅是拿到了票房收入的部分,几乎没有衍生产品的开发和营销,看着热情的观众带着遗憾空手离去,确实让人惋惜。试想,如果精心策划制作一些演出花絮的DVD、剧中杂技节目的玩具、富有特色的艺术品等衍生产品,既能扩大核心剧目的影响,又能带来可观的经济效益。如果思想再解放一点,可否建造一座专为杂技剧《天鹅湖》演出的剧院,成立一个专门推广营销该剧的公司,这样将会带动当地的旅游、商业以及餐饮、服饰等行业的发展。营销人员应该更加注重这些方面的开发应用,为企业获得更大的社会和经济效益。

案例 4-9   《洛克王国》撬动儿童娱乐产业链②

2007年,谷歌非正式发布的2007年排名增长最快的10大搜索关键词中,两个儿童社区网站"网娃"儿童社区(Webkinz)和"企鹅俱乐部"儿童社区(ClubPenguin)分列第二和第六名,儿童虚拟互动社区开始引起业界的广

---

① 蔡荣生.文化产业发展与文化产品营销[OL]. http://www.southcn.com/nflr/llwz1/200505200161.htm,2005-5.
② 洛克王国撬动儿童娱乐产业链[OL]. 2012-3. http://roco.qq.com/webplat/info/news_version3/397/838/839/841/m682/201203/60054.shtml.

泛关注。同年末，只有两年历史却已拥有 70 万付费用户，超过 1 200 万活跃用户的美国儿童虚拟社区"企鹅俱乐部"，被迪斯尼以七亿美元收购。这一商业神话立刻惊醒了大洋彼岸的创业者们。随后，儿童网络社区如雨后春笋纷纷出现。

而今，在中国，腾讯旗下儿童网络社区《洛克王国》，最高同时在线用户数 80 万，季度活跃用户数 4 400 万，这个用户规模几乎占据中国儿童互联网市场的半壁江山，成为中国最大的儿童网络社区。"文化和动漫互动娱乐的产品会变成服务"。3 月 17～19 日，在北京钓鱼台国宾馆举行的"中国发展高层论坛 2012 年会"上，腾讯公司董事会主席、首席执行官马化腾发表演讲称，互联网与文化娱乐产业融合带来的模式创新，"实际上是撬动了整个文化产业的产业链"。迪斯尼重金收购儿童虚拟社区"企鹅俱乐部"，跨界网游全面打造品牌文化产业链。腾讯旗下的儿童社区《洛克王国》则以虚拟社区的魔幻世界为内容驱动，从线上延伸至线下电影、图书、教育、玩具等众多领域，全面发展儿童娱乐产业链。

1 000 亿元的产业大蛋糕

如今，"一款游戏在圣诞节前像卖一个电影一样，做成一个光盘销售给游戏玩家，正在受到一个很大的挑战。这种文化和动漫互动娱乐的产品会变成服务，让内容和制作商用服务的形式推给终端用户，这种发行的模式是未来互联网和文化创意产业的一种变化趋势。"腾讯公司董事会主席、首席执行官马化腾在 2012 年 17 日的"中国发展高层论坛 2012 年会"上如是说。

互联网携手文化创意产业将是未来网游发展的必然趋势。文化部部长蔡武日前在"十七大以来中国动漫产业发展成果展"上表示，到"十二五"期末，中国动漫产业产值将达 1 000 亿元人民币，其巨大的产业利益引起多方关注。由于动漫产业的落后，由动画片主宰的中国本土儿童娱乐市场基本被日、美企业所霸占。分析人士认为，在网络时代，儿童网游的出现将带来转机，随着互联网卡通形象在现实社会受热捧，中国本土的儿童娱乐品牌将群体突围，中国人迎来自己的"迪斯尼"指日可待。

与国外相比，中国儿童网游的产业发展规模和前景颇为乐观。据权威部门统计，截至 2010 年 6 月，我国接近有 8 960 万名 5～15 岁儿童上网，他们主要访问儿童娱乐社区。而其中,中国儿童网络社区代表《洛克王国》目前同时在线用户数已经突破80万,2011年,其季度最高活跃用户数达到4 400万,几乎占据儿童互联网市场用户数的半壁江山。

拥有众多网上活跃用户的洛克王国在线下泛娱乐产业链也取得出色的成绩。据洛克王国相关人士透露,2011年,腾讯与江苏凤凰文艺出版社合作的儿童图书,截至目前拥有200多万的印装册数,约4 000万码洋。去年国庆推出的同名电影《洛克王国!圣龙骑士》,赢得3 500万票房,成为国产动画电影中的一匹黑马。业内人士称,这些数字尽管相比1 000亿元的行业产值微乎其微,但洛克王国现在已经将打开中国动漫产业财富大门的钥匙握在了手中。

用户根基决定能走多远

《洛克王国》是以互联网为平台建立的儿童虚拟魔幻游乐园,孩子们可以在这里学习魔法、交朋友、参加兴趣协会等,丰富的百科知识还会在其中以各种形式的问答出现。对于社会各界对孩子沉溺网络社区的担忧,《洛克王国》也提出了相应的对策,比如每晚11点至次日6点关闭服务器,每小时提醒眼保健操和健身体操,进行信息过滤,从源头上屏蔽不良信息等。有教育专家指出,"洛克王国"实际上符合了蒙台梭利教育的教学要求,即在自由操作中得到了交际、科学文化、语言等多方面的能力训练。游戏是一个非常好的教育形式。其实游戏不只是单纯的玩乐而已,对于一个处于求学阶段的青少年来说,假如学习知识的途径单一通过教科书、家长教育、老师指导,让他们的求知途径局限于一个框子里面,这样会扼杀了处于智力发展萌芽期的儿童创造性,对于处在叛逆期的青少年更是一种苦闷。洛克王国很好地为家长们提供了一个寓教于乐的平台。在他们眼中,洛克王国不只是一个网游品牌,而且还是一个很好的儿童学习品牌。

经过2年的努力,洛克王国聚集了上亿的高活跃儿童用户并且迅速地把业务拓展到新的平台、新的业务领域当中去。目前,洛克王国的线下产品已经涵盖了图书出版、动画电影、玩具周边和学生电子教育产品等众多重要领域,并取得让业界认可的成绩。

迪斯尼是从动漫、电影开始创造出卡通品牌,而以洛克王国为代表的中国公司是从虚拟社区中创造出卡通品牌,然后再延展到产业链的其他部分,随着洛克王国在打造泛娱乐产业链路上的不断努力,相信属于中国儿童的本土"迪斯尼"时代即将到来。

小　结

文化市场宏观营销环境是指对文化企业营销活动造成市场机会和环境威胁的主要社会力量。分析文化市场宏观环境的目的在于更好地认识文化市场环境,通过文化企业营销努力适应社会环境及变化,达到文化企业的营销目标,寻求市场机会,规避市场风险。文化市场宏观营销环境涉及很多因素,大致包括文化企业所处的社会经济发展情况、技术、政治法律和社会文化等。

文化市场的微观环境要素主要是指对文化企业营销活动过程和结果有直接影响的各种力量,这些要素与文化企业经营的供应链直接发生关联,包括文化企业本身、市场营销渠道机构、文化企业面对的市场、竞争者和社会公众。

思考题

1. 文化市场的宏观环境对营销活动的影响是什么?
2. 文化市场的微观环境要素包括哪些?

参考文献

1. 周本存. 文化与市场营销[M]. 合肥:合肥工业大学出版社,2005.
2. 孙亮. 文化艺术市场营销[M]. 北京:文化艺术出版社,2008.
3. 菲利普·科特勒. 市场营销导论[M]. 华夏出版社,2001.
4. 王永德. 市场营销学[M]. 北京:中国大地出版社,2005.
5. 模梅锋,吴高福. 从文化产业的特性探其在经济欠发达地区的跨越式发展——以湖南省文化产业为例[J]. 新闻界,2007(2).
6. 吴信训,高红波. 从广告数据看中国传媒产业30年[J]. 新闻与传播研究,2008(6).

7. 文化产业——新兴的信贷客户群[R]. 中国报告大厅市场研究报告网, 2009-4.

8. 北京银行:信贷支持文化创意产业发展[OL]. http://www.loanchina.com/news/sort/NewsDetail_68630.html, 2009-3.

9. 王晨. 文化企业管理[M]. 湖南:湖南文艺出版社, 2006.

10. 张国良. 网络时代的媒体与受众[J]. 新闻大学, 2001 春季号.

11. 张希光. 我国文化产业的法律环境[OL]. http://www.allnet.cn/1107/Xbdkf/xbwh/whcy_03.htm, 2002.

12. 李友根, 肖冰. 论文化产业的法律调整[J]. 文化产业研究, 2006.

13. 李思屈. 文化产业概论[M]. 浙江:浙江大学出版社, 2007.

14. 2005 年下半年北京市都市报读者数据[OL]. http://www.allchina.cn/Adpage/2187.html, 2006.

15. 花建, 等. 文化产业竞争力[M]. 广东:广东人民出版社, 2005.

16. 2009—2012 年中国文化产业投资分析及前景预测报告[OL]. http://www.ocn.com.cn/reports/2006189wenhuachanye.htm, 2009-7.

17. 李康化. 文化市场营销学[M]. 上海:上海文艺出版社, 2005.

18. 李思屈. 文化产业概论[M]. 浙江:浙江大学出版社, 2007.

19. 哈利波特风靡全球攻心五策略[OL]. http://www.china-b.com/jyzy/qygl/20090425/1591933_1.html, 2009.

20. 横店集团:探索影视文化产业发展新路[OL]. http://www.cnci.gov.cn/content/200973/news_48303.shtml, 2009-7.

21. 文化产品要重视形成产业链[OL]. http://news.sohu.com/20081027/n260257321.shtml, 2008.

22. 蔡荣生. 文化产业发展与文化产品营销[OL]. http://www.southcn.com/nflr/llwzj/200505200161.htm, 2005 年 5 月。

23. 传奇:一出戏救活一个剧院[OL]. http://www.cnci.gov.cn/content/2009523/news_46476_p2.shtml, 2009.

5 文化市场的消费行为分析

文化市场的消费行为是指消费者基于某种需求而产生的对文化产品与服务的购买欲望和购买意向,从而最终产生对文化产品与服务的购买或接触行为。

美国心理学家马斯洛认为,人类的消费需求可以划分为若干层次。该理论首先强调人是有需求的动物,其需求取决于他已经得到的东西,只有尚未满足的需要能够影响行为;其次强调人的需求是有层次的,一旦某种需求得到了满足,另一种需求又会出现,又需要给予满足。马斯洛将人的需求层次自下而上划分为五个层次(如图5-1所示)。

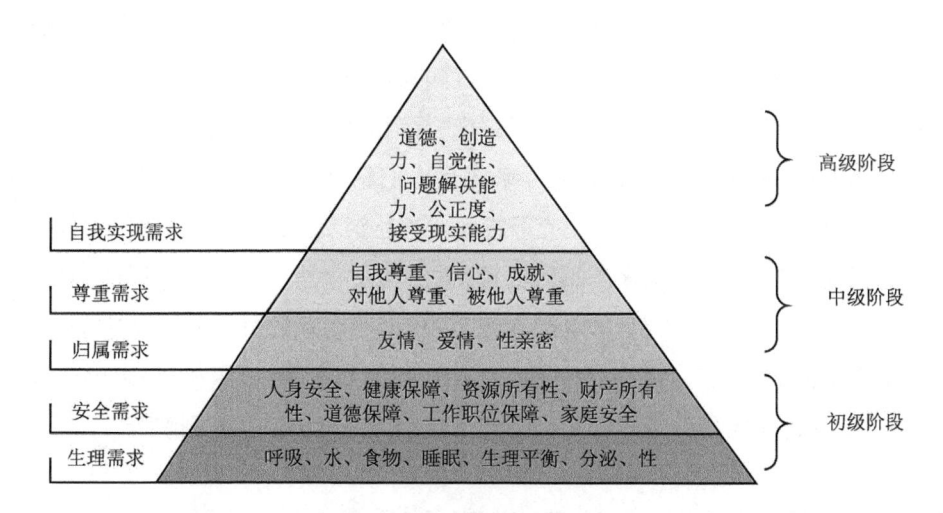

图5-1 马斯洛需求层次理论

生理的需求:这是人类最基本的需求,包括衣、食、住、行、用等方面必要的需求。通常来说,在生活水平低下的社会里,人们的生理需求表现得较为强烈;随着生活水平的逐步提高和基本生活资料的日趋丰富,人们生理需求的强度逐渐减弱,而心理需求的强度则不断增长。

安全的需求:这主要是人类对生命的安全、财产的安全、家庭的安全、健康保障、道德保障、职位保障等方面的需求。安全需求是人们为了更好地生存和保持生活安宁而产生的需要,在心理上获得生命安全和生活安宁的感觉。

归属的需求:这主要是指个人从事社会活动、社会交往的各种需求,包括被人接纳、建立友谊和培养感情。在社会生活中,人们往往很重视人际效应,期望成为某个正式或非正式团体的组织成员,寻求真情和友谊,获得归属感和荣誉感。

尊重的需求:这主要是指有关个人自尊、自我表现的需求,个人名誉、地位以及其他方面都需要得到认可和尊重。每个人都有自尊心和荣誉感,希望有一定的社会地位和自我表现机会,由于尊重的需求的主要目的在于引起别人的注意和重视,所以人们在消费心理上往往表现出求新、求奇等炫耀性特征。

自我实现的需求:这是人类的最高层次的需求,是指个人的能力要发挥到最大程度,有所作为,提高自己的地位和成就,实现个人能够实现的一切愿望。这种需求会促使人们执著地追求与奋斗,最终获得某种占有欲和成就感的满足。

马斯洛认为,上述需求的五个层次是逐级上升的,当低层次的需求获得相对满足之后,追求高层次的需求就成了驱动力。对于文化产品的消费而言,通常是属于较高层次的需求,可归属于情感的需求、尊重的需求和自我实现的需求。对于文化产品消费者需求动机的分析是文化产品有效营销的前提和基础。

文化消费是指用文化产品或服务来满足人们精神需求的一种消费,主要包括教育、文化娱乐、体育健身、旅游观光等方面。文化消费的内容十分广泛,不仅包括专门的精神、理论和其他文化产品的消费,也包括文化消费工具和手段的消费;既包括对文化产品的直接消费,如电影电视节目、电子游戏软件、书籍、杂志的消费,也包括为了消费文化产品而消费各种物质消费品,如电视机、照相机、影碟机和计算机等;此外也需要各种各样的文化设施,如图书馆、展览馆和影剧院等。

5.1 文化消费行为的影响因素

5.1.1 个人需求因素

消费者的个人需求因素对其选择文化产品起到很大的决定作用,这些因素主要包括年龄、职业、收入等人口统计学意义上的因素。

5.1.1.1 年龄因素

不同年龄段的消费者对文化产品的消费习惯、消费偏好会有所不同。同时,由于不同年龄段的价值观、认知结构和社会经验的差异,消费者对文化产品内容的解读也会有较大差异,甚至截然相反。并且,随着年龄的增长,人们对文化消费的偏好也会发生变化,因此年龄是决定文化产品消费者个人需求的重要决定因素。

案例 5-1　　TV+家族系列产品覆盖全阶层用户年轻人或将重回客厅[①]

2014年2月14日,传统彩电企业巨头TCL再度联手视频网站爱奇艺举办了TV+家族新品发布会,同时推出9款不同尺寸和版本的新品,以满足不同用户群的需求。

电视用户年龄层偏大

互联网时代,传统电视正被联网电视所取代。有数据显示,到2018年,全球将有超过7.59亿联网电视用户,是2013联网电视用户的两倍多。到2014年,智能电视成为彩电市场的主角,目前智能电视的渗透率已超过50%。

但是用户使用智能功能并未普及。《2013年人民网智能电视产业白皮书》指出74.2%的用户从未使用或极少使用其智能功能,只有4.5%的用户比较活跃。究其原因,主要是因为智能电视用户年龄层普遍较高。据了解,智能电视用户集中在50、60后,50岁以上的用户群超过了行业均值一倍,而这个年龄层的用户人群大都不会使用智能电视,智能电视在很多家庭中被当作传统电视使用。年轻用户较少的原因,一部分是因为年轻群体缺乏精力、财力,对电视的需求被可节省时间的移动数字电视取代。数据显示,从2006—2010年之间移动数字电视的年增长率达到50%。到2014年年底,中国手机视频用户达3.13亿人,同比增长26.8%,使用率为56.2%,同比增长6.9个百分点。这也使得年轻用户逐渐养成了使用移动终端观看视频的习惯。

[①] TV+家族系列产品覆盖全阶层用户,年轻人或将重回客厅[OL]. 2014-2-14. http://roll.sohu.com/20140219/n395266984.shtml

全品类填补细分市场空白

面对智能电视市场的现状,TCL爱奇艺决定推出家族系列产品,针对高中低端不同市场,将满足不同阶层的用户需求。TCL集团副总裁、TCL多媒体CEO郝义表示:"无论是在产品体验还是在服务上,TV+家族都进行了全方位的创新及突破,成功实现了全尺寸、全品类覆盖,从单型号到系列,将满足不同用户的需求。"

9款新品涵盖了从32~55英寸产品线,包括UD版、S版和C版三个各具特色的版本。其中UD版是家族产品中的高端版本。UD版TV+搭载了顶级的4K技术,分辨率高达3840×2160,较其他版本的显示精度提高4倍多。此外,该版本新品还搭载了双核和四核GPU,以及深度优化的4K UI,独特的4K壁纸以及专属4K浏览器。S版TV+的内存空间扩展到了16G,是尊爵版的全新升级版。C版TV+则拥有32~55共5个尺寸,并且搭载了周末影院、云赏K歌等功能。针对TV+家族产品的不同特色,郝义表示:"TV+家族全系列产品出击,可以更精准地针对不同用户需求,填补细分市场空白。"

业内人士指出,为满足用户差异化需求,彩电企业要在细分市场中不断掘金才是发展趋势。TCL爱奇艺TV+家族产品的推出,在丰富细分市场的同时也提高了用户黏性。

年轻人将重回客厅

智能电视之所以智能是因为它可以点播海量的影视内容,缺乏内容的智能电视不算真正的智能电视。作为视频影响力前三的爱奇艺每年都会在内容上投入大量资金,今年采购金额将超过10亿。

爱奇艺CEO龚宇表示:"2014年,爱奇艺+PPS会加大投资购买更优质的内容,并且好的内容将不再分销,做真正的独播,不断强化爱奇艺内容优势。"

目前,爱奇艺已经买下湖南卫视2014年全年度六大热门综艺节目的网络独播权。今年的网络独播剧《爱情公寓4》也深受用户喜爱。从2014年1月17日开始播出,截至2014年2月10日,《爱情公寓4》正片在爱奇艺PPS

双平台的全网播放量突破 25 亿。

此外,在 2 月 12 日,爱奇艺"韩流"频道上线,内容涵盖最新的韩国电视剧、韩国综艺、韩国娱乐资讯、韩国电影、韩国音乐和韩国时尚。爱奇艺在这些内容上的发力,很明显是为了吸引 85 后、90 后主流用户群的注意力,使其能够重回客厅。通过对用户数据的收集与分析,爱奇艺发现 4K 内容很受用户期待,所以此次的新品 TV + 提供了 4K 专区,以满足用户的需求。

据了解,科大讯飞为此次 TCL 爱奇艺 TV + 系列新品提供了全新的智能语音应用系统。与一代 TV + 智能语音系统相比,在识别率、响应速度、交互便捷度上均大幅提升,支持用户通过全程语音操控智能电视。该功能在一定程度上解决了用户不会使用智能电视以及其操作烦琐的问题。

TV + 系列新品在影视内容以及功能上的投入,激发了智能电视市场,在留住原有用户群的基础上,又开发出年轻主流用户群,使智能电视真正智能起来。

5.1.1.2 职业因素

一个人的职业往往和其社会地位、文化产品消费偏好密切相关,它直接决定着消费者对文化产品的选择与消费方式。职业对文化消费的影响常常体现出细分市场的聚集性特征,例如,高端职业群体的文化消费需求往往较大,并且对于文化产品的选择也倾向于精英文化;中低端职业群体对文化产品的选择则更加偏爱大众文化,这是由其职业特点所决定的消费行为特征。

5.1.1.3 收入因素

由于文化消费是需要一定的经济基础作为支撑的,因此对于不同收入阶层的消费者来说,其文化消费的选择行为也有很大不同。通常来讲,低收入阶层往往需要将有限的收入先满足其生活基本需求,因此在文化消费上就不会有太多的投入,他们往往倾向于选择免费或低费用的文化产品,如电视、广播、报纸等。高收入阶层在满足了其他生活基本需求之后,要通过文化消费满足其更高层次的情感需求、社交需求和自我实现的需求等,因此在文化消费上花费较多,他们倾向于选择图书、电影、音乐会等高消费的文化产品。

案例 5-2　文化部拟发文化消费券　北京低保家庭免费看演出[①]

文化部拟发文化消费券

2009年3月12日,文化部副部长、党组副书记欧阳坚等文化部有关负责人就"文化市场与文化产业发展"等问题接受记者采访。文化部表示,正在研究向低收入人群发放文化消费券,刺激消费。同时,将建设全国票务一卡通,实现异地购票。

会上,文化部副部长、党组副书记欧阳坚表示,文化部在探索刺激文化消费、扩大文化需求方面要寻找新途径。他透露,文化部正在建设一个全国的票务网络一卡通系统,两到三年左右,全国200多个城市可实现异地购票、异地取票,"在上海可以买广西的票,这个服务我们要在两年之内覆盖下去"。另外,还将加快电影院线和演出院线的建设,使一个院线有几十、上百个剧场,这样就可以把好的影片和演出配送到这些院线中,让更多的群众看到。

"我们正积极研究探索能否通过对低收入群体和贫困地区群众发放文化消费券等方式,来提高他们文化消费的支付能力,以此来刺激文化消费,推动产业发展。"欧阳坚说,因为很多低收入群众文化消费愿望很高,可是缺乏现实的支付条件,所以考虑用发放文化消费券的方式来刺激消费,来满足他们文化消费的愿望。

北京低保家庭可免费看演出

对于3月12日文化部副部长表示将考虑发放文化消费券,市文化局相关负责人称,目前还没有接到相关通知,但北京在2009年共推出8场面向城八区低保家庭的免费演出。目前,已在东城、西城、崇文和丰台举办了4场,共有3 100名低保家庭市民免费观看了演出。

降低演出票价需减少赠票

对于目前老百姓普遍关心的演出市场票价过高的问题,张新建表示,演

[①] 周民.文化部拟发文化消费券:北京低保家庭免费看演出[N].京华时报,2009-03-13.

出票价过高,主要集中在体育馆场的明星演出和外国文艺团体在国内的演出,原因是有效供给不足,演出成本过高。对于这个问题,国家不宜采取限制票价或者直接定价的方式。

此外,张新建指出,要禁止公款追星、公款购票用于个人消费,同时还要抑制各种各样演出的收费和工作票、赠票过多问题,只有通过降低演出成本,增加有效供给,才能够运用市场机制有效地平抑票价。

5.1.2 心理因素

影响文化消费行为的心理因素,包括动机、兴趣、认知等三个方面。

5.1.2.1 动机

动机是指达到一定强度的想法和愿望。人的动机产生于需求,而动机又左右着人的行为。人们由于渴望交流、得到尊重、找到归属感等方面的心理需求达到一定的强度后,便形成动机。文化消费行为的动机对消费者的购买行为有非常微妙的影响。具体而言可分为以下多种动机:

(1)求实动机:以追求产品的实用性为主要特征的购买动机。这种动机要求产品能提供较强的实用性和便利性,如学习类的文化产品。

(2)求廉动机:以追求产品的价格低廉为主要特征的购买动机。物美价廉是对这类产品的主要要求,如免费开放的博物馆、公园以及价格低廉的报纸等。

(3)求新动机:以追求产品的新颖性为主要特征的购买动机。新产品包括新品种、新规格、新花色、新功能和新样式等,而喜新厌旧是人们普遍存在的一种心理状态,不断开发新产品有利于满足消费者的这种购买心理,如上映的新电影、推出的新杂志等。

(4)求美动机:以追求产品的美感为主要特征的购买动机。对这类文化产品往往不仅要求造型、样式和色彩等美学感受,还要引导消费者追求思想、品格、意境等美学境界,如展览、艺术品等。

(5)求奇动机:以追求产品的独特性、奇异性为主要特征的购买动机。青少年消费群体往往出于此类动机追求标新立异的文化产品。

(6)求名动机:以追求产品的品牌为主要特征的购买动机。具有这种动机的消费者往往具有较强的购买力,更看重产品的品牌、声誉而不在意产品的价格。这类产品品牌往往具有显示财富和社会地位的效力,以满足消费者心理上的优越感和自我成就感。

(7)求快动机:以追求产品的及时性为主要特征的购买动机。人们对于新闻报道、体育比赛、电影和电视剧等文化产品,常常具有"先睹为快"的心理需求,这也使得文化产品必须在快捷与及时上下工夫,以适应消费者的心理需求。

(8)追崇动机:以追求产品的时尚性和流行性为主要特征的购买动机。人们普遍存在崇尚时髦和追随流行的从众心理。文化产品伴随各种快速传播渠道更易于在一定的时期成为流行产品。

5.1.2.2 兴趣

兴趣是人们积极认识事物的一种倾向性,也是推动人们某些心理活动的一种力量。文化产品所涉及的领域繁多,消费者对不同领域的兴趣也就决定了其文化消费行为。因此,兴趣具有较强的指向性特点。兴趣的指向性可能是价值观念的具体体现,也可能是在现实环境中被外部因素诱发出来的。兴趣还具有持久性的特点,人们对于感兴趣的事物,刚开始处于感觉有趣的阶段,发展下去就会形成偏好,再发展下去就会产生强烈的偏好,甚至养成稳定的习惯。对文化产品的不同兴趣产生了诸如集邮爱好者、音乐发烧友、电影爱好者、体育迷甚至网瘾等现象。

5.1.2.3 认知

认知是指个人选择、组织和解释外来信息以构成其内心认识的过程,也是人们通过自己的感官对外界情境的反应或印象。人们对同一事物或情境可能会产生不同的反应,原因在于人们的认知过程存在差异。认知按其经历层次的不同,可分为以下三个阶段:

(1)选择性注意:是指人们尽量接触与自己观点相吻合的信息,同时竭力避开相抵触的信息这样一种本能倾向。换言之,选择性注意既包括对某类信息的接触,也包括对另一类信息的不接触。人们往往会注意与他们当前需求有关的信息。

(2)选择性理解:是指人们总要依据自己的价值观念及思维方式而对接触到的信息作出独特的个人解释,使之同消费者固有的认识相互协调而不相互冲突。正如一千个读者眼中有一千个哈姆雷特一样,人们对于信息会作出有利于自己的理解。

(3)选择性记忆:是指人们根据各自的需求,在已被接受和理解的信息中挑选出对自己有用、有利和有价值的信息,然后储存在大脑之中。一般来说,消费者对信息的解释,总要设法支持而不是反对其先入为主的观念。

5.1.3 社会环境因素

社会环境因素主要是指文化消费要受到社会阶层、地域文化以及生活方式与价值观等一系列因素的影响。

5.1.3.1 社会阶层

社会阶层是由于人们在经济状况、受教育程度、职业类型、社交范围等方面的差异而形成的不同社会群体,并且由于社会地位的不同而形成明显的阶层差异。通常而言,同一阶层的人具有类似的价值观、兴趣爱好和行为方式。社会阶层的差异直接影响人们的消费方式,其文化消费行为也表现出较大的差异。

> **案例 5-3　　　　　互联网带来的"数字鸿沟"**[①]
>
> "数字鸿沟"(Digital Divide)一词被频繁使用于20世纪90年代中期以后的美国。1999年7月,美国商务省公布了一份基于1998年2月的调查,题目为"Falling Through the Net:Defining the Digital Divide"(《在网络中落伍:定义数字鸿沟》)的报告。该报告指出:美国年收入在7.5万美元以上的家庭使用互联网络的比率是最低收入层的20倍以上,电脑的持有率也达到9倍以上;另外,接受过最高教育的阶层与只接受过最低教育的阶层之间的使用差距在1年间上升了25%。除此之外,在民族集团、年龄和居住地域等方面,电脑的持有率和互联网络的使用率也具有较大差距。从这份报告可以看出,在IT革命进行的同时,一方面,互联网络也开始向一般大众普及,年轻人、高学历者及高收入者等群体通过使用IT而逐渐获得更高的收入及更好的雇佣机会;另一方面,那些不会使用电脑的高年龄群体和因贫困无法获得信息工具(电脑)的群体则陷入一种较困难的生活状态之中。由此可见,一种新的"数字鸿沟"开始出现。

5.1.3.2 地域文化

地域差异、城乡差异对于文化消费也具有比较重要的影响。这种地域差异、城乡差异决定了语言、习俗、生活方式、价值观等方面的不同,这些因素较大程度地决定了其文化产品的消费行为。例如,2008年各省收视率排行榜中,电视剧《乡村爱

[①] 李升."数字鸿沟":当代社会阶层分析的新视角[J].社会,2006(6).

情》《闯关东》在吉林、黑龙江、辽宁均位列前两名,而《李小龙传奇》则在云南、海南、贵州等地区均位居榜首。表 5-1 反映了 2008 年各地电视剧的收视差异。

表 5-1 2013 年 7—8 月电视剧收视 TOP5 排行比较:北京 VS 上海(更新数据)

北京(2013 年 7—8 月,测量仪数据)

名次	节目名称	频道	收视率(%)	份额(%)
1	正阳门下	北京卫视	6.11	12.9
2	假如生活欺骗了你	北京卫视	5.78	12.2
3	我的父亲母亲	北京卫视	5.50	11.8
4	反击	BTV 影视	5.34	11.4
5	武工队传奇	BTV 影视	4.64	10.1

上海(2013 年 7—8 月,测量仪数据)

名次	节目名称	频道	收视率(%)	份额(%)
1	出生入死	上海新闻综合	9.18	19.2
2	终极任务	上海新闻综合	9.11	19.3
3	穷孩子富孩子	上海电视剧	7.52	16.0
4	风雷动	上海新闻综合	7.02	14.5
5	鸳鸯佩	上海电视剧	6.30	13.8

数据来源:CSM 媒介研究。

5.1.3.3 生活方式与价值观的因素

随着人们生活水平的提高、生活节奏的加快以及西方各种外来文化的影响,我国人民传统的生活方式和价值观也受到了强烈的冲击,并经历着一场深刻的嬗变。传统的以家庭为主的文化消费方式已经转变为以群体或个体为主的文化消费方式,前者主要体现为看电视、读报纸等消费行为,后者主要体现为上网、K 歌、蹦迪、泡吧、看演唱会甚至追星等消费行为,并且日益呈现出文化消费方式、消费渠道多元化的特征。

5.1.4 外在经济因素

外在经济因素主要包括区域经济发展、宏观经济环境等因素对文化消费的影响。

5.1.4.1 区域经济发展

经济与文化始终是维系人类社会发展进步的两大系统,两者是共生共存、相互依赖的关系。

一方面,经济发展决定着人类的物质产品消费,文化发展决定着人类的精神产品消费,两种消费都是人类发展必不可少的消费方式。通常而言,两者是同步发展的,发达的经济与先进的文化是相互匹配的,而落后的文化也通常与落后的经济相伴随。

另一方面,区域经济也决定着地域文化观念的形成和发展。由于地理区位、资源、气候、人文和交通等诸多因素的制约和影响,致使区域经济结构和发展水平各具特色并互有差异,同时也孕育了具有不同个性特质的地域文化观念。经济发展水平不同、发展思路不同,对文化观念的认识不同,传统文化观念和现代文化观念的结构不同,文化观念创新的要求也就不同。

5.1.4.2 宏观经济环境

宏观经济环境的优劣也直接影响并决定着人们的文化产品消费。

一方面,居民储蓄倾向对文化消费产生挤出效应。居民文化消费支出与居民收入有关,也与社会保障体制密切相关。目前,如果人们在住房、教育、医疗、养老等方面压力较大,特别是受宏观经济环境的影响,对未来收入的预期并不乐观,那么就会把一些收入转为储蓄,在消费特别是文化消费方面支付能力趋于保守。

另一方面,文化消费也会出现"口红效应"。"口红效应"源自海外对某些消费现象的描述。每当经济不景气,人们的消费就会转向购买廉价商品,而口红虽非生活必需品,却兼具廉价和粉饰的作用,能给消费者带来心理慰藉。经济危机之下,消费者的购物心理和消费行为等都发生了变化,经济危机也使得如口红这类的廉价化妆品和文化类的产品出现了大卖。20世纪30年代美国经济大萧条时期有学者提出了"口红效应"。"口红效应"不仅体现在化妆品行业,30年代美国的经济危机爆发使几乎所有的行业都沉寂趋冷,而好莱坞的电影却乘势腾飞,热闹的歌舞片大行其道,给观众带来欢乐和希望,还让秀兰·邓波儿成为家喻户晓的明星。这是电影行业的"口红效应"。因此,文化消费也会出现"口红效应"的现象。

案例5-4 "口红效应"助推文化娱乐消费?[①]

近日,日本市场调研机构发布的日本市场消费统计数据显示,虽然其他

---

① 王磊."口红效应"助推文化娱乐消费?[N].文汇报,2008-12-24.

行业走冷,游戏机行业中的任天堂和索尼PSP却在上周销量大增。其中很大一部分将作为圣诞节礼物,成为日本玩家迎接新年的伴侣。一些行业在经济呈现颓势时反而获得更好的收益,正是所谓的"口红效应"。眼下,"口红效应"一词已经伴随世界金融危机,一起步入公众视野,成为年末最热门的词语之一。国产电影和其他文化娱乐产业都在争当那支大卖的"口红"。不过想要成为"口红",却并非想象的那么容易。

热词——从经济学到娱乐产业

"口红效应"源自海外对某些消费现象的描述。每当经济不景气时,人们的消费就会转向购买廉价商品,而口红虽非生活必需品,却兼具廉价和粉饰的作用,能给消费者带来心理慰藉。

2008年的世界金融危机,恰恰给"口红"带来了市场。美国媒体称,口红、面膜的销量眼下开始上升,而做头发、做按摩等"放松消费"也很有人气,这与其他大宗商品和奢侈品的低迷销量呈现出鲜明的对比。"口红效应"开始显现,"口红效应"一词也在海外媒体上不断亮相。

"口红效应"一词在国内走红,源自电影行业的一场讨论。世界金融危机很容易让人联想起20世纪二三十年代的经济危机。那时几乎所有的行业都沉寂趋冷,好莱坞的电影却乘势腾飞,热闹的歌舞片大行其道,给观众带来欢乐和希望,还让秀兰·邓波儿成为家喻户晓的明星。有人因此认为,中国电影也可借"口红效应",找到一次逆境上扬的机会;同时也有学者指出,由电影借"口红效应"推广开去,其他文化娱乐产业也可以从"口红效应"中获益。

冷眼——想当"口红"不容易

尽管"口红效应"已成为文化娱乐产业的新鲜热词,但是国内相关文化娱乐行业是否真能成为那支热卖的口红?

在日本,哪怕大卖的游戏机PSP,也并非"超级口红"。PSP在日本单周销量超过18万台,周增幅100%,但是作为游戏机的PSP却并没有促进其相关游戏的销量。日本游戏销量排行前50名中,至今依旧只有3款PSP游戏。这就好比DVD播放器大卖,DVD光盘却滞销。

硬件销量和相关内容产业的发展,呈现出"一热一冷"现象,给国内想借"口红效应"走热的电影产业和其他娱乐行业泼上了一瓢冷水。

"同样花几十块钱,比起喝咖啡和坐出租车来,还是看电影更有吸引力,可以带来2个小时或更长时间的持续满足感。"电影行业的"口红"幻想,需要国产电影有好的内容和表现手段支撑。如果没有动人的故事,也不会好好说故事,观众凭什么认定国产电影?前段时间有一部影片依靠铺天盖地的宣传攻势,短期内取得了轰动效应,上座率不错。而在第二周放映之际却票房疲软。某天晚上,上海影城数百人的影厅内只有七八个观众。

"口红效应"只是眼下诸多消费心态中的一种,为文化产品的走红创造了一定的可能。对文化娱乐消费品来说,除了"口红效应","内容为王"才是始终不变的铁律。

5.2 文化消费行为的特征

5.2.1 休闲消费特征

文化消费是一种典型的闲暇消费。闲暇消费是指人们在闲暇时间进行的各种消费活动。一般来说,闲暇时间是指人们的全部生活时间减去必需的生存时间(吃饭、休息等)和必要的工作时间(上班、家务等)之后的可自由支配的时间。在闲暇时间内进行的有支付能力的消费是闲暇消费。有闲暇时间和支付能力是闲暇消费的两个基本前提,而这两方面最终受社会生产力发展水平的制约。因而可以将闲暇消费看成社会经济发展进步的标志,闲暇消费质量的高低反映了国民生活水平和生活质量的高低。

闲暇时间是个人用来享受、娱乐、发展个性的时间,由此,闲暇消费就具备了与其他消费不同的特殊性,这种特殊性主要体现在多样化和大众化两个方面。

5.2.1.1 休闲消费的多样化

闲暇消费方式的多样性决定了文化消费的多样化特征。例如,旅游消费、文化艺术消费、媒体消费、群众娱乐消费等都属于文化消费的不同形式,尤其是随着当代信息消费、网络消费形式的发展,闲暇消费的多样化特征进一步凸显。

5.2.1.2 休闲消费的大众化

随着人民生活水平的提高,闲暇消费已由过去上等阶层人士专享而发展为普通大众都可以共享的消费方式,政府也正在通过各种措施促进文化消费的普及。

案例 5-5　　全国 2 500 座博物馆已免费开放
更多文物受法律保护[1]

2014 年 2 月 24 日,在国务院新闻办举行的新闻发布会上,文化部部长蔡武和文化部副部长、国家文物局局长励小捷介绍了 2013 年文化改革发展情况和 2014 年重点工作。

2013 年,全国文化领域发生了怎样的变化?

蔡武概括了六点内容:一是简政放权,推进行政审批制度改革,加强政策法规体系建设,深化文化市场综合执法改革。二是国家艺术基金正式运行,实现了文化艺术资助模式的转型。三是公共文化服务均等化、标准化启动。四是文化金融合作向纵深发展。五是首次国有可移动文物普查工作全面启动,珠算项目成功申遗。六是"欢乐春节"等重大文化交流项目品牌效应显著,20 多项中外思想文化对话活动成功举办,海外中国文化中心总数达到 14 个。

2013 年,全国的文物是如何保护的呢?

励小捷用三组数字回答了这个问题:"一是保护。2013 年实施了 2 224 项全国重点文物保护单位的文物保护项目,完成了 6 000 余件(套)馆藏珍贵文物的修复工作。这方面安排的中央专项资金达到 70 亿元。二是利用。目前全国的博物馆 3 866 座,包括公立综合博物馆、行业博物馆、民办博物馆,每年推出的展览大约是 2.2 万个,接待观众达到 5.6 亿人次,全国实行免费开放的博物馆有 2 500 个左右。三是管理。在管理上已经把第三次文物普查的近 77 万处不可移动文物的名录经过县以上的各级人民政府全部向社会公布,这就意味着有更多的文物资源纳入了法律保护的视野。2013 年我们启动了文物保护法修订,今年年底前争取完成修订草案的起草。"

未来,文化系统将加快文化体制机制创新。推进文化行政部门职能转变,深化行政审批制度改革。推动已转制文化企业建立现代企业制度。推

---

[1] 全国 2 500 座博物馆已免费开放,更多文物受法律保护[OL]. 2014-2-25. http://news.xinhuanet.com/travel/2014-02/25/c_126185374.htm.

动事业单位分类改革,探索公共图书馆、博物馆、文化馆等组建理事会。推进文化市场综合执法改革。同时,加快构建现代公共文化服务体系,加强统筹协调,推动基本公共文化服务标准化均等化,完善免费开放机制,推动公共文化服务社会化。另外,建立多层次文化产品和要素市场,培育新的消费热点,支持小微文化企业和创意人才,促进文化与相关产业融合,推动园区、会展转型升级。同时,推进文物保护、非物质文化遗产保护、古籍保护,注重城镇化进程中的文化遗产保护。坚持政府统筹、社会参与、官民并举、市场运作,对外文化交流和对外文化贸易"两手抓",不断创新交流方式。

5.2.2 感性消费特征

文化消费还呈现出较强的感性消费特征。世界著名营销大师菲利浦·科特勒将消费者的行为划分为三个基本阶段:一是量的消费阶段,即人们追逐买得到和买得起的商品;二是质的消费阶段,即人们寻求货真价实、有特色、质量好的商品;三是感性消费阶段,即人们注重购物时的情感体验和人际沟通,这种感性消费是基于消费者个人的情绪、情感体验而产生的消费行为,它以个人的喜好作为购买决策标准,以个人心理满足、个性实现、精神愉悦为主要消费目标[1]。

由于文化消费在大多数情况下是为了满足人们精神层面而非物质层面的需求,因此对于文化消费其首要目的便是追求心理满足、个性实现和精神愉悦。因此,文化消费呈现出强烈的感性消费特征。这种感性消费特征具体体现为以下特点。

5.2.2.1 感性消费的主观性强

对于文化消费的选择在大多数情况下都是取决于个体消费者的主观心理感觉而非客观价值判断。消费者在选择文化产品时,往往看重的是文化产品带来的心理上的满足感和愉悦感,这种心理感受是一种主观判断。

5.2.2.2 感性消费的趋同性强

由于缺乏明确的消费目标,因而追随流行便成为文化产品消费者进行消费选择的重要方式。一方面,追随流行可以使得个体避免造成与群体间的不和谐而产生孤立;另一方面,流行的事物在一定程度上能够彰显个体的身份和地位。

---

[1] 智库百科. 感性消费[EB/OL]. wiki.mbalib.com.

5.2.2.3 感性消费的忠诚度弱

在信息日益多样化的今天,消费者面对铺天盖地的文化产品往往难以作出选择,其消费行为的随机性较强,这也决定了文化消费的忠诚度较弱。尤其是感性消费特征决定了文化消费对于普通大众而言多数情况下是一种冲动型消费和情绪化消费,这进一步决定了文化消费的忠诚度较弱。

5.2.3 关联消费特征

文化消费的关联性特征主要是指由于对某一类文化产品的消费而产生了较强的满足感甚至依赖性,因此在文化产品消费的选择上会倾向于选择与该类文化产品相关的文化产品。也就是说,文化消费往往具有较强的累积效应。例如,观众在电影院观看《哈利·波特》之后,会想到去购买《哈利·波特》的相关书籍,电影中的道具,甚至去主题公园游览等。文化产品产业链上下游创造的相关产品都将是消费者进行文化消费的对象。

案例 5-6 哈利·波特叩问中国魔幻产业 全球已暴赚 200 亿美元[①]

《哈利·波特与混血王子》上映一周以来,虽然屡遭影迷争议,但票房依旧保持迅猛上涨的势头,全球票房已经达到 4 亿美元。事实上,自 1997 年《哈利·波特与魔法石》小说出版发行起就带动了庞大的产业链。这十几年来,小魔法师哈利·波特已经在全球疯赚 200 亿美元。不仅如此,之前风靡一时的《指环王》系列电影,现在正流行的《暮光之城》系列和《变形金刚》系列电影,都形成了一个利润不菲的产业链,为各行各业带来了数以亿计的利润。

哈利·波特"生"下来就注定是个富翁。1997 年哈利·波特系列出版了第一本小说《哈利·波特与魔法石》,全世界各地的读者为它着了魔。2001 年 11 月,第一部波特电影《哈利·波特与魔法石》上映,吸引了更多哈利·波特迷关注,此后这个产业的"雪球"越滚越大。

据某门户网站搜集的数据表明,迄今全世界一共卖出了 4 亿册《哈利·

---

① 哈利·波特叩问中国魔幻产业 全球已暴赚 200 亿美元[N].现代快报,2009-07-21.

波特》系列小说,出版业为此收获颇丰,前六册按单价15.7美元、发行3.25亿册计算,《终结篇》按单价34.99美元、发行0.75亿册计算,相加得出了天文数字77亿多美元。在电影业,哈利·波特已经制造了45亿美元的收益。这是从2001年《哈1》上映至2008年11月2日截止,共五部《哈利·波特》电影所带来的票房数字。在电影业,战胜波特的只有"007"系列,不过007已经拍了22部了。

哈利·波特还为玩具业带来了起码15亿美元的收入,这个数字还是2003年的一个统计,那时候,《哈利·波特》系列书籍才出版前四部,电影也才上映前两部。至于现在这个数字刷新到什么程度,还得请有关专家再计算一次。此外,在福布斯最赚钱的小说或电影角色排行榜上,哈利·波特排名第四,排在他前面的分别是米老鼠、维尼和弗洛多,28亿美元是它2003年一共赚得的数目。

5.3 文化消费行为的决策过程

消费者决策过程是由一系列的活动组成的,包括确认需要、搜集信息、方案评估、决策购买和购后行为五个方面。

5.3.1 确认需要

正如本章开篇所述,消费者消费行为的发生是基于某种需要,文化消费也不例外。消费者是在基于各种现实和潜在需求的基础上才选择文化消费的,这种现实和潜在的需求主要由于消费者可以通过文化产品获取社会知识、社会认同和社会归属感。由于人们需要层次满足的差异性,消费文化产品的动机也表现出很大的差异。例如,有些消费者偏向于文化产品所提供的实用性资讯信息,以满足基本的社会生活信息需要;而有些消费者偏向于在文化产品消费中获得自尊、肯定和身份的认同;还有一些消费者则希望在文化产品消费过程中获取自我发展和实现的内容需求。

对于营销人员而言,其重要任务之一是研究消费者的需要,了解目标市场的现实和潜在需要,这些需要的来源和强度如何,以及消费者的需要随外界因素波动的规律性,在此基础上,针对消费者的现实需要加以满足,针对消费者的潜在需要进行诱导,促使文化产品的消费者需求转化为其对文化产品的接触、选择、消费,并最终形成消费偏好。

5.3.2 搜集信息

在确认需要之后,消费者会直接或间接地接触各种渠道以便满足自身的消费需求。渠道接触的过程便是消费者信息搜集的过程。这种渠道接触可能是主动接触,也可能是被动接触。例如,歌剧爱好者搜集各种有关歌剧演出的信息是一种主动接触;坐在公交车上的乘客收看到的车载电视节目是一种被动接触。

消费者需要搜集的信息量取决于其他购买情况的复杂程度。在有限的解决问题的范围内,消费者要搜集的信息量不大;在广泛的解决问题的范围内,尤其在消费者对所要购买的产品不甚了解的情况下,要搜集的信息量就很大。消费者一般有四个信息来源渠道:一是商业来源,即从广告传单、产品展示、经销商、代理商、推销员等途径获得信息;二是个人来源,即从亲属、邻居、同事、朋友等渠道获得信息;三是大众来源,即从报纸、杂志、广播、电视、网络等大众传媒获得信息;四是经验,即通过尝试、使用、观摩、欣赏产品等方式获得信息。

在这一阶段,营销人员首先要了解消费者信息获取的来源。针对歌剧产品进行的营销就要准确描绘出歌剧爱好者的群体特征以及他们最可能接触到的信息渠道,然后有针对性地展开营销。同时,营销人员要善于利用不同的信息来源进行整合营销传播,例如,将大众传播渠道和小众传播渠道甚至是人际传播渠道有机地结合在一起,提高渠道到达的广度。

5.3.3 方案评估

消费者在搜集产品信息的基础上,会结合自身的需求目标,进行综合分析与评估论证,从而便于作出购买决策。评估论证主要包括三个方面:一是产品属性,即备选产品的使用功能多少与质量高低;二是产品效用,即产品的性价比,是否经济实用、物美价廉;三是产品品牌,即对备选品牌优劣程度的总体看法。

对文化产品的属性评估主要是指产品是否属于耗时消费产品、价格如何、是否能够满足期望的消费目标等;对文化产品的效用评估主要是指产品预期达到的效用如何、性价比如何等;对文化产品的品牌评估主要是指产品的品牌是否值得信赖。例如,消费者在看一部电影之前就会做出类似的评估行为:电影的类型自己是否感兴趣,电影的票价是否在预期范围之内,电影的导演、演员阵容是否有品牌效应等。

5.3.4 决策购买

决策购买是消费者最终作出购买决定的阶段。消费者在经过需要的确认、信息的搜集以及方案的评估之后,最终产生购买行为。这种购买行为可能是直接的以货币形式发生的购买行为,也可能是间接的非货币购买行为,例如,消费者观看电视就是付出自己的闲暇时间而实现间接购买。

在这一阶段,营销者要设法降低消费者的购买风险,并在价格、服务等方面采用各种促销手段,以诱发消费者的购买行为。

5.3.5 购后行为

消费者在消费产品后,会产生一系列与购买行为相关的评价行为,这种评价可能是正面的称赞,也可能是负面的抱怨,以及与心理评价相关的表扬或投诉行为,这些统称为购后行为。

对于营销人员而言,应当采取各种措施,尽可能地使消费者产生正面的积极评价,提高消费者的满意度。一方面,在前期的产品宣传时要遵循实事求是的原则,以免消费者产生过高的预期;另一方面,企业要通过各种售后服务活动,尽可能地使消费者在整个消费过程中都能产生正面的积极评价。

5.4 对文化消费行为的引导

5.4.1 优化文化消费环境

消费环境是指消费者在生存和发展过程中面临的、对消费者有一定影响的、外在的、客观的因素。它主要包括消费的自然环境和社会环境。消费的自然环境是指自然生态对消费的影响;消费的社会环境是指社会背景、社会关系对消费的影响。就文化消费而言,影响消费行为的主要来源是消费的社会环境。消费的社会环境主要包括社会宗教信仰、价值观念、消费习俗、道德规范、制度法规等因素,这些因素在很大程度上影响甚至决定了人们的文化消费行为。因此,政府从宏观层面要为广大民众创造一个良好的文化消费环境,防止低俗文化的传播与盛行。

5.4.1.1 用正确的价值观引导人们的文化消费,建立良好的文化社会环境

政府作为社会精神文明的倡导者,必须以正确的价值引导人们树立文化消费观念,在全社会范围内形成一种倡导并追求积极文化的消费风气,同时抑制消极的、不健康的文化,这也是作为提高全民族思想道德素质和科学文化素质的重要手段,要建立文明、健康的文化消费方式。

5.4.1.2 推动自主知识产权建设,建立良好的文化生产环境

知识产权保护是文化产业得以健康发展的重要保障之一,它能够通过有限的权利垄断,达到促进知识资源共享与文化科技进步的作用,推动文化产业的创新与发展。因此,政府应加大力度推进自主知识产权建设,为文化产品的生产建设良好的产业外部环境,促使更多的优秀文化产品面世,实现整个行业的健康发展。

5.4.1.3 加大对公共文化基础设施的投入,建设良好的文化消费环境

文化消费质量的提升离不开公共文化设施的支撑与配套,政府必须增加对文化消费基础设施的投入,建造大型的公共文化设施,像博物馆、图书馆、大剧院,特别是在社区里增添公共文化设施,它们是开展公益性文化活动的主要载体,使更多人能够有时间参与文化消费,尽量让居民无偿使用,推动文化消费,提高文化消费水平。让普通居民能够用最平民的价格享受高品位的文化,这是政府应尽的职责。政府的政绩不仅在于建造了多少标志性的文化设施,更在于使多少居民在这些设施里享用了高品位的文化。

5.4.2 健全文化市场的运行机制,扩大文化消费总量

根据国际经验,当人均 GDP 超过 3 000 美元的时候,文化消费会快速增长;接近或超过 5 000 美元时,文化消费则会出现"井喷"。2008 年,我国人均 GDP 已超过 3 000 美元。按照国际经验估算,我国文化消费支出总量应当在 4 万亿元以上,而实际上只有不到 8 000 亿元。这意味着我国居民文化消费潜力远未得到释放[①]。

在现阶段的我国,文化消费正在成为扩大内需的重要突破点。随着我国经济的持续发展,国民收入稳步提高,目前城乡居民在文化娱乐消费上的支出,占总消

---

① 赵卫东.什么因素制约了我国文化消费增长[N].人民日报,2009-7-6.

费支出的比重逐年增大。文化消费在整个社会消费中具有热点多、弹性大的特点，并能不断刺激消费者的消费欲望。改革开放30年来积累的物质财富，人民对精神生活的更高需求，也已经为文化产业的蓬勃发展提供了广阔的空间。要扩大我国城乡居民的文化消费总量，必须从以下几方面着手。

5.4.2.1 适当调整文化产品价格，使之与居民购买力水平相适应

目前我国部分文化产品价格虚高，使"寻常百姓家"只能望而兴叹，这不仅限制了文化产品的消费，也不利于这类文化产品的传承与发展。

据对北京市场的一项随机调查显示，就文化演出而言，能够接受100元以下票价的人占到72%，能够接受100~400元票价的人占24%，选择400元以上票价的人只占4%。而北京大部分演出场所的票价少则一两百元，多则一两千元，整体票价水平高于大部分普通民众的心理预期。

同样以电影为例，中国电影发行放映协会发布的《2014中国电影市场报告》显示，2013年全国城市院线市场平均票价是37元，略高于前一年36元的水平，人均年观影0.4次。其中深圳市票价最高，为41.66元。如果限于7亿城镇人口，人均年观影次数不足一次，远低于欧美以及印度、日本、韩国的国家水平。在我国一些大城市，其电影票价甚至已经高于纽约同等影院的票价水平。这对于人均收入尚不高的广大民众而言，看电影无疑成为一种奢侈消费。

因此，适当调整部分文化产品和服务的价格，使之与我国居民购买力水平相适应，才能激励更多的民众进行文化消费，对于培育我国文化消费市场能起到至关重要的作用。

5.4.2.2 以需求引导市场，解决文化产品的供求矛盾

目前，我国文化产品的供求结构性矛盾突出是抑制文化消费的一个重要原因。随着我国经济的发展和消费水平的提高，社会需求结构和消费结构发生了深刻变化，文化消费由过去的结构单一、消费层次低逐步向多样化、高层次转变，但目前我国文化产品供求结构性矛盾较为突出。一方面，大量文化产品难以进入市场；另一方面，群众喜闻乐见的文化产品又严重缺乏。从文化产品供给看，由于许多文化产品生产单位不是完全的市场竞争主体，也没有完全针对居民消费需求开发文化产品，造成大量文化资源浪费。

以电视剧生产为例。据国家广播电影电视总局发布的数据，2013年获得国产电视剧发行许可证的剧目为441部、15 770集，日均生产电视剧36集。这是我国

电视剧生产在经历13年的增长后首次出现降低,由2012年的17 000集减少至2013年的15 770集。这次减产并非中国电视剧市场的"衰退",而是一种"理性回落"。这意味着我国电视剧市场在经历多年的数量增长后,逐渐形成以提升质量为主的发展模式。目前,观赏电视剧已成为我国大众最主要的文化生活方式之一,全国电视剧观众数以亿计,人均每天收看电视剧时间为50分钟左右。这些数据表明,我国已成为名副其实的世界电视剧生产和消费大国。但另一方面,2013年卫视黄金时间段播出的电视剧为616部,其中首播的新剧为266部,只占黄金段播出总量的43%,这意味着当年制作完成的电视剧有一半无法进入黄金档而面临亏损。即便在非黄金时段中,因为还要播出许多重播剧,所以剩下的新剧播出空间很小。有许多电视剧因无法播出而成为废品。而在进入黄金档播出的电视剧中,真正受观众欢迎的电视剧一年也只有那么几部,大量的烂剧充斥着黄金档。因此,一方面是观众对电视剧的质量评价不高,另一方面是大量的电视剧无法播出,这种供求结构性矛盾十分突出。供大于求的电视剧生产是表面繁荣、实际"虚胖",导致了严重的资源浪费。

因此,调整政策,优化市场机制,以需求引导市场的供给是当前我国文化产品生产中亟待解决的重要问题。

5.4.2.3 加强文化产品的创新,促使市场潜在需求向现实需求转化

文化产品创意不足,阻碍了文化市场潜在需求向现实需求的转化。纵观人类社会发展史,每次产业结构的重大变革都伴随着一个或几个标志性的创新产品。在激烈的市场竞争中,成功的创新产品能开拓新的市场,为企业创造新的利润增长点。同样,创新也是文化产品的灵魂,是影响文化产品利润最重要的因素。经过引进和学习,我国文化产业的生产模式已与发达国家十分接近,但由于原创性不足和优秀创意缺乏,不能形成有竞争力的文化产品品牌,很少拥有获得市场广泛认同的拳头产品。就发展空间巨大的动漫产业来说,在动漫生产最早与国际接轨的深圳,九成以上的动漫企业仍以加工为主,原创作品少,优秀原创作品更少。这严重阻碍了我国文化市场潜在需求向现实需求的转化。

5.4.3 逐步减少地区、城乡之间文化消费的不均衡现象

目前,文化消费水平在地区之间、城乡之间差异明显,文化消费的不均衡现象比较普遍。

5.4.3.1 地区差异

研究表明,我国文化消费水平按区域大致可分为三个层次。第一层次:北京、上海、广东、浙江、天津、湖南、重庆、山东、福建;第二层次:西藏、江苏、四川、云南、河北、湖北、新疆、陕西;第三层次:青海、广西、宁夏、辽宁、甘肃、内蒙古、山西、贵州、黑龙江、吉林、海南、江西、河南、安徽。其中第一层次的文化娱乐消费在全国平均水平以上,第二、第三层次在全国平均水平以下,而第二层次和第三层次又有较大差距,其中第一层次是四大直辖市和四个沿海省份和一个中部省份,文化娱乐消费支出尤其明显,从2012年的统计数据来看,北京的人均文化娱乐消费支出为3 695.98,是西藏地区的5倍。这种地区差异主要是由于我国东西部经济发展的差距以及各地区居民文化素质差异造成的。我国东部沿海地区经济发达,而中西部较为落后,从而东部沿海地区文化消费支出明显高于中西部地区。此外,各地区居民文化素质的差异也造成了文化消费的不均衡。文化素质最高的是北京,其6岁以上人口中大专以上学历人口比重达到37.35%,远远高于其他各省市。上海的人均消费支出也略低于北京,其6岁以上人口中大专以上学历人口比重为23.07%,从而总的文化消费支出低于北京。

5.4.3.2 城乡差异

根据国家统计局的数据,2012年我国城镇居民人均文化娱乐服务消费支出2 033.5元,农村居民人均文教、娱乐用品及服务支出445.49元。从商品类文化消费支出情况看,城市消费文娱用品支出为451.88元,教育支出819.62元。城市文化消费的内容比农村丰富。农村除少量消费书报杂志外,大部分时间都用来看电视、听收音机,文化生活极其单调。造成城乡差异的主要原因是由于我国城乡居民的收入水平差距造成的。另外,从消费环境、消费范围、消费内容、消费方式和消费层次来看,农村较之城镇而言要贫乏许多。而20世纪90年代以后以信息技术、网络技术、通信技术和计算机技术为主导的技术革命,将人类带入了知识经济的时代。这场变革对城镇居民的价值观与消费方式产生了很大的影响,家用电脑、因特网等信息产品大大地刺激了城镇居民的文化消费,但对农村的影响却依然是微乎其微。

我国地区间的发展差距随着西部开发、中部崛起、老工业基地振兴的展开而逐步缩小,近年来政府关注民生的诸多举措使低收入群体的生活状况得到明显改善,整体经济形势和政策的转变将有力地改变文化消费的区域、群体不平衡状态,在

2020年全面建成小康社会目标的要求下,强调社会公平应当是我国政策的长期取向,趋近均衡性是我国文化消费的动态特征之一。随着新农村建设目标的逐步实现,广大农民阶层将释放出巨大的文化消费潜力,国内文化消费市场将因之得以大幅度拓展。

5.4.4 提升国民文化素养,引导积极的文化消费行为

在各种信息随着多种传播渠道铺天盖地而来的今天,如何保证消费者从中汲取积极的文化,摒弃落后的文化,使得真正民族的、世界的经典文化得以传承发展,是政府、媒体等公共部门要认真思考的问题。

应当看到,在我国文化产业快速发展的今天,一些消极的文化现象也乘虚而入,对消费者尤其是对青少年消费者有巨大的负面作用。例如,福建省曾对少青管教所和女子劳教所的一项调查表明①,电影、电视、录像、文艺书刊中消极因素对青少年的不良影响是造成青少年犯罪的重要诱因之一。其中,影视、录像和文艺书刊中侠客、暴力、武打等惊险情节、场面、镜头,容易诱发凶杀犯罪,这类犯罪情节占所调查1 700多人的20.56%;影视、录像、文化书刊中对豪华阔气场面的过分渲染,容易诱发青少年走向盗窃、抢劫犯罪,这类犯罪情节占所调查1 700多人的41.4%;文化产品对色情的露骨描写容易诱发性犯罪,影视、录像、文艺书刊中对犯罪过程的详细描述,为一些青少年所仿效而犯罪。

因此,政府、学校、媒体等公共部门必须努力加强对文化消费行为的引导,以科学的理论武装人,以正确的舆论引导人,以高尚的精神塑造人,以优秀的作品鼓舞人,要努力用高尚的精神产品繁荣文化市场,组织和鼓励文化创造者深入生活,积极创作内容健康的文化产品。

小 结

文化市场的消费行为是指消费者基于某种需求而产生对文化产品与服务的购买欲望和购买意向,从而最终产生对文化产品与服务的购买或接触行为。文化消费是用文化产品或服务来满足人们精神需求的一种消费,主要包括教育、文化娱

---

① 刘培光.浅谈文化市场中消极因素对青少年犯罪的影响[J].福建青少年研究,2008(10).

乐、体育健身、旅游观光等方面。文化消费的内容十分广泛，不仅包括专门的精神、理论和其他文化产品的消费，也包括文化消费工具和手段的消费；既包括对文化产品的直接消费，如电影电视节目、电子游戏软件、书籍、杂志的消费，也包括为了消费文化产品而消费各种物质消费品，如电视机、照相机、影碟机、计算机等，此外也需要各种各样的文化设施，如图书馆、展览馆、影剧院等。

从马斯洛需求的五个层次来看，文化消费是属于较高层次的需求，可定义为归属的需求、尊重的需求和自我实现的需求。因此，文化消费行为受到个人需求、社会环境以及外在经济等因素的影响；同时，文化消费行为体现出闲暇消费、感性消费和关联消费的特征。文化产品消费者的决策过程是由一系列活动组成的，包括确认需要、搜集信息、方案评估、决策购买和购后行为五个方面。为引导民众进行积极向上的文化产品消费，政府应优化文化消费环境、健全文化市场的运行机制，扩大文化消费总量、逐步减少地区、城乡之间文化消费的不均衡现象，提升国民文化素养，引导积极的文化消费行为。

思考题

1. 社会环境因素和外在经济因素如何影响消费者的文化消费行为？试结合实例进行分析。
2. 结合实例说明文化消费的关联消费特征。
3. 文化消费行为的决策过程包括哪几个环节？
4. 政府应当如何引导人们进行积极健康的文化消费？对此谈谈你的看法。

参考文献

1. [美]理查德·凯夫斯.创意产业经济学[M].北京：新华出版社，2004.
2. 崔到陵，许成安.收入导向型商品、价格导向型商品和文化消费——由"大、小蛋糕现象"切入的分析[J].财经理论与实践，2007(5).
3. 邓安球.基于湖南实践的文化产业消费政策研究[J].当代财经，2007(12).
4. 邓安球.论文化消费与文化产业发展[J].消费经济，2007(3).
5. 冯强.我国文化消费差异性分析[J].理论观察，2006(3).
6. 黄少安，孙涛.非正规制度、消费模式和代际交叠模型——东方文化信念中居民消费特征的理论分析[J].经济研究,2005(4).

  7.李金蓉.全球化文化消费的双重效应及我们的对策[J].消费经济,1999(3).

  8.吕萍.我国居民文化消费及宏观引导的对策[J].贵州师范大学学报(社会科学版),2003(3).

  9.李康化.文化市场营销学[M].上海:上海文艺出版社,2005年4月第1版.

  10.刘世雄.基于文化价值的中国消费区域差异实证研究[J].中山大学学报(社会科学版),2005(5).

  11.王亚南.拉动内需之下的文化民生考量——2009年全国城乡居民文化消费预测[J].学术探索,2009(6).

  12.叶中强.近代上海市民文化消费空间的形成及其社会功能[J].上海财经大学学报,2006(8).

  13.尹世杰.关于发展文化产业的几个问题[J].经济科学,2002(5).

  14.尹世杰.消费文化学[M].武汉:湖北人民出版社,2002.

  15.尹世杰.消费经济学[M].北京:高等教育出版社,2003.

  16.袁牧华.后现代语境中文化的消费性特征与生存策略[J].湘南学院学报,2005(6).

  17.赵伟.使用数学模型研究我国居民文化消费倾向[J].中国传媒大学学报(自然科学版),2006(9).

  18.赵玉忠.文化市场概论[M].北京:中国时代经济出版社,2004.

  19.张波.全面建设小康社会与文化消费[J].经济与管理,2005(3).

  20.百度百科:马斯洛需求层次理论[OL].http://baike.baidu.com/view/690053.htm 2009-7.

6 文化市场细分与定位

6.1 文化市场细分

正确的战略对企业的长远发展十分重要。文化企业的目标市场营销战略是企业市场营销战略的重要组成部分。文化市场具有巨大、广阔、多样化的特点,在这样的市场中,任何一家企业都不可能为市场中的所有顾客服务。由于文化市场顾客数量巨大,而他们的购买需求又各不相同,因而企业需要辨认出它能为之有效服务的细分市场,以确定适合自己的目标市场。文化市场营销战略的核心内容就是根据市场细分选择目标市场,从竞争角度确定市场定位,进而有机整合一切可利用的营销要素,制定市场营销组合,实现营销目标。

6.1.1 文化市场细分的概念及内涵

市场细分是美国市场学家温德尔·史密斯于20世纪50年代中期在美国《市场营销》杂志首次提出的一个概念。随着市场营销理论的发展,市场细分的定义也出现了各种各样的解释。但是,从本质上讲,市场细分是在市场调查的基础上,企业根据构成总市场的不同消费者的需求特点、购买行为、爱好和习惯的差异性,将某一特定的市场分割为若干具有相似需求和欲望的消费者群体,从而形成一个个具有相似需求和欲望的分市场的过程[1]。市场细分理论的提出对企业有针对性地开发文化产品,扩大市场份额,提高企业绩效和竞争力具有重要意义。

在消费者和竞争者的双重压力下,文化市场需求的差异性与个性化趋势日益显著,这就要求文化企业从最大限度地满足顾客和消费者的需求出发,实现文化产品的特色化、分众化营销。这也是市场细分理论给中国文化产业带来的最大启迪。文化企业只有明确自身的细分市场,才能准确地提供产品并进行市场定位;只有分

---

[1] 纪宝成.市场营销学教程[M].3版.北京:中国人民大学出版社,2002.

众化经营的文化产品才能培育高忠诚度的顾客群体。

纵观市场营销发展的历史,市场细分迄今为止经历了从大众化营销到差异化营销,再到目标市场营销三个主要阶段。大众化营销主要表现在20世纪初期市场营销的早期阶段,在大众化营销的理念下,卖方为所有的购买者进行大量生产、大量分销和大量促销单一产品。以往,我国传统的几大报纸及电影制片厂便是贯彻这种营销战略的典型,它们提供单一的报纸或影片给全国的受众。凭借大量营销方式,企业降低了成本和价格,获得了丰厚的利润。1929～1933年西方世界的经济大萧条,使西方国家逐渐出现了"生产过剩",迫使企业转变经营观念,开始实行产品差异化营销策略,即向市场推出与竞争者不同质量、外观、性能,品种各异的产品,以此提高竞争力。但是这种差异化仅限于企业现有的设计能力和技术能力,并未真正研究消费者需求,更谈不上对市场的细分。20世纪50年代之后,随着生产力和科学技术的发展,西方国家逐渐形成了买方市场,消费需求日益多样化。面对严峻的市场竞争形势,一些企业开始实施目标市场细分战略。他们根据企业的实际状况和市场竞争状况,选择进入一个或几个市场部分作为目标市场,并集中资源,有针对性地采取营销方案①。

营销学家菲利普·科特勒认为,"大众化营销能创造最大的潜在市场,因为它成本最低。这又转化为较低的售价和较高的毛利。然而,市场日益分裂并形成小群体,这给大众化营销造成很大的困难。广告媒体和分销渠道多元化使大众化营销越来越困难和费用越来越昂贵。"

今天,越来越多的企业为了有效实现企业目标,都在奉行目标市场营销的理念,把营销努力集中在最具兴趣和购买欲望的顾客身上,将以往的大众化营销转化为以下四个层次之一的细分市场营销:细分营销、补缺营销、本地化营销和定制营销②。

6.1.1.1 细分营销

细分市场由在一个市场上具有相似需求的顾客组成。例如,美国电视行业根据市场和受众的需要,将电视市场细分为多个分众市场,常见的频道如新闻频道(CNN)、财经频道(CNBC)、电影频道(HBO)、体育频道(ESPN)、儿童频道(Dis-

---

① 惠碧仙,王军旗.市场营销—基本理论与案例分析[M].北京:中国人民大学出版社,2004.
② [美]菲利普·科特勒,凯文·莱恩·凯勒.营销管理[M].梅清豪,译.上海:格致出版社,上海人民出版社,2006.

ney)、发现频道(Discovery)、历史频道(History)和知识频道(Knowledge)等。细分营销是介于大众化营销和个别化营销之间的一种营销方式,它将属于同一细分市场的消费者群体看成是具有相同需要和欲望的群体。细分营销相对于大众化营销具有的优点是:企业能生产出适合顾客需要的产品或服务;选择分销渠道和传播渠道更方便;在特定的细分市场中,竞争者较少。

6.1.1.2 补缺营销

补缺是更窄地确定某些群体。一般来说,这是一个小市场且存在市场机会。营销者确定补缺的方法通常是把细分市场再细分。例如,《青年文摘》杂志之所以能够立足于竞争激烈的杂志市场多年,得益于市场补缺,该杂志专门面向青年人提供中外优秀文摘作品;又如 CCTV-1 的栏目《每周质量报告》、CCTV-2 的《对话》等栏目都是以补缺营销的方式赢得了市场。

当细分市场相当大时,通常会吸引许多竞争者,而补缺市场相对小并只吸引一两个竞争者时,补缺者只要很好地理解顾客的需求,顾客就会心甘情愿地支付费用。在全球化市场中,补缺已经成为一种习惯。我国文化产业中有大量的中小企业在狭小的补缺市场中生存,它们在文化市场中占有重要的份额。

一个有吸引力的补缺市场的特征为:顾客具有明确的一组需要;他们愿意为获得最满意的需要支付溢价;补缺营销者通过实行专业化后能获得经济利益;补缺市场有足够的规模、利润和成长潜力;该补缺市场不会吸引大企业的进入。

6.1.1.3 本地化营销

本地化营销活动更加注重尽可能地接近顾客的个性化需求。默多克的新闻集团在进入中国市场后,便根据中国受众的社会文化特点,将其面对中国内地的音乐、电视剧等电视节目剪裁成符合中国受众文化理念和习惯的文化产品,并借用中国最有影响力的媒体——中央电视台,选择一些在政治上、文化和社会影响上符合中国受众习惯的影片在中央电视台播放,收到了非常好的传播结果。而我国诸多的媒体、文化传播公司等企业也会根据外国观众的需求特点将输出的文化产品国际化,以适应国际目标市场的需求。

需要注意的是,本地化营销一方面提高了对本地目标顾客的营销精准性;另一方面也可能会导致规模经济水平的降低,从而增加生产成本和营销成本。此时,物流管理会变得更加重要,如果由于企业忙于满足本地需求而导致各地产品和信息传播不同,品牌整体形象就会被削弱。

6.1.1.4 定制营销

市场细分的最后一个层次就是"细分到个人",称为"定制营销"或"一对一营销"。

在全球科学技术高度发达的今天,电脑、数据库、互联网等现代新技术使定制营销成为可能。顾客希望根据自身的需要,更主动、深入地参与到与供应商的贸易当中,以实现最佳的购买方案。因而,越来越多的企业正在与顾客实现互动交流,对顾客采取定制化的服务,供应商会根据顾客的需要为其提供定制产品、配送、开具账单及其他各项服务。大众化定制是目前较为流行的一种定制营销方式,它是在大量生产准备的基础上,为个人进行设计和营销传播,以满足每个顾客的需要和欲望。

需要指出的是,定制化并非适合所有企业,它需要以工厂定制化、运营电子化、沟通网络化为前提条件。因此,定制营销要求企业在信息收集、数据库建设、电脑软件和硬件购置等方面大量投资,其所形成的成本可能会高于顾客愿意为之支付的费用。另外,很多顾客在看到确切的商品之前根本不知道他们需要什么,一旦企业已经开始定制生产该产品,顾客就不能取消订单[①]。

6.1.2 文化市场细分的客观基础与作用

6.1.2.1 文化市场细分的客观基础

在营销活动中,市场细分的出现是由市场经济内在矛盾的发展引起的。这种内在矛盾主要表现为消费者的需求动机和购买行为的多元性及差异性同企业营销活动的局限性之间的矛盾。这个矛盾,正是引起市场细分的基础和依据。

首先,消费者的需求、动机及购买行为的差异性。市场营销理论对消费者需求的分析,是以特定的产品满足特定消费者的需要为依据的,这是达成交易的重要条件。在文化产品市场上,由于消费主体——人,在某些方面具有同质性,使得部分文化产品的消费者对产品的要求和对企业营销策略的反应具有一定的相似性或一致性;同时,由于消费者所处的社会、经济、自然条件等方面的宏观和微观环境不同,使消费者需求又具有异质性,从而决定了消费需求的差异性。因此可以说,在

---

① [美]菲利普·科特勒,凯文·莱恩·凯勒.营销管理[M].梅清豪,译.上海:格致出版社,上海人民出版社,2006.

文化市场中几乎每个人的消费需求都是不同的。例如,对电影的题材、艺术风格与手法、文化特征和音乐等方面的需求,每个人都有自己的喜好。

其次,文化产品生产企业的局限性。面对需求各异的市场,作为文化企业要满足各方面的需求,就需要生产和销售各种不同的文化产品。但是,企业因受人力、物力、财力、技术力量等条件的制约,致使任何一个从事文化产业经营的企业的生产和营销都不可避免地存在一定的局限性,使之无法提供市场上所有顾客需求的产品和服务,而只能使营销活动局限在一定的范围内。因此,文化企业在制定市场营销策略时,首先就是要发现最适于自己营销的文化市场:购买者是谁?他们的地域分布、需求、爱好及购买行为等有何特征?即要确定目标市场。确定目标市场又必须在对市场细分的基础上进行。所以,市场细分是由企业营销局限性和消费需求差异性之间的矛盾引起的,并且是在消费者需求差异性的基础上进行的,即市场细分的客观基础就是消费者需求、动机及购买行为存在差异性。

6.1.2.2　文化市场细分的作用

简单说来,市场细分有助于营销者确定市场开发的重点,制定有效的市场策略,从而在激烈的市场竞争中取得优势地位,也有助于企业降低营销成本。具体来说有以下方面。

(1)有利于促使企业发现最好的市场机会,提高市场占有率。任何企业都无法凭借自身的力量,为文化市场上的全部顾客提供服务,而只能以部分特定顾客或消费者作为自己的服务对象。一家电台、电视台的节目是为特定的听众或观众而设计的,一家旅行社的文化旅游产品是为了目标游客而推出的,而市场细分正是帮助企业实现准确市场定位与设计的良好途径。通过市场细分,企业可以了解不同购买者群体的需求情况和目前的满足情况,一方面做到对市场情况的准确掌握,另一方面在满足程度较低的子市场上找到适合自己的最好的市场机会。

(2)使企业用最少的经营费用取得最大的经营效益,提高资源的使用效率。通过市场细分和目标市场的选择,企业可以根据目标市场需求的变化,及时、正确地调整产品结构和市场营销组合,使产品适销对路,扩大销售,还可以集中使用企业资源,以最少的经营费用取得最大的经济效益。

(3)有利于企业提高竞争能力。市场需求不是一成不变的,通过细分市场,每个子市场上的竞争者的优势和劣势就会明显地暴露出来,企业营销的目标会更明确,针对性会更强。企业只要抓住竞争者的弱点,同时有效开发利用企业优势资源,就可以大大提高企业的竞争能力。

(4) 有利于掌握潜在市场的需求,开拓新市场。企业对市场的占有是由小到大逐步拓展和发展的结果。通过市场细分和对子市场的分析,企业可以选择最适合自己占领的某个或某几个子市场作为目标市场,待站稳脚跟后,以此市场为根据地,逐步向外推进,发展新市场,提高市场占有率。

6.1.3 文化市场细分的标准

顾客对某种产品产生需求以及影响和制约其购买行为的因素是多种多样的。对于不同的顾客或不同条件下的同一顾客而言,有些因素是相同的,有些因素则存在明显的差异。那些形成顾客群体对某种产品的需求产生差异性的因素即为市场细分变量。市场细分时,企业可根据需要从多种变量中选择一个或若干个主要变量作为市场细分的标准。文化市场的细分变量有地理变量、人文变量、心理变量和行为变量四大类。具体的细分变量如表6-1所示①。

表6-1 消费者市场细分变量

变量类别	具体细分变量
地理变量	地区(国际、国内、城市、乡镇、沿海、内地、山区、平原等)、地理方位(东、南、西、北、中、东北、西北、西南、华北、华东、华中、东南等)、城市规模(特大、大、中、小)、人口密度、气候等
人文变量	性别、年龄、民族、种族、国籍、文化程度、职业、收入、宗教信仰、家庭规模、家庭构成、家庭生命周期、代沟等
心理变量	生活方式、社会阶层、个性偏好等
行为变量	购买者类型、购买行为类型、追求的利益、对产品的态度、对品牌的忠诚度、购买时机、购买准备程度、使用率、支付方式等

6.1.3.1 地理细分

地理细分的主要依据是处在不同地理位置的文化消费者各有不同的需求和偏好,他们对文化企业所采取的市场营销策略,对文化产品的价格、发行和传播渠道、广告宣传等也有不同的反应。另外,不同地域具有不同的文化氛围,这也对文化市场成长有很大的影响。正因为如此,美国的《读者文摘》面对世界各地推出美国版、亚洲版等多种版本;我国的《读者》杂志在2000年也对原有的市场进行细分后,

---

① 包国强.媒介营销 理论·方法·案例[M].北京:清华大学出版社,2005.

相应推出了《读者》(城市版)、《读者》(乡村版)等,这些都是地理细分的结果。

有些研究把地理细分和人文细分结合起来,提供丰富的对消费者的描述。例如,美国的电台、电视台等媒体公司运用克拉瑞塔斯公司开发的地理结构分析法,将50多万的美国居民划分为62个明显的生活方式组,称为PRIZM集群。

PRIZM集群系统采用很多人口统计的变量,针对个人、家庭、购买习惯、媒体偏好等特性及邮政编码,或者人口普查区和街区等地理划分对顾客进行分类,即运用复杂的地图软件将人口统计标准和地域联系起来,根据客户的数据和街区的构图对顾客加以分类,形成若干集群。大部分集群都有易于记忆的、鲜活的名字。比如,"郊区精英"、"第二城市社会"、"心陆者"、"乡村生活者"等等。根据集群分析和地理编码,可以显示听众、观众以及电台、电视台广告主的目标顾客在几英里范围内的情况,从而有针对性地设计和提供产品。

6.1.3.2 人文细分

人文细分变量是文化市场细分的重要依据,这是因为,文化产品消费者需求的差异往往和人口特征具有密切的关系,其中最突出的标准有年龄、性别、受教育程度、性格、收入水平、职业和代沟等。对于文化企业来说,人文变量的差异性要比其他变量更容易测量。

(1)年龄。消费者的需求和能力随着年龄而变化。例如,对于青少年来说,求知和娱乐是他们生活的主要内容,而这一年龄段的消费者群体的一个重要特征在于该群体是新事物和新观念的最早接受者和消费者。因此,无论是以做现代音乐为主的索尼音像公司,还是以倡导"外语改变人生"的新东方教育集团,都将自己的目标市场指向了青少年消费群体;同时,对于面对所有年龄段消费者的旅游公司而言,它会根据旅游者在不同年龄阶段的旅游需求,设计多种旅游产品,分别面对儿童和青少年、成年人和老年人:少年喜欢娱乐活动项目,青年喜欢冒险、刺激的旅游设计,老年人则喜欢安静美丽的旅游环境。

(2)性别。男性和女性有着不同的态度和行为倾向,部分是由于遗传因素,部分是由于社会因素。例如,女性有更强的公共倾向,而男性有更强的自我实现和目标导向。女性更多地投入到她们周围现实的环境中,男性则更关注环境中可以帮助他们达到目标的某一部分。

人们发现,媒体产品正呈现出性别定位的趋势。财经类报刊(如《中国经营报》、《21世纪经济报道》等)往往将知性男士锁定为核心读者,时尚杂志(如《瑞丽》、《时尚》)则更多地偏向白领女性。适合女性的电视栏目有《半边天》、《美丽俏佳人》等,而男士们更喜欢体育节目、军事节目和探索性栏目。

(3)收入。按收入水平进行市场细分是文化市场的习惯做法,它广泛运用于图书报刊、教育培训、电影、表演艺术、音像制品、工艺美术、文化旅游等各种文化市场,是重要的文化市场细分标准之一。然而,根据收入因素不一定能测量出某一特定产品或服务的最佳买主,有时,低收入者也有可能成为企业重要的目标客户。

(4)代沟。每一代人都受到成长环境的深远影响,这些影响因素包括当时的音乐、运动、政策和各种事件。社会上广泛流传的把不同年代出生的人称为"70后"、"80后"、"90后"的说法就典型地反映了由于社会环境的差别而造成的不同时代群体消费需求的差别。同样,在美国也有G一代、沉默一代、婴儿潮一代、X一代、Y一代和新时代人的划分,不同群体的主体特征和消费需求都有着明显的差别。

代沟是文化市场细分的重要因素,它主要对音乐、体育、电视、网络、电影、图书等市场的影响最为巨大。需要说明的是,虽然不同群体的差别非常明显,但隔代的群体还是会相互影响。

6.1.3.3 心理细分

心理细分是按照社会阶层、价值观念、生活方式或个性特征等将顾客分成不同的群体。处于不同人文群体中的顾客可能会表现出差异极大的心理特征。

社会阶层是指在某一社会中具有相对同质性和持久性的群体。处于同一社会阶层的成员具有类似的价值观、兴趣爱好和行为方式,不同社会阶层的成员则在价值观念方面存在较大差异。按照社会阶层可以把文化市场划分为高端、中端和低端市场。高端市场的顾客数量相对较少,但因其购买力巨大,因此越来越受到重视;低端市场的顾客数量大,尽管其个体购买力相对较小,但其集合购买力惊人。

生活方式是指一个人怎样生活。人们追求的生活方式各不相同,有的追求新潮、时尚;有的追求恬静、简朴;有的追求刺激、冒险;有的追求安逸、舒适。不同生活方式的顾客所组成的群体就构成了一个个细分市场。

个性特征是指一个人比较稳定的心理倾向与心理特征,它会导致一个人对其所处环境作出相对一致和持续不断的反应。通常,个性会通过自信、自主、支配、顺从、保守和适应等性格特征表现出来。因此,文化市场中的细分必须充分考虑顾客的个性特征,尤其是面对年轻人的文化产品。有个性的顾客往往拒绝没有个性的产品。

美国 SRI 咨询公司按照价值观念和生活方式把人群划分为以下八种心理类型,这种划分为人们从心理学角度有效地对我国文化市场进行细分提供了很好的借鉴。

(1)成就者:有着成功的事业,以工作为中心,喜欢掌控自己的生活。他们认为,调查、预见、对风险的控制和自我发现都是有价值的。他们为工作和家庭投入很多,工作让他们有责任感、物质回报以及特权。他们的社会生活以家庭和工作为中心。

(2)实现者:是成功、复杂和活跃的群体。他们喜欢权力,有很强的自我意识并拥有充足的社会资源。他们喜欢成长,寻找发展和拓展的机会,以不同的方式表达自己,经常为了达到某种目的而努力或力求改变。

(3)信奉者:是保守、传统的人,有基于传统和已建立信念的执着信仰,很多信奉者有着根深蒂固的道德信念。他们遵循已有的规则,以家庭、社会或者宗教组织为归属。

(4)体验者:是年轻、有活力、热情、冲动和叛逆的人。他们寻找不同和刺激,享受新的、非主流的和冒险的经历。他们还处于生命价值和行为模式的形成阶段,迅速接受新事物并同样快地忘记。在这个阶段,他们政治上不明确、没有组织,对所相信的事物很执著。

(5)完成者:是成熟、满意、舒适的人。他们喜欢秩序、知识和责任。大多数人受过良好的教育,并有专门的职业(或刚刚退休)。他们对国际和国内事件很熟悉,而且总是找机会丰富自己的知识,喜欢在家庭附近开展业余活动。

(6)制造者:是实际的人。他们有建设能力,很自信。他们来自传统家庭,关注实际的工作和身体、娱乐,对自己生活之外的事物很少关心。他们通过工作来体验世界:建一栋房子、抚养孩子、修理汽车、灌溉种植蔬菜。他们有足够的技能、收入和精力来保证做好自己的工作。

(7)奋斗者:是寻求从外部世界获得动力、自我界定和赞赏的人。他们寻找生活中更安全的地方。对自身的不确定以及较低的经济、社会地位和心理感受使他们更在意别人的观点。

(8)挣扎者:过着受限制的生活。他们生活窘迫、缺少教育、技能低,没有强大的社会关系纽带,年老,担心自己的健康。他们经常悲观、自暴自弃。因为受制于现实的需求,他们没有很强的自我意识,最大的希望就是安全①。

6.1.3.4 行为细分

行为细分是根据顾客对产品的了解程度、态度、使用情况及反应将他们分成不同的群体。有些学者认为,行为细分变量能更直接地反映顾客需求的差异,因而是建立细分市场最好的出发点。

(1)购买时机。根据顾客提出需要、购买和使用产品的不同时机将他们划分成不同的群体。例如,旅游公司会根据季节、节假日、纪念日等相关时机推出不同的旅游产品;再如,报社看中的是早报市场和晚报市场,电视台则以晚间黄金时段为最佳。

(2)追求利益。顾客购买某种文化产品往往是为了解决某些问题,满足某种需要。一方面,文化产品提供的利益往往不是单一的,而是多方面的;另一方面,不同顾客对这些利益的追求又各有侧重。例如,从总体上讲,人们对媒介产品需求的总体利益结构指向表现为"解闷"(娱乐和心理调试)、"解惑"(与新闻资讯相关的系统的提供与指导)、"解气"(舆论监督和社会宣泄),但具体到不同受众个体又各有侧重,同样是阅读报纸,有的人追求娱乐,有的人追求获得资讯,有的人则追求增长知识,等等。

(3)使用者情况。根据顾客是否使用和使用程度细分市场,通常可以分为潜在购买者、首次购买者、经常购买者、曾经购买者和非购买者。对于不同使用状况的顾客,企业通常采取不同的营销手段。对于潜在购买者,企业的营销目的主要是将其转变成现实购买者;对于首次购买者,企业的营销目的主要是使其形成重复购买;对于经常购买者,企业的营销目的是保持其稳定地购买;对于非购买者,企业则是希望把他们转化成企业的顾客。大企业往往重视将潜在购买者转变为实际购买者,小企业则更注重于保持现有购买者,并设法把竞争者的顾客吸引过来。

(4)使用率。市场也可以按照产品被使用的程度,被细分成少量使用者、中度使用者和大量使用者群体。针对使用程度的差异性,企业也可以此针对不同的客户群,采取不同的营销策略。值得提及的是,大量使用者人数通常只占市场总人数很小的一部分,但他们在消费中所占的比重却很大。

(5)品牌忠诚度。所谓品牌忠诚,是指由于价格、质量等诸多因素的引力,使

---

① E D Shane. Selling Electronic Media[M]. America:focal press,1999.

消费者对某一品牌的产品情有独钟,形成偏爱并长期购买这一品牌产品的行为。提高品牌的忠诚度,对于一个企业的生存和发展、扩大市场占有率极为重要。对于某一特定的消费品,有些顾客会经常变换品牌,而有些顾客会在较长的时间内都专注于某一个或少数几个品牌。通过了解顾客的品牌忠诚情况以及品牌忠诚者与品牌转换者的各种行为与心理特征,不仅可以为企业细分市场提供依据,而且也有助于企业了解顾客忠诚度高低的原因,从而了解自己营销的薄弱环节并纠正它们,为企业选择目标市场提供启示。例如,有些时候,人们会对特殊类型的演出具有特别的忠诚度,如对音乐剧、莎士比亚戏剧、贝多芬交响曲、某种特定民族演出的作品,或者对他们最喜爱的表演者担纲的演出情有独钟,每逢有演出,必会出席。因此,文化艺术组织在专门演出一些特定的曲目时(如莎士比亚作品、古典芭蕾舞等),只要在演出品质和服务质量上能令人满意,就可以培养出特别钟爱这一类型节目顾客极高的忠诚度[①]。

根据购买者的忠诚情况可以将他们分为四种:

坚定的忠诚者:始终不渝地购买一种品牌的顾客。

中度忠诚者:忠诚于两种或三种品牌的顾客。

转移型忠诚者:从偏爱一种品牌转换到偏爱另一种品牌的顾客。

经常转换者:对任何一种品牌都不忠诚的顾客。

品牌忠诚度的高低,可以用以下三个标准进行衡量:

第一,顾客重复购买的次数。在一定时期内,顾客对产品的重复购买次数越多,说明对品牌的忠诚度越高;反之则越低。由于产品的用途、性能、设计等因素也会影响顾客重复购买的次数,因此在确定这一指标的合理界限时,需根据不同产品的形象区别对待,不可一概而论。

第二,顾客购买挑选时间。顾客购买产品都要经历挑选这一过程。顾客对产品的信赖程度不同,对同一产品的挑选时间也有所不同。一般来说,顾客挑选时间越短,说明他对这一品牌的忠诚度越高;反之,则较低。有些顾客长期消费某种产品并形成偏爱,产生了高度信任感,一旦需要,往往直接购买,几乎不需要挑选。当然,在运用这一评判标准时,也必须剔除产品设计、用途等方面的差异所产生的影响,才能得出正确的结论。

---

① 孙亮.文化艺术市场营销[M].北京:文化艺术出版社,2008.

第三,顾客对价格的敏感程度。顾客对价格非常重视,但这并不意味着顾客对各种产品价格的敏感程度相同。事实表明,对于喜爱和信赖的产品,顾客对其价格变动的承受能力强,即敏感度低;而对于不喜爱和不信赖的产品,顾客对其价格变动的承受能力弱,即敏感度高。可据此衡量顾客对某一品牌的忠诚度。

在运用这一标准时,要注意考察人们对产品需求强度、产品供求状况、产品竞争程度三方面因素的影响。产品需求强度越高,人们对价格的敏感度越低;反之,则越高。当某种产品供不应求时,人们对其价格不敏感,供过于求时,人们对价格非常敏感;产品的市场竞争程度也会影响人们对价格的敏感度。如果替代品多,竞争激烈,则人们对价格敏感度高;如果某种产品在市场上居于垄断地位,没有竞争者或竞争者很少,那么,人们对它的价格敏感度就低。在实际工作中,只有排除以上三方面因素的干扰,才能通过价格敏感度指标正确评价一个品牌的忠诚度[①]。

(6)购买者准备阶段。人们对各种产品的了解程度往往因人而异。有的人可能还不知道这种产品,有的人可能已经知道但还存在疑虑,有的人已经产生兴趣,有的已经有了购买欲望,有的人正计划购买。针对处于不同准备阶段的消费群体,企业可以进行市场细分并采用不同的营销策略。对正计划购买产品的顾客要通过营销刺激促进其购买行为尽快发生;对于产生兴趣的顾客要设法使其将兴趣转化为购买动机;对于心存疑虑的顾客,营销应着力消除疑虑、增强信心;对于对产品一无所知的顾客,旨在使其迅速知晓并产生兴趣。

(7)态度。不同消费者对同一产品的态度可能会有很大的差异,具体可划分出五种态度群体:热情的、肯定的、无所谓的、否定的和敌视的群体。企业可以针对不同态度的群体进行市场细分,并在广告、促销等方面应当有所不同。

案例 6-1　　　　市场细分　华为打入通信市场

我们通常总结华为创业成功的战略就是"以农村包围城市",这正是华为早期的细分市场策略。华为进入通信市场的时候,中国的电信市场非常广阔,用户的需求多种多样,烦杂无比,但竞争也比较激烈,尤其面对强大的国外和合资品牌厂商。华为作为市场后入者和挑战者,不可能在市话市场上与强大对手硬碰硬,所以华为选择了对手的薄弱环节——农村市话市场

---

① 郭国庆.市场营销学通论[M].3版.北京:中国人民大学出版社,2005:81.

作为突破口。这时华为细分市场的依据是"地理差异",同时也包含了"需求差异"。

随着华为实力的增强,华为以接入网逐步切入市话市场,面对竞争对手的远端接入模块,它细分市场的依据是"标准差异",即强调"V5 接口有利于建立灵活而相对独立于各制造厂商的接入网体系",从而赢得信赖这一技术的用户需求。

当华为以接入服务器进入数据通信产品市场时,它细分市场的依据是"需求差异",即根据自身对中国电信网络的了解,满足国内运营商对适合国情的接入服务器的需求。

当华为提出"宽带城域网"概念时,它细分市场的依据则是"地理差异""需求差异""心理差异"综合考虑的结果。宽带城域网能顺应城市信息化的发展趋势,能满足运营商网络改造的需求,能迎合国内运营商因担心国外运营商竞争而"先下手为强"的防御心理。

可见,华为的业务(产品和营销)策略,始终是在市场细分的基础上进行的。[①]

6.1.4 文化市场有效细分的标志

从企业市场营销的角度看,并非所有的市场都可以细分,也并非细分后的所有子市场都有意义。有效的细分市场必须使细分后的市场具备如下条件。

6.1.4.1 可衡量性

可衡量性是指用于市场细分的标准是可以衡量的,即细分后的子市场规模及购买力大小的数据资料是能够加以测算的,否则将不能作为制定市场营销方案的依据。另外,不仅企业明确要为什么样的顾客群体服务以及该为其提供什么样的产品和服务,而且目标顾客也要知晓是哪家企业在为他们服务,这样,才会积极响应该企业的营销刺激并在市场上主动寻求和购买其产品。

6.1.4.2 可进入性

可进入性又称可到达性,是指企业有能力克服种种困难和障碍顺利进入所选

[①] 胡红卫. 市场细分的案例与启示[OL]. http://club.ebusinessreview.cn/blogArticle-117055.html, 2012-3-13.

择的细分市场,运用营销组合策略有效开展经营活动,实现营销目标。比如,通过适当的营销渠道,产品可以进入所选定的目标市场;通过适当的媒体可以将产品和服务信息传达到目标市场,并使有兴趣的消费者通过适当的方式购买到产品。

6.1.4.3 可赢利性

可赢利性又称价值性,是指企业所选择的细分市场的规模要足够大,且有一定的发展潜力,赢利水平要高,要使企业有利可图。

6.1.4.4 差异性

差异性又称可区分性,是指在不同的细分市场之间,在概念上可以清楚地加以区分,并且不同的细分市场对不同的营销组合因素和方案有不同的反应。

6.2 目标市场选择

目标市场是企业所选择和确定的营销对象,即企业能够为之提供有效产品和服务的顾客群。企业对整体市场进行有效细分后,将面临两大问题:一是如何选择细分市场作为自己的目标市场;二是如何覆盖目标市场。

6.2.1 选择目标市场的步骤

选择目标市场的活动是在市场细分的基础上进行的。其主要步骤如下。

6.2.1.1 确定并界定有待细分的整体市场

确定和界定有待细分的整体市场,即明确文化市场的经营方向。文化市场可细分为图书报刊市场、电影市场、表演艺术市场、音像制品市场、工艺美术市场、文博会展市场、群众性文化市场、教育培训市场、体育市场和文化旅游市场等。企业要明确自己将进入哪些市场。

6.2.1.2 确定细分标准

确定细分标准,企业需进行认真细致的市场营销调研,从经济、文化、个人、心理等方面详尽了解现实及潜在顾客对某种产品发生兴趣和产生需求的原因,从差异性因素中提出一个或若干个主要因素,作为市场细分的标准。

6.2.1.3 分割市场

按照所选择的标准分割整体市场,并根据各细分市场的主要特点对其命名,同时决定是否再进行细分或重新合并。这一步骤是对以上两个步骤的重新认识和必要修正,由此形成对细分市场的初步认定。

6.2.1.4 评估细分市场[①]

评估各主要细分市场时,主要应考虑以下三个因素:

(1)细分市场的规模和发展潜力。企业进入某一市场是有利可图,因此必须分析各细分市场的现行销售额、增长率和预期利润等指标,如果市场过于狭小或趋于萎缩,则应慎重考虑。当然,企业也不宜将市场吸引力作为唯一取舍的标准,还要注意避免"多数谬误",即与竞争者遵循同一思维逻辑,将规模最大、吸引力最大的市场作为目标市场。所有企业共同争夺同一顾客群体,结果造成过度竞争和社会资源的浪费,同时却忽视了一些应当进入的细分市场。例如,人们普遍认为,财经类报纸将引领中国报业的增长,但真正能成功在该领域经营的企业并不多;又如,在席卷全国的都市报浪潮中,有些企业缺乏对企业和市场实际状况的分析和判断,盲目跟风,加入到都市报激烈的市场竞争行列,导致企业过早死亡。

(2)细分市场结构。企业应尽量选择竞争相对较少,竞争者实力较弱的市场作为目标市场。否则,企业进入市场后的代价会十分昂贵。

(3)企业目标和资源。对于投资人或企业来说,细分市场应具备合适的规模和增长速度以及合理的市场结构,但能否进入这一细分市场还要将自身的目标和资源状况结合起来考虑,综合评估。一方面,某些细分市场虽然有很大的吸引力,但不能推动企业实现发展目标,甚至分散企业精力,使其无法完成其主要目标,这样的市场应当考虑放弃;另一方面,还应考虑企业的资源条件是否适合在某一细分市场经营,只有选择那些有条件进入、能充分发挥其资源优势的市场作为目标市场,企业才会立于不败之地。

6.2.1.5 选择和确定目标市场

在综合评价的基础上,酌情选择一个或若干个细分市场作为企业的目标市场。可供企业选择的目标市场涵盖模式有五种,如图6-1所示。其中,P_1,P_2,P_3代表产品;M_1,M_2,M_3代表市场细分。

(1)密集单一市场。在密集单一市场模式下,企业只选择一个细分市场集中开发和经营,为单一市场提供单一产品,通过密集营销了解该细分市场的需要,树立企业声誉,在该市场建立和巩固市场地位,是一种完全专业化的模式。如北京儿

[①] 万后芬,汤定娜,杨智.市场营销教程[M].北京:高等教育出版社,2007.

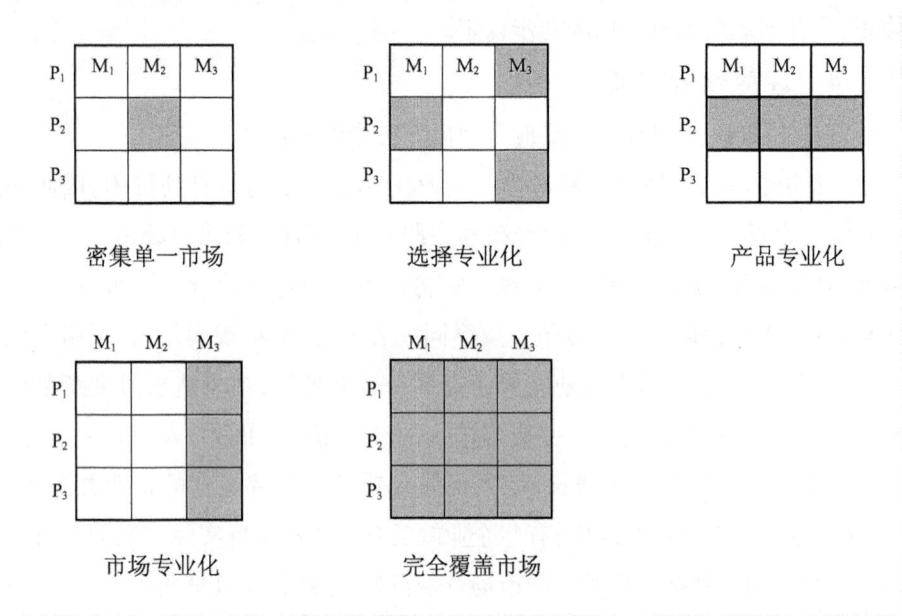

图 6-1 目标市场选择的五种模式

童木偶剧院只向北京市儿童提供木偶剧演出服务。这种模式可以避免资金有限、能力不足的弱点,还可以作为细分市场的出发点,使文化企业的投资能够获得较高的回报。这种模式适用于三种情况:

第一,企业资源有限,只能占领某一细分市场。

第二,所选定的文化细分市场吸引力较大,且尚无竞争者有实力与本企业抗衡。

第三,选定的文化细分市场有利于本企业未来整体市场的拓展。

这种密集单一市场覆盖模式在实际运作中存在着较大的风险。个别细分市场可能出现不景气的情况,或者某个竞争者决定进入同一细分市场,从而使本企业出现亏损。基于这些原因,有些企业宁愿在若干细分市场分散营销,从而起到分散风险的作用。

(2)选择专业化。这种覆盖模式是指企业选择若干个细分市场,其中每个细分市场在客观上都有吸引力且和本企业的经营目标及资源条件相符合或接近,但在各细分市场之间很少或根本没有任何联系,即各细分市场之间不具有协同性。对于每个细分市场来说又都有赢利的可能。这种选择性专业化的方式可以分散文化企业的经营风险,即使某个细分市场失去吸引力,文化企业仍可继续在其他细分市场赢利。但该种方式会在一定程度上分散企业资源,增加管理成本和营销成本。

(3)产品专业化。这种覆盖模式是指企业只经营一种文化产品,并向各类顾客销售这种产品。例如,某文化传播公司只经营电影产品,而无其他类的文化产品就是产品专业化模式。为纪念伟大的作曲家——"交响乐之父"约瑟夫·海顿,奥地利小镇布尔根兰每年都会举办为期两周、专门演出海顿作品的海顿音乐节,这使小镇名声大噪,促进了该镇的文化市场发展。这样的模式有利于企业开发经营专业化,从而降低开发成本,增加利润,并在该产品领域树立起很高的声誉。但是,如果企业所经营的文化产品被市场上出现的一种全新的产品所替代,它就会发生危机。

(4)市场专业化。这种覆盖模式是指企业专门为满足某个顾客群体的各种需求而服务。由于企业专门为该消费者群体服务,因此可以获得这个群体的良好声誉,并成为这一群体固定的文化产品工具。例如,中央电视台的黄金栏目《经济半小时》就是为工商界人士提供经济信息和市场发展趋势的经济节目;又如,很多教育培训机构如新东方教育集团针对学生群体提供了各种课外培训。公司这种方式的风险在于,当这个消费者群体减少时,企业的利润水平会受到极大的冲击和影响。

(5)完全覆盖市场。这种覆盖模式是指企业经营各种产品满足不同顾客群体的需要。只有大企业才能采用完全覆盖市场的营销策略。实施这种策略主要有两种方式,即通过无差异营销或差异化营销,达到完全覆盖市场的目的。

在无差异营销中,企业可以不考虑细分市场间的区别,仅突出一种产品来追求整个市场。为此,企业设计一种产品、制定一套营销计划来实现吸引最大多数的购买者。它凭借广泛的销售渠道和大规模的广告宣传,旨在人们心目中树立一个超级印象。无差异营销方式可以降低营销调研和产品管理成本,并将低成本优势转化为价格优势,赢得市场中对价格敏感的那部分细分市场。

在差异化营销中,企业要同时为多个不同的细分市场服务,并为每个细分市场设计不同的产品,采取不同的营销方案,因而对细分市场的满足程度会更高,能够更加明确地表达企业每个产品的市场定位,突出特色。当然,这种满足是以较高的成本为代价的①。

---

① [美]菲利普·科特勒,凯文·莱恩·凯勒.营销管理[M].梅清豪,译.上海:格致出版社,上海人民出版社,2006.

6.2.2 目标市场营销战略

企业选择的目标市场不同,提供的产品或服务就不同,确定的营销战略也会有区别。概括起来,企业可选择的目标市场战略主要有三种:无差异目标市场营销战略、差异化目标市场营销战略和集中目标市场营销战略。上述介绍的五种目标市场涵盖模式,必须服从于相应的目标市场营销战略。

6.2.2.1 无差异目标市场营销战略

无差异目标市场营销战略是文化企业不考虑细分市场的差异性,将市场看成是一个整体并作为目标市场,用一种产品、统一的市场营销组合对待整体市场(如图6-2所示)。这种营销战略针对的是文化市场的共同需求,即以共同需求为前提,异中求同。这种战略的优点在于能大批量、少品种生产和销售,平均成本比较低。同时,由于不需要市场细分,可以大量节约市场调研、开发和广告宣传等费用;缺点在于缺乏弹性,忽视对消费者个性需求的满足,消费者满意度较低,过分依赖单一文化产品,会降低市场应变能力,失去市场机会。当多家企业同时进入同一最大细分市场展开竞争时利润减少,无差异营销战略开始失灵。

无差异目标市场营销战略一般在某种文化产品供不应求或新产品开始进入市场阶段,消费者对某种商品的需求差异较小的情况下易被企业采用。随着市场竞争加剧,消费者选择越来越多样化,企业势必改变战略。

| 营销组合 | ⟹ | 整体市场 |

图6-2 无差异目标市场营销战略

6.2.2.2 差异化目标市场营销战略

差异化目标市场营销战略是企业针对不同的细分市场,分别设计、生产和经营不同的产品,并分别制定相应的市场营销方案(如图6-3所示)。在每个细分市场中通过不同产品和营销战略提高顾客对文化产品的整体认同。采取这种战略的优点是:小批量、多品种,机动灵活,能更好地满足顾客的不同需求,适合顾客心理,引起顾客好感,可以建立较高的顾客满意度和忠诚度;企业的营销针对性强,风险分散,可以从多方面获得利润,有利于提高市场占有率,增强竞争能力。采用差异化目标市场营销战略的缺点是:文化产品种类多,营销渠道和方法多样化,投资会相应增加;因强调各细分市场产品的特点,营销费用相应增加,产品成本可能加大。

因此,文化企业实行差异化战略前必须仔细权衡利弊。一般情况下,只有资源条件好、实力雄厚的大企业才适合实行这种战略。同时,由于不同文化细分市场的需求量、竞争状态、获利可能性不同,不宜平均分配资源,应有所侧重。

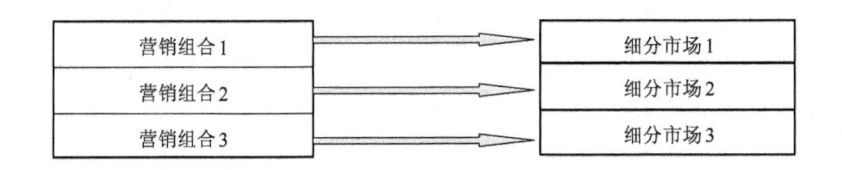

图6-3 差异化目标市场营销战略

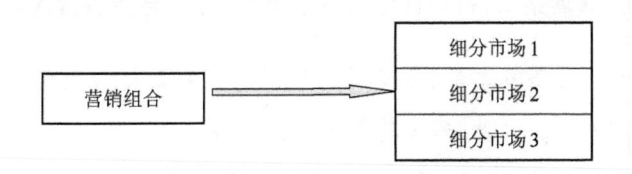

6.2.2.3 集中目标市场营销战略

集中目标市场营销战略是企业在诸多的细分市场中选择一个或少数几个细分市场作为目标市场开展营销活动的一种战略(如图6-4所示)。实施这种战略的企业,追求在较小的细分市场上占有较大的市场份额。它集中有限的资源,全力争取一个或少数几个细分市场,提高自己的产品在这些市场上的占有率。实施这一战略的优势在于:有利于创造和发挥优势,深入了解市场,取得较大的市场份额;致力于专业化文化产品的提供,有利于降低成本,增加盈利。其劣势在于:由于文化产品相对单一,目标市场狭窄而使应变能力受到削弱,一旦市场需求发生变化,或出现了强有力的竞争者,企业就难以及时应对,有可能陷入困境。因此,实施这种战略时必须留有回旋余地,有条件的企业应尽力多开拓几个细分市场。

实行集中营销战略的一般是中小企业。这些企业资源有限,如果将资源分散在很多市场上,难免势单力薄;如果集中力量于一定的目标市场,效果会比较好[1]。

图6-4 集中目标市场营销战略

---

[1] 惠碧仙,王军旗.市场营销——基本理论与案例分析[M].北京:中国人民大学出版社,2004.

案例6-2　　央视解析《小时代》：精准营销是成功关键

作为一部现象级的电影,《小时代》两部合计投资4 700万,仅第一部就取得4.83亿的票房成绩。在取得巨大商业成功的同时,该片也引发了各主流媒体的广泛争论。《小时代2:青木时代》2013年8月8日上映,同年7月31日,中央电视台财经频道《交易时间》栏目以"精准营销:从票房到社会话题"为题,对这部电影进行了深入采访及剖析。央视评论员说:"精准的营销才是真正造就《小时代》成功的关键。"

央视评论员还分析,电影《小时代》很重要的营销助力,就是巧妙的营销推广,把这部影片做成一个社会话题让人们去关注,然后开展一系列的网络营销活动,找到目标观众与产品之间的归属关系。

精准营销一:影片定位清晰,15~25岁青少年是目标受众

乐视影业CEO张昭在接受央视记者采访时表示,电影《小时代》是一部定位于15~25岁年轻人看的影片,我们电影的所有营销推广、乃至发行,都是围绕他们来做。

据了解,《小时代》图书的阅读量为2 400万,参考好莱坞由畅销书改编的电影:电影《暮光之城1》书籍销量约160万册,而电影《暮色》全球票房达1.9亿美元,畅销小说《饥饿游戏》改编成的电影票房为4.08亿美元。郭敬明本人的粉丝量是2 000多万,加上各主演杨幂、柯震东、郭采洁等明星的粉丝数,整体是一个亿的粉丝量,由此可见,电影《小时代》有着不错的受众基础,接下来就是如何将这些目标受众"导流"进电影院了。

精准营销二:针对目标人群的不同部落,寻找适合的沟通平台

明确目标受众之后,在哪里找到他们?并如何与他们沟通?就成为最为迫切的问题。对此,张昭的答案是:互联网。

这群15~25岁的年轻人,是伴随着互联网成长起来的一群人,他们是真正意义上的互联网"原住民",根据不同的性格、爱好、地域等因素,他们聚集在不同的互联网部落里:微博、人人网、闺蜜网等。作为精准营销的关键,针对不同部落人群,策划适合他们的活动才是最有效的。比如,在新浪微博上的"时代宣言"活动,通过各个不同的平凡人表达自己的时代宣言,这种极具个性张扬和自我表达的线上活动引起广泛关注,最终总微博数达到100多万条。

精准营销三:开创电影预售模式,点映场成为粉丝的大狂欢

张昭在采访时说,我们在全国1 000家电影院开展的点映活动,有几十万人同时参与,扩展到全国六十几个城市,这使得电影尚未上映时,就已成为这个目标群体的大狂欢。

据悉,本次电影《小时代》的点映活动,在电影上映前的一两个月就开始以线上预售的形式吸引粉丝的注意,预售的票价比电影院优惠的同时,还可以参加电影场的"小时代嘉年华"活动,在"嘉年华"现场,还有机会见到心仪的偶像。

央视总结:用互联网方式与目标观众沟通,有效得多

与之前电影公司将大部分的推广资金投入打广告、造八卦不同,乐视影业在此次《小时代》的营销推广中将重心都用在回馈目标用户的身上。对此,央视评论说,做电影发行,找到电影的目标受众,用互联网的方式与消费者进行一对一的精准沟通,这种方式比起大而不当的宣传要实际有效得多。[①]

6.2.3 选择目标市场营销战略应考虑的因素

上述三种目标市场营销战略各有利弊,具体到某一企业应当选择哪种战略,必须以该企业的特点和条件为依据,并充分考虑以下因素。

6.2.3.1 企业自身的能力

企业自身的能力主要包括企业的资金情况、经营管理水平、人员素质、竞争能力以及宣传推广的力度等。企业实力雄厚,可以选择差异化战略;条件较差或处于发展中,宜先选择集中营销战略;新建企业可暂时选择无差异营销战略。

6.2.3.2 市场需求特点

如果市场上消费需求比较相似,对企业的营销方案反应大致相同,可采取无差

---

① 新华网.央视解析《小时代》:精准营销是成功关键[OL].http://www.ce.cn/culture/gd/201308/02/t20130802_24630357.shtml,2013-8-2.

异营销战略;如果市场上消费者需求差异性较大,各群体对产品营销组合都有各自的特殊要求,则可采取差异化市场营销战略。

6.2.3.3 产品特性

对于同质产品或需求共性较大的产品,可采取无差异营销战略;对于异质产品,则可以考虑采取差异化目标市场营销战略或集中目标市场营销战略。

6.2.3.4 产品生命周期

企业的新产品在初次投放市场或处于成长期时,市场营销的重点是启发、培养和巩固消费者的偏好,宜采取无差异市场营销战略,这样有利于探测市场的需求和潜力,也有利于减少市场开发费用;当产品进入成熟期时,市场竞争激烈,消费者需求日益多样化,可采取差异化营销战略,以开拓新市场,满足新需求;当产品进入衰退期时,宜采取集中营销战略,以集中力量占领少数尚有利可图的目标市场。

6.2.3.5 竞争者状况

竞争者状况即竞争者数量多少、力量强弱和集中与分散的情况,特别是竞争者所采取的营销战略。一般来说,企业的目标市场营销战略应与竞争者有所区别。如果竞争者实力较强,而且采取的是无差异营销战略,本企业应采取差异化营销战略或集中营销战略;如果竞争者实力较弱,本企业可采取无差异营销战略,以便在整体上争取顾客。

案例6-3　　独具特色的南锣鼓巷

一条786米长的狭长小巷,却因其独有的京味儿文化内涵和特色商铺而蜚声海外。在美国《时代》周刊2009年评选的亚洲25处最佳风情体验胜地中,北京南锣鼓巷榜上有名。南锣鼓巷布满了怀旧而亲切的商业符号:20世纪80年代的副食店、出售瓷瓶酸奶的小铺子、干净整洁和价格公道的青年旅社、弥漫着茶香的书店、精致典雅的工艺品店、风情万种的酒吧、时尚个性的创意品店……这些都成为这条小巷的独特景观。

与元大都同期而建的南锣鼓巷地区已有740多年的历史,它是北京市可以考证的"历史最久、规模最大、保存最完好"的棋盘式传统民居区。这里所保留的建筑,以民国时期为主,各式门墩、抱鼓石、上马石、门楼、影壁,以及幽静的胡同街巷,构成北京独特的胡同和四合院文化。

为了将南锣鼓巷打造成独具特色的历史文化商业街区,北京市东城区交道口街道办事处根据实际情况,将保护文物和非物质文化遗产、推动文化产业繁荣发展与改善民生有机结合,将南锣鼓巷定位在有别于三里屯和什刹海的酒吧特色,有别于大栅栏和琉璃厂的传统商业和文化,有别于潘家园旧货市场,有别于中关村的现代信息化。

自从北京地铁六号线建成后,再加上一百多家中外特色商铺的集聚,文化旅游、文化休闲、文化创意等产业初见规模,吸引着来自世界各地的游客。它已经成为许多时尚杂志报道的热点,不少电视剧在这里取景拍摄,许多国外旅行者把其列为在北京的必游景点,近几年南锣鼓巷假日游客数直逼故宫。

6.3 文化市场定位

企业在市场细分的基础上选择了自己的目标市场,并确定了目标市场的营销战略,也就是明确了企业的服务对象和经营范围,接下来将面临的任务是市场定位。

6.3.1 文化市场定位的内涵

在市场经济条件下,竞争无时不有、无处不在,任何一个市场都不会只有一家企业独霸天下。因此,企业必须在其目标市场上为自己的产品确定一个位置,树立一个鲜明的形象,这就是市场定位问题。

市场定位也被称为产品定位或竞争定位,是企业为在目标顾客心目中确定独特地位和形象,使产品具有一定特色,适应顾客的需要与偏好,并与竞争者产品相区别的活动过程。简而言之,市场定位就是在顾客心目中塑造企业产品在细分市场的形象。

美国营销学家艾·里斯和杰克·特劳特认为,市场定位是对现有产品的一种创造性活动,"定位首创于产品,一件商品、一项服务、一家公司、一家机构,甚至个人……皆可加以定位。然而,定位并不是指产品本身,而是指产品在潜在消费者心目中的印象,也就是产品在消费者心目中的地位。"在艾·里斯和杰克·特劳特看来,定位主要是沟通问题,它专注于使产品在顾客心目中留下某种印象,而和产品本身几乎没有什么关系。产品在名称、价格或包装上的改变都不过是修饰上的变化,其目的是确保产品在顾客心目中的地位。因此,有人称这种定位为"沟通定位"。

"定位"一词近年来在文化产业被频频提及,因为通过准确的定位的确能使企业找到一条符合自身发展优势的道路。文化产品的市场定位不仅是在功能上满足某一细分市场消费者的需要,更是一种观念的认同和接受。通过对文化产品特定功能的开发,在营销过程中对定位的强化,就可以培育和发展文化产品稳定的受众市场,确定企业在文化市场的地位。

6.3.2 文化市场定位的步骤

6.3.2.1 研究影响市场定位的因素

市场定位必须建立在市场营销调研的基础上,必须先了解有关影响市场定位的各种因素。这些因素主要包括以下三方面:

(1)竞争者的定位状况。要了解竞争者正在提供何种产品,这些产品在顾客心目中的形象如何并估测其产品成本和经营状况。在市场上,顾客最关心的是产品本身的属性(质量、性能、品种等)和价格,因此,企业一方面要确认竞争者在目标市场上的定位;另一方面要正确衡量竞争者的潜力,据此进行自身的市场定位。

企业要赢得和保持顾客的关键是要比竞争者更好地满足顾客的需要,并向他们提供更多的价值。

(2)目标顾客对产品的评价标准。要了解顾客对所要购买的产品的主要偏好和愿望以及他们对产品优劣的评价标准。例如,对于文化旅游产品,人们关心的是内容、价格,还是时间、舒适;对艺术产品的消费是追求新奇、刺激,还是美感、艺术品位等。企业应清楚顾客最关心的问题,以此作为定位的依据。

(3)企业在目标市场的潜在竞争优势。企业只有确认了目标市场潜在的竞争优势,才能准确地选择竞争优势。竞争优势有两种:第一种是同样条件下比竞争者价格低;第二种是提供更多的特色产品满足顾客的特定需要,从而抵消高价格的不利影响。在第一种情况下,企业应当千方百计地寻求降低产品单位成本的途径;在第二种情况下,企业应努力发展特色产品,提供有特色的服务项目。

6.3.2.2 选择竞争优势和定位战略

企业要通过与竞争者在产品、促销、成本和服务等方面的对比分析,了解自己的长处和短处,从而认定自己的竞争优势,进行恰当的定位。对于某一企业而言,它的潜在竞争优势可能不止一项,需要具体选择哪一项或哪几项优势。有的营销学者主张,针对目标市场只诉求一种利益、一种优势,追求"最好",如"最好的质量"、"最低的价格"、"最优的服务"或"最先进的技术"等。如《南方都市报》要"做中国最好的报纸",《华商报》称其"奉献最有价值的新闻和信息"。

文化企业的竞争优势是与竞争者相区别的独到特征,文化企业要不断发现、创造并保持潜在和现实特色,从而保持自身的市场优势。根据市场营销学原理,一家文化企业可以从四方面与竞争者相区别:

(1)产品差异化。产品是企业获得竞争优势的起点,企业应尽量做到品质优良、与众不同。产品差异化主要体现在形式、特色和质量等方面。文化产品必须考虑到人们的审美观和实际需要,比如,产品在内容、风格、设计、外观和包装等方面的诉求和品质。

(2)服务差异化。企业可以通过文化服务的差异化来增加企业价值。文化产品的服务可以是多样化、差异化的。如产品传递的及时、准确,购买的便利,对顾客的培训指导,对文化产品的体验、维护保养等。

(3)人员差异化。人力资源是企业竞争的关键要素之一,雇用及培训优秀的员工、建立富有竞争力的团队可以使企业获得明显的竞争优势。如新东方教育集团的发展壮大离不开俞敏洪及其领导的团队;冯小刚电影每年票房纪录的创造,都是华谊兄弟的王中军领导的营销团队潜心策划与市场运作的结果。同时,消费者不仅通过产品和服务本身感受企业,也在通过企业的每一位员工建立对企业的认识、理解、定位和形象。

(4)形象差异化。消费者往往因为企业或品牌形象的不同而作出不同的购买决策,企业能形成不同的"个性",以便消费者识别。形象的差异化主要通过个性与形象、标志、公关活动等方面来表现,即文化企业可以通过设计名称、理念、标志等途径来确定产品的主要优点和市场定位,还可以通过公关营销来塑造个性。如迪斯尼公司的标志——米老鼠形象在全世界深入人心,无论是欣赏迪斯尼的电影还是在迪斯尼乐园体验快乐,米老鼠的形象都无处不在。当人们看到这独一无二的可爱形象时,首先想到的就是与迪斯尼品牌密切相关的感受:可爱、开心、快乐和智慧。因此,企业所有树立形象活动的关键就是要让消费者印象深刻、产生共鸣或引起震撼。

6.3.2.3 准确有效的传播定位

确定一个好的市场定位可能是艰难的,但与准确有效的传播定位相比,其难度就逊色多了。毫无疑问,实施战略比制定战略更困难。

市场定位的有效传播包括两层含义:一是传播有关信息;二是送达具体的感受。就有效而言,具体感受的送达更为重要。文化产品的优劣是其市场定位的最好基础。

信息在传播过程中,应避免给顾客造成三种误解:一是产品档次过低,没有特色;二是产品档次过高,名不副实;三是混淆不清,在顾客心目中难以形成共识。这三种误解都是由于定位宣传失误所致,它将给企业形象和经营效果造成不利影响,必须引起企业注意。

案例6-4　　宜家家居　差异化定位带来强大竞争力

宜家家居是全球最大的跨国家具零售企业,在中国市场12年的成长与发展体现了宜家在应对市场环境变化中所采取的本土化对策。瑞典宜家家居(IKEA)是跨国连锁经营的大型家具零售企业,它从瑞典的一个小农庄创立至今已有60多年的历史。

宜家的产品设计所蕴含的和表现出来的斯堪的那维亚风格,使其产品体现出极强的差异化概念,为广大中国消费者、特别是年轻人和城市中产阶级所钟爱。产品是企业的主要竞争力,也是设计的主要对象,所以对于产品设计的准确定位是公司发展的基础。在产品方面,宜家采用差异化的营销策略,其设计和成本方面具有独特的优势。宜家在中国所销售的产品大多是在中国生产的,上海有宜家在亚洲最大的分销中心,为宜家提供了较低成本和便利渠道的保证。

宜家富有特色的购物模式吸引了众多潜在顾客前去体验"宜家购物"。宜家创造了独特的样板间式的购物方式,通过卖场的交叉展示布局创造了购物的连锁反应和轻松自在的购物氛围。宜家历来重视产品目录册在家居产品销售中的重要角色,这使宜家能够长期有效地利用目录册吸引更多的新老顾客,使他们在认为合适的第一时间光顾宜家店。[1]

---

[1] 张理军.案例分析:宜家(中国)的本土化营销战略[OL]. http://www.ceo8866.cn/qjldcncncncncncn/20130901792.html,2013-9-1.

6.3.3 文化市场定位战略

艾·里斯和杰克·特劳特指出:"没有一个定位方法能用之四海而皆准。"因此,企业要深入研究企业、竞争者、目标顾客三者的战略关系,在此基础上确定定位。文化市场有六种最基本的定位战略方式可供选择。

6.3.3.1 对抗定位战略

对抗定位战略是指企业选择与现有竞争者相同的市场位置,争夺同样的目标顾客,使用相同的市场营销组合策略,在战略上采取正面交锋的对抗性做法。例如,在广州的报业市场,《南方都市报》曾经针对《广州日报》、《羊城晚报》等采取了针锋相对的定位战略,对这两家报纸乃至深圳的报业企业都形成了巨大的威胁。又如,在前几年非常火爆的贺岁片市场上,一些电影厂家迎头赶上,纷纷进入贺岁片市场,抢夺这一具有巨大能量的市场,也是对抗定位战略的体现。

对抗定位战略一般是市场挑战者采取的战略。要想使该战略成功,企业必须针对市场领导者的缺点与弱点,发挥自身优势对竞争者发起强有力的冲击,迎面而上,赶上甚至超过市场主导者,成为市场新的领导者。

6.3.3.2 侧翼定位战略

侧翼定位战略是指企业避开强有力的竞争对手,与主要竞争者适当拉开距离,选择为其忽略的目标市场进行定位的一种战略。这种战略被广泛接受和采用。市场永远存在空间,任何文化产品都可以在市场中找到适当的位置,但前提是要以市场需求为出发点。侧翼定位战略可避免与强大的对手正面竞争,为自身赢得生存空间与时间。这种战略是诸多中小企业常选用的市场定位战略。湖南卫视和一些主打娱乐类型的电视台走的都是这条路线。文化企业在采用侧翼定位战略时,关键是在顾客、文化产品、文化市场、传播方式或营销组合上实现专业化、特色化,向市场提供特色鲜明的文化产品。

6.3.3.3 补缺定位战略

补缺定位战略即定位于市场的"空白"地带或市场缺口。这种定位的理念是企业不求在文化细分市场上处处开花,只是集中所有资源,成为某一个或少数几个文化目标市场上的经营者,进而获得顾客的认可,培养对企业品牌的忠诚度。这种定位要求文化企业对市场反应要灵敏、富有创新精神和强大的开发能力。如《南方周末》从创刊至今,它的市场地位无人可争,因为在这一细分市场里没有竞争对手。

《南方周末》的补缺定位是其保持长期竞争优势的关键。又如,《萌芽》、《中学生天地》等国内知名的中学生期刊都是专注于中学生群体,突出特色而赢得市场的典范。

6.3.3.4 "Number One"(第一)定位战略

"Number One"定位战略即从文化产品的多种特性中找出一种企业最具优势的特性并以此特性为核心进行定位,在市场中牢固树立"第一"(如"最悠久"、"最著名"等)的形象。一个文化企业或其文化产品一旦树立起了"Number One"的形象,就证明这一定位战略已经取得圆满成功。

6.3.3.5 高级俱乐部定位战略

如果企业不能获得某种绝对优势的特性或企业无法达到"第一"这一位置,或者是只有通过与同类型的组织相结合才能共享利益时,即可采取这种战略。如一家媒介企业可以宣称自己是中国广告收入的前三名或前十名等等,这会使受众认为此媒介企业是中国实力最强大的企业之一,而忽略了其具体排名。又如,芝加哥抒情歌剧院通过在简介手册的封面上引用某位著名乐评家对该剧院乐团的评价——"世界上最棒的歌剧院合唱团之一",强调该乐团所拥有的极高品质。

6.3.3.6 重新定位战略

重新定位战略是指企业改变现有的定位,改变目标顾客对其原有的印象,使顾客对企业及其文化产品新形象重新认识和认可的战略。市场重新定位对于文化企业适应市场环境变化、调整营销战略非常重要。

当新的企业战略计划进入完全不同于过去的细分市场时,战略性重新定位是必须的,这意味着对现有细分市场的完全放弃,而转向新的全新领域。如一家文化企业的原有市场定位不成功,为了进一步提高市场占有率,增强竞争优势而采取了重新定位的战略。由于文化市场规模与市场结构不断变化,目标市场消费者的需求也会随着年龄、受教育程度、生活阅历、收入水平等的改变而改变,原来很成功的定位因这些变化而会逐渐失去效力。这时,企业就必须正视现实与未来,抓住时机,重新定位。

案例6-5　从韩剧《来自星星的你》看爱奇艺的市场定位

2014年年初,韩剧《来自星星的你》火遍全中国,这部韩剧从2013年12月开播之后一直红到现在,影响力不断升级,首轮播放量破13亿,创下迄今为止视频网站韩剧播放的最高纪录。关注这部剧的群体从韩剧粉丝扩大到整个社交网络，从线上延展到线下，就算已经大结局，还能因为不断出现的新闻点登上微博话题榜，形成全民性的讨论热潮。上一次出现这样的盛况，还得追溯到十年前《大长今》的播出。

《来自星星的你》火热背后，最大的功臣当属其独播平台爱奇艺。正如《大长今》的辉煌离不开湖南卫视的宣传推介，《纸牌屋》的全球影响力有赖于 Netflix 的平台定位一样，《来自星星的你》也证明了爱奇艺已经成为互联网中的最佳推剧视频平台。2014 年开年以来，爱奇艺捷报频传。独播大剧《爱情公寓》首轮播放量突破 27 亿，成为不折不扣的收视神剧。在《来自星星的你》之后播出的自制剧《灵魂摆渡》上线 10 天，播放量超过 2 亿。这些剧集之所以收视成绩耀眼，除了剧集本身质量过硬之外，平台效应功不可没。

根据艾瑞最新数据显示，2014 年 1 月，爱奇艺 PPS 在 PC 和移动视频的月度用户覆盖量分别达到 3.09 亿和 0.94 亿，位列行业第一。这些数字代表的是高品质的用户。爱奇艺的市场定位精准，在购剧、推剧、营销以及综艺节目购买方面主要瞄准 70 后到 00 后的主流消费人群。经过 4 年的积累，时尚、年轻、高品质的品牌定位在用户心中根深蒂固。

这批主流用户具有极高的社交网络活跃度，乐于分享和扩散信息。而爱奇艺首屈一指的大数据分析能力，能够在第一时间分析出这些用户的观剧口味和收视习惯，并且有针对性地进行个性化的创新营销。在《来自星星的你》播出之后，爱奇艺在中关村地区投放教授主题的大型广告牌；把位于三里屯的爱奇艺咖啡馆改造成"星星"主题，提供啤酒炸鸡套餐；组织同步直播观剧会，提供现场口译。在此之前，还没有哪家视频网站像做线下市场活动一样全方位推广一部剧。

这些既创新又接地气的营销活动凝聚了大量剧迷，他们参与其中，将自己的活动观感上传到微博和朋友圈里，形成第一轮引爆点，而爱奇艺在新媒体营销上的资源调动能力则让话题保持了长久的新鲜度和曝光度。"前面是大量的铺广、大量覆盖。后面根据剧情抛出一些点，不断发酵，引起在自媒体和其他层面广泛的探讨。最后的结果是每一个话题和每一个渠道都有它不同的效果。"爱奇艺市场副总裁陈剑峰总结道。

2014年,视频网站的竞争进入白热化,独播剧和自制剧成为各大视频网站的战略重点。在这种情况下,推剧能力高低无疑决定了竞争成败。已经通过《爱情公寓4》《来自星星的你》先行一步的爱奇艺接下去要做的,是把这套推剧经验延续下去,"制造"下一个《来自星星的你》。①

小 结

　　文化目标市场营销由三个步骤组成:市场细分、目标市场选择、进行市场定位。市场细分是在市场调查的基础上,根据构成总体市场的消费者的需求特点、购买行为和习惯爱好的差异性,将消费者细分为不同的消费者群体或市场部分的过程。市场细分必须依据科学的细分变量来进行。文化市场细分变量很多,一般常用的细分标准主要有地理变量、人文变量、心理变量和行为变量四大类。其中人文变量和心理变量是最为重要的两个标准。并非所有的市场细分都是有效或成功的,衡量市场细分有效性的标志主要包括可衡量性、可进入性、可盈利性和差异性四个方面。市场细分对于改善企业的经营管理、提高营销的精准性、更好地为消费者服务、提高企业的竞争能力具有重要作用。

　　目标市场是企业为实现营销目标、满足市场需求而最终服务的特定市场,它是在市场细分的基础上综合考虑多种因素确定的。目标市场战略可分为无差异营销战略、差异营销战略和集中营销战略三种,具体的目标市场涵盖策略有密集单一市场、产品专业化、市场专业化、选择性专业化、完全覆盖等五种。在选择目标市场涵盖战略时需要考虑五方面因素:企业自身资源、市场需求、产品特性、产品生命周期以及竞争者状况。

　　市场定位是企业树立产品或品牌在消费者心目中的形象,使产品或品牌具有特色,适应特定消费者需要和偏好的活动。企业市场定位过程主要通过三大步骤来实现:研究影响市场定位的因素、准确地选择本企业的相对竞争优势和定位战略、有效地传播定位。可供选择的市场定位战略主要包括对抗定位、侧翼定位、补缺定位、高级俱乐部定位、"Number One"定位、重新定位等六种战略。

---

　　① 小曦.《来自星星的你》走红背后 爱奇艺推剧实力凸显[OL].速途网.http://www.sootoo.com/content/483725.shtml.2014-3-12.

思考题

1. 人文细分变量具有哪些特点？
2. 文化市场细分的主要变量有哪些？
3. 怎样的市场细分才是有效的？
4. 目标市场的具体涵盖方式有哪些？
5. 可供企业选择的市场定位战略有哪些？
6. 联系案例说明企业选择产品市场定位的影响因素和有效方法。

参考文献

1. [美]菲力普·科特勒,凯文·莱恩·凯勒.营销管理[M].梅清豪译.上海:格致出版社,上海人民出版社,2006.
2. 包国强.媒介营销 理论·方法·案例[M].北京:清华大学出版社,2005.
3. 万后芬,汤定娜,杨智.市场营销教程[M].北京:高等教育出版社,2007.
4. 孙亮.文化艺术市场营销[M].北京:文化艺术出版社,2008.
5. 惠碧仙,王军旗.市场营销—基本理论与案例分析[M].北京:中国人民大学出版社,2004.
6. 邵培仁,陈兵.媒介战略管理[M].上海:复旦大学出版社,2003.
7. E D Shane. Selling Electronic Media[M]. America:focal press,1999.
8. 周正祥.市场细分及其客观依据[OL]. http://www.chinavalue.net/Article/Archive/2007/1/6/53382.html. 2007－1－6.
9. 王永亮,吴晓晶. HBO 的成功对我国付费电视的启示[J].中国广播电视学刊,2005(3):76－78.
10. [法]雅克·朗德维,等,市场营销学[M].5版.北京:经济科学出版社,2000.
11. 基于文化导向的中国电影市场细分研究[OL],http://www.lw－cn.cn/Paper/6443.html.2008.11.28.
12. 郑纪东,动感地带赢得新一代[OL],http://blog.sina.com.cn/s/blog_4b40a3b2010007vn.html. 2007.5.12.

13. 郭国庆.市场营销学通论[M].3版.北京:中国人民大学出版社,2005.

14. 杰克·特劳特,史蒂夫·瑞维金.定位[M].李正拴,贾纪芳,译.北京:中国财政经济出版社,2002.

15. 仇晓慧.喜羊羊之父卢永强:我就是灰太狼原型[N].东方早报,2009-7-20.

16. 唐·舒尔茨.整合营销传播[M].北京:中国物价出版社,2002.

17. [美]迈克尔·波特[M].竞争战略.北京:华夏出版社,1997.

18. 黄升民,丁俊杰.媒介经营与产业化研究[M].北京:北京广播学院出版社,1997.

19. 贾国飙.媒介营销——整合传播的观点[M].长沙:湖南人民出版社,2003.

20. 浙江在线新闻网站.北京南锣鼓巷入选亚洲最佳风情体验胜地[OL],http://www.zjol.com.cn/05gotrip/system/2009/12/09/016137297.shtml

7 文化市场营销的产品策略

7.1 文化产品整体

7.1.1 产品整体概述

7.1.1.1 产品整体的概念

人们通常把产品理解为具有某种实物形状、能提供某种用途的实物,如电器、汽车、服装和食品等,这是狭义的产品。事实上,顾客购买某种产品,并不只是为了得到该产品的实体,而是要通过购买该产品来获得某方面利益的满足。因此,从市场营销的观点来看,产品应当是指一切能满足消费者某种利益和欲望的事物,即广义的产品,这就是产品整体的概念,即现代营销意义上的产品。现代市场营销理论认为,根据"产品整体概念",产品整体的构成包含核心产品、有形产品和延伸产品三个层次,其中延伸产品由期望产品、附加产品和潜在产品三个方面构成(见图7-1)[①]。

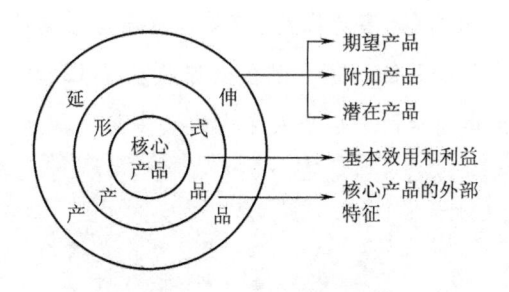

图7-1 产品整体的构成

(1) 核心产品:是指产品能够提供的能满足某种需要的效用或利益,也是消费

---

① [美]菲利普·科特勒.营销管理[M].梅清豪,译.上海:上海人民出版社,2006.

者购买某种产品时所追求的利益。

（2）形式产品：是核心产品的载体。形式产品所提供的是产品的基本效用得以实现的具体形式。

（3）期望产品：是指消费者购买某种产品时预期获得的功能、质量、价格及服务等一整套产品属性和条件。比如，报纸产品迅速及时的发行渠道，电视编排合理的时段安排以及有节制的广告插播安排等。再如，观看文艺演出需要一个安静、舒适的环境，观看戏曲、音像光盘还需要相应的字幕提示等。离消费者预期越接近，产品的期望价值从而整体价值就越高。

（4）附加产品：是顾客购买有形产品时所获得的免费送货、安装、使用指导、质量保证和售后服务等全部附加服务和利益的总和。比如，旅游景点的坐椅、欢迎游客的横幅、古玩杂耍、摄影服务等；另外，这种附加价值还表现在一种无形的文化影响力上，比如，看完某电视节目，会觉得自己对一些问题的思考有了突破；看完国家大剧院的交响乐，可能会觉得自己的音乐水准、欣赏品味有了长进等。

（5）潜在产品：是指通过对现有产品的附加与扩展而可能进一步发展成现实产品但目前尚处于潜在状态的产品。比如，我们常常听说某部书影响到了我们的一生，某部电影每看一遍就有新的感受等。文化产品提供的是一种特殊的精神享受，这种潜在价值尽管很难估算，但却不能被低估。

案例 7-1　　　　立足整体产品　演绎动画神话

2013年上映的《冰雪奇缘》是有史以来票房最高的动画片，位居世界电影史上票房收入第五位。它不但在全球收获了12.75亿美元的票房佳绩，还拿下了包括奥斯卡两个小金人在内的众多奖项。

虽然电影已经上映1年,但是这部现象级动画造成的影响仍然热度不减。片中的"公主裙"不到一年时间全美大卖300万条,收入约4.5亿美元,《冰雪奇缘》北美票房也就4亿美元。衍生品市场除了服装,还有各种《冰雪奇缘》主题的贴纸、文具、玩具,让家长们今年多花了不少钱。此外,今年还出生了好多叫艾莎的女婴!

2013年恰逢迪士尼动画工作室诞生90周年,而《冰雪奇缘》的成功为迪士尼带来了盈利新高。据迪士尼公司2014年8月5日的季度盈利报告显示,其4月至6月的利润已破历史纪录。其中,电影工作室表现继续抢眼,营业收入达4.11亿美元,比去年同期增长了一倍多。迪士尼的消费产品部和主题公园部的营业收入也比去年同期增加超过20%,电子游戏部则扭亏为盈。

迪士尼拥有一条"电影—电视电台—衍生产品—迪士尼乐园"的完整产业链。立足于此,迪士尼以"娱乐循环"的概念,构建出一套独有的赢利模式——"轮次收入模式",也称作"利润乘数模式"。在这一模式运转之下,迪士尼以动画为源头产品,将影视娱乐、主题公园、消费产品等不同产业环节演变成一条环环相扣的财富生产链。

《冰雪奇缘》给了这条产业链极大的助力。第一轮,电影的放映获取了丰厚的票房收入,而其制作、宣传费仅为1.5亿美元。紧接着,通过公映电影的拷贝销售和录像带发行,迪士尼又赚进第二轮利润。第三轮盈利则是靠主题乐园。最后,迪士尼通过特许授权产品,又赢得第四轮财富。迪士尼涉及了手表、饰品、少女装、箱包、家居用品、毛绒玩具、电子产品等多个产业。此外,同名手游也以迅雷不及掩耳之势冲上App排行榜。[①]

7.1.1.2 产品整体概念对企业营销管理的意义

现代营销理论所提出的产品整体概念,指出了企业的产品带给消费者的是各种利益的满足,而非作为有形实物的产品本身。随着社会经济的发展和人们收入水平的提高,消费者对于产品所带来的利益的需求正在呈现出多样化、多层次以及不断发展变化的特点。现代市场营销理论告诉我们,一个企业要想成功,不仅要明确其目标消费者在哪儿,而且要明确其能够给消费者提供哪些有别于竞争对手的

---

① 包单霖.《冰雪奇缘》火遍全球,妈妈们快被烦死了[OL]. http://news.163.com/14/1211/16/AD6QIJKG00014SEH.html. 2014-12-11.

利益。因此,对于企业来说要在市场中赢得竞争优势就必须更加全面、更加深入和动态地把握消费者的需求。产品整体概念正是给企业的营销管理提出了新的竞争思路,企业不仅可以从核心产品、形式产品而且更可以从丰富多样的延伸产品中寻找产品在满足消费者需求方面的差异性,从而确立产品的独特定位,并在此基础上产生企业的营销组合策略。

7.1.2 文化产品整体的构成及其特征

7.1.2.1 文化产品整体的构成

文化产品是指一切能提供文化利益并满足消费者文化需求的产品的总称。根据产品整体的概念,文化产品整体的构成应包括以下三个方面:

(1)核心文化产品。核心文化产品是指文化产品的基本效用。产品所提供的基本效用和利益可以包括功能性利益、情感利益和自我实现利益。而与一般产品侧重于功能性利益所不同的是,文化产品的基本效用主要体现在满足消费者情感利益和自我实现利益方面。如一部名著、一首名曲、一段优美的舞蹈和一幅名画等,人们从其中所得到的利益是抒发情感、陶冶情操、振奋精神、拓展视野和增长知识。

(2)文化产品载体。文化产品载体是指核心文化产品为满足人们的利益而所需借助的具体形式,如印刷品、音像制品、艺术品和纪念品等。

(3)延伸文化产品。延伸文化产品包括文化服务、期望文化产品和潜在文化产品三个方面。

文化服务是指以促进消费者从文化产品载体上获得文化需求的满足为目的而开展的相关活动,如文化信息的传播、有关配套设施的提供等。

期望文化产品是指消费者从文化产品中所获得的满足程度,这种满足程度与其事先的期望有关,如慕名去欣赏一位著名导演的作品,人们往往会抱有较高的期望,一旦电影未如预期一样精彩,观众将会感到大失所望。

潜在文化产品是指通过对现有产品的附加与扩展使其提供更高的效用,为消费者提供更多的满足,如购买一幅画作可以获得精神方面的满足,但是随着作者声望的提高,这幅画作还可能会身价倍增甚至成为名画,如此,对其拥有者来说,不仅提供了精神上的满足,而且还能够因为拥有名家作品而获得自我实现利益的满足。再如,文化产品产业链的进一步开发所形成的其他延伸产品等。

7.1.2.2 文化产品的特征

(1)文化产品的核心价值是文化价值。也就是说,相对于以功能性价值为核心的一般产品而言,文化产品必须通过所蕴涵的"文化"内容来满足人们的需求。例如,一部中国古典文学名著《红楼梦》,无论其装帧、印刷的形式如何,其具有的文学性、艺术性给人们带来的精神满足才是最被看重的因素。

(2)文化产品的艺术、宗教、哲学和文学价值受到政治、法律、道德、伦理、科学、经济、风俗、习惯等因素的制约,因此,在不同的历史时期、不同的社会环境中,人们对文化产品价值的评判也不相同。"如果我能喝到很浓的肉汤,我的身体马上会好起来!当然,我知道,这种想法很荒唐。"梵高生前穷困潦倒,而今天他的作品已经成为"全人类的财富",2005年在我国展出了一幅梵高的《麦田》,几乎没有人能确切说出它的身价,按照美国夏威夷美术馆收藏经理的说法,这幅画只有文化上的价值,其价值根本无法从经济上估量。同时,经济的发展、社会的进步,带来人类精神需求层次的提升,由此也催生了对文化产品更多和更高的需求,并推动文化产品价值的提高。

(3)一般产品的价值往往随时间而递减,使用中的磨损、产品的更新换代都会导致原有产品的贬值,而文化产品的价值则可以随着时间的延续而继续提高。如越窑秘色瓷、宋五大官窑瓷器、宣德青花和成化斗彩等中国古代艺术瓷器,不仅具有实用功能,而且更在工艺、造型、绘画及色彩诸多方面体现了中华民族的审美观和特有的美学思想,在国际上享有极高的知名度,加之传世数量十分有限而且无法再生,因此,升值潜力巨大。

(4)与一般产品所不同的是,文化产品并非一定具有实物形态,即其核心产品的基本效用和利益的实现不一定需要借助于一定的实物作为载体。比如,一首口口相传的童谣、一个标记或一个符号虽然不具有实物形态,但是仍以其所包含的文化价值满足人们的精神需求。

(5)文化产品具有对一般产品的反哺性。社会的发展推动了人类文明的进步,经济的发展在创造了大量实用物质产品的同时也促进了精神文化产品的不断涌现。与此同时,人们也会由于对某种文化产品的价值认同,而提高对相关的一般产品的偏好。如"韩流"现象,青少年从喜欢看韩国影星、听韩国劲歌,进而发展到追求韩国的商品,包括韩国的化妆品、韩国服装、韩国食品等,有专家认为,"韩国经济的出路就在韩流之中"。在经济全球化的背景下,努力向世界传递中国文化产品的价值,将可以更好地提高中国产品的国际竞争力。

7.2 文化产品的周期策略

7.2.1 产品生命周期及其类型

产品生命周期理论是美国哈佛大学教授雷蒙德·弗农1966年在其《产品周期中的国际投资与国际贸易》一文中首次提出的。产品生命周期(Product Life Cycle,简称PLC)是指产品从初创到退出市场的整个生命过程,包括经过导入期、成长期、成熟期和进入衰退期四个阶段(见图7-2)。

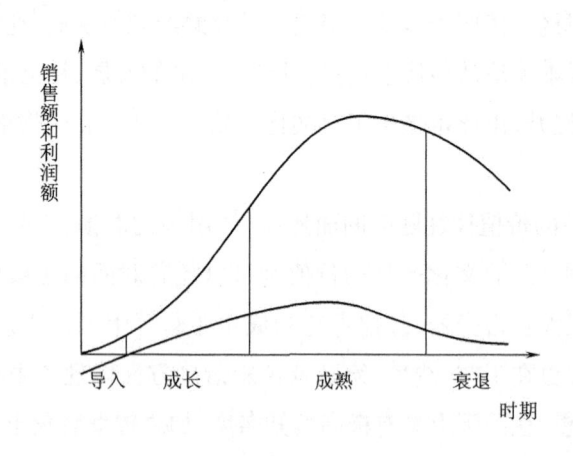

图7-2 产品生命周期

7.2.1.1 产品生命周期

(1)产品导入期:是指新产品首次正式上市后的最初销售时期,是产品生命周期的开始。在这个时期销售增长缓慢,加之前期需要投入各种研制、改进和市场推广等费用,因此,产品尚难以产生利润。

(2)产品成长期:是产品被消费者迅速接受、市场扩大、销量大增的阶段。在这个时期产品利润出现大幅度提高。

(3)产品成熟期:是产品已经被消费者普遍接受,市场潜力已经得到比较充分挖掘的阶段。在这个时期销售增长开始放缓,加之大量模仿者涌入,受竞争加剧造成的产品价格降低、营销费用增加等因素的影响,产品利润开始下降。

7 文化市场营销的产品策略

(4)产品衰退期:是产品的市场正在逐渐丧失,销量和利润均出现快速下降的阶段。

7.2.1.2 产品生命周期类型

值得注意的是,在实践中产品的销售量并非完全呈现上述四个简单的阶段。美国著名市场营销大师菲利普·科特勒通过对不同类型产品市场变化情况的分析,提出了以下三种产品生命周期类型(见图7-3、图7-4、图7-5所示)。

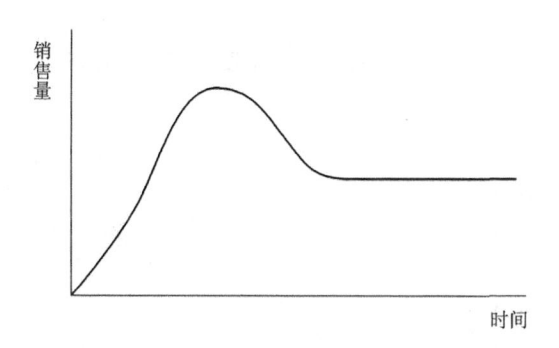

图7-3 产品生命周期类型:成长—衰退—成熟[1]

(1)"成长—衰退—成熟"型产品周期。"成长—衰退—成熟"型产品周期反映的是,在产品导入市场后首先经历一个快速成长的阶段,其销量在达到某一个峰值后逐渐回落,最后稳定在某一水平上。这种比较稳定的销售收入主要来自于早期购买者更换产品和少量的初次购买者。

(2)"循环—再循环"型产品周期。"循环—再循环"型的产品周期多与公司对于原有产品加大促销力度有关,包括广告、销售折扣、公共关系及某些事件的影响,都可能会使原有产品的销量出现再次回升的现象,从而产生一个新的循环。

(3)"扇形"产品周期。"扇形"产品周期是一种真正的成长型周期,这种周期的出现基于原有产品顾客价值的不断提升。产品的性能、用途、服务、品牌等功能利益和情感利益的提升均有利于产品的市场不断扩大,从而在销量上呈现为梯次上升的循环周期。

---

[1] [美]菲利普·科特勒.营销管理[M].梅清豪,译.上海:上海人民出版社,2006.

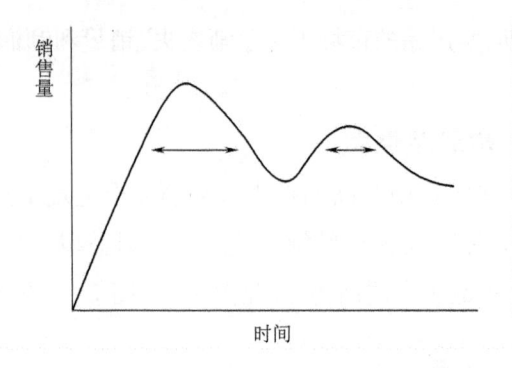

图7-4 产品生命周期类型:循环—再循环①

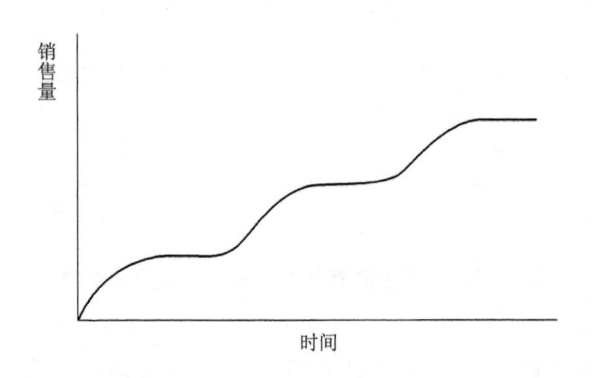

图7-5 产品生命周期类型:扇形②

7.2.2 文化产品周期的影响因素

从以上对产品周期理论的分析来看,一方面,产品经过导入期和成长期后,由于竞争对手大量出现、市场潜力被充分挖掘,伴随价格竞争所带来的利润下降将会进入最后的衰退期;另一方面,由于市场消费习惯的形成、促销力度的加大以及产品创新和品牌效应等因素的影响,产品生命周期的衰退期也可能会被稳定的成熟期、再循环甚至是扇形上升的成长形态所代替。分析文化产品生命周期影响因素的目的在于事先预测其发展变化的基本形态,以便于在此基础上,根据消费者需求的变化,以市场为导向有针对性地采取相应的产品策略。文化产品生命周期的影响因素包括形成依据、品牌效应和营销组合。

---

①② [美]菲利普·科特勒.营销管理[M].梅清豪,译.上海:上海人民出版社,2006.

7.2.2.1 形成依据

形成依据是指一种文化产品所要反映的基本内容。人们对这种基本内容产生关注的速度和兴趣的持续时间往往决定了文化产品生命周期变化的走势。反映个别事件的文化产品,如反映一则新闻报道、一台文艺晚会、一项体育赛事的电视节目,其生命周期是从事件开始到落下帷幕的这段时间;同样,一本介绍时尚着装潮流的刊物、一张当红歌星的CD专辑,其生命周期和文学名著、工具书和科教音像制品相比也会显得相当短暂。

2005~2008年间中央电视台体育频道市场份额的全年走势可以反映出个别体育赛事节目生命周期的变化(见图7-6)。

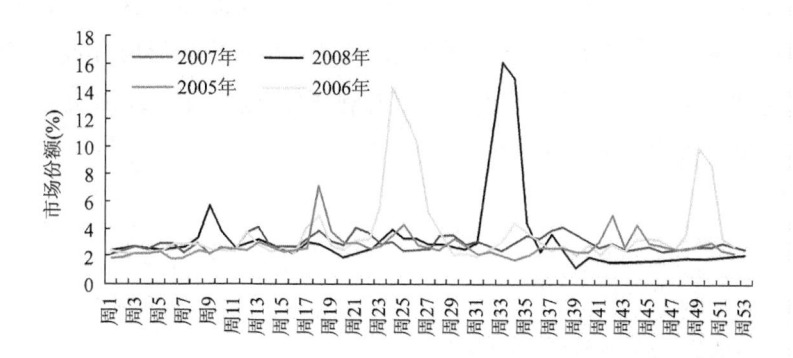

图7-6　2005~2008年间中央电视台体育频道市场份额周期走势图[①]

从图7-6中可以看出,2005年、2006年和2008年中央电视台体育频道的市场份额在全年都呈现出大起大落的特点,造成这种情况的内在原因是由于人们对其播出的重大体育赛事节目狂热接受并很快达到高峰,而后该项体育赛事节目又随着赛事的结束而迅速衰退。如2005年3月的乒乓球亚锦赛、5月的上海世乒赛;2006年6~7月的德国足球世界杯、12月的多哈亚运会;2008年的北京奥运会等,上述重大体育赛事节目的生命周期均可以从中央电视台体育频道相应年度市场份额的变化中反映出来。

7.2.2.2 品牌效应

强势品牌是高的产品知名度、美誉度和忠诚度的集中体现。正如人们提起娱乐节目就会首先想到湖南卫视频道的《快乐大本营》一样,强势品牌所具有的最高

[①] 曹珩.2008年体育节目收视分析[J].收视中国,2009(4).

"第一提及率"往往会形成很强的品牌壁垒效应,即湖南卫视频道《快乐大本营》的忠实观众可能对其他精彩的娱乐节目"视而不见"。在产品生命周期的各阶段中,出于对品牌的忠诚和信赖,使得拥有强势品牌的文化产品一般具有更低的市场进入成本和更短的市场"导入期",并快速进入"成长期"。同时,正如前文所提到的,产品步入生命周期衰退阶段的一个重要原因是由于在产品进入"成熟期"后模仿者的大量涌入,而在产品的生产技术、功能、用途和外观等均可以模仿的情况下,只有品牌及其忠诚的用户是无法模仿的,品牌的壁垒效应使得对手难以有效地开展竞争,这不仅可以强化拥有强势品牌的文化产品的成熟期,而且也为产品实现新的增长创造了条件。如20世纪90年代以来,在各类娱乐节目蜂拥而上的激烈竞争环境中,于1997年开播的《快乐大本营》十多年来不仅能够一直保持收视率的增长,而且也促成了湖南卫视频道"快乐中国"品牌个性定位的形成,而这又为《天天向上》等新型娱乐栏目的成功推出创造了有利条件,该栏目于2008年9月一经推出,收视率就呈现出快速增长的势头(见图7－7)。

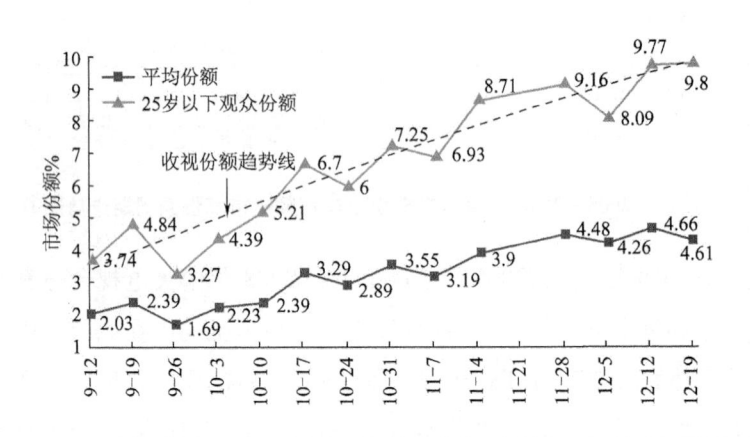

图7－7 《天天向上》市场份额走势[1]

7.2.2.3 营销组合

营销组合包括文化产品的质量、性能、用途、传播渠道、促销方式和客户关系等几个方面。对产品进行改进、拓宽传播渠道、运用多种形式进行促销以及建立广泛互信的客户关系等手段有利于避免产品衰退期的过早到来,甚至会形成反复上行的"扇形"产品周期。如2008年夏Nexon公司推出《枫之谷Maple Story》带来游戏

---

[1] 王旭波,朱丽前.常规节目抢滩娱乐"诺曼底"[J].收视中国,2009(1).

用户上线热潮,此后该公司于2009年6月24日起又推出了该游戏史上最大全新改版"皇家骑士团",开放五大全新"职业"。为迎接即将到来的全新改版,由艺人郭静担任游戏代言人,并为游戏拍摄改版广告和演唱主题曲。通过改版升级,可以不断赋予游戏新的内容,在保持原有游戏用户的同时又吸引了更多的新用户。科学技术的发展使产品更新加快,原有产品的生命周期缩短。竞争的加剧一方面要求对原有产品质量、性能和用途等积极进行改进和创新,同时也要求渠道和促销方式的创新①。

在互联网等新媒体受众人数快速发展的背景下,传统文化产品可以借助新媒体拓宽传播渠道,丰富促销方式,如传统报纸通过开设电子版、网络版等方式,不仅提高了知名度和影响力,而且也可以借助网络平台实现与读者的互动交流,在为读者提供更加全面和个性化服务的同时,也为自身的发展找到了更多的机会,从而焕发新的生命(见图7-8)。

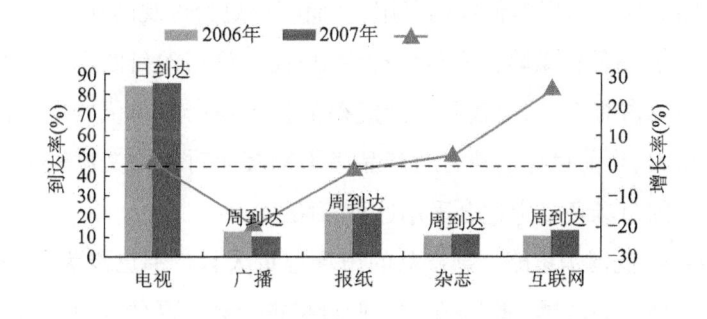

图7-8 2006、2007年我国五大传媒的受众到达变化情况②

7.2.3 文化产品的周期策略分析

7.2.3.1 文化产品导入期策略

产品导入期是随着新产品的推出而开始的,这个阶段的主要任务是运用广告和公关等营销传播工具将新产品告知目标消费者,建立产品的知名度;同时,要与渠道商合作,使消费者能够更为便捷地接触到新产品并进行试用。比如,在新书出

---

① 王旭波,朱丽前.常规节目抢滩娱乐"诺曼底"[J].收视中国,2009(1).
②③ 王兰柱.未来:从受众出发寻求媒体价值[J].收视中国,2008(10).

版中,出版商不仅可以通过新书发布会与媒体、渠道商和读者进行沟通、建立联系,而且媒体宣传报道、作者签名售书、读者读后感和学术研讨会等形式的合理采用,都可以大大提高新书的知名度,为销售量进入快速增长期形成良好的开端。

运用营销组合中价格和促销这对变量的不同组合,产品导入期策略还可以分为以下四种:

(1)高价格、高促销策略。实行高价策略可以在单位产品销售中获得更高的利润。在目标消费者收入水平较高,同时对新产品需求心理较强的市场环境中,适合采用高价策略。与此同时,采用高促销策略不仅可以使消费者更多地认识和了解产品,而且有利于树立品牌形象,以提供比潜在的竞争对手更多的顾客利益来建立品牌偏好。

(2)高价格、低促销策略。在产品已经为市场所知晓,而且潜在的竞争者不明显的市场环境中,如果目标消费者迫切希望得到新产品且愿意支付高价,则可以选择低促销策略。这样可以降低促销费用,从而获得更为可观的利润。

(3)低价格、高促销策略。实行低价格、高促销策略的目的在于尽快使新产品取得较高的市场占有率,用销量和生产规模的扩大使产品单位成本降低。在新产品的市场容量大、当前目标消费者对产品尚不知晓而对价格又比较敏感且存在激烈的潜在竞争的市场环境中适合采用这种策略。

(4)低价格、低促销策略。新产品的市场容量大且产品已经为市场所知晓,如果消费者对价格较为敏感,那么,在实行低价格推出新产品的同时可以选择低促销策略,较低的促销费用可降低营销成本,弥补低价格策略可能对收入造成的负面影响,从而实现更多的利润。

7.2.3.2 文化产品成长期策略

在销售量和利润开始快速增长的成长期,受到市场机会的吸引,新的竞争者也将开始陆续进入。为保持市场份额的继续扩大,在这个阶段就需要根据市场情况,结合产品的营销组合策略,从产品、价格、渠道和促销方面进行及时调整。

(1)产品调整。产品调整包括质量、性能、用途、外观和服务等方面的改进和完善。对产品进行调整,不仅有利于更好地满足当前目标消费者的需求,而且也有利于产品进入新的细分市场。

(2)价格调整。在成长期选择适当的时机进行价格下调,可以吸引价格敏感型的消费者,以期进一步扩大产品的市场份额。

7 文化市场营销的产品策略

(3) 渠道调整。通过渠道调整进入新的分销渠道可以使更多的消费者增加与产品的接触机会和购买便利,从而起到巩固和扩大产品知名度与市场份额的作用。

(4) 促销调整。由于经过导入期,产品已经具有一定的知名度,因此,成长期的广告促销目标重点应放在通过传播高的顾客价值来树立品牌形象方面。品牌形象的提高可以使产品能够吸引更多的消费者。

根据市场环境,对营销组合中各方面的要素及时进行合理调整,有利于产品的销量和利润保持长期增长。例如,2000年我国网络游戏进入商业化运作以来,虽然市场规模从2001年开始至今一直呈现强劲增长的态势,但有关资料显示,网络游戏的用户数和销售收入的增长速度从2007~2012年将双双逐级下降(见图7-9,图7-10所示)。

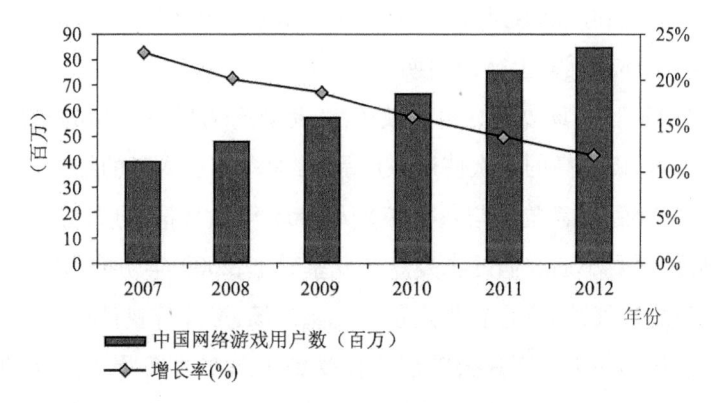

图7-9 2007~2012年中国网络游戏用户数预测(Source:GPC,IDC 2008)①

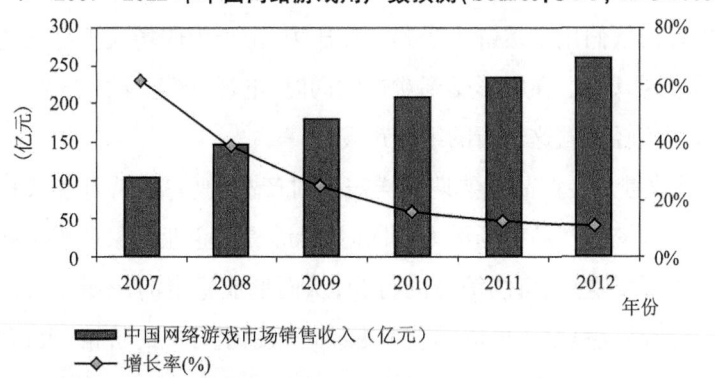

图7-10 2007~2012年中国网络游戏市场销售收入预测(Source:GPC,IDC 2008)②

---

①② 数据来源:2007—2008中国游戏出版产业年度报告[EB/OL]. http://blog.sina.com.cn/s/blog_4b0920d60100d6aq.html~type=v5_one&label=rela_prevarticle.

网络游戏的用户数和销售收入出现上述趋势,其原因一方面是市场规模增长放缓,另一方面还有更多的游戏厂商进入该市场展开竞争,网络游戏运营公司目前已经开始从营销组合的各个层面上寻求持续增长的机会。例如,通过对游戏规则和操作方式进行改进使用户易学、易用,既可以提高游戏的娱乐性,也有利于产品进入新的细分市场;在产品收入方面,新型网络游戏开始采用游戏时间免费、增值服务收费和内置广告等更为灵活的收费方式和经营模式;在渠道方面,通过专门代理中国原创网络游戏产品销往海外的代理公司,国内网络游戏产品已经进入北美和东南亚市场,从而获得了更大的生存空间。

7.2.3.3 文化产品成熟期策略

在认识到新产品的高风险、重视现有产品仍然具有高潜力的基础上,积极采取措施进行市场改进和产品改进,不仅可以使产品的成熟期延长,甚至可以使产品生命周期出现再循环或反复上行的周期。

(1)市场改进。市场改进有两种做法:一是要努力发现产品的新用途,并争取让更多的消费者、以更高的频次使用该产品;二是争取进入新的细分市场。

国产系列动画片《喜羊羊与灰太狼》从2005年6月推出后,陆续在全国近50家电视台热播,深受小朋友们的喜爱。在此基础上,2009年初推出的动画电影《喜羊羊与灰太狼之牛气冲天》也首先定位于儿童市场,影片首映日特意安排在全国中小学生放寒假的第一天。影片公映后不仅受到小朋友的喜爱,而且在年轻白领人群中引起共鸣。一部内容简单、风格轻松、幽默又包含大量时代元素的少儿动画电影很适合年轻白领们用来缓解生活和工作压力,由于为职场人士舒缓情绪、放松心情的功能被发现,因此,在电影受到欢迎的同时,电视剧《喜羊羊与灰太狼》的DVD也成功进入了年轻白领这个新的细分市场。

(2)产品改进。在产品成熟期同样需要对产品的质量、特点和式样进行改进,目的是在进一步挖掘产品市场潜力的同时,能够提升企业形象和提高顾客忠诚度,使消费者产生反复购买、持续消费的行为,从而形成稳定的、不断扩大的消费者群体。另外,在产品成熟期还可以继续考虑改进营销组合中的价格、渠道和促销等其他因素。

7.2.3.4 文化产品衰退期策略

一旦产品进入销售收入明显减少、利润水平快速下降的衰退阶段,就需要分析考虑衰退的原因和现有市场的容量,从而决定是继续保留、改变定位还是最终放弃。

(1)对于市场需求与呈周期性波动的市场因素相关度较大的文化产品,在衰退期一般宜于采用继续保留的策略。如电视台的财经栏目,其主要目标受众为证券市场中的投资者,投资者对于证券市场的关心程度首先受到市场运行态势的影响,当市场走强时,开户人数增加、投资者参与市场的热情提高,对财经节目的关注度也同步提高;而在市场走弱阶段,投资者人数减少,财经节目的收视情况也趋于低迷(见图7-11)。对于类似原因引起的市场萎缩,应继续保留栏目并适当调整节目的内容,而不是放弃。因为一旦市场回暖,节目的收视情况就会随之好转。同时,栏目的稳定则有利于培养目标受众的信任感和忠诚度,有助于栏目品牌价值的提升。

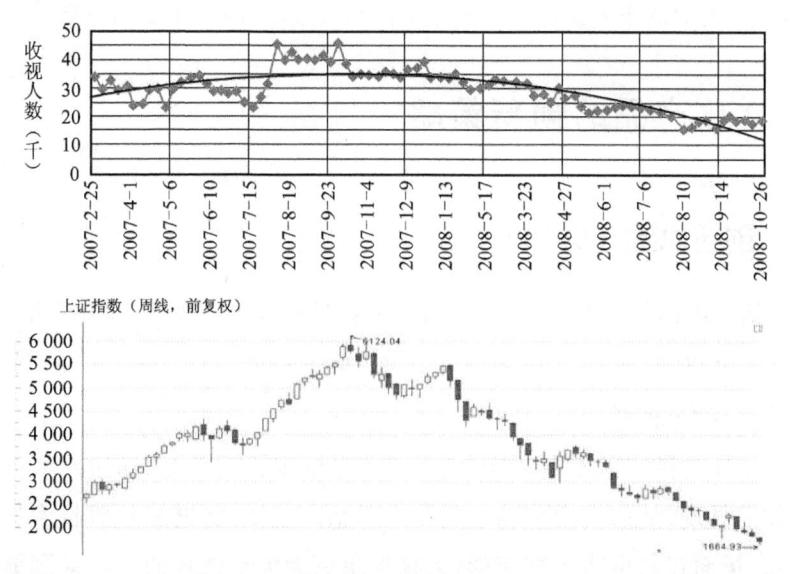

图7-11 2007~2008年股市行情节目的收视周走势和上证周K线图对比[①]

(2)对于因目标市场发生变化而导致原有定位模糊的文化产品则可以考虑进行重新定位。文化产品的情感价值较一般产品更为突出,一首歌曲、一部影视作品、一件文学作品带来的是情感的满足、情绪的寄托,并且会引起人们或美好、或感伤的回忆,这种回忆和怀念往往成为人们生命中难以割舍、永远伴随的一部分。一部爱情电影定位于当时的年轻男女,当明星老去、观众也老去的时候,这部电影并

---

① 顾颖华.股市春风过后,财经节目机遇与挑战并存[J].收视中国,2008(12).

不会"老去",因为人类对真、善、美的追求是永恒的。但是,文化产品毕竟是在当时的社会背景、历史条件下产生的,并有其特定的目标市场,如原本定位于年轻男女的老爱情电影,可能并不适合现代年轻人的"胃口",不同时代人们情感寄托、表达和期望满足的方式毕竟有所不同。在这种目标市场已经变化的情况下,产品的目标市场可以从年轻人转向中老年人市场,产品定位和品牌诉求也随之从追求爱情而转向满足人们重温当年美好回忆的怀旧情结,通过这种调整可望创造出新的发展机会。

(3)最终放弃的文化产品。这类产品一般是技术落后、产品同质化严重或短期流行的时髦产品,在该类产品退出市场的同时,应继续做好相关的后续服务和顾客关系管理,注重企业形象和主品牌形象的保护,因为与短期的销售收入和利润相比,品牌资产价值的不断提高关系到企业的长远发展,因而也更为重要。

7.3 文化产品的创新策略

7.3.1 创新思维与方法

这里所说的创新思维与方法,是指对事物具有独创性的思考和探索活动。主要表现在以下两个方面。

7.3.1.1 关联创新

关联创新是指突破原有的概念、规律等思维定式的限制,通过对所掌握的信息进行加工处理,从而发现事物之间的新联系。比如,将电脑数码技术运用于动画制作后,场面背景更为丰富精彩、人物形象更为生动逼真的三维动画就应运而生了。

7.3.1.2 发散创新

发散创新是指不遵循常规的思维方法,而是指从问题出发,沿着各种不同的途径去思考,探求多种答案。例如,以方法为发散点,设想运用多种方法的可能性;以材料为发散点,设想运用多种材料的可能性;以功能为发散点,设想获得此功能的各种可能性;以用途为发散点,设想它的多种用途等。集体发散思维又称为"头脑风暴法"。

7.3.2 文化产品的创新策略及决策过程

7.3.2.1 文化产品创新策略的基本类型

(1) 文化核心产品创新。文化核心产品创新是文化产品所提供的,满足人们需求的基本效用和利益的创新。也就是说,创新应当以一定的社会政治、经济、文化和生活方式发展所产生的新的需求为中心。例如,兼具思想性、文学性和艺术性的古典文学名著《西游记》四百多年来能家喻户晓、脍炙人口,这种永恒的魅力来自于作品的诉求与人类对正义、乐观、善良、真诚、勇敢和对通过不屈不挠的努力最终获得成功的情感需求相吻合。而根据《西游记》所塑造的人物改编的《大话西游》则具有明显的时代特征,大量娱乐性元素的加入,满足了激烈竞争的市场环境中人们放松心情、抒发情感的需求。再如,广东原创动力文化传播有限公司创作的系列电视动画片《喜羊羊与灰太狼》,片中塑造的每个卡通角色都有鲜明的个性特点,剧情简单但又富有哲理,风格轻松、诙谐幽默,同时又传递了勇敢、自信、乐观向上的精神。这部动画片在全国近 50 家电视台播出后不仅深受小朋友喜爱,而且在看着动画片长大的年轻人中也产生了很好的反响,这就为动画片进一步的形式创新造就了良好的市场氛围。

(2) 文化形式产品创新。文化形式产品创新是文化产品基本效用和利益得以实现的具体形式的创新。《喜羊羊与灰太狼》在系列电视动画片取得很好的市场反响的基础上进行了形式创新,将其搬上电影银幕,再次取得成功。文化形式产品创新可以丰富文化市场,满足具有不同欣赏习惯的消费者的需求,如《红色娘子军》先后出现了电影、芭蕾舞剧、京剧等多种形式,2009 年初又搬上合唱舞台,由《红色娘子军》等 11 首歌曲组成合唱组曲,在基本保留舞剧音乐全貌的基础上,改编者还借鉴了同名电影中的歌曲和音乐,使之更加丰富完整,为这部红色经典又增加了一种表现形式。艺术表现形式的多元化,有利于更好地满足人们对文化产品的需求。再如,随着科学技术的发展,新兴数字媒体不断出现,在改变着人们阅读习惯的同时也给出版方式的多元化提供了条件。出版社可以根据用户类型的不同而利用不同的载体发表内容,使出版产品的形式具有全方位的、个性化的、跨媒体的特点。

在当今全球经济、文化交流进一步扩大的形势下,作为一个具有五千年悠久文明和优秀传统文化的国度,我们既要深入挖掘祖国优秀传统文化艺术,坚持自己的文化特色，又要全面了解和掌握世界文化艺术潮流和表现形式，并充分运用现代科学技术发展的成果，从而创作出既具有中华民族特色，又彰显时代特色，从而赢得世界人民喜爱的文化产品。

（3）文化延伸产品创新。文化延伸产品创新是潜在文化产品赖以实现的主要形式。电影《指环王》票房的成功，为其延伸产品开发创造了条件，除电影中美丽的景色使新西兰成为旅游热点外，包括指环王系列玩具、电脑游戏和漫画等延伸产品也陆续进入市场。从我国的情况来看，中国对电影延伸产品的开发尚在起步阶段，意识非常薄弱。据巴曙松介绍，在电影票房一年达到70亿美元的美国，电影票房的份额仅占电影产业的7%，而延伸产品占到了73%。比如，《蜘蛛侠》的延伸产品开发收入达20多亿美元，远远超过了电影的票房收入。从这个角度来看，《蜘蛛侠》这部电影甚至只是其后续一系列延伸产品的"促销广告"。而中国每年的电影票房占整个电影产业的比例高达50%左右。巴曙松认为，电影延伸产品的价值是电影本身的2~3倍，要最大限度开掘电影的价值不仅仅是票房，还有延伸产品的开发。通过电影延伸产品创新，不仅能够提高电影本身的影响力，促进电影市场的更好发展，而且可以带动延伸产品相关行业的发展。

目前国内企业文化延伸产品创新开发的意识明显提高，如《喜羊羊与灰太狼》已经推出了漫画、文具、玩具、饰品和童装等系列产品。在官方网站上，可以看到"动漫火车"概念下的系列延伸产品发展思路，其商品授权包括儿童服饰、文具用品、休闲食品、洗护产品、家居用品、图书发行和网络游戏等。

7.3.2.2 文化产品创新的决策过程

文化产品创新的决策过程包括创意产生、创意筛选、概念发展和测试、营销战略分析、商业分析、产品开发、市场测试以及商品化分析八个阶段（见图7-12）。

第一步：创意产生。创意是文化产品创新的第一步，在创意产生阶段要结合市场潜在需求和科学技术发展的成果进行新产品构思。在通过对创意的新颖性、独特性进行初步判断之后，一部分创意被直接放弃，另一部分创意则进入下一阶段。

第二步：创意筛选。创意筛选是对创意方案进行甄别，进一步舍去与公司的内部资源能力和外部资源空间以及企业发展战略目标明显不相吻合的创意方案。

第三步：概念发展和测试。概念包括产品概念和品牌概念。产品概念使用对消费者有意义的指标来表达产品。关于文化产品概念的指标既包括抽象定性指标，如思想性、文学性、艺术性、娱乐性、群众性、时代性以及是否运用现代科学技术

7 文化市场营销的产品策略

```
创意产生 →是→ 创意筛选 →是→ 概念发展和测试 →是→ 营销战略分析 →是→ 商业分析 →是→ 产品开发 →是→ 市场测试 →是→ 商品化 →是→ 制定未来计划
         否      否           否              否            否        否(A)      否(B)
                                    放弃
```

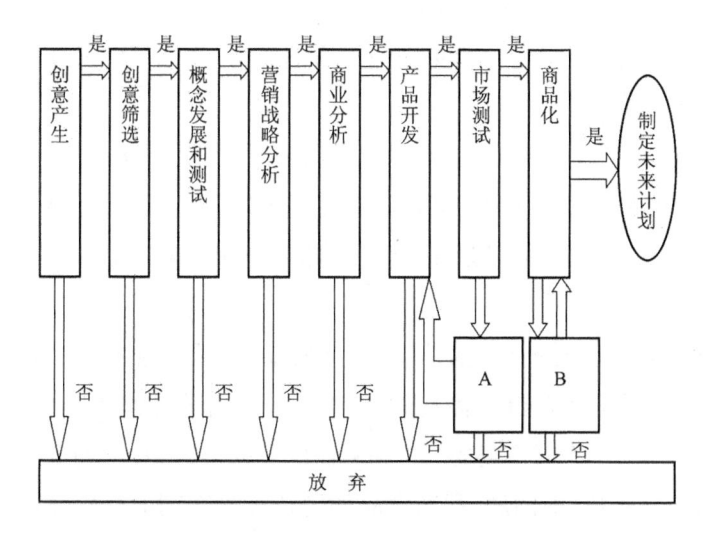

图7-12 文化产品创新决策过程①

成果等,又包括具体定量指标,如规格、质量、价格等;品牌概念是指企业通过对市场上现有品牌分布情况的全面分析,试图发现新产品的合理品牌定位,如果通过测试,存在有利的市场空间,就进入下一步的分析;否则,则放弃。

现代黑色幽默电影《疯狂的石头》票房的成功,首先是缘于其成功发现了市场空白和在此基础上进行的独特定位。一部投资不到300万元人民币的电影,能够在一部部汇集大制作、名导演、大明星的大片市场中脱颖而出,为观众所津津乐道,正是因为产品的概念独特且存在很好的市场基础。

第四步:营销战略分析。营销战略计划包括三个部分:第一,描述目标市场的特征,包括规模、人口统计特征、购买行为特点、产品的定位、销售量和市场份额等;第二,描述产品的计划价格、分销策略和营销传播组合及费用;第三,预测长期销售量和利润目标,并预测未来不同时期的营销组合。当企业对营销战略计划所预测的利润、成本、促销费用等感到满意时将进入商业分析阶段。

第五步:商业分析。商业分析阶段将对创新产品的预计总销量进行测算,并对未来若干时期的利润和成本进行复审,以进一步判断其是否符合企业发展目标、确定创新产品商业吸引力的大小。

第六步:产品开发。产品开发是开始将创意构思转化为技术上和商业上可行

---

① [美]菲利普·科特勒.营销管理[M].梅清豪,译.上海:上海人民出版社,2006:723.

· 193 ·

的产品的阶段。在这个阶段不仅要设计、制作满足基本功能要求的产品原型,而且要通过市场调研充分了解目标市场中消费者的需求,在此基础上开发的新产品将进入市场测试阶段。

第七步:市场测试。市场测试阶段的目的是为确定产品的品牌、包装和营销方案而在更可信的市场环境中对中间商和消费者的购买行为进行测试。如果测试结果不理想,则需要进一步研究能否对产品的特征进行调整(即图7-12中A的内容)。

第八步:商品化。在商品化阶段,企业要解决生产规模如何与市场需求量相匹配以及如何有效地运用营销传播工具的问题。新产品在市场中的成功有赖于"天时、地利、人和",对消费者市场的分析和测试的目的是"人和",而商品化阶段将进一步解决"天时、地利"的问题,即新产品如何选择最有利的时机并在最有潜力的市场中推出的问题。如果新产品的销售情况不符合预期,则需要考虑对营销方案进行调整(即图7-12中B的内容)。

案例7-2　　　　"微信红包"的"新"思考

在甲午马年春节里,一场手机红包热潮突袭全国,微信抢红包俨然成了拜年新时尚。微信红包实际上是由腾讯财付通公司推出的一个公众账号——新年红包。2014年1月10日研发团队开始着手开发,28日下午首次亮相于微信"我的银行卡"界面。微信用户关注该公众账号以后,就可以收发普通红包,或者拼手气抢群红包,而红包资金的转入与提现都是通过微信支付完成的。其中,"普通红包"玩法普通,即一对一发放红包,单个红包限额为200元。"拼手气群红包"则颠覆了普通玩法,用户可自行设定红包总金额及红包个数后发到微信群中,系统会随机生成不同金额的红包分给群里抢到红包的人。拼手气、抢红包、再显摆或吐槽,成为过年新的兴奋点。

小小微信红包,却凭借遵从人性的玩法创新,将新春礼俗变成了一场社交狂欢,"拼"出了一股现象级热潮。腾讯数据显示,农历除夕到正月初八这9天时间内,微信红包横扫全国34个省级行政区域,800多万用户共领取了4 000万个红包,总值4亿多元人民币带着新春祝福在手机里不停分发、流转。除夕当夜,微信红包用户量攀顶,达482万用户,零点前后流量峰值出现,达到瞬间峰值时,每分钟就有2.5万个红包被拆开。微信红包传达出的移动支付利好更强势推动腾讯股价一路高歌猛进,1月28日股价单日涨幅达 6.9%,市值总量直逼万亿大关。①

7.4 文化产品的品牌策略

7.4.1 品牌创建与经营

7.4.1.1 品牌创建

所谓品牌,是指能为拥有者带来溢价、产生增值的一种无形资产,它的载体是用以和其他竞争者的产品、劳务相区分的名称、术语、象征、记号、设计及其组合,增值的源泉来自于消费者心智中形成的关于其载体的印象。

品牌创建是指品牌定位、设计与传播的过程。品牌定位是品牌创建的开始,在这个阶段,企业首先应明确两个问题:第一,品牌的目标消费者是谁?第二,品牌可以给消费者带来什么利益?一个成功的品牌首先要实现目标顾客和顾客价值的差异化,而品牌定位的本质就是能为目标消费者带来有别于竞争者的独特利益,包括功能利益、情感利益和自我实现的利益。品牌设计是建立在品牌个性化定位基础上的一系列品牌识别符号的设计。品牌传播则是指品牌所有者通过各种传播手段持续地与目标受众交流,最优化地传递品牌价值的过程。在这个过程中,企业应整合各种传播手段,将自己的价值主张、品牌个性和承诺以最明确的、连续一致的方式进行传播。

美国著名营销专家莱利·莱特曾经说过:"未来的营销是品牌的战争。商界与投资者将认清品牌才是公司最宝贵的资产,拥有市场比拥有工厂重要得多,而拥有市场的唯一途径就是拥有具有市场优势的品牌。"

品牌对于企业的作用主要体现在四个方面:第一,强势品牌产生品牌溢价,这是消费者出于品牌偏好而愿意付出的,增加在产品之上的溢价,在一个不确定的市场中,可以起到降低企业长期经营风险的作用;第二,附着于品牌之上的顾客关系和专门资产而形成的品牌资产,可以给企业带来额外持续收益的经济资源;第三,强势品牌所具有的知名度、美誉度和顾客忠诚度有利于其产品的市场推广,不仅大

---

① 徐琦,宋祺灵."微信红包"的"新"思考——以微信"新年红包"为例,分析新媒体产品的成功要素[OL]. http://www.donews.com/media/201403/2721883.shtm. 2014-3-10.

大降低了新产品导入期的风险,而且也有助于产品在进入成长期和成熟期后能够占有更大的市场份额;第四,由于具有高的品牌忠诚度,消费者将对于竞争者所采取的营销组合策略,如降低价格、推出新产品等"视而不见",这种"品牌壁垒"效应,将会大大减轻在产品成熟期一些模仿者进入而对本企业产品市场造成的压力。

7.4.1.2 品牌经营

品牌经营包括品牌资产管理和品牌战略规划。所谓品牌资产是一种无形资产,是由附着于品牌之上的顾客关系和专门资产形成的可以给企业带来额外持续收益的经济资源。品牌资产管理就是通过提高品牌的认知度、美誉度和忠诚度,做好品牌专门资产保护,及时进行品牌重塑和化解品牌危机,不断提高品牌资产价值的管理过程;品牌战略规划的主要内容是品牌组合战略、品牌延伸战略和品牌的国际化战略。

(1)品牌组合战略。品牌组合战略是指企业内部品牌组合的结构,以及各品牌的范围、职责和相互关系。包括单一品牌战略、多品牌战略、主副品牌战略和联合品牌战略。

(2)品牌延伸战略。品牌延伸战略是指借助现有品牌的声誉,将现有品牌用于新产品。目的是减少新产品的市场风险和推广成本并获得更大的市场份额。

(3)品牌的国际化战略。品牌国际化战略是指将品牌向不同国家(地区)进行推广的战略。包括OEM(Original Equipment Manufacturing)战略、海外本土化和自创品牌战略。

7.4.2 文化产品品牌策略分析

7.4.2.1 文化产品品牌定位策略

(1)功能定位。功能定位是以文化产品独特的用途、优良的品质作为品牌诉求的内容,如一些专业性很强的行业报纸、杂志、影像制品、电视台新闻栏目、财经栏目等多采用功能定位。电视台财经栏目的主持人一般均具有相关的专业背景,有的本身就是专业人士,节目的内容也是紧紧围绕目标受众所关心的财经热点问题展开分析。例如,目标受众为政府领导、企业管理者、财经从业人员、证券投资者、财经学者等的《中国财经报道》,定位于"聚焦争议话题、解密市场玄机、关注重大变革、剖析典型案例",栏目坚持"财经的头条、清晰的叙述、睿智的点评、全新的思索"的风格,通过对财经现象进行客观公正、科学权威的深入解析满足目标受众的需求。再如,品牌诉求为"财富无处不在、行动成就梦想"的《致富经》栏目,定位于跟踪时代前沿的发展涉农经济的经验,报道老百姓关心的涉农经济环境,以百姓的视角解读他们身边的致富明星,以具有时代感的真实案例,使观众获得智慧的启迪和观念的更新。

(2)情感定位。情感定位是将人类情感中的爱、亲情、友谊、关怀、思念、怀旧和温暖等情感融入品牌,唤起消费者的情感共鸣,满足消费者的情感需求。例如,2000年春节晚会上,一首《常回家看看》深深打动了观众。这首定位于亲情的歌曲,不仅在"每逢佳节倍思亲"的除夕之夜唱出了父母儿女对亲情的渴望,而且也因为契合了农民工进城打工、学子异地求学因远离父母亲人而萌生的思乡之情而被广为传唱。在我国省级卫视频道中,江苏卫视从2003年下半年起就确定了情感特色定位,特色情感事件类节目《人间》、原创情感新闻《1860新闻眼》等节目与《情感剧场》一起构成了频道鲜明的情感特色。围绕频道品牌定位,2008年以来江苏卫视继续与国内制作机构积极寻求合作,为频道量身定做情感特色的电视剧。

(3)自我表现定位。自我表现定位是使品牌成为表达个人价值观、财富、个性、身份地位与审美品位的载体。瑞丽传媒集团旗下的系列期刊《瑞丽服饰美容》、《瑞丽伊人风尚》、《瑞丽时尚先锋》和《瑞丽家居设计》等,均定位于满足目标受众追求时尚风格、提高审美品位、展示自我个性方面的需求。比如,《瑞丽服饰美容》"让东方女孩具备国际化时尚";《瑞丽伊人风尚》"引领亚洲office lady打开国际视野,实现个人形象的国际化和内心的成熟与强大";《瑞丽时尚先锋》"创意你的时尚生活"和《瑞丽家居设计》"时尚实用的家居装扮手法"都体现出《瑞丽》"时尚+实用"的品牌价值主张。

7.4.2.2 文化产品品牌战略规划

(1)品牌组合战略。由于单一品牌战略、多品牌战略、主副品牌战略和联合品牌战略各有其优势和劣势(见图7-13),因此适用条件也有所不同,在文化产品品牌实施战略规划时应综合考虑自身特点和市场实际情况进行选择。

瑞丽传媒集团的系列期刊采用了主副品牌和多品牌结合的方式,对于主要面向女性读者群的四种期刊均冠以"瑞丽"商标,同时以"服饰美容"、"伊人风尚"、"时尚先锋"和"家居设计"突出各种分类期刊的个性化定位。而2009年3月推出的《男人风尚》则采用了单独的品牌,这种选择的好处在于,既避免造成主要面向女性读者群的主品牌"瑞丽"出现定位"模糊"的问题,同时又可以以"实用的时

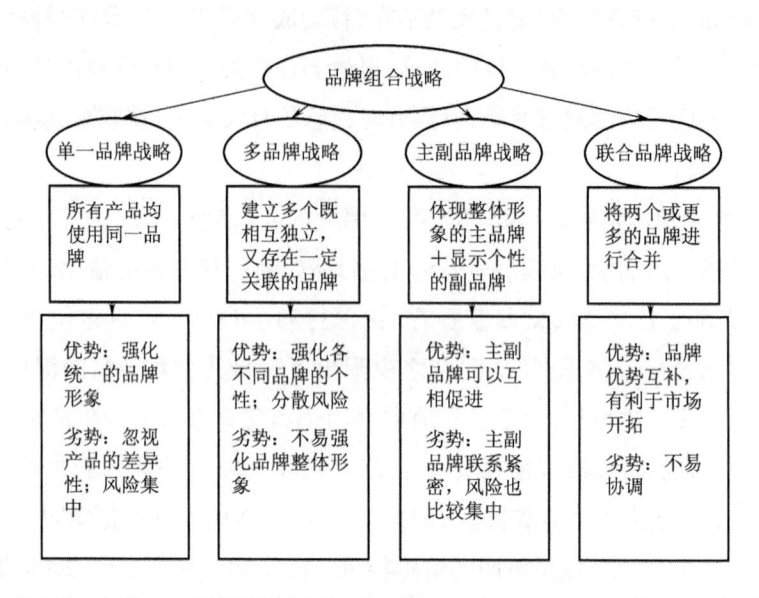

```
                                品牌组合战略
         ┌──────────────┬──────────────┬──────────────┐
    单一品牌战略      多品牌战略      主副品牌战略      联合品牌战略
    所有产品均      建立多个既      体现整体形      将两个或更
    使用同一品      相互独立，      象的主品牌      多的品牌进
    牌              又存在一定      +显示个性      行合并
                    关联的品牌      的副品牌

    优势：强化      优势：强化各    优势：主副      优势：品牌
    统一的品牌      不同品牌的个    品牌可以互      优势互补，
    形象            性；分散风险    相促进          有利于市场
                                                   开拓
    劣势：忽视      劣势：不易强    劣势：主副      劣势：不易
    产品的差异      化品牌整体形    品牌联系紧      协调
    性；风险集      象              密，风险也
    中                              比较集中
```

图 7-13　品牌组合战略

尚"的品牌诉求，对主品牌起到强化的作用。

（2）品牌延伸战略，包括线延伸和类别延伸（见图 7-14）。

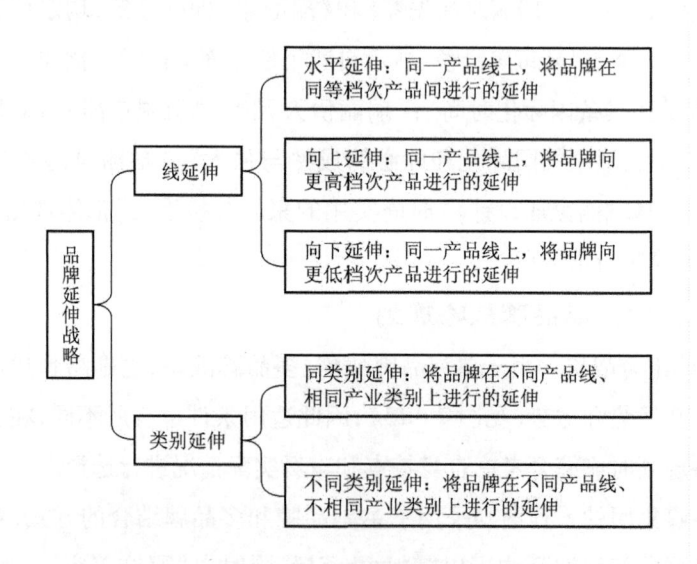

```
                          ┌─ 水平延伸：同一产品线上，将品牌在
                          │   同等档次产品间进行的延伸
                   线延伸 ├─ 向上延伸：同一产品线上，将品牌向
    品牌                  │   更高档次产品进行的延伸
    延伸                  └─ 向下延伸：同一产品线上，将品牌向
    战略                      更低档次产品进行的延伸
                          ┌─ 同类别延伸：将品牌在不同产品线、
                 类别延伸 │   相同产业类别上进行的延伸
                          └─ 不同类别延伸：将品牌在不同产品线、
                              不相同产业类别上进行的延伸
```

图 7-14　品牌延伸战略

在选择品牌延伸战略时，应综合考虑品牌定位和品牌强度。由于品牌定位是建立在品牌核心价值观基础上的，并通过品牌价值主张体现出来，因此，品牌延伸

应与其特有的功能价值、情感价值及自我表现价值相一致,否则将会对品牌构成损害。品牌强度包括品牌在同行业中的地位、品牌忠诚度和品牌的影响范围等因素。一个在同行业中具有较高知名度、美誉度和忠诚度的品牌,在进行品牌延伸方面的优势更为显著;同时,在通过品牌延伸进入新的产业和市场领域时,品牌的影响范围也是要重点考虑的因素。

(3)品牌国际化战略。其中,OEM方式是中小企业意在发挥自身生产能力和成本优势,迅速将产品推向国际市场时的一种战略选择,但这种形式存在不能进行自主创意、无法形成自有品牌的缺陷;在国际范围内进行品牌收购或合作进行"海外本土化"也是国际化战略的一种选择,这种方式可以使产品迅速进入国际市场,但通常品牌维护的难度较大。对于已经拥有在国内市场具有很强影响力和高附加值品牌的企业,应在此基础上进一步开拓海外市场,自创国际化品牌,提高我国文化产品的国际影响力和竞争力。

案例 7-3　　　　　乐视"生态殖民"[①]

"亚洲和北美市场是乐视重点布局的海外市场。"乐视网海外事业部副总裁莫翠天在接受《新经济》独家专访时谈道,乐视今年最重要的战略之一就是出海。

在每日都汇聚了大量人流和车流的广州东站商业圈内,若无人指路,相信很少有人可以找到藏身在高楼中的乐视 TV 超级电视体验店。与传统家电卖场的展厅不同,这间体验店并没有选在人流量较大的低层商业店铺内,而是隐藏在高层商业住宅之中。

走进这间体验店,若是没有"乐视 Letv 展厅"的字样,定然会以为闯进了别人的家中。一百多平方米的体验店被分为四个体验厅,分别展示了乐视 TV 旗下包括 Max70、X60、X50 Air、S40、S50 在内的多款超级电视产品。在体验的同时,还有旗舰店的工作人员在一旁详细介绍这些产品的硬件性能、软件界面以及操作方式等。

据了解,自去年以来,乐视已经先后在北京、上海、广州等地开设了超级电视旗舰体验店。而乐视 TV 超级电视旗舰店,极有可能将会在 2014 年下

[①] 宋爽劲.乐视"生态殖民"[J].新经济.2014 年 21 期.

半年落户香港,打响乐视进军海外的头炮。

莫翠天向《新经济》透露,目前乐视正计划启动全国范围内旗舰店的升级改造计划。负责旗舰店整体设计方案的设计公司,是在零售设计领域拥有丰富经验的国际一流设计公司。"若是整体设计方案出来后,符合海外市场发展的话,我们会尽快将其复制到海外去,香港是第一站。"

与此同时,乐视将于2014年9月开始,在全国范围内建设不同规模、不同功能的旗舰店。"按照目前的规划,这些旗舰店除了产品展示、销售、体验外,还将以用户为中心,并结合社区分享的概念,为乐迷提供一个聚会或跟工程师、产品经理交流分享的场所。"莫翠天介绍道。

当然在海外开设旗舰店只是终端落户海外的一方面,最终目的是将整个终端的商业模式复制到海外。"目前乐视这种以成本价销售终端,再捆绑服务费的销售模式在海外还是相当有吸引力的。"莫翠天说道。

自乐视在2012年宣布涉足电视终端领域,并组建乐视致新电子科技有限公司以来,乐视一直是以"颠覆者"的姿态,不断侵蚀传统电视厂商的市场份额。第三方数据调研机构奥维咨询(AVC)发布监测报告显示,2014年第一季度,乐视TV超级电视在全行业连续3个月保持线上销量排名第一。

另据中怡康上月底发布的监测报告,在中国家电市场持续低迷的大环境下,乐视TV超级电视的市场份额依旧保持高速增长,由2014年年初的不足2%增长至4月的4.48%。2014年4月单月销量超过15万台,环比增长了20%。截至今年4月,乐视TV超级电视的总销量已经超过了65万台,有望在年底达到150万台。

创维方面曾表示,以乐视为代表的非电视生产厂商进军电视领域,并采取了割喉式的价格战策略,虽然出货量并不高,但是,在市场和消费者群体中产生了严重的观望情绪,以至于家电厂商不得不通过价格战来夺回自己的市场,从而导致了公司财报的亏损。数据显示,去年创维电视在中国内地市场销售了860万台,在海外市场销售了275万台,均未达到预期。

而在拓展海外市场时,乐视依旧是抱着"颠覆一切"的态度。

"我们认为海外市场的成功并不是要卖出更多的产品,而是要把产品品质、用户体验以及服务这几块做到极致,只有这样才能够得到海外市场的认同。"莫翠天说,"为此,我们会采取每周更新升级一次电视系统的做法,来让海外的消费者切身体会到其实他们也是需要这种功能叠加、服务叠加的全新用户体验。"

据了解，目前乐视在国内市场除了推出 Max70、X60、X50 Air 高端产品系列外，也在此基础上研发出一些更加符合中国市场需要的 S40、S50 以及今年6月初推出的 S40 Air、S50 Air 等极具价格竞争力的产品，此外还有乐视盒子等。不过，在海外产品策略上，乐视并不会将目前国内的产品全数引入海外市场。

"很快在亚洲一两个地区就可以看到乐视的产品，而北美市场也正在洽谈中，相信在今年年底之前就能得到更进一步的消息。"莫翠天透露。

除了移植终端的商业模式外，乐视的海外战略还将围绕内容、平台、应用几大块展开，这意味着乐视整个拓展海外市场的最终目的是要将整个乐视生态移植到海外去。而在整个乐视生态系统中，内容无疑是十分重要的一环。

乐视除了继续在海外购买版权外，也将会加大自制剧在海外的发行。乐视网副董事长、COO 刘弘早前曾表示，网络剧的海外发行、海外输出是网络剧的一种商业模式，现在各大视频网站的自制内容处于投入阶段，收入来源要么是植入广告，要么是流量变现，这导致自制内容要创造成熟的商业模式必须依靠发行。"所以我们今年会重点建立海外的发行。建立起这个新的商业模式以后，我觉得自制剧才能走向成功，从投入产出、完整的商业模式看，也会促进自制剧大的发展。"

去年，乐视制作了近400集的自制剧，投入的资金只占到影视剧采购资金的10%左右，而今年投入的资金预计会增长20%，自制剧的产量也将扩大一倍，达到700~800集。莫翠天表示，目前自制剧在海外仍主要还是在乐视平台上播放，不过也得到香港、台湾等市场的高度认同，部分当地的付费电视台还计划引入乐视的自制剧。

也有分析指出，在新玩家不断进入、老玩家开打口水战的情况下，国内互联网电视市场竞争已日益白热化，同时国内用户普遍乐于使用免费视频服务，不少评论对于乐视捆绑年费进行销售的做法大加抨击。故此次进军香港与北美不仅是开拓市场的需要，也是跳脱争论的最好办法，当然，乐视最不能放弃的恐怕是海外优质用户的付费习惯并不像国内那样难以培养。

小 结

本章的主要内容是文化市场的产品策略分析。首先介绍了文化产品整体的基本概念、构成及其基本特征。文化产品是指一切能提供文化利益并满足消费者文化需求的产品的总称。根据"产品整体概念",产品整体的构成包含核心产品、有形产品和延伸产品三个层次。根据"产品整体概念",企业可以从核心产品、形式产品以及丰富多样的延伸产品中寻找产品在满足消费者需求方面的差异性,从而确立产品的独特定位并在此基础上制定企业的营销组合策略。核心文化产品是指文化产品的基本效用;有形产品即文化产品载体,是指核心文化产品为满足人们的利益而所需借助的具体形式;延伸文化产品包括文化服务、期望文化产品和潜在文化产品三个方面。文化产品整体与一般产品侧重于功能性利益所不同的是,相对于以功能性价值为核心的一般产品而言,文化产品的核心价值是文化价值。因此,文化产品必须通过所蕴涵的"文化"内容来满足人们的需求。在文化产品生命周期的测定、影响因素及相关的营销策略分析部分,根据消费者需求的变化,以市场为导向,有针对性地采取相应的产品策略。在介绍了产品生命周期理论的基础上,对文化产品生命周期影响因素进行了重点分析。成长型周期的形成是产品性能、用途、服务、品牌等功能利益和情感利益提升以及产品市场不断扩大的结果,而其根源在于"创新",包括核心产品、形式产品和延伸产品的创新。本章从文化产品的创新思维与创新决策过程两个方面阐述了文化产品的创新策略。"未来的营销是品牌的战争。商界与投资者将认清品牌才是公司最宝贵的资产,拥有市场比拥有工厂重要得多,而拥有市场的唯一途径就是拥有具有市场优势的品牌。"

本章还重点介绍了文化产品的品牌策略,包括品牌创建与品牌经营。品牌创建是指品牌定位、设计与传播的过程;品牌定位是品牌创建的起点,品牌定位的本质就是能为目标消费者带来有别于竞争者的独特的利益,而品牌设计是建立在品牌个性化定位基础上的一系列品牌识别符号的设计;品牌传播则是指品牌所有者通过各种传播手段持续地与目标受众交流,最优化地传递品牌价值的过程。在这个过程中,企业应整合各种传播手段,将自己的价值主张、品牌个性和承诺以最明确的、连续一致的方式进行传播。品牌经营则包括品牌资产管理和品牌战略规划。品牌资产管理是做好品牌专门资产保护、及时进行品牌重塑和化解品牌危机,不断提高品牌资产价值的管理过程;品牌战略规划的主要内容包括品牌组合战略、品牌延伸战略和品牌的国际化战略。因上述战略的适用条件不同,本章分析了各种战略的特点并结合具体案例阐述了在实施文化产品品牌战略规划时,应如何根据自身特点及其市场实际情况进行选择的问题。

思考题

1. 在文化产品生命周期的各个阶段,相应的营销策略是什么?
2. 文化产品创新策略包括哪些基本形式?
3. 为什么文化产品创新中要进行消费者市场测试?
4. 文化产品品牌战略规划包括哪些内容?
5. 文化产品品牌国际化的方式主要有哪些?

参考文献

1. [美]菲利普·科特勒. 营销管理[M]. 梅清豪. 上海:上海人民出版社,2006.
2. 曹珩,2008 年体育节目收视分析[J]. 收视中国 2009,4:9.
3. 王旭波,朱丽前. 常规节目抢滩娱乐"诺曼底"[J]. 收视中国 2009,1:21.
4. 王兰柱,未来:从受众出发寻求媒体价值[J]. 收视中国 2008,10:6.
5. 2007~2008 中国游戏出版产业年度报告[EB/OL]. http://blog.sina.com.cn/s/blog_4b0920d60100d6aq.html~type=v5_one&label=rela_prevarticle.
6. 顾颖华. 股市春风过后,财经节目机遇与挑战并存[J]. 收视中国 2008,12:5.
7. http://baike.baidu.com/view/752644.htm?fr=ala0_1_1
8. http://c.show160.com/8965
9. 余伟萍. 品牌管理[M]. 北京:清华大学出版社,北京交通大学出版社,2007.
10. 黄静. 品牌管理[M]. 武汉:武汉大学出版社 2005,2007.
11. 李颖生. 中国文化产业经典案例分析[M]. 河南:河南文艺出版,2007.
12. http://www.ccn.com.cn/news/yaowen/2006/0419/76052.html
13. http://c.show160.com/8965
14. http://www.rayli.com.cn/

15. 柳思维. 营销战略管理[M]. 四川:西南财经大学出版社,2009.

16. [英]格雷厄姆·胡利. 营销战略与竞争定位[M]. 北京:中国人民大学出版社,2007.

17. [美]凯勒. 战略品牌管理[M]. 北京:中国人民大学出版社,2009.

18. 周志民. 品牌管理[M]. 天津:南开大学出版社,2008.

19. 余明阳,姜炜. 品牌管理学[M]. 上海:复旦大学出版社,2006.

8 文化市场营销的价格策略

文化产品价格既是文化产品价值的货币表现,又是文化市场供求关系及其运行机制的调节杠杆,因而是文化市场营销组合中的重要因素之一。在文化产品市场化的背景下,文化产品价格直接影响着文化消费者的购买行为、竞争对手的竞争举措以及文化企业的生存与发展。所以,文化产品有效营销的前提之一是科学、正确地进行文化产品的价格决策,才能实现既定的营销目标。

8.1 影响文化产品价格的主要因素

8.1.1 产品成本

在市场机制下,文化产品的生产活动是受价格机制调节的。文化产品的产品成本是文化产品定价的基本依据。一般来说,产品的销售价格必须高于其生产成本与流通费用的总和,即产品成本,即产品成本构成了文化产品价格的下限。具体而言,产品成本由固定成本和可变成本构成。

8.1.1.1 固定成本

固定成本是指在既定生产经营规模范围内不随产品产量变化而变动的成本费用,如版权许可费用、设备折旧和场地租金等。

8.1.1.2 可变成本

可变成本是指随着产品产量变化而变动的成本费用,如原材料费用、员工工资、劳务费用及销售税金等支出。

文化产品的总成本是固定成本与可变成本之和;文化产品的平均成本是总成本与总产量之比。

产品的定价必须首先确保总成本得以补偿,这就要求文化产品价格不能低于平均成本,否则,生产企业将出现亏损,无法维持简单再生产,更无力扩大再生产。文化企业的盈亏平衡点在于价格补偿平均可变成本之后的余额等于全部的固定成本。因此,文化产品的定价即要考虑总成本因素,也要考虑成本构成因素。

8.1.2 市场需求状况

市场需求状况是文化产品定价的重要依据。通常而言,价格与需求呈反方向变动,即价格升高,需求会减少;价格下降,需求会增加。市场需求的特性通常用需求价格弹性来测定。所谓需求价格弹性是指价格的变动对市场需求量变动的影响。它通常以需求变动的百分比与价格变动的百分比之间的比值来表示:

$$E_d = \frac{\Delta Q/Q}{\Delta P/P}$$

式中:E_d 为弹性系数,Q 和 ΔQ 分别为需求量与需求量的变动量;P 和 ΔP 分别为价格与价格的变动量。由于价格的变动方向往往与需求的变动方向相反,因此,为了使弹性系数为正值,一般在前面加上一个负号。

根据需求理论,当价格变动为 1% 时引起需求量的变动大于 1%,则需求价格弹性大于 1,此时称之为富有弹性。对于富有弹性的商品,降价可增加销售总收入,提价则会减少销售总收入。反之,当价格变动 1% 时引起需求量的变动小于 1%,则需求价格弹性小于 1,此时称之为缺乏弹性。对于缺乏弹性的商品,提价可增加销售总收入,降价则会减少销售总收入。

就文化产品而言,不同的产品类型其需求价格弹性不同。首先,文化产品的性质决定了其不同的弹性。必需品的弹性较小,如学生的教科书通常缺乏弹性;奢侈品的弹性较大,如高档艺术品通常富有弹性。其次,不同文化产品的可替代性也决定了其不同的价格弹性。如果产品具有较高的替代性,如去影院看电影与在电视上或网络上观看之间存在较强的替代性,因此富有弹性;看电视相对而言替代性较低,因此缺乏弹性。此外,文化产品的支出占消费者总支出的比例也决定了其弹性的大小。通常而言,文化产品的支出如果占消费者总支出的比例较小,如报纸、电视,其需求价格弹性就较低;反之,文化产品的支出如果占消费者总支出的比例较大,如看演唱会、购买高档艺术品等,其需求价格弹性就较高。

对于需求弹性大的文化产品,可以采取"薄利多销"的营销策略,此时降价能给经营者带来更多的收益;对于需求弹性小的文化产品,则不宜采用降价销售的方式。

案例 8-1　　　　　报纸为什么涨价？[①]

今年以来,有几家报纸进行了涨价,如《环球时报》零售价从 1.2 元涨至 1.5 元,《华夏时报》和《中国经营报》也从 3 元涨到 5 元。而且,香港的《星岛日报》《明报》《经济日报》也纷纷加入涨价的行列。记得早在 2008 年,由于新闻纸的提价,全国几乎所有的纸媒都进行了提价。今年的报纸涨价是否也会如 2008 年一样成为普遍现象? 报纸涨价的背后又有着怎样的逻辑和实质呢?

报纸为什么涨价?

报纸涨价的原因很简单,就是生产报纸的成本增加。其中,原材料——新闻纸价格的提高是报纸涨价的直接原因。这也就是我们说的印刷成本,再加上人工成本及房租成本的增加等,使报纸的生产成本远远大于其销售价格。从印刷成本看,我国新闻纸的价格经过了几次大的震荡,表现突出的年份主要是 1988 年、1995 年、2004 年和 2008 年。在 1995 年,由于各地报纸扩版,纸张供应紧张,新闻纸价格由年初的 4 000~4 200 元/吨,一路狂升到 6 000~6 500 元,最高时市场价格达 7 500 元/吨。而最近一次涨价是,从 2007 年第四季度开始,2008 年就进行了 3 次提价,价格从 2007 年的 4 400 元/吨,涨到 6 000 元/吨。从人工成本及房租成本看,近几年也都是成倍的增长,特别是房租成本。

但凡事都有个例外,除了由于成本增加导致报纸价格上涨外,还有些报纸为了提高报纸的品牌,进行差异化竞争也会使订价高于同类的报纸。笔者认为,当年《南方都市报》率先由 1 元提高到 2 元,考量的应该不仅仅是成本的问题。

报纸应该涨价吗

这似乎是一个不应该问同时也不必回答的问题,因为答案是肯定的。但果真这样吗?

[①] 孙清岩. 报纸为什么涨价 [N]. 证券时报. 2013-6-15.

在2007年某报业集团的印刷和发行成本加起来为1.5元,而当时一份报纸才卖到0.5元,后来提高到1元也仍然没有达到这两项的成本。更要命的是,有些报纸涨价后,其市场占有率或销量会骤然下降,相对应的广告收入也随之下降。在2007年上半年,《南方都市报》在深圳市场占2/3以上的份额,基本处于垄断地位。在11月份价格由1元提高到2元后,《南方都市报》的市场份额下降到26.81%,《晶报》上升到25.14%,《深圳晚报》为14.07%,《深圳特区报》为16.44%,三报之和已明显大于《南方都市报》。

报纸不是一个普通的产品,它是可以二次售卖甚至三次售卖的产品,第一次卖的是内容,第二次卖的是广告,第三次卖衍生品。但国内报纸主要是卖前两种,只有报纸很有名,并开发出相关的衍生品时才会出现第3次销售。由于现在的报纸几乎都是以广告为收入主要来源,这也是纸媒的主要盈利模式,所以几乎所有的报纸都是"赔发行,赚广告",而市场中出现的免费报则直接就是卖广告。在这种情况下,大多数报纸不涨价就成为了一个理性选择。可为什么有的报纸还要寻求涨价呢?这也就产生了另外一个问题——是不是所有的报纸都不能涨价?

报纸应该如何涨价

为什么有的报纸会选择涨价,而且涨价并没有影响到发行和广告收入,而有的报纸在涨价后会立刻影响到发行及广告收入呢?

报纸的类型不同,选择价格的策略也会不同。我们可以把报纸简单分成这么几类:第一类是党报;第二类是都市报;第三类是专业类报纸。这三类报纸中,最不应该涨价的就是党报,其次是都市类报纸,而专业类报纸则可以适时涨价。比如这次涨价中,都是专业类报纸。《环球时报》是时事新闻类报纸,与之匹敌的只有《参考消息》,但两者的风格又不一样,一个是以内部声音为主,一个是以外部声音为主。而《华夏时报》和《中国经营报》则是财经类报纸,而且是周报,这些报纸的价格上调不会影响到这类报纸的发行量,或者影响很小。原因是这类报纸的替代性很小,特别是新媒体对其冲击不是很大,因为其深度和专业性正好与新媒体形成了差异化竞争。

涨价的时机选择对于涨价后的影响是至关重要的,时机选择得好,涨价后一般不会影响到报纸的发行和订阅;相反,则会有很大的影响。笔者认为在消费物价指数持续走高时、在征订期到来之前几个月以及重大事件发生前都可以作为涨价的良好时机。

而报纸涨价的幅度则是个技术问题，更是一个难题。价格幅度选择得好，对报纸的发行影响就小，对收入则会起到正的效果，相反选择不当则会直接影响到收入，从而给报社带来巨大影响，当年《新民晚报》就是一个很好的例子。理论上，报纸需求弹性可以分为报纸需求的价格弹性、报纸需求的收入弹性以及报纸需求的交叉弹性。报纸需求的价格弹性，指报纸价格变动对报纸需求变动的影响程度，一般用价格弹性系数来表示，也就是价格每变动1%时需求变动的百分比。如果弹性系数大于1，则说明报纸需求富于价格弹性，小于1则说明缺乏价格弹性。研究表明，我国的大多数报纸其价格弹性系数是小于1的。一般来说我们把价格弹性系数等于或接近1的看作是可以替代类的报纸，这种对价格高度敏感的报纸最好不要涨价；价格弹性系数介于0.9~0.6的可以看作是准替代类报纸，对于涨价要慎行或缓行；价格弹性系数在0.5以下的可看作是不可替代类报纸，可以适时适当提高价格。

报纸需求，除受价格弹性影响外还受到不同程度的收入弹性以及交叉弹性的影响。收入弹性是指收入变动对报纸需求变动的影响程度，而交叉弹性则是指相关报纸的价格变动对本报纸需求变动的影响程度。

另外涨价的幅度还要考虑报纸的有效发行量，同时还要对这张报纸的消费人群进行分析，甚至还要考虑读者的心理承受能力等。

报纸涨价的背后

笔者认为，报纸涨价的背后，其实是传统纸媒在新媒体的冲击下应该如何发展的问题。传统媒体的危机感在互联网出现后就产生了，但直到近10年才真正成为一个问题，更确切说是直到近几年，才把这一问题提到议事日程上。

笔者认为，报纸作为内容产业，首先，应该做的是把自己的内容做好，提高报纸的质量，把可读性和权威性有机结合好；其次，要探讨研究与新媒体的关系，如何做到报网互动、报网融合，使报纸和网络具有差异化，定位于消费者；再次，就是增强对报业集团内部的科学管理，降低管理成本，同时有效地利用资本市场;此外还要利用纸媒的天然优势,在大数据时代,创造出更多的有效需求,当然这都需要智慧和时间。

8.1.3 企业经营目标

通常,企业都是以利润最大化为目标,产品价格是关系到能否实现经营目标的直接因素。一般情况下,企业会依据企业自身发展的长期目标与短期目标实施定价。通常,影响企业定价的目标因素有以下四种。

8.1.3.1 维持生存

如果企业产能过剩,或面临激烈竞争,或试图改变消费者需求,则需要把维持生存作为主要目标。为了确保工厂继续开工和使存货出手,企业必须制定较低的价格,并希望市场是价格敏感型的。利润比起生存来要次要得多,许多企业通过大规模的价格折扣,保持企业的正常运行。只要其价格能弥补可变成本和一些固定成本,企业的生存便可得以维持。

8.1.3.2 当期利润最大化

有些企业希望制定一个能使当期利润最大化的价格。他们估计需求和成本,并据此选择一种价格,使之能产生最大的当期利润、现金流量或投资报酬率。假定企业对其产品的需求函数和成本函数有充分的了解,则借助需求函数和成本函数便可制定确保当期利润最大化的价格。

8.1.3.3 市场占有率最大化

有些企业想通过定价来取得控制市场的地位,实现市场占有率的最大化。因为,企业确信赢得最高的市场占有率之后将享有最低的成本和最高的长期利润,所以,企业以制定尽可能低的价格来追求市场占有率的领先地位,企业也可能追求某一特定的市场占有率。例如,企业计划在一年内将其市场占有率从10%提高到15%。为实现这一目标,企业就要制定相应的市场营销计划和价格决策。当具备下述条件之一时,企业就可考虑通过低价来实现市场占有率的提高:一是市场对价格高度敏感,因此,低价能刺激需求的迅速增长;二是生产与分销的单位成本会随着生产经验的积累而下降;三是低价能吓退现有的和潜在的竞争者。

8.1.3.4 产品质量最优化

企业也可以考虑产品质量领先这样的目标,并在生产和市场营销过程中始终贯彻产品质量最优化的指导思想。这就要求用高价格来弥补高质量和研究开发的高成本。产品优质优价的同时，还应辅以相应的优质服务。

8.1.4 市场竞争格局

文化产业的市场竞争格局直接影响到文化产品的价格。市场竞争按其程度可分为完全竞争、垄断竞争、寡头垄断和完全垄断四类。目前在我国文化市场上，各种竞争形态兼具，因此，针对不同的竞争形态要实施不同的价格策略。通常而言，传统工艺制品等市场进入门槛较低的行业比较接近于完全竞争的形态；演出行业、电视剧生产行业比较接近于垄断竞争的形态；报业、电影制片则接近于寡头垄断；旅游景点则属于完全垄断形态。

在完全垄断的竞争形态下，企业制定价格的自主权较大，而在其他竞争形态下，企业在制定价格时要充分考虑竞争对手的产品和价格，否则容易爆发价格战，对行业的健康发展造成损害。

8.1.5 政府价格管制

由于文化产业具有较强的公共属性，尤其是涉及广播、电视、报纸等具有宣传功能的行业，其产品作为一种社会公器，将对社会的道德风尚、法规体系起到重要的引导和监督作用，因此具有较强的公益性。在这种情况下，企业就不能以利润最大化作为经营的唯一目标，而要考虑到社会影响和民众的消费承受能力。在这种情况下，政府要对这类公益性产品的价格实施管制措施，防止企业因追逐利益而损害其公益性的特征。

对于旅游景点等垄断性行业，政府也要防止其利用垄断地位牟取垄断利润，因此要对其价格进行监管，价格听证是针对这类行业重要的监管制度。

此外，政府的价格干预还涉及另一类价格保护措施。例如，政府为扶持某行业的发展而规定该行业产品的最低限价，以鼓励和支持该行业企业扩大生产，并防止新兴企业间的恶性竞争，如软件产品的价格。

案例8－2　中国电影票价真的很高吗？[①]

中国电影票价真的很高吗？关于这个话题的争议由来已久。2012年

---

① 许亚群.电影票价：改革探索依然在路上[N].中国文化报.2014－8－21.

两会期间，包括张艺谋、冯小刚等在内的 6 位全国政协委员曾联名提案，强烈呼吁电影票降价。近日又有业内人士表示，中国当前的电影票房高增长"神话"很大程度上是由高票价支撑，一旦票价下降，票房增长"神话"将难以为继。然而，认为当下电影票价已趋于合理的也大有人在。多家院线公司表示，2011 年至今，国内电影票均价已稳定在 30~40 元，这是一个观众普遍易于接受的价格。

对中国电影票价市场化改革的探索，早在 20 世纪 90 年代末就已经开始。2000 年 11 月，成都市峨眉电影发行公司旗下 11 家影院率先推出了 5 元票价。据四川省峨眉院线董事长兼总经理申书凤回忆，当年 5 元票价的尝试带来了前所未有的繁荣观影景象。影院人气在短期内迅速集聚，影厅一下子从大量闲置变成了场场爆满。与峨影公司有着竞争关系的西南影业公司旗下电影院也随之降价，并引发了全国关注。"那时我们就感觉，灵活定价对于促进影视产业的发展具有很大作用。"申书凤说。然而仅仅过了不到一个月，这种被认为是违背影视产业发展规律的行为就在社会各界的压力下停止了，但坚持低价却成为了峨眉院线延续至今的习惯。"2000 年的探索，只是首次打破了片方在定价方面一家独大的局面。但现在从事实来看，决定票价的话语权主要还在片方那里。"申书凤说。

时光流转，2008 年后，呼吁电影票降价的声音越来越大。2012 年，广电总局拟出台"电影票限价令"，以改变内地电影票价偏高的状况。然而这一政策还未出台，就经历了多方质疑。其中，最为强烈的呼声来自片方。他们一致表示："政府不应该干预市场行为。"而部分观众竟然也表达了不满。因为当时政策拟让各地分别制定电影票指导价格，其中会员票、团体票不低于影院挂牌价格的 70%，以此降低影片的挂牌价，而观众可以通过团购等手段买到低于挂牌价的票。但限价令一出，团购等手段势必不再有效，观众花的钱反而更多了。"事实上归根结底，还是片方的利益不可撼动。政策只在表面的挂牌价格上做文章，收效显然不大。"一位业内人士表示。这项政策最终未能出台。

在学界，以平均票价占国民人均月收入的比例作为衡量标准来同欧美国家比较，是证明我国电影票价偏高的证据。虽然这种观点存在一定片面性，但当前我国电影产业缺乏灵活的票价定价机制已经基本成为社会各界的共识。"近年我国各大院线正在逐步探索分时段、分场次区别对待的阶梯票价改革。只是目前缺乏统一的标准。"星美传媒西南区总经理彭云表示。饶曙光则认为，包括片方出台的最低票价限价手段在内，都具有当下发展阶段"不得已而为之"的色彩。在未来，更加灵活、适应市场需求的定价机制必将出现。"票价所产生的争端，间接表明了当前我国电影产业发展处于初级阶段。随着电影市场逐渐成熟，这些纷争自然会偃旗息鼓。"饶曙光说。

8.2 文化产品的定价决策程序

文化企业在进行定价时应当依据其确立的经营目标采用相应的产品定价方法，然后依据定价策略对产品基本价格进行适当的调整。定价决策程序通常分为六个步骤：考察定价环境、确定定价目标、选择定价策略、选择定价方法、确定产品价格和调整产品价格。

8.2.1 考察定价环境

文化企业定价环境包括定价的市场环境与定价的政策环境。

文化企业定价的市场环境是指企业决策中，由市场引起的不可控因素和力量。这些因素与文化企业定价密切相关，并制约着企业定价决策。市场环境包括宏观和微观环境。通常来说，如果文化企业处于完全竞争的市场环境中，则文化产品的价格完全由市场决定；如果文化企业处于完全垄断的市场环境中，则企业可在很大程度上控制市场价格；如果文化企业处于垄断竞争的市场环境中，则企业的定价可在均衡价格的基础上有一定的自由度；如果文化企业处于寡头垄断的环境中，则企业有一定的定价权，但在很大程度上受到竞争对手的牵制。

文化企业定价的政策环境是指文化产品是否具有较强的公益性或垄断性，对于此类文化产品，政府会对其定价行为进行监管。此外，有些文化产品属于政府扶植发展的产业，其定价受到一定程度的政策保护。

8.2.2 确定定价目标

在确定本企业所处的定价环境之后，企业应根据经营的总体发展战略，确定企业的定价目标，即确定企业的当前定价行为是为了实现短期的利润最大化，还是为了扩大企业市场份额,抑或维持企业的生存目标。一般来说,当文化企业在市场竞争中处于绝对有利的地位时,可以推行当前利润最大化的经营目标,相应采取高价的策略;当企业要扩大市场份额时,则通常应放弃部分短期利润而降低价格,从而扩大市场份额;当企业处于产品生产力过剩、生产经营成本过高或市场竞争非常激烈的情况下,为了保证企业的生存目标,通常采用保本定价,即通过价格折扣大批量地推销产品,以减少亏损。

8.2.3 选择定价策略

企业定价策略是指企业为实现战略总目标和企业定价目标所采取的具体行动。由于文化产品属于精神领域的消费品,而非物质领域的生活必需品,因此,根据产品的特点、消费的心理以及市场环境及其他变化趋势等因素,综合利用种种定价策略对基本价格进行调整,才能够更多地吸引消费者。企业的定价策略主要包括新产品定价策略、心理定价策略、折扣定价策略、竞争定价策略和阶段定价策略。

8.2.4 选择定价方法

企业定价方法是企业根据对产品成本、利润、产量、质量、供求及竞争等一系列因素的考察,在定价目标的指导下,对产品价格进行计算的具体方法,主要包括成本导向定价法、需求导向定价法和竞争导向定价法。由于文化产品涉及的门类多样,因此,不同的产品应据其实际情况选择恰当的定价方法。

8.2.5 确定产品价格

确定产品价格是产品价格决策过程的结果,是将综合考察定价环境、定价目标、定价策略和定价方法后付诸实施的最终结果。

8.2.6 调整产品价格

在产品销售价格实现过程中,企业应根据市场环境的变化及时调整价格,促进和扩大销售,提高竞争能力,增加经济效益。

8.3 文化产品的定价方法

文化企业应当根据其确立的经营目标采用相应的产品定价方法,然后依据定价策略对产品的基本价格进行适当的调整。文化产品的价格主要是由产品成本、市场需求和竞争状况等因素决定的。因此,文化产品通常的定价方法包括三类:成本导向定价法、需求导向定价法和竞争导向定价法。

8.3.1 成本导向定价法

以产品单位成本为基本依据,再加上预期利润确定价格的成本导向定价法,是企业最常用、最基本的定价方法。

8.3.1.1 总成本加成定价法

运用总成本加成定价法,是把所有为生产某种产品而发生的耗费均计入成本的范围,计算单位产品的变动成本,合理分摊相应的固定成本,再按一定的目标利润率决定价格。其计算公式为:

$$单位产品价格 = 单位产品总成本 \times (1 + 目标利润率)$$

采用成本加成定价法,确定合理的成本利润率是一个关键问题,而成本利润率的确定必须考虑市场环境、行业特点等多种因素。

总成本加成定价法的优点在于简化了定价工作,在市场需求和竞争状况相对稳定的情况下,可使企业获得预期利润。但这种方法忽略了市场竞争与消费需求因素的影响,难以应对市场竞争的发展变化。

8.3.1.2 目标收益定价法

目标收益定价法又称投资收益率定价法,是根据企业的投资总额、预期销量和投资回收期等因素确定价格。其计算公式为:

$$产品价格 = 产品总成本 \times (1 + 收益率) \div 产品销售量$$

目标收益定价法适用于产品具有垄断性或占有较大市场份额的文化企业。例如,有线电视收视费、宽带上网月租费等等。这类文化企业一般初始投资很大,具有较高的沉没成本,业务属于垄断性,是自然垄断性产业。自然垄断性产品通常与居民日常生活或社会公共利益密切相关,需求价格弹性非常低。为了保证这类企业获得稳定的收益,政府通常允许它们采用这种定价方法,通过投资收益率指标防止其利用垄断地位随意定价。

8.3.1.3 边际成本定价法

边际成本是指每增加或减少单位产品所引起的总成本的变化量。由于边际成本与变动成本比较接近,而变动成本的计算更容易一些,所以在定价实务中多用变动成本代替边际成本,而将边际成本定价法称为变动成本定价法。

采用边际成本定价法时是以单位产品变动成本作为定价依据和可接受价格的最低界限。在价格高于变动成本的情况下,企业出售产品的收入除完全补偿变动成本外,尚可用来补偿一部分固定成本,甚至可能提供利润。

不少文化企业都具有初始成本高、边际成本低的特点。例如,有线电视网络的铺设具有较高的初始成本,但每增加一个频道的传输所新增的成本几乎为零,因此,有线电视的新增频道通常并不向用户多收取费用。

8.3.1.4　盈亏平衡定价法

在销量既定的条件下,企业产品的价格必须达到一定的水平才能盈亏平衡、收支相抵。既定的销量就称为盈亏平衡点,这种制定价格的方法就称为盈亏平衡定价法。科学地预测销量和已知固定成本、变动成本是盈亏平衡定价的前提。

在此方法下,为了确定价格可利用如下公式:

$$盈亏平衡点价格(P) = 固定总成本(TFC) \div 销量(Q) + 单位变动成本(AVC)$$

以盈亏平衡点确定价格只能使企业的生产耗费得以补偿,而不能得到收益。因此,实际上均将盈亏平衡点价格作为价格的最低限度,通常再加上单位产品目标利润后才作为实际的市场价格。有时,为了开展价格竞争或应付供过于求的市场格局,企业会采用这种定价方法,以取得市场竞争的主动权。

8.3.2　需求导向定价法

根据市场需求状况和消费者对产品的感觉差异来确定价格的方法称为需求导向定价法,又称"市场导向定价法"或"顾客导向定价法"。

8.3.2.1　细分需求定价法

细分需求定价法是以满足消费者需求层次和强度的差异性为定价依据的。这种定价方法的基本思路就是根据营销对象、销售地点、销售时间的不同,以及供求关系发生变化所导致的需求强度的差异,依据基本价格而确定不同的差价。

对于文化产品而言,由于职业、年龄、阶层、消费行为方式等原因,顾客对文化产品会有不同层次的需求,文化企业定价时可采取优惠价或浮动价格策略。例如,学生与一般消费者有差异,儿童与成年人有差异,团体与个人有差异等等。

此外,对于空间消费差异较大的文化产品,应根据不同的位置实施不同的价格。例如,影院、剧场、体育场馆等,观众在不同的位置其对应的价格应有所不同。

对于具有明显季节性和时段性的文化产品也应制定相应的差价。例如,淡季价和旺季价,工作日价与周末价,日场价与夜场价,黄金时段价与一般时段价。

这种依据不同的消费对象、不同的时间和不同的空间制定价格的行为是一种价格歧视行为。价格歧视行为要有效实施必须具备三个条件:一是营销者要有效区分不同类型的消费者;二是消费者的需求价格弹性要有所不同;三是市场能有效隔离,防止市场转卖行为。

8.3.2.2 理解价值定价法

所谓"理解价值",也称"感受价值"、"认知价值",是指消费者对某种产品价值的主观评判。理解价值定价法是指企业以消费者对产品价值的理解度为定价依据,运用各种营销策略和手段,影响消费者对产品价值的认知,形成对企业有利的价值观念,再根据产品在消费者心目中的价值来制定价格。

理解价值定价法的关键和难点,是准确测定消费者对有关产品的价值理解。文化产品在消费者心目中的理解价值主要取决于产品能给消费者带来的利益,这种利益可以是经济上的,也可以是心理上的。如交响乐、足球比赛的观赏价值给消费者带来的是心理上的利益,艺术品收藏可以给消费者带来经济上的利益。因此,文化企业要确立好产品的市场定位,突出产品独一无二的特征,促使消费者感到购买该产品能获得更多的利益,从而提高其他接受产品的心理价格限度。

8.3.3 竞争导向定价法

8.3.3.1 随行就市定价法

在垄断竞争和完全竞争的市场结构条件下,任何一家企业都无法凭借自己的实力而在市场上取得绝对的优势,为了避免竞争特别是价格竞争带来的损失,大多数企业都采用随行就市定价法,即将本企业某产品价格保持在市场平均价格的水平上,利用这样的价格来获得平均报酬。此外,采用随行就市定价法,企业就不必全面了解消费者对不同价差的反应,从而为营销、定价人员节约了很多时间。

8.3.3.2 产品差别定价法

产品差别定价法是指企业通过不同的营销努力,使同种同质的产品在消费者心目中树立起不同的产品形象,进而根据自身特点,选取低于或高于竞争者的价格作为本企业产品的价格。因此,产品差别定价法是一种进攻性的定价方法。

这种定价方法首先要将市场上的竞争价格与企业估算价格进行比较,分为高于、等于和低于三个层次;然后,将本企业产品的性能、质量、成本及销量等因素与竞争对手进行比较,再根据上述综合指标确定企业产品的特色、优势及市场地位,并据此确定产品价格。价格确定之后,还要及时搜集竞争产品的价格状况资料,寻求时机推出较大幅度的降价或提价措施。这样就会迫使竞争对手随之调价,从而使企业始终处于市场竞争的有利地位。

8.3.3.3 密封投标定价法

在国内外,许多大宗商品、原材料、成套设备和建筑工程项目的买卖和承包以及征招经营协作单位、出租出售小型企业等,往往采用发包人招标、承包人投标的方式选择承包者,确定最终承包价格。一般说来,招标方只有一个,处于相对垄断地位,而投标方有多个,处于相互竞争地位。标的物的价格由参与投标的各个企业在相互独立的条件下来确定。这样一种竞争性的定价方法就称为密封投标定价法。在文化市场中,电视台广告时段的招标就是典型的密封投票定价法。央视历年的广告"标王"见表8-1。

表8-1 央视历年"标王"一览表

年份	金额(万元)	公司(产品)
2008	37 382	伊利
2007	42 000	宝洁
2006	39 400	宝洁
2005	38 515	宝洁
2004	31 000	蒙牛乳业
2003	10 889	熊猫手机
2002	2 015	娃哈哈
2001	2 211	娃哈哈
2000	12 600	步步高
1999	15 900	步步高
1998	21 000	爱多VCD
1997	32 000	秦池酒
1996	6 666	秦池酒
1995	3 079	孔府宴酒

8.4 文化产品的定价策略

企业定价策略是指企业为实现企业定价目标,根据市场中影响产品价格的不同因素,在制定价格时灵活采取的各种定价手段和定价技巧。对于文化企业而言,应根据产品特点、消费心理、市场环境及其变化趋势等因素,运用各种定价策略对基本价格进行调整,以利于实现企业的经营目标。

8.4.1 新产品定价策略

新产品定价关系到新产品能否顺利进入市场,企业能否站稳脚跟、能否取得较大的经济效益。常见的新产品定价策略主要有三种,即取脂定价策略、渗透定价策略和满意定价策略。

8.4.1.1 取脂定价策略

取脂定价策略又称撇脂定价策略,是指新产品上市之初,将新产品价格定得较高,在短期内获取厚利,尽快收回投资。这一定价策略就像从牛奶中撇取其中所含的奶油一样,取其精华,所以称为"取脂定价"策略。一般而言,对于全新产品、受专利保护的产品、需求价格弹性小的产品、流行产品和未来市场形势难以测定的产品等,可以采用取脂定价策略。

取脂定价的优点在于利用消费者求新和好奇的心理以及对产品成本尚无理性认识时,企业可以制定较高的价格,以提高产品身份,创造高价、优质、名牌的印象,可以迅速收回投资,减少投资风险。此外,先制定较高的价格,在其新产品进入成熟期后可以拥有较大的调价余地,不仅可以通过逐步降价保持企业的竞争力,而且可以从现有的目标市场上吸引潜在需求者,甚至可以争取到低收入阶层和对价格比较敏感的顾客。

同时,取脂定价也存在一些缺点。首先,高价产品的需求规模毕竟有限,过高的价格不利于市场开拓、增加销量,也不利于占领和稳定市场,容易导致新产品开发失败;其次,高价高利会导致竞争者的大量涌入,仿制品、替代品迅速出现,从而迫使价格急剧下降。此时若无其他有效策略相配合,则企业苦心营造的高价优质形象可能会受到损害,失去一部分消费者。此外,价格远远高于价值,在某种程度上损害了消费者利益,容易招致公众的反对和消费者抵制,甚至会被当做暴利加以取缔,诱发公共关系问题。

取脂定价策略主要适用于原创性强、技术含量高且不易仿制或时尚性的文化产品,如电影、软件产品、文化艺术表演等,这类产品必须在市场上拥有大量潜在的猎奇消费者、追求时尚者和高收入的文化消费群体。

8.4.1.2 渗透定价策略

渗透定价是与取脂定价相反的一种定价策略,即在新产品上市之初将价格定得较低,吸引大量的购买者,扩大市场占有率。

利用渗透定价必须具备两个前提条件:一是新产品的需求价格弹性较大;二是新产品存在着规模经济效益。

采用渗透价格的企业无疑只能获取微利,这是渗透定价的薄弱之处。但是,由低价产生的两个好处是:首先,低价可以使产品尽快为市场所接受,并借助大批量销售来降低成本,获得长期稳定的市场地位;其次,微利阻止了竞争者的进入,增强了企业自身的市场竞争力。但是,低价会导致企业的投资回收期延长,回收资金较少且缓慢,将会导致企业生产能力不能随市场需求的增长而同步提高;以后的降价余地小,如果不能迅速打开市场或遇到强大竞争对手时,就可能蒙受重大损失。

8.4.1.3 满意定价策略

满意定价策略既不是利用价格来获取高额利润,也不是制约价格以占领市场。这一策略尽量降低价格在营销手段中的地位,重视其他在产品市场上更有力或更有效率的手段。当不存在适合于采用取脂定价或渗透定价的环境时,企业一般采取满意定价策略。

虽然与取脂定价或渗透定价相比,满意定价策略缺乏主动进攻性,但并不是说正确执行它就非常容易。满意定价没有必要将价格定得与竞争者一样或者接近平均水平。与取脂价格和渗透价格类似,满意价格也是参考产品的经济价值决定的。当大多数潜在的购买者认为产品的价值与价格相当时,纵使价格很高也属适中价格。

8.4.2 心理定价策略

心理定价策略是针对消费者的不同消费心理制定相应的产品价格,以满足不同类型消费者需求的策略。常用的心理定价策略有数字定价、声望定价、招徕定价和习惯定价等。

8.4.2.1 数字定价策略

(1)尾数定价策略:又称"零头定价"、"非整数定价",是指企业利用消费者求廉的心理,制定非整数价格,给消费者一种"很便宜"的感觉和定价精确的印象。尾数定价策略一般适应于价值较低或中低档的文化商品,如图书、花卉、软件制品、工艺制品等。

(2)整数定价策略:整数定价与尾数定价相反,针对的是消费者的求名和虚荣心理,将产品价格有意定为整数。对于那些无法明确显示其内在质量的商品,消费者往往通过其价格高低来判断其质量的好坏。但是,在整数定价方法下,价格高并不是绝对的高,而只是凭借整数价格给消费者造成高价的印象。整数定价常常以偶数,特别是"0"作尾数。整数定价主要可以满足购买者炫耀富有、显示地位、崇尚名牌、购买精品的虚荣心;此外,花色品种繁多、价格总体水平较高的商品,利用产品的高价效应,可以在消费者心目中树立高档、高价、优质的产品形象。整数定价策略适用于需求的价格弹性小、价格高低不会对需求产生较大影响的商品,如流行品、时尚品、奢侈品、展览和演出门票等。

(3)愿望数字定价策略:由于民族习惯、社会风俗、文化传统和价值观念的影响,某些数字常常会被赋予一些独特的含义,企业在定价时如能加以巧用,则其产品将因之而得到消费者的偏爱。当然,某些为消费者所忌讳的数字,如西方国家的"13"、日本国的"4",企业在定价时则应有意识地避开,以免引起消费者的厌恶和反感。

8.4.2.2 声望定价策略

声望定价策略是企业根据产品或自身的品牌声誉和社会威望对产品制定高价的策略。采用这种策略的关键,是企业或产品必须有较高的声望,能够利用消费者追求品牌的心理将产品卖出高价。该策略适用于具有一定知名度的企业或产品。

8.4.2.3 招徕定价策略

招徕定价策略是企业为了招徕顾客而暂时将少数几种产品以优惠价格推出的策略。这种定价策略利用消费者的求廉心理,通过少数特价产品吸引顾客,从而带动其他产品或服务的消费,从整体上扩大企业的销售收入和盈利。

8.4.2.4 习惯定价策略

习惯定价策略是指根据消费市场长期形成的习惯性价格定价的策略。对于经常性、重复性购买的商品,尤其是日常文化用品,如报纸、音像产品等,这类产品在消费者心理上已经"定格",其价格已成为习惯性价格,并且消费者只愿付出这么大的代价。

8.4.3 折扣定价策略

折扣定价是指对基本价格作出一定的让步,直接或间接降低价格,以争取顾客,扩大销量。其中,直接折扣的形式有数量折扣、现金折扣、季节折扣、功能折扣;间接折扣的形式有回扣和津贴。

8.4.3.1 数量折扣策略

数量折扣策略是指按购买数量的多少,分别给予不同的折扣,购买数量越多,折扣越大。其目的是鼓励大量购买,或集中向本企业购买。数量折扣包括累计数量折扣和一次性数量折扣两种形式。

累计数量折扣规定顾客在一定时间内,购买商品若达到一定数量或金额,则按其总量给予一定折扣,其目的是鼓励顾客经常向本企业购买,成为可信赖的长期客户。例如,图书经销商经常根据顾客购买图书的累计金额而实行总量折扣。

一次性数量折扣规定一次购买某种产品达到一定数量或购买多种产品达到一定金额,则给予折扣优惠,其目的是鼓励顾客大批量购买,促进产品多销、快销。例如,报纸发行商对于一次性订购全年报纸的顾客有一定程度的优惠措施,而对零售购买的顾客则没有优惠。

数量折扣的促销作用非常明显,企业因单位产品利润减少而产生的损失完全可以从销量的增加中得到补偿。此外,销售速度的加快,使企业资金周转次数增加,流通费用下降,产品成本降低,从而促进企业总盈利水平上升。

8.4.3.2 现金折扣策略

现金折扣策略是对在规定的时间内提前付款或对用现金付款者所给予的一种价格折扣,其目的是鼓励顾客尽早付款,加速资金周转,降低销售费用,减少财务风险。采用现金折扣一般要考虑三个因素:折扣比例;给予折扣的时间限制;付清全部货款的期限。

8.4.3.3 季节折扣策略

有些商品的生产是连续的,而其消费却具有明显的季节性。为了调节供需矛盾,生产企业对在淡季购买商品的顾客给予一定的优惠,即季节折扣,从而使企业的生产和销售在一年四季能保持相对稳定。如旅游服务是季节性较强的产品,通常针对淡季和旺季的游客采取不同的季节折扣。

8.4.3.4 功能折扣策略

中间商在产品分销过程中所处的环节不同,其所承担的功能、责任和风险也不同,企业据此给予不同的折扣称为功能折扣。功能折扣的比例,主要考虑中间商在分销渠道中的地位、对生产企业产品销售的重要性、购买批量、完成的促销功能、承担的风险、提供服务的水平、履行的商业责任以及产品在分销中所经历的层次和在市场上的最终售价等等。例如,图书、音像和软件制品的发行,其批发折扣比零售折扣要低。

此外,文化服务市场领域所实行的佣金制度,与同业折扣功能类同,如演出公司与票务经销商之间的关系。鼓励中间商大批量订货,扩大销售,争取顾客,并与生产企业建立长期、稳定、良好的合作关系是实行功能折扣的一个主要目标。功能折扣的另一个目的是对中间商经营的有关产品的成本和费用进行补偿,并让中间商有一定的赢利。

8.4.4 竞争定价策略

8.4.4.1 低价竞争策略

当战胜竞争者成为企业的首要目标时,企业则可以采用以低于生产成本或低于国内市场的价格在目标市场上抛售产品,其目的在于打击竞争者,占领市场。一旦控制了市场,再提高价格,以收回过去"倾销"时的损失,从而获得稳定的利润。

在报业市场上频发的报业价格战大多采用这种策略,即报纸以大大低于生产成本并低于市场价格的方式出售,迅速扩大市场份额;当市场份额稳定之后,可能有些竞争对手因不堪成本压力而退出市场,此时再提高价格。这种定价方式被称之为掠夺性定价。

掠夺性定价的优点在于可以迅速扩大市场份额,战胜竞争对手,但是企业在低价期间必须有能力承受相当大的成本损失。

8.4.4.2 高价竞争策略

高价竞争是另一种竞争定价策略,但这种策略一般只限于在数量较少、品牌声誉极高的产品中采用。这需要企业拥有高质量的产品、雄厚的资金实力和技术条件等。高价竞争可以迅速地提升产品的品牌形象,但也会由于高价造成的低销量带来较大的经营风险。

8.4.4.3 垄断定价策略

垄断定价是指当一家或几家大公司控制了某种商品的生产和流通时,它们就可以通过独家垄断或达成垄断协议,将这种商品价格定得大大超过或低于其价值的高价或低价。这样,垄断企业及其组织就可以操纵生产或市场,抑制竞争,通过高价获得超额利润,或借助低价打击竞争者,将竞争者挤出市场。例如,中央电视台通过其垄断地位而成功实现黄金时段的广告招标就是一种垄断定价行为。

8.4.5 阶段定价策略

8.4.5.1 导入期定价策略

产品的导入期,一般是指新产品试制成功到进入市场试销的阶段。在商品导入期,由于消费者对商品十分陌生,企业必须通过各种促销手段把商品引入市场,力争提高商品的市场知名度;另一方面,由于导入期的生产成本和销售成本相对较高,企业在给新产品定价时不得不考虑这一因素。在导入期,一般采用取脂定价、渗透定价、满意定价三种策略。

8.4.5.2 成长期定价策略

产品的成长期是指新产品试销取得成功,进而转入成批生产和扩大市场销售额的阶段。在产品进入成长期以后,有越来越多的消费者开始接受并使用该产品,企业的销售额直线上升,利润增加。在此情况下,竞争对手也会纷至沓来,威胁企业的市场地位。因此,在产品的成长期,企业的营销重点应当放在保持并且扩大自己的市场份额,加速销售额的上升方面。产品进入成长期后,是实现企业目标利润的最佳时机,通常应采用目标利润价格策略。

8.4.5.3 成熟期定价策略

产品的成熟期是指产品进入大批量生产,而在市场上处于竞争最激烈的阶段。通常这一阶段比前两个阶段持续的时间更长,大多数产品均处在该阶段。此时市场竞争日趋激烈,市场需求接近饱和,因此,企业必须根据市场条件的变化,采用竞争定价策略。

8.4.5.4 衰退期定价策略

产品的衰退期是指产品逐渐老化,转入产品更新换代的时期。当产品进入衰退期时,企业不能简单地一弃了之,也不应恋恋不舍,一味维持原有的生产和销售规模。企业必须研究商品在市场的真实地位,然后决定是继续经营下去,还是放弃经营。此时主要可采用维持价格策略和驱逐价格策略。

维持价格策略即企业要在目标市场、价格、销售渠道和促销等方面维持现状。此时可以通过价值分析,降低产品成本,以利于进一步降低产品价格;通过科学研究,增加产品功能,开辟新的用途;加强市场调查研究,开拓新的市场,创造新的内容;改进产品设计,以提高产品的性能、质量,改善包装、外观等,从而使产品寿命周期不断实现再循环。

驱逐价格策略是指企业可以实行成本定价,从而将竞争者驱逐出市场,占领竞争者退出后的空白市场,阻止销量下降,延长产品的市场寿命周期。

案例 8-3　　　　图书价格谁说了算[①]

实体书店的低价图书、网上书店的低价处理,不断引发人们对书价的普遍质疑,"书价虚高"的呼声越来越高。跳楼机一般的书价体验使消费者不禁想问:书价究竟高不高? 是否虚高? 为何虚高?

书价究竟高不高

"中国的书价实际上并不高,这样的价格水平比起欧美国家还差得很远。"新疆美术摄影出版社社长于文胜指出,与欧美国家比较,中国的图书价格相对较低,一般是国内外销较多。因此,国外的出版商一般不太愿意把好书的版权卖给中国的出版社。据悉,新中国成立以后,我国对图书定价的总体要求是"保本微利",实行的是低价政策。

那么,我国的图书是如何定价的呢? 目前常用的是"按纸论价"的计算公式:图书定价=单印张估价×印张数。但实际上"按印张定价"的方式并不精确,印量较少的学术著作和印量较大的生活图书的价值不能统一靠印张数衡量。事实上各出版社都会根据自己的出版领域和发行数量,区别单印张定价,作为本社图书定价的基础性参照。出版社首先要保证不赔钱,然后再在基础定价上进行适当调整。

图书市场的多元化竞争使书价上涨成为必然。"图书价格不断走高是事实,图书价格走高,符合图书的经济属性,全球市场经济国家都是这样。"

[①] 温源.图书价格谁说了算[J].光明日报.2014-1-30.

上海世纪出版集团总裁陈昕指出，阅读时代的多元化、差异化特征在一定程度上助推了价格上涨。

对于图书价格市场的跌宕起伏，陈昕认为："对于不同类型的图书，价格弹性会有较大差异。比如，教材的价格弹性较低，但教辅书的价格弹性则较高；与专业图书相比，大众图书价格弹性较高。"

"白菜"竞价伤了谁

很多出版社及经销商把低价当作"竞争利器"，殊不知"白菜"竞价真正伤害的是以读者为核心的整个图书市场。

图书在销售环节任意定价、打折，对此陈昕表示，当图书经销的中间环节不确定，有垄断势力瓜分利润，或者可能面临较大销售和退货风险时，出版社会倾向于制定一个相对较高的价格来保障利益。

在于文胜看来，是无休止的打折行为导致书价虚高。"实际上只是个别出版社为了消化自身产品成本滥用定价权，标天价、卖地价，来满足下游销售环节对利润的要求。"这样的风气引起了读者对整个图书定价市场的误解和信任危机，产生消极购书心理，从而危及整个图书产业的生存与发展。

中国台湾著名出版人郝明义认为，应采取图书统一定价销售机制，这样出版社就不需要自己刻意先抬高定价，价格就不会虚涨。"读者觉得如果书不打折，就是剥夺了他们的福利或是不公平，这种想法是一个误区。"郝明义指出，近年来大陆的图书市场，在网络书店发动的折扣战火下，消费者可以享有的折扣优待是越来越好，但图书定价的上涨趋势是不健康的。长期的"泡沫折扣"会扰乱图书价格市场，最终也会侵害消费者的权益。

书业生态环境呼唤价格立法

其实，在消费者的潜意识中，一直都有种"高价认同"心理，"好货不便宜"在图书定价中也是一样的。对于某些较高层次的图书，价格弹性很小，打折降价带来的影响微乎其微。某些高定价的图书也满足了消费群体的"高品质"文化追求。专家普遍认为，采取图书定价销售，是为了让消费者以相同的价格得到相同的"精神食粮"。而要实现这一愿景，必须通过相应的图书价格立法来保障。

中国艺术研究院公共政策研究中心副教授黄玉蓉认为，"图书价格是应该限定，但不应由行业协会等机构来限定，而应由立法机关出台法律，或者由政府部门出台相关政策来约束"。

图书不仅是商品，也是文化产品，其价值不能单纯体现在价格上。百道网CEO程三国也曾表示，"如果定价销售，整个出版业就不会围绕折扣来转，出版商会在内容和后续推荐上下更多功夫，读者的购书渠道也不会只局限于大卖场和网络书店。如此，全产业链就会进入良性循环，而书业生态环境最核心就是价格立法"。

小 结

文化产品价格既是文化产品价值的货币表现，又是文化市场供求关系及其运行机制的调节杠杆，因而是文化市场营销组合中的重要因素之一。影响文化产品价格的主要因素包括产品成本、市场需求状况、企业经营目标、市场竞争格局和政府价格管制等因素。

文化企业在进行定价时应当依据其确立的经营目标采用相应的产品定价方法，然后依据定价策略对产品基本价格进行适当的调整。定价决策程序通常而言分六个步骤：考察定价环境、确定定价目标、选择定价策略、选择定价方法、确定产品价格、调整产品价格。

文化企业应当根据其确立的经营目标采用相应的产品定价方法，然后依据定价策略对产品的基本价格进行适当的调整。文化产品通常的定价方法包括三类：成本导向定价法、需求导向定价法和竞争导向定价法。

文化产品定价策略是指企业为实现企业定价目标，根据市场中影响产品价格的不同因素，在制定价格时灵活采取的各种定价手段和定价技巧。主要定价策略包括新产品定价策略、心理定价策略、折扣定价策略、竞争定价策略和阶段定价策略。文化企业应根据产品特点、消费心理、市场环境及其变化趋势等因素，综合运用各种定价策略，以利于实现文化企业的经营目标。

思考题

1. 文化产品的需求价格弹性受哪些因素的影响？
2. 文化产品的定价决策程序包括哪些步骤？
3. 如何根据细分需求定价法来制定文化产品的价格？试结合实例说明。
4. 我国电影票价为何居高不下？试结合案例 8-3 分析我国电影高票价的原因及降价的对策。

参考文献

1. （美）汤姆·纳格，约翰·霍根. 定价战略与战术［M］. 4 版. 北京：华夏出版社，2008.
2. 崔到陵，许成安. 收入导向型商品、价格导向型商品和文化消费——由"大、小蛋糕现象"切入的分析［J］. 财经理论与实践，2007（5）.
3. 杜玲. 新经济时代如何给产品正确定价［J］. 内蒙古科技与经济，2005（3）.
4. 方明，顾渊. 信息产品的定价策略研究［J］. 上海经济研究，2000（11）.
5. 高鸿业. 西方经济学（微观部分）［M］. 4 版. 北京：中国人民大学出版社，2007.
6. 胡惠林，李康化. 文化经济学［M］. 太原：书海出版社，2006.
7. 李康化. 文化市场营销学［M］. 上海：上海文艺出版社，2005.
8. 骆品亮. 定价策略［M］. 上海：上海财经大学出版社，2006.
9. 秦霖，邱菀华. 论文化产品的价值实现与价格形成［J］. 东北大学学报（社会科学版），2004（6）.

10. 石青辉. 体验营销中的价格影响因素及定价策略[J]. 东南大学学报(哲学社会科学版),2006(2).

11. 宋军,郝清民. 新产品的学习曲线效应及定价策略[J]. 商业研究,2001(2).

12. 唐月明. 文化企业价格歧视行为分析[J]. 山东艺术学院学报,2007(3).

13. 唐月民,张庆盈. 文化企业定价影响因素及不同市场结构下的价格决定[J]. 山东理工大学学报(社会科学版),2008(6).

14. 史伟. 定价策略与技术[J]. 商业时代,2004(26).

15. 杨静. 公共服务产品的价格形成机制及定价策略[J]. 科技创业月刊,2006(5).

16. 王志标. 影响文化产品价格的因素分析[J]. 中南财经政法大学学报,2008(5).

17. 王龙. 论"影子价格"内涵及应用[J]. 商场现代化,2009(3).

18. 王玮. 试论信息商品的定价策略[J]. 情报科学,2001(12).

19. 赵玉忠. 文化市场概论[M]. 中国时代经济出版社,2004.

20. 邹力宏. 音乐产品定价的影响因素分析及策略选择[J]. 价格月刊,2006(10).

9 文化市场营销的渠道策略

9.1 文化产品分销渠道的结构及分销渠道的职能

9.1.1 文化产品分销渠道的概念及职能

9.1.1.1 文化产品分销渠道的概念

在市场上，大多数产品都不是由生产者直接供应给最终顾客或用户的。在生产者和最终用户之间有大量具有不同名称和执行不同功能的营销中介机构存在，包括批发商、零售商、代理商、经纪人、分包商和各种工业分配者，他们构成了分销渠道。其中，有些中间商是在购进商品取得所有权后再销售出去，被称为商业中间商，如批发和零售商；而有些中间商只负责寻找顾客，代表生产者与他人进行洽谈，却并不获取商品所有权，我们称之为代理中间商，如经纪人、代理商等。文化产品的分销渠道是指文化生产者将文化商品或文化服务转移到文化消费者手中所经过的途径或环节；或者说，是指文化生产者将文化产品传递给最终消费者的过程中所使用的各种中间商的集合。在文化产品流通过程中，生产者出售文化产品或文化服务是分销渠道的起点，中间商先买后卖的活动是分销渠道的中间环节，文化消费者购买文化产品或文化服务是分销渠道的终点。分销活动的真正起因不在于生产者的售卖，而在于消费者的购买。因为分销活动中的买与卖是谋求质和量上的统一，创造数量和质量的效用，满足消费者的需要。

在我们的日常经济活动中，生产厂商为何愿意把其全部或部分销售工作委托给营销中介机构呢？从某种意义上说，公司管理当局的这种委托意味着放弃部分经营控制权，等于把公司的一半命运放在他人手中。然而这样做是有其经济利益的，因为中间商在经销商品方面有专门的技巧和经验，它长期与市场交往，更了解市场动向，能把商品按顾客的心理进行陈列、分类。也就是说，它在广泛提供产品和进入目标市场方面能够发挥最高效率。这些营销中间商凭借业务往来关系和规模经营,提供给生产商的利润通常比自营店所取得的利润高;与此同时,生产商也可以更专门地集中于生产,通过提高生产效率而获得规模经济效益。事实上,只要简单地将使用营销中介机构和不使用营销中介机构作一个简单的比较就可以得出结论。图9-1是营销中介机构的经济效果图,图中 M 为生产商,C 为消费者,D 为中间商。从中可以直观地感受到营销中介机构介入商品经销为生产企业带来的好处。

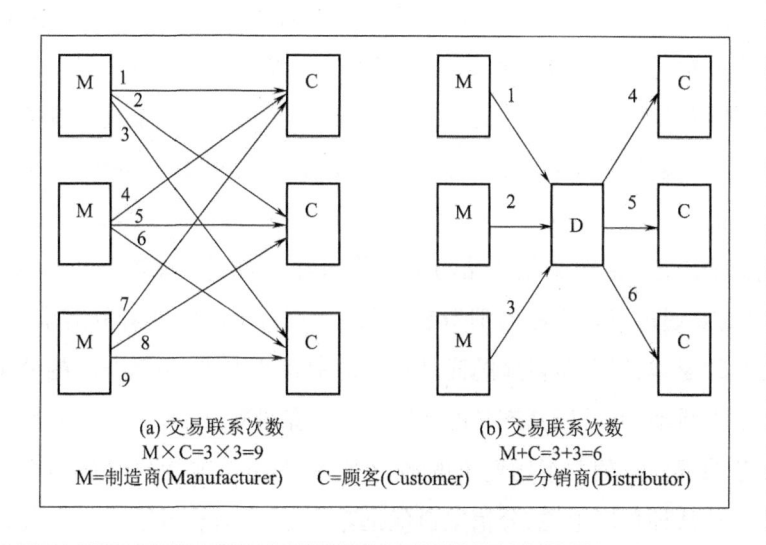

图9-1 营销中介机构的经济效果图

从图9-1中我们可以得知:如果不使用营销中介机构,三个生产商和三个顾客之间将发生总共9次的交易行为,而使用了营销中介机构后,交易行为只有6次,节省了交易成本,因此后者更为经济,更有效率。

分销渠道的基本活动是商品从生产者向最终消费者转移的活动,这些活动归纳起来,无非是两种核心活动和两种辅助活动。核心活动是买与卖,生产者卖出商品或服务,中间商买进商品和卖出商品,最终消费者购买商品;辅助活动是储和运,商品的储存是谋求产销之间在时间上的统一,创造时间效用,消除或缓解时间隔离和脱节的矛盾,运输则是谋求商品产销之间在空间上的统一,创造地点效用,缩短生产者与消费者空间上的距离。

9.1.1.2 文化产品分销渠道的职能

分销渠道的基本职能是把产品从生产者转移到消费者所必须完成的工作加以组织,其目的在于消除产品或服务与消费者之间的分离。分销渠道的主要职能有以下几种。

(1)信息反馈。分销中介与消费者接触较多,对消费者的特点和文化需求比较了解,是掌握文化市场信息的一个重要信息源。分销渠道的各个环节都处在市场、消费者和竞争者等因素的包围之中,并且每时每刻都在反馈着这些因素的状况和变化的信息。通过对这些信息的收集整理、分析研究和市场趋势的预测,才能使渠道成员高效、畅通地向市场传输适销对路的文化产品和服务。

(2)促进销售。为促进销售,需要发送和传播有关供应物的富有说服力并用来吸引顾客的沟通材料。文化产品生产商和文化服务公司通过广告促销寻找合作伙伴,协助渠道成员进行地区性促销和市场推广,并利用分销渠道将有关文化产品和服务的信息传递给消费者,使分销商、消费者了解、信赖并购买产品,实现扩大产品销售的目的。

(3)协商成交。由于文化产品的生产能力和消费者需求在不断地发生变化,因此,分销商要通过寻找可能的消费者并与之沟通,了解消费者的需求,协调生产与需求之间的矛盾,以便所供应的商品符合消费者的需要,包括商品的分类、分等、装配和包装等活动,并就所销产品的价格及有关条件达成最后协议,从而实现文化产品和服务的销售。随着市场竞争的加剧,分销渠道已成为现代市场竞争的一个重要资源。从某种程度上说,分销渠道就是竞争力,拥有合理而完善的分销渠道体系就是占领了市场。为此,生产商与分销商之间都会建立良好的长期合作关系,在产品品种、价格、商标、包装、储存和结算等方面订立互惠互利的联合协议,形成共赢、共同成长的良性发展。

(4)方便购买。文化企业从成本的角度来考虑喜欢少品种、大批量地进行生产和销售,而消费者则喜欢品牌、品种、颜色、规格和质量的多样化,以便于进行选择,并每次只少量和就近购买。要协调生产商和消费者之间的这一矛盾正是分销商所提供的便利服务。分销商的存在能为生产者和消费者带来方便。因为对消费者来说,分销商可以提供包括更多的花色品种、合适的时间地点、灵活的付款条件、周到的售后服务等各种便利。而对生产商和贸易商来说,分销商是大买主,还能为卖主联系千千万万的用户,使生产商的销路有了保证。

(5)共担风险。渠道成员在流通活动中,有可能遇到如产品积压、过时、报废、丢失、耗损、产品返修率高、合同违约、市场变化以及自然灾害等不可预测的损失问题,这些风险都会在成员之间互相转移,每个成员都有可能要承担流通的风险。分销渠道的成员共同承担了原本由生产商独自承担的全部经营风险,这不仅有效地化解和降低了生产商的经营风险,同时也使生产商、分销商之间建立起了双赢甚至多赢的合作伙伴关系,并促进了文化商品的市场流通和繁荣。共担风险的压力也是协调渠道成员经济利益,推动其各司其职地共同完成文化商品和服务流通全过程的重要经济杠杆。

案例 9-1　　　《北京青年报》的"小红帽"[①]

自1997年1月起,《北京青年报》成为首都第一家自主合作发行的日报,为全国报纸自办发行队伍的壮大与发展增添了活力。"小红帽"的全新服务理念、服务模式得到了读者的广泛认可,在北京一炮打响,《北京青年报》由邮发时的几万份迅速攀升至十几万份。在自主合作发行之路上"小红帽"获得了巨大的成功,时至今日仍是报业同行所效仿的对象。2004年8月,北京青年报社联合天津今晚报社、重庆日报报业集团等4家单位联合发起成立小红帽发行股份有限公司,经国家新闻出版总署批准,取得了图书、报纸、期刊、电子出版物的全国总发行权和出版物全国连锁经营权,并允许在全国12个重点城市设立分公司,从而使"小红帽"由北京走向了全国;同时,"小红帽"还联合国内28家报刊社成立了全国城市报业发行网络联盟。投递员醒目的红衣红帽成为京城甚至全国大街小巷的一道风景。2008年,"渠道经营"的发展思路也成为小红帽与DHL、宜家等国际知名企业开展深层次合作的基础。作为继《北京青年报》之后的又一知名品牌,目前,"小红帽"已经形成了以报刊发行为主业,加上信息直投、增值服务和仓储物流四足鼎立的发展格局,成为京城乃至全国最具影响力和实力的报刊发行及物流服务企业之一。

9.1.2　文化产品分销渠道的结构与流程

文化产品分销渠道的选择取决于消费者的消费形态和文化产品生产商的营销战略。消费者对文化消费的时间和地点的选择度越大,市场人员进行分销的可能分布也就越广。

[①] 张延平. 与改革开放同路[N/OL]. 人民网-传媒频道, http://www.people.com.cn. 2009-10-30.

9.1.2.1 文化产品分销渠道系统的结构

文化产品的分销渠道主要有以下几种结构。

(1)直接分销渠道与间接分销渠道。根据文化商品在市场流通中是否存在中间环节,可分为直接分销渠道和间接分销渠道。

直接分销渠道是指文化产品的生产和流通两种职能都是由文化产品生产商承担的,文化商品直接从生产者转移到消费者,不存在中间环节。文化商品通过直接分销渠道进行销售,具体形式有通过展销会、书市等活动直销,通过建立连锁专卖店和门市部直销,通过邮购、电话订购和网络订购等方式,派出专门人员将产品直接销售给消费者。直销减少了中间环节,方便快捷,节约了流通费用,能直接感受到市场的反应,有利于及时做出相应的决策。但它分散了文化生产的资源,有一定的风险。

间接分销渠道是文化产品生产单位通过流通领域的中间环节把文化商品和服务销售给消费者的渠道方式,即在生产者和消费者之间多了中间商。中间商主要有零售商、批发商和代理商。比如,一场音乐会经由"表演团体—演出场地—票务代理"的经营链条完成,最终实现对消费者销售的服务。

(2)分销渠道的长度、宽度和广度。分销渠道的长度、宽度和广度构成了分销渠道的数量形态(见表9-1)。

表9-1 分销渠道数量形态表

分销渠道长度	分销渠道宽度	分销渠道广度
零层渠道(直接渠道)	独家分销	一种渠道
一层渠道(短渠道)	选择分销	多种渠道
二层渠道(长渠道)	密集分销	
三层渠道(长渠道)		

分销渠道长度是指产品从生产者手中转移到消费者手中所经过的分销商层次的多少。分销商的层次也即产品所经过分销渠道的环节数目。每个中间商,只要在推动产品及其所有权向最终买主转移的过程中承担了若干工作,就是一个分销层次。由于生产者和最终消费者都担负了工作,他们也是分销渠道的组成部分。一般情况下,人们以使用中介机构的层次数(级数)来表示分销渠道的长度:将有零售环节而无零售店铺的称为零层渠道;将经过店铺销售而没有批发机构介入其

间的称为一层渠道;经过一层批发机构又经历零售店铺的称为两层渠道;经过两层批发机构后又经历零售店铺的称为三层渠道。渠道的长短,影响着产品到达消费者的时间并且是决定产品价格的重要因素之一。分销渠道越长,经过的中间环节就越多,流通费用就会随之增加,控制分销渠道所需解决的问题也会增多。

分销渠道宽度是指在同一层次市场并列使用的分销商(批发或零售)数量的多少。分销渠道宽度最窄的是独家分销,即在一定地区、一定时间内只选择一家中间商经销或代理销售某种特定产品,授予对方独家经营权,其目的在于刺激经销商的销售积极性,同时也便于控制经销商,但市场覆盖面可能较窄,而且有一定风险,如该中间商经营能力差或出现意外情况,将会影响到企业开拓该市场的整个计划。分销渠道最宽的是密集分销,即尽可能多地使用中间商从事产品的分销,使渠道尽可能加宽。密集分销的优点是市场覆盖面广泛,潜在顾客有较多机会接触到产品;缺点是中间商的经营积极性较低,责任心较差。分销渠道宽窄的选择与生产者的产品特点、经营条件、目标市场的供需状况和竞争态势有着极为密切的关系。如图书、音像制品、娱乐用品等文化产品采用较宽的渠道就有利于扩大产品的销售,而价值较高的艺术品、字画及收藏品等一般采用独家分销的模式。

分销渠道广度是指产品从生产者手中向消费者转移的过程中,经过了几种或几条渠道形式,即所采用的分销渠道的条数。具体可选择的范围有:一条分销渠道或是多条分销渠道,或是尽可能多的分销渠道形式(广度分销)。

(3)传统分销渠道和垂直分销渠道。根据分销渠道成员内部之间相互联系的紧密程度划分,分销渠道可以分为传统分销渠道和垂直分销渠道。

传统分销渠道是一种渠道各成员之间相互独立、高度分离的分销方式。传统分销渠道由独立的生产者、批发商和零售商组成。每个成员都是作为一个独立企业实体追求自己的利润最大化,即使它是以损害系统整体利益为代价也在所不惜。没有一个渠道成员对于其他成员拥有全部的或者足够的控制权。传统渠道可以说是一个高度松散的网络,渠道各成员间各自为政,各行其是,最终导致整个分销渠道效率低下。

垂直分销系统则正相反,它是由生产者、批发商和零售商所组成的一种统一的联合体。某个渠道成员拥有其他成员的产权,或者是一种特约代营关系,或者这个渠道成员拥有相当实力,迫使其他成员合作。垂直分销系统可以由生产者、批发商、零售商中的任一组织担任支配者。这种系统的特征在于专业化管理和集中执行的网络组织,他们有计划地取得规模经济和最佳市场效果。垂直分销系统有利于控制渠道行动,消除渠道成员为追求各自利益而造成的冲突。它们能够通过其规模、谈判实力和重复服务的减少而获得效益。这种模式在西方非常流行,在消费品市场上已占有了70%~80%的份额,居于市场主导地位。这种模式现在主要有三种类型:公司式、管理式和契约式垂直分销系统。

第一,公司式垂直分销系统。公司式垂直分销系统是由同一个所有者名下的相关生产部门和分配部门组合成的。垂直一体化能向后或向前一体化,能对渠道实现高水平的控制。如假日旅馆正在形成一个自我供应的网络。

第二,管理式垂直分销系统。管理式垂直分销系统不是由同一个所有者属下的相关生产部门和分配部门组织形成的,而是由一家规模大、实力强的企业出面组织的。名牌生产商有能力从再售者那里得到强有力的贸易合作和支持。例如,柯达、吉利和宝洁等公司能够在有关商品展销、货柜位置、促销活动和定价政策等方面获得其再售者强有力的贸易合作与支持。

第三,契约式垂直分销系统。契约式垂直分销系统是由各自独立的公司在不同的生产和分配水平上组成的,它们以契约为基础统一行动,以求获得比其独立行动时所能得到的更大的经济和销售效果。契约式垂直营销系统近年来获得了很大的发展,成为经济生活中最引人关注的发展方式之一。

9.1.2.2 文化产品分销渠道的流程

与其他产品一样,文化产品的分销渠道流程是指渠道成员们顺序地执行的一系列职能。根据分销渠道的职能将分销渠道的流程分为八项内容:商品实体流程、所有权流程、促销流程、谈判流程、财务流程、风险流程、订购流程和付款流程。在实际交易中情况较为复杂。这是因为,在产品从生产厂商向最终顾客或用户流动的过程中,不仅发生了产品实体的流动,还发生了其他多项与之相关的流动。在分销渠道中:归纳起来一般存在五种流,即实体流(物流)、所有权流(商流)、付款流、信息流和促销流。它们各自的流程如图9-2所示。这些流程可以在任何两个渠道成员中进行,有些是正向流程(实体流、所有权流和促销流);有些是反向流程(付款流);还有一些是双向流程(信息、谈判、筹资和风险承担等)。即使是一个简单的商品,在分销渠道里也会呈现出极为复杂的关系。

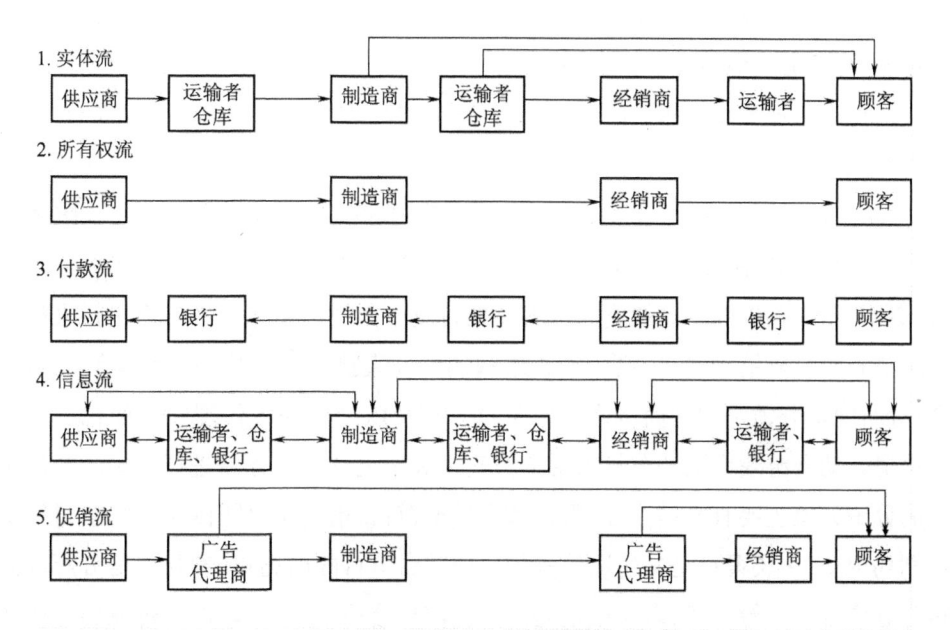

图 9-2 文化产品分销渠道流程

9.2 文化产品分销渠道策略

9.2.1 影响文化产品分销渠道策略的因素

影响文化产品分销渠道最重要的因素有产品因素、顾客因素、渠道因素、企业因素、环境因素、竞争者因素和计算机互联网因素。

9.2.1.1 产品因素

文化产品不同,消费者的服务需求不同,分销渠道的选择必须充分适应文化产品的特点,诸如文化产品本身的性质、产品技术含量的高低以及产品价格的高低等因素。一般而言,高价值、笨重的商品往往采用较短的渠道结构;产品的标准化程度越高,渠道的长度也越长,宽度也越大;低单位价值的产品往往会通过中间商进行销售,让中间商承担部分的销售成本;一个高技术的产品往往会采用公司的销售员向目标顾客直接销售的方法,因为中间商可能对产品的各项性能不是很了解,有可能对顾客产生误导,为以后埋下隐患;短渠道被视为是新产品进入市场时期最好的渠道结构。以报刊为例,日报和周报、月刊、双月刊以及季刊等的时效性要求不一样;新闻类报刊和娱乐、阅读类报刊的时效性要求也不一样。这对报刊的印刷、运输、发行渠道的地域性要求很高。

　　文化产品种类比较多,主要包括书刊、文物收藏及艺术品、影视作品、动漫游戏、演出、场馆、设计和旅游等,选择分销渠道时要考虑这些文化产品的不同特点。书刊发行市场的分销渠道主要有直销、批零兼营和多层渠道发行。文物收藏及艺术品分销渠道包括画廊、拍卖行、国营文物商店、个体文物商贩、个体艺术品经纪人、美术品商店、画商等经销商与顾客签约订货。影视市场的分销渠道包括直接分销渠道和间接分销渠道:直接分销是影视制片商直接将影视片销售给电影院与观众见面;间接分销是制片商将影视片经过发行放映公司和各代理中间商代理的分销渠道。动漫游戏市场的分销渠道通过直销和渠道增值服务商进行分销。演出市场的分销渠道主要有直销、一层渠道和多层渠道:直销是演出团体直接将节目提供给剧场观众;一层渠道是文艺团体采用收取整台节目的出场费、参与票房分配或获得部分广告权益等方式;多层渠道是由文艺演出公司中介代理,再通过演出场所或票务公司组织售票演出活动。场馆分销渠道包括展览场所直销渠道和展览活动一层渠道:一层渠道通常由展览公司或主办单位组织参展单位或个人提供展品和参展费用,按票房分成租用展览场所,然后通过出售门票向观众提供有偿展览服务。设计是以视觉方式诠释客户营销战略和市场目标的沟通手段,设计市场分销主要有直销和委托代理。旅游市场的分销渠道主要是由旅行社和旅游公司招揽游客,开展各种旅游营销服务和组织导游服务,餐饮、宾馆、娱乐、交通运输、旅游景点等通过旅行社和旅游公司与消费者间接地发生服务交换关系。

9.2.1.2　顾客因素

　　顾客是选择分销渠道的首要因素。顾客对分销渠道成员企业的态度、顾客的地理分布、顾客的数量、顾客对产品的平均购买量、购买频率以及对不同促销方式的敏感性等因素影响着分销渠道的性质和特点。如果潜在顾客分布面广,市场范围大,就要利用长渠道,广为推销。目标市场聚集的地区,营销渠道的结构可以短些,一般地区则采用传统性营销路线即经批发与零售商销售。具有季节性的商品(如旅游)应采取较长的分销路线,要充分发挥中间商的作用。一般而言,顾客数量越多,渠道的长度和宽度会相对更大一些。市场在地理上的分散程度是由每单位区域面积上的销售量决定的;顾客的地理分散程度越高,渠道的控制越难,费用也相应较高。在研究市场(顾客)因素时,还要注意商品的用途和商品的定位,这对选择营销渠道结构都是很重要的因素。

9.2.1.3　渠道因素

不同分销渠道的功能特点和适应性存在着较大的差异,因为不同的中介机构在经营规模、促销、配送商品、顾客接触、金融信誉等方面条件各不相同。选择分销商或决定是否选择分销商时需要考虑这些渠道因素。中间商的能力在很大程度上影响着渠道策略。如果中间商的能力不能令公司感到放心,那么公司有可能宁可增加成本进行直接销售,也不愿采用中间商进行销售。如果公司认为中间商进行销售或向公司提供的服务小于公司的付出,那么公司对渠道的选择就有可能偏向于减少中间商的数目。毕竟公司采用渠道的目的是降低自己的成本与不便。公司总是希望能用最为"合理"的价格获得最多的来自于中间商的服务。但评价中间商服务的优劣往往是从公司的直观感觉出发的,带有较强的主观性,所以,在渠道结构的设计中这是一个需要谨慎对待的问题。

9.2.1.4　企业因素

文化产品生产商的经营规模、财务状况、信誉、经营能力和服务能力影响着其在分销渠道上的投资能力以及选择中间商的能力。例如,一个企业没有一定的资金实力,很难大批量地发展自己的专卖店,只能利用他人现成的分销渠道。不同渠道结构的选择范围受到公司本身规模大小的限制。这是由于小公司往往难以获得理想的中间商的支持,而大公司则不必担心没有中间商加入他们的渠道。如果生产商(公司)的产品质量好,资金雄厚,又有经营管理销售业务的经验和能力,这种大生产商(公司)就有可能随心所欲地挑选最适用的分销渠道和中间商,甚至建立自己的销售部门,自己推销产品,而不通过任何中间商,这种分销渠道是"最短而窄"的;反之,如果生产商(公司)财力薄弱,或者缺乏经营管理销售业务的经验和能力,一般只能通过若干中间商推销其产品,这种分销渠道是"较长而宽"的。公司的政策和目标在很大程度上决定了公司在渠道结构策略中所采取的政策和态度。如果公司追求的是严格控制,那么公司就会要求减少中间商的数目,以加强自身的权力集中程度。有一些公司缺乏必要的进行渠道活动的能力,在这种情况下,寻找一个能够提供良好服务和配合的中间商就显得十分重要,尤其是在进行国际市场的贸易时,由于面临的可能是一个完全不同的市场体系,因此,寻求一个良好的中间商就显得格外重要。当管理者已经获得了足够的管理经验时,可以再进行对渠道的改进工作。

9.2.1.5　环境因素

渠道的活动属于组织的运作,这就不可避免地受到人口、经济、社会文化、法律、竞争及技术等环境因素的冲击。环境的变化,会使分销渠道的策略发生改变。比如,人口密度的增加要求分销网络更为分散;市场不景气要求分销渠道缩短;国家政策法律变化直接影响渠道和结构,如有关限制和减少分销渠道垄断、鼓励自由竞争等方面的法律法规,在进行分销渠道设计时必须遵守。这些环境因素中,有的是直接对渠道的结构造成影响,有的则通过对市场、对顾客产生影响而反映到渠道结构上。

9.2.1.6　竞争者因素

竞争者因素是指竞争企业对某分销渠道及其成员施加的经济压力,也就是使该渠道的成员面临被夺去市场的压力。竞争会影响渠道行为,生产商应对竞争对手销售地点、渠道类型、产品和服务特点以及市场规模进行分析,还要对竞争对手的分销策略进行分析,从而有助于生产商自身的分销渠道设计。任何一个渠道成员在面临竞争时都有两种基本选择:一是与竞争对手进行同样的业务活动,但必须比竞争对手做得更好;二是可以作出与竞争对手不同的业务行为。比如,日本的手表开始打入美国市场时,一反欧美手表通过百货商店、珠宝商店销售的传统渠道,采用由诸多杂货店、折扣商店这种面向广大低收入阶层的销售渠道,从而获得了成功。

分销渠道的设计和选择必须考虑产品或服务的竞争者。分销渠道结构的选择受到竞争者所使用的渠道的影响,文化产品生产商往往希望在与竞争者相同或相近的分销渠道中与竞争者的产品抗衡,以直接显示出本企业文化产品的比较优势。有时候,竞争者使用的分销渠道也会成为其他文化产品所避免使用的分销渠道。这主要是因为文化产品和竞争者的同质化程度较高,避开竞争者的分销渠道可以使自己的产品得到保护,免于受竞争者产品的冲击。

9.2.1.7　计算机互联网因素

计算机网络的发展使得企业可以通过网络直接与异地顾客交易,然后通过当地的中间商送货上门,减少了在各个地区设立门市网点的成本。对顾客而言,通过网络直接与生产商交易也能够获得较低的购买成本。这种电子商务的发展必然将对分销渠道的任务、性质产生重大影响。

美国营销专家菲利普·科特勒认为,互联网对分销渠道的影响主要体现在以下几个方面：

（1）增加分销渠道。在互联网环境中，分销渠道不再仅仅是实体的，而是虚实相结合的，甚至是完全虚拟的，即所谓的电子分销（E-Distribution）。在线销售、网上零售、网上拍卖、网上采购和网上配送等新的分销形式使分销渠道呈多元化，分销渠道由宽变窄、由实变虚、由单向静止变成互动。虚拟渠道的一个主要表现形式就是电子商店。

（2）疏通分销渠道。在互联网环境中，由于信息沟通成本低、效率高，分销渠道各环节的信息能充分沟通，信息渠道的畅通也使分销渠道各环节的主体意识到，只有互相合作，才能使各方面的利益共同达到最大化。因此，各分销渠道主体之间的关系逐渐由零和博弈转变成非零和博弈，最终创造了双赢的合作竞争关系。同时，由于虚拟渠道的介入，使分销渠道间的竞争加剧，传统的分销渠道主体渐渐意识到原来做法的危险性，从而迫使他们放弃原来的各自为政的想法和行为，从单独活动逐步走向合作双赢，最终使渠道越来越畅通。

（3）细化分销渠道。通过互联网，生产商和中间商可以直接了解消费者的真实消费需求，可以直接向消费者提供产品，可以低成本地向消费者提供定制化服务，与消费者实现互动，即一对一营销。一对一营销的兴起和实现，使分销渠道由粗放型变成集约型，分销渠道的细化是互联网时代一个显著的渠道特征。由于互联网的发展，顾客的个性化需求逐渐得以满足。但是其前提是配送必须低成本、高效率，只有配送跟上来了，一对一营销才能真正实现。互联网对配送的高要求引起了第三方物流的兴起。

（4）整合分销渠道。在互联网时代，由于生产商与消费者之间的沟通更加方便，这样，传统的中间商就显得多余了，不仅在信息沟通方面显得多余，在商品流通方面也显得多余了。因为许多厂家开始钟情于直销，他们按照顾客的要求生产，在生产中应用SCM（供应链管理）、CRM（客户关系管理）和JIT（及时管理体系）等先进技术，吸引顾客参与设计，从而使产销结合更加紧密。这种新的生产经营模式，要求分销渠道快捷高效，同时也要求产销不再脱节，但是传统的分销渠道很难满足这一要求，所以，许多厂家只好自己建立分销渠道或委托第三方物流公司，传统的分销渠道于是日益显得多余起来，分销渠道的扁平化也渐渐成为趋势。

（5）降低分销成本。分销成本的降低是互联网带来的最直接的利益，这主要表现在降低交易成本、降低沟通成本和减少流通成本。互联网使分销渠道的成本降低的功能越来越受到企业的重视,导入互联网已成为企业重构和再造的一个重要目标,许多先行企业已尝到甜头。

(6)使渠道透明化。传统的分销渠道,对供应商来说大多数情况下是不透明的,假如渠道中间受阻也不知道问题出在何处,更不知道该从何处入手解决。但在互联网时代,通过把互联网系统引入渠道,就可以使渠道透明起来。在互联网平台上,企业可以引进及时管理(JIT),动态跟踪产品的流通情况,在产品的运输过程中,通过引入全球定位系统(Global Position System,GPS),实时动态跟踪商品的在途情况,从而为商家的及时供货提供了保障。

目前,由于公司开始注重对市场长远利益的关注,而不是仅仅满足于对短期效益的追求,因此,分销渠道的控制和分销渠道的适应性这两项已逐渐成为渠道设计者们考虑的重要因素。

9.2.2 文化产品分销渠道的设计

分销渠道设计是从产品及消费需求入手,设计出较为理想的分销渠道。分销渠道设计过程包括四大步骤:分析消费者的服务需求;分析各种影响因素并确定分销渠道目标;找出可选择的渠道方案;对各渠道方案进行评估与选择。

9.2.2.1 分析消费者的服务需求

分析消费者的服务需求的目的是了解企业所选择的目标市场中消费者购买什么商品(what)、在什么地方购买(where)、为何购买(why)、何时买(when)和如何买(how)。分销渠道的设计者必须了解目标顾客的需求,才能较好地设计出适合的分销渠道。分销渠道的目标是满足目标顾客的服务需求,服务需求的主要内容有:顾客每次购买商品的数量、顾客在订货或现场决定购买后直到拿到商品的平均等候时间、顾客从家里或办公地点到商品售卖地的出行距离、分销渠道提供给顾客的商品花色、品种、数量和为顾客提供的各种售后服务等。研究服务需求的具体内容及其走势对设计分销渠道、满足其需求有着非常重要的意义。

一般来说,顾客购买商品批量小,由分销商进行分销的效率比较高;顾客一般喜欢快速交货渠道,但是快速服务要求一个较高的服务产出水平;顾客能够在他需要产品或服务的时候不需要花费很多的精力和时间就能获得所需要的产品或服务。那么,我们认为这个渠道的空间便利程度是较高的。一般来说,顾客喜欢较多的花色、品种,因为这使得顾客满足需要的机会增加了。

9.2.2.2　分析各种影响因素并确定分销渠道目标

文化企业首先在多大程度上满足消费者的服务需求,要受到产品因素、顾客因素、渠道因素、企业因素、环境因素和竞争者因素的影响。只有对这些因素进行具体分析之后,才能确定具体的分销渠道目标。无论是创建分销渠道,还是对原有分销渠道进行变更,设计者都必须将企业的渠道设计目标明确地列示出来。这是因为,企业设置的渠道目标很可能因为环境的变化而发生变化,只有明确列示出来,才能保证设计的渠道不偏离企业的目标。确定分销渠道目标时一般要考虑购买的方便性、销售额及利润指标、分销商各成员的支持配合度和售后服务水平等,这是设计分销渠道必须考虑的因素。分销渠道目标应在保证目标顾客服务得到理想满足的基础上,实现渠道费用成本最小。

渠道目标因产品特性不同而不同。体积庞大的产品要求采用运输距离最短、在产品从生产者向消费者移动的过程中搬运次数最少的渠道。非标准化产品则由公司销售代表直接销售,因为中间商缺乏必要的产品知识。单位价值高的产品一般由公司推销员销售,很少通过中间商。渠道策略作为公司整体策略的一部分,还必须注意与渠道的目标和其他营销组合策略目标(价格、促销和产品)之间的协调,注意与公司其他方面的目标(财务、生产等)的协调,避免产生不必要的矛盾。

9.2.2.3　找出可选择的渠道方案

根据分销渠道目标,寻找有可能实现确定目标的分销渠道,一个渠道选择方案包括的要素至少有渠道的长度、宽度、广度和系统。一般而言,渠道选择会产生几种方案,这些方案也受到诸如生产商的活动、市场的性质和规模、中间商的选择和其他因素的限制。有时,对于所有的生产商而言,渠道结构中级数的选择是一致的,但在某些短时期内会呈现一定的灵活性。

渠道设计者还需要考虑如何对渠道内的中间机构进行具体的选择。公司应弄清楚能够承担其渠道工作的中介机构的类型。中介机构的类型大体分为经销商、代理商和服务者三种类型。其中,经销商包括批发商和零售商;代理商包括代销商、经纪人和拍卖人;服务者包括生产商、流通商,还包括生产服务者和一般服务者。

渠道设计者还必须将达到目标所需执行的各项任务(一般包括购买、销售、沟通、运输、储存、承担风险等等)明确列示出来。渠道选择时应列出不同类型中介机构的差异,以及它们在执行销售时的优势和劣势。如使用营销中介机构能使生产商的风险降低,但中介机构的业务代表对每个顾客的销售努力则低于公司销售代表所能达到的水平。两者各有优势,因此要多加斟酌。除此之外,在进行渠道方案的设计时,还需要根据不同产品或服务的特性进行一定的调整,以最大限度地适应渠道目标。

9.2.2.4 对各渠道方案进行评估与选择

适宜的分销渠道应是所选择的渠道在长度、宽度、广度和系统各方面都有利于分销目标的实现。一般认为,评估与选择渠道方案依据三项标准:经济性标准、控制性标准和适应性标准。

每种分销渠道都会形成不同的销量和成本,经济性标准是对备选渠道方案是否以较少的销售成本实现最大销售额或最大利润为衡量标准;使用代理商要考虑控制问题,代理商关心本公司的利润最大化,代理商会注意那些购买商品最多的顾客,而不关心谁购买了某个特定的生产商的产品,代理商的推销人员可能没有掌握有关公司产品的技术细节,或者不能有效地使用它的促销资料。控制标准是指渠道设计者所需掌握管理渠道与控制渠道的能力。在迅速变化、非持久和不确定的产品市场上,生产商需要寻求有高度适应性的渠道结构和政策。适应性标准是指渠道设计者为实现渠道稳定性和灵活性的统一,根据市场变化寻求适应性更强的渠道结构,以适应不断变化的营销战略。

案例 9-2   我国商业电影分销渠道[①]

商业电影多元化的分销渠道形成了一个庞大复杂的渠道系统,随着新媒体的发展和营销理念的革新,该渠道系统也在不断地整合与重组以适应竞争激烈的现代电影市场,并发展出了紧密型垂直渠道系统、契约式垂直渠道系统、混合渠道系统等结构形式。

紧密型垂直渠道系统

紧密型垂直渠道系统是生产者、中间商、零售终端等渠道成员以提高经济效益为目的,以不同程度的一体化或联合经营方式所组成的,其经营业务同时包括电影产业价值链中的生产与销售环节。我国常见的紧密型渠道系

---

① 武谦.中国商业电影分销渠道分析[J].文艺生活,2011-12.

统是由电影制片发行企业与电影销售终端通过自建或控股等手段所形成的统一体,如中影集团、上影集团、华谊兄弟等拥有规模不等的影院;珠影集团、广西电影制片厂拥有电影频道等。此外,电影销售渠道向影视制作领域拓展也是国际上常见的一体化形式,而目前我国只有少数电影销售渠道向上游业务发展的例子,如横店影视集团与光线影业等。紧密型垂直渠道系统的组织性有利于控制渠道行为从而消除渠道成员的冲突,同时能够增强自身实力使企业在谈判中处于优势地位。但该系统的组建需要投入大量的资金,为了保证各部门的协调运作也要具备非常强的计划与控制能力,这些要求只有少数大型企业能够满足。

契约式垂直渠道系统

契约式垂直渠道是电影制片企业与销售企业通过协商谈判达成合作分销的协议,建立起临时的电影销售渠道,随着契约效力的消失,渠道成员的合作关系也跟着结束。契约式垂直渠道网络的优势在于:渠道组建成本低;渠道成员按照合同规定负有明确的责任;渠道调整具有较大的灵活性;市场覆盖面广以及专业化程度强等。由于契约式渠道成员是以影片利润分割合同连接起来的,不同环节的成员都希望自己的利益最大化。在缺乏其他约束机制的情况下,各方均有可能发生破坏性逐利行为,即渠道成员以牺牲其他成员的利益为代价增加自己的收益,从而引发渠道成员之间的矛盾和冲突。不像好莱坞几大传媒集团,多数中国制片企业并不具备丰富的渠道资源。它们基本上依靠与外部渠道的合作来生存,由于行业"游戏规则"的不完善,就免不了发生大量的摩擦。

混合渠道系统

为了避免单一渠道模式的风险,扩大电影产品市场覆盖面积,多数电影企业选择两种以上的垂直渠道构成混合渠道系统。在实际运作中,混合渠道系统内部冲突发生的概率最大,因为渠道成员越多、关系越复杂,成员间的竞争也就越激烈。渠道横向冲突会增加渠道成员营销的难度,从而造成市场份额的减少,最终引发成员间的报复、混战等反应。为防止不合理的竞争现象,优化渠道结构和渠道资源不但要靠电影行业集体的努力,也要借助政策法规等非经济手段,以正面激励为主,规范电影市场。

9.3 文化产品分销渠道的关系管理

9.3.1 文化产品的分销商管理

9.3.1.1 选择渠道成员

为了实现企业的市场营销目标,各企业都须招募合格的中间商从事渠道分销活动,从而成为企业产品分销渠道的一个成员。不同的企业,其招募能力也不相同。有些企业可以毫不费劲地找到特定的商店加入其渠道中,这主要是由于该企业享有盛誉,或其产品有大利可赚。在某些情况下,独家分销或选择分销的承诺也会吸引相当数量的中间商加入其渠道。对那些能吸引所需中间商的生产者来说,其主要问题就在于选择,生产者必须决定中间商的哪些特质足以表现其能力。另一个极端现象是生产者必须费尽心思才能招募到期望数量的中间商。生产者必须研究中间商如何作出购买决策,尤其是要研究他们在决策时对毛利、广告与促销、退货保证等给予重视程度等。不论生产者在招募中间商方面是容易还是困难,他们都必须决定哪些特性可体现出中间商的优劣。他们需要评估该中间商经营时间的长短、增长记录、偿还能力、合作意愿及其声望。如果中间商是销售代理商,生产者也须评估经他销售的其余产品种类。如果中间商准备给予某家百货公司独家经销权,则生产者需评估该商店的位置、未来的发展潜力及经常光顾的顾客类型。

中间商选择得是否得当,直接关系着文化产品生产企业的市场营销效果。选择中间商首先要广泛搜集有关中间商的业务经营、资信、市场范围和服务水平等方面的信息,确定审核和比较的标准。选定了中间商还要努力说服对方接受本企业的产品,因为并不是所有的中间商对本企业的产品都感兴趣。投资规模大并有名牌产品的生产企业完成决策并付诸实施是不太困难的,而这对那些刚刚起步的中小企业来说就不是一件容易的事情了。一般情况下,选择中间商必须考虑以下条件:

(1)中间商的市场范围。市场是选择中间商时需要考虑到的最关键要素。首先要考虑预先选定的中间商的经营范围所包括的地区与产品的预计销售地区是否一致,比如,企业准备把产品投放到东北地区,那么中间商的经营范围就必须包括这个地区;其次要考虑中间商的销售对象是否是生产商所希望的潜在顾客,这是最根本的条件。因为生产商都希望中间商能打入自己已确定的目标市场,并最终说服消费者购买自己的产品。

(2)中间商的产品政策。中间商承销的产品种类及其组合情况是中间商产品政策的具体体现。选择时一要看中间商有多少"产品线"(即供应来源);二要看各种经销产品的组合关系,是竞争产品还是促销产品。一般认为,应避免选用经销竞争产品的中间商,即中间商经销的产品与本企业的产品是同类产品。但是,若本公司产品的竞争优势明显,也可以选择出售竞争者产品的中间商。因为顾客会在对不同生产企业的产品作客观比较后,决定购买有竞争力的产品。

(3)中间商的地理区位优势。区位优势即位置优势。选择零售中间商最理想的区位应当是顾客流量较大的地点。对批发中间商的选择则要考虑它所处的位置是否有利于产品的批量储存与运输,通常以交通枢纽为考虑重点。

(4)中间商的产品知识。许多中间商被规模巨大、而且有名牌产品的生产商选中,往往是因为它们对销售某种产品有专门的经验。选择对产品销售有专门经验的中间商就会很快地打开销路。因此,生产企业应根据产品的特征选择有经验的中间商。

(5)与中间商预期合作的程度。中间商与生产企业合作得好,会积极主动地推销企业的产品,对双方都有益处。有些中间商希望生产企业也参与促销,扩大市场需求,并相信这样会获得更高的利润。生产企业应根据产品销售的需要确定与中间商合作的具体方式,然后再选择最理想的合作中间商。

(6)中间商的财务状况及管理水平。中间商能否按时结算,甚至在必要时预付货款,取决于其财力状况。整个企业销售管理是否规范、高效,关系着中间商营销的成败,而这些都与生产企业的发展休戚相关,因此,这两方面的条件也必须考虑。

(7)中间商的促销政策和技术。采用何种方式推销商品及运用选定的促销手段的能力直接影响销售规模。有些产品广告促销比较合适,而有些产品则适合通过销售人员推销。有的产品需要有效地储存,有的则应快速运输。要考虑到中间商是否愿意承担一定的促销费用以及有没有必要的物质、技术基础和相应的人才。选择中间商前必须对其所能完成某种产品销售的市场促销政策和促销技术的可能程度作全面评价。

(8)中间商的综合服务能力。现代商业经营服务项目甚多,选择中间商要看其综合服务能力如何,有些产品需要中间商向顾客提供售后服务,有些在销售中要提供技术指导或财务帮助(如赊购或分期付款),有些产品还需要专门的运输存储设备。合适的中间商所能提供的综合服务项目与服务能力应与企业产品销售所需要的服务要求相一致。

9.3.1.2 激励渠道成员

同企业的员工一样,渠道成员也需要激励。中间商需要激励以尽其职,使他们加入渠道的因素和条件已构成部分的激励因素,但是这些因素还必须通过生产商经常的监督管理和再鼓励得到补充。生产者不只是利用中间商销售商品,也是把商品售给中间商。激励本来就是很复杂的问题,因为造成生产者与其经销商合作及冲突的因素很多。

生产商要想激励渠道成员出色地完成任务,就必须尽力了解各个中间商的不同需要和欲望。首先,中间商作为一个独立经营的商业企业,它必然会追求利润。因此,从某种意义上讲,中间商首先是充当一个顾客的采购代理人,其次才是他的供应商的销售代理。他对顾客希望从他那儿买到的任何产品都感兴趣。所以,如果企业能及时地向中间商提供市场热销的产品,那么中间商就会感到企业对他的重视。而且,出于自身的利益需要,中间商也会更热情地投入到销售生产商的产品中去。

由于中间商往往同时为多个生产商经销产品,因此中间商有可能把他的商品编成一个品目组合;他可以把商品像一揽子品种组合那样综合起来出售给单个顾客。由于这样的做法能使他的商品更快地流转,资金更有效地得到使用,所以中间商的销售努力往往主要用于获取这类品种组合的订单,而不是个别的商品品目。如果企业能提供这样的产品组合的建议或能较好地满足中间商所提出的类似要求,那么企业也能达到激励中间商的目的。

生产者在处理与经销商的关系时,往往采取不同的方式,主要有合作、合伙和分销规划三种。

大多数生产者都以为激励只是设法得到独立中间商或不忠诚、怠惰中间商的合作。他们幻想出来一些正面的激励因素,如高利润、私下交易、奖赏、合作广告津贴、展示津贴及销售比赛,如果这些未能发生作用,他们就改为负面的惩罚,例如,威胁要减少中间商的利润,减少给他们的服务,甚至终止双方的关系。这些方法的根本问题是生产者从未认真地研究经销商的需要、困难以及经销商的优势和劣势。相反，他们只是草率地运用"刺激——反应"式的思考把很多繁杂的工具拼凑起来。

一些有经验的生产者会与经销商建立长期的合伙关系。这就需要生产商详细了解他能从经销商那里得到什么，以及经销商可从生产者那里获得什么。所有这些，都可用市场覆盖程度、产品可获性、市场开发、寻找顾客、技术方法与服务以及市场信息来测量。生产商希望得到渠道成员对这些政策的同意，甚至依其遵守情形建立报酬制度。例如，一家企业不直接给25%的销售佣金，而按下列标准支付：因经销商能保持适度的存货、能满足销售配额的要求、能有效地服务顾客、能及时地通报最终顾客的购买水平、能正确管理应收账款。经销商每满足一项指标生产者支付5%的销售佣金。

分销规划是生产商与经销商间可能建立的进一步关系，它是指建立一套有计划的、专业化管理的垂直市场营销系统，把生产商及经销商的需要结合起来。生产商在市场营销部门下成立一个专门的部门，即分销关系规划处，主要工作为确认经销商的需要，制定交易计划及其他方案，以帮助经销商能以最适当的方式经营。该部门和经销商合作决定交易目标、存货水平、商品陈列方案、销售训练的要求、广告及促销计划。其目的在于，将经销商认为他所以赚钱是因为与购买者站在同一立场(共同对抗生产商)的看法，转变为他之所以赚钱乃是由于他和销售方站在同一立场(即通过为其精心地规划垂直市场营销系统而赚钱)。

生产商对中间商的激励措施有如下五项：

(1)开展促销活动。生产者利用广告宣传推广产品，一般很受中间商的欢迎，广告宣传费用可由生产者负担，亦可要求中间商合理分担。生产者还应经常派人前往一些主要的中间商，协助安排商品陈列，举办产品展览和操作表演，训练推销人员，或根据中间商的推销业绩给予相应奖励。

(2)资金支助。中间商(特别是经销商)一般期望生产企业给予他们资金资助，这样可促使他们放手进货，积极推销产品，一般可采取售后付款或先付部分货款待产品出售后再全部付清的方式，以解决中间商资金不足的困难。

(3)协助中间商搞好经营管理，提高营销效果。例如，科学地计划并执行对中间商的培训，以改进中间商的业绩。企业应树立这样一种理念，把中间商当成合伙人看待，一起共同努力服务于最终消费者。

(4)提供情报。市场情报是开展市场营销活动的重要依据。企业应将所获得的市场信息及时传递给中间商,使他们心中有数。为此,企业有必要定期或不定期地邀请中间商座谈,共同研究市场动向,制定扩大销售的措施;企业还可将自己的生产状况及生产计划告诉中间商,为中间商合理安排销售提供依据。

(5)与中间商结成长期的伙伴关系。一方面,企业要研究目标市场上产品供应、市场开发、账务要求、技术服务和市场情报等方面的情况,以及企业与中间商各自能从对方得到的利益,然后,根据实际可能,与中间商共同议定这些情况,制定必要的措施,签订相应的协议,如中间商能认真执行,企业要考虑再给予一定的补助。另一方面,可在组织方面与中间商进一步加强合作,把生产者和中间商双方的要求结合起来,建立一个有计划的、内行管理的纵向联合销售系统,生产企业可在此系统内设立一个中间商关系计划部,由这个部与中间商共同规划销售目标、存货水平、商品陈列、培训员工计划以及广告宣传计划,其目的是使中间商认识到,作为一个精明的纵向联合销售系统的一员,可以从中获利。

9.3.1.3 评价渠道成员

生产商要想对中间商进行适当的激励,首先需要按一定的标准来衡量中间商的表现,并将这种衡量长期化。这些标准可以根据中间商的不同而作调整。这些标准往往包含以下几个方面的内容:

(1)中间商的渠道营销能力是每一个生产商在选择中间商时首先考虑的问题,也往往是衡量中间商的能力与参与程度的第一个标准。其中包括销售额的大小、成长和赢利记录、偿付能力、平均存货水平和交货时间等内容。

(2)中间商的参与热情也是评价中间商的一个重要标准。一个十分有能力的中间商不积极配合生产商的营销活动,其结果可能比一个普通的中间商积极配合生产商的活动的效果要差许多,甚至可能会危及生产商目标的完成。衡量中间商参与程度的内容包括对损坏和遗失商品的处理,与公司促销和培训计划的合作情况以及中间商应向顾客提供的服务等。

(3)由于中间商往往经营多种品牌或多种类型的产品,因此也可以通过对中间商经销的其他产品进行调查来衡量中间商的能力。如果中间商的经营品种多,总体的销售量大,那么说明该中间商是具有实力的。同时还可以从中了解本企业的产品销量在中间商销售的产品总量中占有多少比例,处于什么样的地位,从而决定对中间商进行的激励着重于哪一个方面。

如果某一渠道成员的绩效过分低于既定标准,则须找出主要原因,同时还应考虑可能的补救办法。当放弃或更换中间商将会导致更坏的结果时,生产者则只好容忍这种令人不满的局面。当不至于出现太坏的结果时,生产者应要求工作成绩欠佳的中间商在一定时期内有所改进,否则就要取消合作。

如果一开始生产者与中间商签订了有关绩效标准与奖惩条件的契约,就可避免种种不愉快的发生。在契约中应明确经销商的责任,如销售强度、绩效与覆盖率;平均存货水平;送货时间;次品与遗失品的处理方法;对企业促销与训练方案的合作程度;中间商对顾客须提供的服务等。

(4) 除了针对中间商绩效责任签订契约外,生产者还须定期发布销售配额,以确定目前的预期绩效。生产者可以在一定时期列出各中间商的销售额,并依销售额大小排出选择名次。这样可促使后进的中间商为了自己的荣誉而奋力上进;也可促进先进的中间商努力保持已有的荣誉,百尺竿头,更进一步。

需要注意的是,在排列名次时,不仅要看各中间商销售水平的绝对值,而且还须考虑到他们各自面临的各种不同可控制程度的变化环境,考虑到生产者的产品大类在各中间商的全部货品搭配中的相对重要程度。

测量中间商的绩效,主要有两种办法:

第一种测量方法是将每一中间商的销售绩效与上期的绩效进行比较,并以整个群体的升降百分比作为评价标准。对低于该群体平均水平以下的中间商,必须加强评估与激励措施。如果对后进中间商的环境因素加以调查,可能会发现一些可原谅的因素,如当地经济衰退;某些顾客不可避免地流失;主力推销员的流失或退休等。其中某些因素可在下一期补救过来。这样,生产商就不应因这些因素而对经销商采取任何惩罚措施。

第二种测量方法是将各中间商的绩效与该地区的销售潜力分析所设立的配额相比较。即在销售期过后,根据中间商实际销售额与其潜在销售额的比率,将各中间商按先后名次进行排列。这样,企业的调查与激励措施可以集中于那些未达既定比率的中间商。

出口商对海外经销商的能力和经营业绩作出评估。出口商为了让海外经销商充分了解其产品,增强经销商的经营管理能力,往往对他们进行培训,培训内容包括产品知识的培训;有关本企业知识的培训;反馈信息技能的培训;推销技能的培训;市场调查技能的培训;营销管理技能的培训;财务管理技能的培训和人事管理技能的培训。对海外经销商的评估是渠道管理的一个重要组成部分,它对聘用或解雇经销商的决策有决定性影响,同时也直接指导着对经销商的训练、激励以及整个渠道计划工作。通过评估,出口商可以了解经销商是否按照规定计划执行营销战略,并对执行中的偏差给予修正。

一般来说,出口商大都每一年对其经销商评估一次,评估标准有销售量;开辟的新业务;承担责任的情况;销售金额;为推动销售而投入的资源;市场信息的反馈;向公众介绍新产品的情况;向顾客提供服务的情况;该经销商为本企业赚了多少钱,花了多少钱以及其他情况。在这十项评估指标中,销售量、开辟的新业务和承担责任的情况是三个最重要的指标,它们反映了该经销商发展业务的能力和履行合同的情况。

9.3.1.4 分销渠道的控制与改进

选择分销渠道的目的是促使商品不断地、更好地向消费者或用户运动,而只有所有渠道成员的目标相一致时,渠道才能很好地运转。所以,控制渠道的首要任务是使中间商了解企业的营销目标。其次,生产商的任务不能仅限于设计一个良好的渠道系统,并推动其运转。由于各个独立的渠道成员的利益不可能总一致,因此,无论对渠道有多好的设计,总会有某些冲突存在。尤其是当消费者的购买方式发生变化、市场扩大、新的竞争者兴起和创新的分销战略出现时,这种冲突更为突出。所以,渠道结构需要不断改进,以适应市场新的动态。生产商采用较多的改变渠道结构的方法包括增减个别渠道成员,增减某些特定的市场渠道,或者创立一个全新的方式在所有市场中销售其产品。只有不断适应市场的变化,才能更好地控制分销渠道为己所用。

案例 9-3　　　　中国旅游分销要上新台阶[①]

2010年10月18日,由中国专业旅游资讯网站环球旅讯主办的"2010中国旅游分销高峰论坛"在北京举行。500多名国内外业界高层齐聚一堂,共同探讨和分析中国旅游业面临的挑战、竞争以及未来发展机会。

艺龙网 CEO 崔广福在本次高峰论坛上表示,在这个信息时代,供应商和分销商之间,分销商和广告商之间,供应商和广告商之间都有既竞争又合作的关系。他以艺龙为例,说明酒店是艺龙这样的在线分销商的上游供应

---

① 根据2010年10月18日《中华工商时报》中《中国旅游分销要上新台阶》一文整理。

商,酒店与艺龙之间是合作伙伴的关系,但是另一方面酒店直销和艺龙的分销又存在着竞争关系。像艺龙这样的在线分销商与内容广告商、垂直搜索也存在着既合作又竞争的关系。艺龙与谷歌、百度这种通用搜索也存在着既竞争又合作的关系。所以,旅游业对比快速消费品行业存在着很多落后的僵化思维,必须引用新的思维指导上下游的工作。过去,酒店或者是分销商都把各自的利益放在中心,并且以博弈思维来指导这个行业。这种思维已经不再适合了。上下游通常把对方错误定义为直接竞争对手,上游所采取的方式就是通过特有的价格、库存、促销来抑制分销商的发展,分销商也试图集中产量控制酒店来榨取更多的佣金。这是一种产业的自杀行为,最后的结果是使整个产业链价值下降,使整个行业失去竞争力。

在分销过程中,要以消费者为中心,为消费者创造价值,这样才能互利互惠。这样上下游的关系应该是合作伙伴而不是你死我活的对手。企业存在的终极目标就是创造客户。在这一终极目标上,航空公司、酒店和在线分销商是合作伙伴而不是竞争对手。客户不论从哪里预订旅游产品,他们都是我们的客户,只有上下游通力合作才能降低产业链成本,改善客户体验,实现多赢。

9.3.2 文化产品分销渠道的关系管理

文化产品分销渠道管理的实质是分销渠道成员间的关系管理。渠道成员之间的关系包括内部关系和外部关系管理,而关系管理的重点在于合作关系的维持与冲突的解决,关系管理的核心是利益关系,利益关系的处理包括利益的分配与利益冲突的解决。

9.3.2.1 分销渠道关系的分类管理

分销渠道关系的分类管理是指把分销渠道成员之间的关系首先分为内部关系和外部关系,进而再将内部和外部关系具体划分为垂直关系、水平关系和交叉关系,依关系类别进行冲突管理的方法。

(1)垂直关系(上下层关系)中的成员管理。垂直关系是指处在不同渠道层次的渠道成员之间的关系。在垂直关系中的成员之间的冲突,主要集中在回款、折扣率、激励政策、淡旺季的产品供应、市场推广支持和渠道调整方面。

回款冲突的原因主要在于生产商与分销商分属两个不同的利益体,谁占有他人款项的时间越长就获得越多的利益。生产商总想获得预付款或尽快回款,中间商总期望延期付款、售后付款或有较长时间的账期。由于双方期望不同而导致回款冲突的产生。解决的方法有三个:依据回款时间制定不同的折扣率或年终给予一定的现金奖励;双方形成长期的战略伙伴关系,通过扩大市场来增加双方的收益;加强对客户的信用管理,对客户进行信用评级,根据不同信用等级确定不同的赊销额度。

折扣率冲突的原因在于生产商和分销商的利润,利润多少在很大程度上取决于生产商给中间商的折扣率。生产商总是尽量降低折扣率,中间商总是尽量提高折扣率。解决的方法是:以利益公平分配为原则,将折扣率与中间商的经营业绩挂钩,使折扣率成为产生效益的措施。

激励政策冲突的原因在于生产商和分销商处在分销的不同环节,对销售措施和促销的功效会有不同的判断;同时,对一个渠道成员的评估会出现不公平的现象,这就会出现双方在激励政策上的冲突。解决冲突的方法就是制定一个有效的激励政策,确定明确具体的评价和激励标准,公平地对分销商进行评估,并根据评估结果及时兑现所作出的奖励承诺。

产品供应冲突的原因在于生产商在销售旺季时生产能力可能满足不了所有中间商的需求,而在销售淡季又希望中间商多囤货,以减缓自身的资金和存储压力;中间商则在旺季时要求生产商连续、充足地供货,淡季时希望减少供货,以便腾出资金用于其他应季产品。解决这方面矛盾的方法是生产商根据市场销售的季节性变化及时进行生产和物流的调整,以实现及时供应并降低双方的库存;同时也可以采取激励政策,鼓励中间商在淡季多购进产品。

市场推广支持冲突的原因主要是生产商希望中间商多做一些市场推广工作,而中间商则希望生产商的广告越多越好。解决方法是双方在理念上要将市场推广支持费用作为一种投资,通过协商将投资在生产商和中间商之间进行合理的分配,生产商要联合中间商进行地区的市场推广活动,并提供相应的资金和业务支持。

渠道调整冲突的原因在于生产商增加渠道成员会使原有渠道成员的利益受到影响,减少渠道成员会使渠道成员的利益丧失。解决渠道调整冲突的方法是考虑新老渠道成员的利益,使他们在竞争环境中通过自己的努力增加收益。渠道调整的结果要使双方的利益都有所增加。

(2)水平关系(同层次关系)中的成员管理。水平关系是指处在同一渠道层次的渠道之间的关系。水平关系中的冲突主要表现在价格混乱、产品供应不平衡、促销方式的差异和侵蚀地盘等方面。

价格混乱的原因是由于渠道成员之间激烈竞争而竞相降价所致,其结果便导致渠道成员之间的矛盾和消费者的怀疑。解决这类冲突的方法是:制定统一的价格体系;加强对中间商的控制和管理;奖励遵守价格协议者,惩罚违背者;对产生冲突的地区进行重点监控。

产品供应不平衡的原因在于中间商虽然处于同一级别,但供货来源不同,或供货来源相同但由于物流、结账、信用和销售速度等方面的影响导致产品供应方面的不平衡。解决的方法是:建立生产商与中间商之间有效的信息沟通系统,使生产的数量和节奏与中间商需要的总量和时间相吻合,同时要灵活地在中间商之间进行商品余缺的调剂工作。

促销方式冲突源于中间商对促销方式、效果的评价存在着差异,尤其是由中间商各方承担促销费用时更是如此。即使由生产商承担促销费用,但由于生产商统一促销规划的能力、沟通水平的局限也会引起中间商更改促销方案,每个中间商都推出自己喜欢的促销方式,从而导致了混乱。解决冲突的方法是:遵守统一性和灵活性相结合的原则。生产商在进行统一规划促销活动时要考虑各渠道不同成员的差异性,同时对渠道成员授权,使其在总体规划和原则指导下根据各自的具体情况采取灵活的促销方案。

(3)交叉关系(不同渠道类型成员之间的关系)中的成员管理。大多数生产商为了扩大市场范围、增加销量,都是采用多条或多种分销渠道形式。但这样就会不可避免地产生交叉关系,即不同渠道形式成员之间的关系,如代理商、经销商、零售商、直销商之间错综复杂的关系。其冲突的主要表现是在价格不统一和窜货问题上。对价格不统一问题的解决方法有:一方面尽量使不同的渠道满足不同的目标顾客群;另一方面通过分销政策来调整。例如,不同渠道实行统一的价格体系,实行不同价格体系的渠道可采取改变产品包装和促销方法,或是限制新渠道的启用。对于窜货问题的解决方法主要有四个:生产商内部业务员与本企业之间、客户与企业之间签订不窜货协议,为加大处罚力度提供法律依据;外包装区域差异化,如通过在外包装上印刷"专供某某地区销售"的文字标识,商标颜色在不同地区采用不同色彩加以区分,外包装根据不同地区印制不同的条形码等;发货车统一备案,统一签发控制运货单。在运货单上标明发货时间、到达地点、接收客户、行走路线、签发负责人及公司业务员等,并及时将该车的信息通知沿途不同地区业务员或经销商,以便于进行监督;建立科学的地区内部分区业务管理制度。采取定区、定人、定客户、定价格、定占店率、定激励、定监督的"七定"措施。

9.3.2.2 渠道冲突与管理

文化产品分销渠道的关系管理,其实质就是减少关系结构中的冲突部分,增强有关利于合作的力量,把文化产品入市过程中的摩擦力降到最小,并且使文化企业得到最及时的市场需求动向信息。在选择分销渠道模式和确定中间商以后,生产商便要对分销渠道进行管理,即企业应对中间商的权利和义务作出规定,对中间商经常予以检查和鼓励,必要时还需对分销渠道进行调整。

(1)规定分销渠道对象的权利和义务。

第一,价格政策。为了鼓励中间商进货,或者为了保证企业出售足够数量的商品,企业可制定出价格表,对不同类型的中间商给予不同的折扣,或者对于不同的进货数量给予不同的折扣。但企业一定要十分慎重,中间商对于商品的价格以及各种折扣、回扣都十分敏感。

第二,买卖条件。对于提前付款或按时付款的中间商,根据其付款的时间,企业可给予不同的折扣,这可鼓励中间商及时回款。企业对次品处理或价格调整向中间商提出某些保证,也可鼓励中间商放手进货,解除中间商的后顾之忧。

第三,中间商的地区权利。企业要明确中间商的地区权利。企业可能在许多地区有特许代理人,特别是在邻近地区或同一地区有多少特许代理人,有多大的特许权,中间商对此都十分关注。因为中间商总喜欢把自己销售地区的所有交易都归于自己;同时,企业在邻近地区或同一地区特许代理人的多少以及企业特许代理人的特许权的允诺,均会影响中间商的销路,这也会在很大程度上影响中间商的积极性。因此,企业要相应的给予中间商一定的地区权利。

第四,双方应提供的特定服务内容。包括广告宣传、资金帮助、人员培训等等。为了慎重起见,对于双方应提供的特定服务内容可以用条约的形式固定下来。条约规定的服务内容应使中间商满意,觉得有利可图,愿意花气力推销企业生产的产品,当然也要以企业的负担能力为限。

(2)渠道系统的动力。

第一,分销商的力量与领导。为使渠道有效地发挥其职能,就要协调好各中间商之间的作业。要确定所有的单位在有效的共同合作中必须负起责任,这种责任应落在渠道系统的领导肩上(最有力量的公司)。衡量某一中间商力量的标准除了财务指标以外,其他重要标准包括:商标的所有权;在渠道中某一中间商所表现的角色;对渠道中其他中间商在所有权方面的控制;渠道中各分销人之间的契约性协议等。这些标准实行结果所形成的种种可能性,可以解释分销渠道的支配力量。例如,一家小工厂已经具有一个给人印象深刻的商标,就可支配渠道路线,迫使规模很大的零售商接受其条件。

第二,生产商力量。汽车、软性饮料、专利药品、牙膏、电视机与照相机等全部是制造商控制的产品。为什么这类产品的生产商能在渠道中拥有支配的力量？金钱或为决定性的因素。为了成功地推销这些产品,大的生产商大量投资于新产品的发展和全国性的广告。单是全国性的广告就需数百万元,极少有中间商能做如此大的投资,大多数中间商也缺少能将大部分注意力集中于一个产品上的技巧。在大多数的市场销售中,分销渠道越长和越复杂时,生产商的力量就越小。假如批发商牵涉在内,生产商就会失去与零售商的直接联系,导致彼此间信息失真。再者,分销渠道越是错综复杂,参与的公司,则越可能专心于其个别优先的问题。此时分销渠道路线整体的策略就难以执行。

第三,中间商的力量。有些家庭用品和时尚物品,似乎特别适合由中间商控制其渠道。这些产品面对着当地市场上迅速转变的需求,生产商确实无法轻易地预测或营造当地的需求情势,结果领导权就落在中间商手中。中间商挑选想卖给顾客的货物,可以对推广与价格作出自主决定。

(3)渠道冲突的管理。渠道冲突可能发生在不同的渠道之间,也可能发生在同一渠道的不同层次之间或同一层次的不同成员之间。有的渠道冲突是结构性的,这将促使渠道根据环境的变化进行调整。而大多数的渠道冲突是由于渠道功能失调所导致的。产生渠道冲突的根源很多,在购销业务中本身就存在着矛盾,如供货商要以高价出售,并倾向于现金交易,而购买者则要支付低价,并要求优惠的商业信用。矛盾产生的主要原因是生产商及批发商对各自的企业有不同目标,生产商希望提高市场占有率,增加销售额及利润,但大多数零售商,特别是小型零售商,希望在本地市场上维持一种舒适的地位,因为有些小型零售商一旦在销售额及利润达到满意的水平时就满足于安逸的生活。生产商希望中间商销售自己的产品比例比较高,但中间商只要有销路就不关心销售哪一种牌子的产品。生产商希望中间商将折扣让给买方，而中间商却宁愿将折扣留给自己。生产商希望中间商为它的产品做广告，中间商则要求生产商付出代价。同时，每一个成员都希望对方多保持一些库存。所有这些问题，由于相互之间缺乏交流和沟通而使双方关系趋于紧张。最后，当矛盾不能避免或难以控制时，渠道本身就必须改组，否则就要解散。渠道冲突表明了一种强大推动的力量，迫使管理层不断积极地探讨化解冲突、合作双赢的办法。

促进合作通常是消除冲突的方法，要获得成功，渠道的领导人及其他成员首先必须认识渠道是一个体系，即认识到一个成员的行动常常会对增进或阻碍其他成员达到目标产生很大的影响。处理矛盾及促进合作的行动，要从领导人感觉到渠道中的潜在矛盾开始。处理与分销商的关系的一个更积极的做法是努力提高与分销商的关系质量，也就是说，把分销商作为企业的一个顾客，从顾客的角度去考虑他的需要，运用市场营销观念处理问题。生产商必须发现中间商与自己的不同观点，例如，中间商希望销售多个生产商的各种产品，而不希望销售一个生产商的有限品种，因为他们的成功，取决于他们是否作为买方的采购代表而经营。其次，企业必须重视渠道中的冲突，及时发现实际问题或潜在的问题所在。渠道成员之间的相互交往可以提供诸如相互抱怨、延迟付款，或推迟完成订货计划等矛盾的线索。再次，企业必须制定解决冲突的策略。第一种策略是如果对增进渠道成员的满意程度感兴趣，可以采取分享管理权的策略，接受其他成员的建议，有些企业为此设立了渠道委员会。第二种策略是在权力平衡的情况下，采取讨价还价、说服及协商的办法。第三种策略是使用权力，用奖励或惩罚的办法，促使渠道成员听从自己的意见。自动连锁批发商及特许授权者通过提供或撤销经营上的援助来行使权力;集团系统运用分享赢利计划以及用红利来奖励完成任务好的成员或惩罚未完成任务的成员。合作是处理矛盾的目标，但要达到目的，需要由渠道领导人走出第一步，主动做出合作的努力。归根到底，合作就意味着为一个共同目标而一起工作。

渠道领导人一般通过对中间商的业务人员进行培训，为生产商提供市场信息反馈，并帮助开展促销活动以及经济上的援助。相互交换意见是促进合作所必需的。单纯注意冲突和增进合作并不一定能保证完成任务，也不一定能决定渠道的存亡。这是因为，渠道成员缺乏达到目标所必需的能力，有时销售人员不足，或者产品质量差，市场范围小，在这些情况下，就需要渠道领导人果断地作出保留或改组渠道的决定。

案例9-4　　　　中国报业传媒发行渠道的整合

在全国上下一片风起云涌的报业自办发行浪潮中，邮政发行也不是铁板一块，终于开始审视自己的缺陷，尝试着由单方面决断向双向服务的形象转变。"我国邮政系统是一个拥有 12 万局所、120 万公里水陆空邮路的超大型物流网络。在我国，目前还没有任何一个其他机构在网络规模上能够跟邮政系统匹敌。像《南方周末》《21 世纪经济报道》这样面向全国的报纸仍然要依赖于邮局的发行体系。并且，目前全国仍有 2/3 的报纸是由邮局办理发行的，这说明，邮局直到今天仍是我国报纸发行业务的主力。"

自办发行后各报的发行公司分散了邮局的大量财源，不久邮局就开始了一些改革实验，如扩大发行队伍、开展上门征订、力求准时服务等。尽管邮局与自办发行的报纸存在诸多不可调和的矛盾，但国际惯例足以证明，任何报纸的发展都离不开邮政发行。无论愿意与否，中国报业传媒发展到什么阶段，也不可能完全丢弃邮局，失去邮政发行的中国报业将会是一盘散沙。另一个无法逃避的现实是，中国报纸正面临着与那些历史悠久、实力强劲的国际传媒巨擘的狭路相逢。2004 年年底我国书报刊批发市场已全部对外开放，解禁令发布不久，就有 60 家有外资背景的发行公司向新闻出版总署提出了申请。"实际上外资早就觊觎中国发行的这块肥肉，比如"1993 年贝塔斯曼进入中国后，十几年间已经在华拥有了 150 多万书友会会员；2000 年，世界三大跨国发行集团之一的 Hachette 已拥有国内 40 多家杂志的发行代理权。"

中国报业为了与竞争伙伴相抗衡，单靠邮政网络显然是不行的，必须建立独立、专业、高效的全国发行"第二渠道"。就是要构筑起世界上重要的现代报纸发行物流网之一的——中国报纸发行联合经营网。"全国报纸发行公司的联合既有利于各报刊在全国范围内和不同市场的顺利发行，又有利于各发行公司网络资源和人力资源的充分利用和多种经营项目的共同开发，还有利于推动邮局发行工作的改革和进步，促进我们应对来自于国际传媒巨头的强大竞争。"现在中国的文化市场日趋成熟，根据《中国报刊发行市场调研报告》的数字，我国报刊年流转额约 300 亿元，其中 117 亿元属于发行环节的收入，批零发行 70 亿元、订阅发行 47 亿元。如此之大的市场诱惑将使中国各自为政的报刊媒体加快走向联合的脚步。由北京青年报投资控股，国内 37 家报纸加盟的"小红帽发行股份有限公司"是个不错的信号，发行渠道的集中整合已到了势在必行的时候。

小　结

本章介绍了分销渠道的概念和职能，对文化产品分销渠道的结构与流程进行了梳理，对影响文化产品分销渠道策略的因素进行了剖析，阐述了分销渠道设计过程和步骤，并对文化产品分销渠道的关系管理进行了探讨，研究了一般情况下选择具体的中间商必须考虑的条件以及如何激励中间商、如何处理渠道的冲突等。通过本章的学习，使读者对文化产品的分销渠道更加清晰，从而掌握建立分销渠道的理论和方法。

思考题

1. 文化产品分销渠道的概念及职能是什么？
2. 何谓直接分销渠道与间接分销渠道？
3. 何谓分销渠道的长度、宽度和广度？
4. 传统分销渠道和垂直分销渠道有什么区别？
5. 影响文化产品分销渠道策略的因素有哪些？
6. 互联网对分销渠道的影响主要体现在哪几个方面？
7. 分销渠道设计过程和步骤是怎样的？
8. 文化产品的分销商管理的内容有哪些？
9. 一般情况下要选择中间商必须考虑什么条件？
10. 生产商对中间商的激励有哪些措施？
11. 对海外经销商的激励有哪些措施？
12. 怎样进行分销渠道关系的分类管理？
13. 如何管理渠道冲突？

参考文献

1. 李飞. 分销渠道——设计与管理[M]. 北京:清华大学出版社,2003.
2. 蔡嘉清. 文化产业营销[M]. 北京:清华大学出版社,2007.
3. 周本存. 文化与市场营销[M]. 合肥:合肥工业大学出版社,2005.
4. 包国强. 媒介营销[M]. 北京:清华大学出版社,2005.
5. 郭国庆. 市场营销学通论[M]. 北京:中国人民大学出版社,2000.
6. [美]菲利普·科特勒. 营销管理[M]. 11版. 上海:上海人民出版社,2003.
7. 朱春阳. 传媒营销管理[M]. 广州:南方日报出版社,2004.
8. 全球品牌网 http://www.globrand.com/.

10 文化市场营销的促销策略

10.1 文化产品的促销与促销组合

10.1.1 文化产品促销的概念及过程

10.1.1.1 文化产品促销的概念

文化产品促销是指文化企业把提供文化产品或服务的信息及时通过各种有效的方式传递给目标市场,以激发、促进或创造市场对企业文化产品和服务的需求,并引起消费者的购买欲望和购买行为的综合性策略活动。它一般包括广告、人员推销、销售促进和公共关系等具体活动。促销的本质是通过传播手段实现企业同其目标市场之间的信息沟通。通过信息沟通不仅使卖方了解买方的需求,进而完善其产品和服务,更好地满足买方的需求,而且还能使卖方在满足买方需求的基础上,引导买方的消费理念,创造消费和使用该种产品的社会氛围和市场条件,有效地刺激买方的购买欲望,促使其实施购买行为,从而促进销售提升。促销活动的基本功能可以概括如下:

(1)提供商业信息。通过促销引起消费者对产品、对服务的注意,激发其购买欲望,为实现和扩大销售做准备。促销活动能把文化企业的产品、服务、价格、信誉、交易方式和交易条件等有关信息传递给目标市场,使顾客对企业由无知转为有知,从知之不多到知之较多,从而能使顾客在选择购买目标时将企业的文化产品或服务纳入其选择范围。一般来说,消费者比较喜欢购买他们所了解的产品,他们对某一企业的有关信息知道得越多,选择该企业产品的可能性也就越大。

(2)说服目标消费者。促销活动往往是通过提供证明、展示效果、解释疑虑和给出承诺等方法来说服目标消费者的,增强他们对本企业产品或服务的信任,促使其迅速采取购买行为,以达到扩大文化产品消费的目的。一般来说,消费者为购买而犹豫不决的时候,很希望能获得更多的信息帮助他作出决策。通过促销,宣传本企业及产品特色,使消费者认识到本企业的产品给其带来的特殊利益,有助于消费者作出购买决策。

(3)树立文化企业与文化产品的形象。通过促销,可树立良好的文化企业和产品形象,建立良好的公共关系和顾客的品牌忠诚度,培养目标消费者对文化企业及产品的偏好,从而为文化企业的长远发展创造有利条件。促销活动通过对社会广泛、经常的信息传播,往往能使消费者的印象不断加深,甚至形成一种社会舆论,从而通过从众心理的作用,对目标市场的消费者产生舆论导向,使他们在不知不觉之中接受本企业的各种宣传,建立对本企业的认识,形成对本企业及产品的好感。

促销的主要手段是通过各种媒介进行信息的传播活动。在激烈的市场竞争中,要确保本企业的促销活动有效,就必须掌握信息传播的客观规律,努力提高促销活动中的信息传播效果,以强化促销的各种基本功能。信息传播的一般过程如图 10-1 所示。

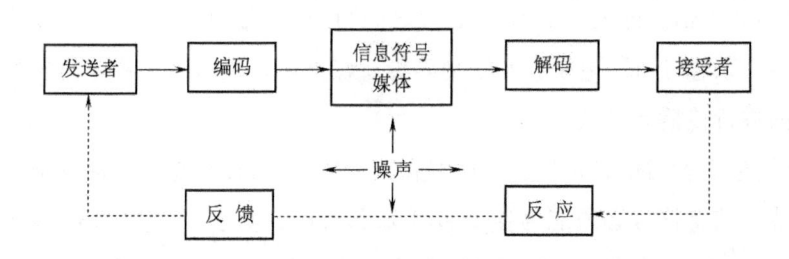

图 10-1 信息传播的一般过程

从图 10-1 中可以看到,信息传播的一般过程包含五个要素和三个阶段。五个要素为:发送者、接受者、信息符号、媒体和噪声;三个阶段为:信息编码阶段、信息解码阶段和信息反馈阶段。信息传播的一般过程为:信息的发送者将信息编码为信息符号,并通过一定的媒体进行传播;又由接受者将信息符号进行解码还原为信息并予以接收;接受者对所接收的信息作出反应,并将部分反应反馈给发送者。

发送者:一般为进行促销活动的文化企业。为使其产品能够被消费者所接受,企业往往试图将一些思想、产品服务信息传递给目标市场的消费者,从而成为信息的发送者,也称"信源"。

编码:是将发送者的思想、需要传播的信息转变为可以被传播和为接受者所感知的信息符号的活动。发送者传播的信息符号必须能全面,准确地反映信息发送者的思想,这就是信息传播活动中的"编码"阶段,"编码"的质量决定了信息传播的质量。"编码"的工作可以由企业自己来做,但在大多数情况下,企业往往会委托广告公司等传播代理机构从事这项工作。

信息符号:是用以反映人们的思想和产品信息并能被人们传播和感知的讯号,如语言、文字、图画、色彩、表情、动作、标识、象征物等等。信息符号是信息传播的关键要素,信息传播实质上是人们的思想交流活动,而人的思想却是一种看不见、摸不着的东西。要实现人们之间的思想交流,只有借助某种能被人们所感知的东西来反映其所要进行交流的思想,信息符号发挥的就是这种作用。正因为人们是完全依赖于信息符号来实现思想交流的,所以,信息符号对于信息传播和思想交流的程度和质量就有着至关重要的影响。信息发送者和接受者双方对于信息符号的理解越是趋向一致,信息传播的质量就越高。对信息符号的理解往往取决于各方的经验领域,所以说,信息传播双方的经验领域交叉面越大,对于信息符号理解一致的可能性也就越大。

媒体:介于信息的发送者和接受者之间,用以复制和传递信息符号的各种载体,如报纸、杂志、广播、电视和互联网等等。媒体可在短时间内将信息符号在很大的范围内进行传播和扩散。

解码:接受者对信息符号进行理解和接受的过程,往往是传播活动能否成功的关键环节。信息符号必须能为接受者感知和理解,这就是信息传播活动中的"解码"阶段。"感知"的清晰度和"理解"的准确度也影响着信息传播的效果。

接受者:接触、感知、注意或理解了企业所传播的信息的那部分人。他们可能是企业的目标顾客,但也可能是毫不相干的群体。

噪声:是指在信息传播过程中同时存在的,对同一接受群体所进行的其他信息传播活动,它们对于企业的传播活动产生干扰。在现代社会中,信息是大量存在的,信息的接受者不可能同时接受所有的信息,而必须根据其需要或经验,对其可能接触到的信息有选择地接受。这包括选择性注意、选择性理解和选择性记忆。对于某一发送者来讲,社会信息的大量并存和接受者接受信息的选择性,使得信息传播活动中必然存在着大量噪声。噪声的存在会使发送者的信息最终不被接受或被曲解。要防止噪声,以保证信息传播得以成功,就必须分析影响接受者选择信息的因素。基本因素有两个方面:一是接受者的需要和经验,信息的接受者往往根据自己的特定需要选择相关信息,并根据自身的经验判别和理解信息,这是影响接受者选择信息的内在因素;二是信息刺激的强度,信息的接受者往往会特别注意和记住那些刺激相对比较强烈的信息,这是影响接受者选择信息的外在因素。所以,信息的发送者只要根据接受者的需要和经验特点,注意选择适当的信息符号,并努力增强刺激的相对强度,就能比较有效地防止噪声的干扰。

信息的反应和反馈:信息的反馈是检验信息传播质量的重要依据,也是信息的发送者同接受者实现思想交流的必要条件。信息的接受者接收信息后就会产生反应,反应的情况同发送者的愿望可能一致,也可能不一致,发送者只有了解这些反应,才能不断调整所发送信息的强度和质量,以促使接受者的反应同发送者的愿望趋向一致。接受者的反应并不全部形成反馈,只有向发送者传送回去,并为发送者所接受的那部分反应才形成反馈。这就使得信息反馈的质量会受到两方面的影响:一是反馈的全面性,即所反馈的部分占接受者实际反应的比重大小,反馈得越全面,反馈的准确度也就越高;二是反馈的相关性,即所反馈的部分是否接受者反应的本质内容。反馈的相关度大,即使反馈得不全面,也可准确地了解接受者的实际反应,而且还可能降低反馈成本。所以,在了解接受者反应时应尽可能提高信息反馈的相关度,以准确了解接受者对信息的实际反应。

促销作为一种有目的的信息传播活动,必须重视通过信息传播对接受者(消费者)行为加以控制和引导。这就要求在促销的信息传播活动中掌握好四个层次:一是要求信息能被目标市场的消费者所感知,引起他们的注意;二是要求信息能被目标市场的消费者所接受,被他们准确理解;三是要求信息能成为促进目标市场消费者行为的动力,激发他们的购买动机;四是要求信息能引导目标市场消费者的行为方向,使他们的行为能为企业所控制。掌握好这四个层次,才能实现企业同目标市场之间的信息沟通,才能提高企业促销活动的效益。

10.1.1.2 文化产品促销的实施过程

为了成功地把文化企业及产品的有关信息传递给目标受众,文化企业需要有步骤、分阶段地进行以下促销活动:

(1)确定目标受众。企业在促销开始时就要明确目标受众是谁,是潜在购买者还是正在使用者,是老人还是儿童,是男性还是女性,是高收入者还是低收入者。确定目标受众是促销的基础,它决定了企业传播信息应当说什么(信息内容),怎么说(信息结构和形式),什么时间说(信息发布时间),通过什么说(传播媒体)和由谁说(信息来源)。

(2)确定沟通目标。确定沟通目标就是确定沟通所希望得到的反应。沟通者应明确目标受众处于购买过程的哪个阶段,并将促使消费者进入下一个阶段作为沟通的目标。

消费者的购买过程一般包括以下六个阶段:

• 知晓。当目标受众还不了解产品时,促销的首要任务是引起他们的注意并使其知晓。这时,沟通的简单方法是反复重复企业或产品的名称。

• 认识。当目标受众对企业和产品已经知晓但所知不多时,企业应将建立目标受众对企业或产品的清晰认识作为沟通目标。

• 喜欢。当目标受众对企业或产品的感觉不深刻或印象不佳时,促销的目标是着重宣传企业或产品的特色和优势,使之产生好感。

• 偏好。当目标受众已经喜欢某企业或某产品,但没有特殊的偏好时,促销的目标是建立受众对本企业或产品的偏好,这是形成顾客忠诚的前提,需要特别宣传企业或产品较其他同类企业或产品的优越性。

• 确信。如果目标受众对企业或产品已经形成偏好,但还没有形成购买信念时,这时促销的目标就是促使他们作出或强化购买决策,并确信这种决策是最佳决策。

• 购买。如果目标受众已决定购买但还没有立即购买时,促销的目标是促进购买行为的实现。

(3)设计促销信息。设计促销信息需要解决四个问题:信息内容、信息结构、信息形式和信息来源。

• 信息内容。信息内容是信息所要表达的主题,也被称为诉求。其目的是促使受众作出有利于企业的良好反应。

• 信息结构。信息结构也就是信息的逻辑安排,主要解决三个问题:一是是否做出结论,即是提出明确结论还是由受众自己作出结论;二是单面论证还是双面论证,即只宣传商品的优点还是既说优点也说不足;三是表达顺序,即沟通信息中把重要的论点放在开头还是结尾的问题。

• 信息形式。信息形式的选择对信息的传播效果具有至关重要的作用。比如,在印刷广告中,传播者必须决定标题、文案、插图和色彩,以及信息的版面位置;通过广播媒体传达的信息,传播者要充分考虑音质、音色和语调;通过电视媒体传达的信息,传播者除要考虑广播媒体的因素外,还必须考虑仪表、服装、手势、发型等因素;若信息经过产品及包装传达,则特别要注意包装的质地、气味、色彩和大小等因素。

• 信息来源。由谁来传播信息对信息的传播效果具有重要影响。如果信息传播者本身是接受者信赖甚至崇拜的对象，受众就容易对信息产生注意和信赖。比如，玩具公司请儿童教育专家推荐玩具，高露洁公司请牙科医生推荐牙膏，长岭冰箱厂请中科院院士推荐冰箱等，都是比较好的选择。

(4) 选择信息沟通渠道。信息沟通渠道通常分为两类：人员沟通与非人员沟通。

人员沟通渠道是指涉及两个或更多人的相互间的直接沟通。人员沟通可以是当面交流，也可以通过电话、信件甚至 QQ 网络聊天等方式进行。这是一种双向沟通，能立即得到对方的反馈，并能够与沟通对象进行情感渗透，因此效率较高。在产品昂贵、风险较大或不常购买及产品具有显著的社会地位标志时，人员的影响尤为重要。

人员沟通渠道可进一步分为倡导者渠道、专家渠道和社会渠道。倡导者渠道由企业的销售人员在目标市场上寻找顾客；专家渠道通过有一定专业知识和技能的人员的意见和行为影响目标顾客；社会渠道通过邻居、同事、朋友等影响目标顾客，从而形成一种口碑。在广告竞争日益激烈、广告促销效果呈下降趋势的情况下，口碑营销成为企业越来越重视的一种促销方式。

非人员沟通渠道是指不经人员接触和交流而进行的一种信息沟通方式，是一种单向沟通方式，包括大众传播媒体 (Mass Media)、气氛 (Atmosphere) 和事件 (Events) 等。大众传播媒体面对广大的受众，传播范围广；气氛是指设计良好的环境因素制造氛围，如商品陈列、POP 广告、营业场所的布置等，促使消费者产生购买欲望并产生购买行为；事件是指为了吸引受众注意而制造或利用的具有一定新闻价值的活动，如新闻发布会、展销会等。

(5) 制定促销预算。促销预算是企业面临的最难实施的营销决策之一。行业之间、企业之间的促销预算差别相当大。在化妆品行业，促销费用可能达到销售额的 20%～30%，甚至 30%～50%，而在机械制造行业中仅为 10%～20%。

企业制定促销预算的方法有许多，常用的主要有以下几种：

一是量力支出法。这是一种量力而行的预算方法，即企业以本身的支付能力为基础确定促销活动的费用。这种方法简单易行，但忽略了促销与销售量的因果关系，而且企业每年财力不一，因此使促销预算也经常波动。

二是销售额百分比法。企业依照销售额的一定百分比制定促销预算。如企业今年实现销售额 100 万元，如果将今年销售额的 10% 作为明年的促销费用，则明年的促销费用就为 10 万元。

三是竞争对等法。主要根据竞争者的促销费用确定企业自身的促销预算。

四是目标任务法。企业首先确定促销目标，然后确定达到目标所要完成的任务，最后估算完成这些任务所需的费用，这种预算方法即为目标任务法。

五是确定促销组合法。现代营销学认为，促销的具体方式包括广告、人员推销、公共关系和销售促进四种。企业把这四种促销形式有机结合起来，综合运用，形成一种组合策略或技巧，即为促销组合。

企业在确定了促销总费用后，面临的重要问题就是如何将促销费用合理地分配于四种促销方式的促销活动。四种促销方式各有优势和不足，既可以相互替代，更可以相互促进、相互补充。企业可以根据各种促销方式的特点并充分考虑影响促销组合的因素来确定最佳的促销组合。广告的传播面广，形象生动，比较节省资源，但广告只能对一般消费者进行促销，针对性不足，而且难以立即促成交易；人员推销能直接和目标对象沟通信息，建立感情，及时反馈，并可当面促成交易，但人员推销占用人员多，费用大，而且接触面比较窄；公共关系的影响面广，信任度高，对提高企业的知名度和美誉度具有重要作用，但公共关系花费力量较大，效果难以控制；销售促进的吸引力大，容易激发消费者的购买欲望，并能促成立即购买，但销售促进的接触面窄，效果短暂，特别不利于品牌知名度的提升。

10.1.2　影响文化产品促销组合的因素

文化产品的促销组合是指文化企业根据促销活动的需要，对广告、人员推销、销售促进、公共关系等各种促销方式进行的适当选择和综合搭配，以便实现更好的整体促销效果。广告、人员推销、公共关系、销售促进等促销活动的不同组合，将形成不同的促销方案，对市场也将产生不同的影响。促销组合是具有创造性的谋划与设计，各种促销方式进行组合时一般要考虑主次配合、进程配合、手段（媒介）配合、内容（信息）配合、主题配合、策略（创意）配合、目标配合等。总之，在各自战略、策略的诸方面都要有机结合，相互推动，形成整体促销合力。切忌各自为战，相互分割，甚至相互对立。

广告、人员推销、公共关系、销售促进四种促销手段各有特点，适应于不同文化企业、不同文化产品、不同时机和不同场合的促销需要。一般来讲,广告往往较适应于对个人消费者的促销,而人员推销则更适应于对集团消费者的促销。但这并不是绝对的,对促销手段的选择主要应当考虑以下一些因素。

10.1.2.1 产品类型

消费者对于不同类型的文化产品具有不同的购买动机和购买方式,因此,消费者往往有不同的信息需求,企业就必须采用不同的促销组合策略。比如,价格昂贵、购买风险较大的艺术品、文物收藏品,购买者往往倾向于理智性购买,并不满足于一般广告所提供的信息,而希望能得到更为直接可靠的信息来源,对这类产品,人员推销往往是很重要的促销手段。又如,图书报刊、音像制品、影视剧及文艺演出等产品,购买者则比较倾向于品牌偏好,指名购买。因此,提高产品的知名度是很关键的,对于这些产品,广告和公共关系等促销手段的效果比较明显。

10.1.2.2 市场状况

企业目标市场的不同状况,也影响着促销手段的选择。因为目标市场的特征决定了促销手段对于信息的接受能力和反应规律。如企业若面临的是地域分布广泛而分散的目标市场,广告的作用就显得很重要。因为相对于人员推销,广告的平均成本比较低;若目标市场的面比较窄且又相对集中,人员推销和销售促进等手段就比较理想,广告的相对成本则可能大大提高。此外,目标市场的购买习惯、文化水准、经济状况以及信息接收的便利程度都会对各种促销手段效应的发挥产生不同的影响。

在诸多市场因素中,主要是市场规模与集中度、购买者类型、消费者心理与行为和竞争对手的促销攻势对促销组合影响较大。

(1)市场规模与集中度。规模小且相对集中的市场,人员促销是重点;规模大、范围广且分散的市场,则应多采用广告、公共关系和销售促进。

(2)购买者类型。对个人家庭消费者应以广告、公关促销为主,辅之以销售促进;对组织用户、集团消费应以人员促销为主,辅之以公共关系和广告;对中间商则宜以人员促销为主,并配合销售促进。

(3)消费者心理与行为。主要是分析消费者处于购买决策的哪一阶段。菲利普·科特勒对消费者所处购买决策阶段、促销成本效应与促销组合的关系进行了研究,他认为,广告与公共关系在消费者对产品认知阶段比销售促进和人员促销的作用大得多,应当作为促销组合重点选择;在消费者对产品的理解阶段主要选择广告、公共关系和人员促销;在消费者对产品的信服阶段,人员促销是重点;在成交阶段应主要选择人员促销和销售促进;再次购买应以销售促进和人员促销为主,配合广告与公共关系。

(4)竞争对手的促销攻势。根据自身与对手的实力分析和比较,选择针锋相对的促销方式或避其锋芒的促销组合。

企业应针对不同细分市场的特点采用不同的促销组合策略。例如,对于集团购买的产品应以人员推销为主,广告和其他手段辅之;对于个人分散购买的商品则应以广告为主,其他手段辅之。

10.1.2.3 产品生命周期

在产品生命周期的不同阶段所选择的促销手段也应有所不同(如表10-1所示)。在产品的导入期(如电影作品播映前期),扩大产品的知名度是企业的主要任务。在各种促销手段中,应以广告宣传为主,因为广告以其广泛的覆盖面,有可能在短期内形成较好的品牌效应;产品进入成长期(如电影播映倒计时和首映式),仅有广告就不够了,营业员和推销人员的积极推销,往往能更深入宣传产品的特点,并能争取那些犹豫不决的购买者,迅速扩大产品的销量;在产品的成熟期,为巩固产品的市场地位,积极的公共关系宣传并辅之以一定的销售促进手段,往往能有效地巩固和扩大企业的市场份额,增强企业的竞争优势;产品进入衰退期,随着企业营销战略重点的转移,对于剩余产品一般则采取以销售促进为主的促销手段,以求迅速销售产品,回收资金,再投入新产品的生产。

表10-1 产品生命周期不同阶段的促销手段

生命周期	促销目标	主要促销方式
投入期	认识、了解本企业产品	广告、销售促进
成长期、成熟期	增强效果,强化顾客对产品的偏好,巩固市场	广告及人员推销,销售促进、多方面的公共关系
衰退期	降低促销费用,延长产品生命周期,刺激购买	销售促进

10.1.2.4 营销环境

企业的营销环境会在一定程度上影响企业促销手段的选择。如一个国家或一个地区对大众传播媒体的控制程度,以及该国家或地区居民接触传播媒体的可能性,都会极大地影响广告的宣传效果;一些大型的社会活动(如体育运动会、展览会、旅游节等),又可能为销售促进和公共关系创造良好的机会;某些政策法令会对各种促销手段的应用形成直接或间接的促进或制约;乃至政治局势的变化和某些重大社会事件的发生也会因其舆论导向的作用而成为某些促销手段实施的契机。所以,促销手段的选择和应用必须充分注意其对营销环境的适应性。

10.1.2.5 目标因索

促销手段的组合应紧紧围绕企业的营销目标,应以营销目标的最佳实现为促销手段组合的基本出发点。企业的整体目标具有阶段性的侧重点,由于目标重点不同,则促销组合策略也不同。企业或产品以提高知名度和塑造良好形象为主要目标时,应以公共关系和广告为主;以销售产品为主要目标时,公关是基础,广告是重点,人员促销是前提,销售促进是关键。

10.1.2.6 策略因索

菲利普·科特勒认为,企业可能采取两种促销策略,即"推动"与"拉引"策略,这两种策略的运用如图 10-2 所示。

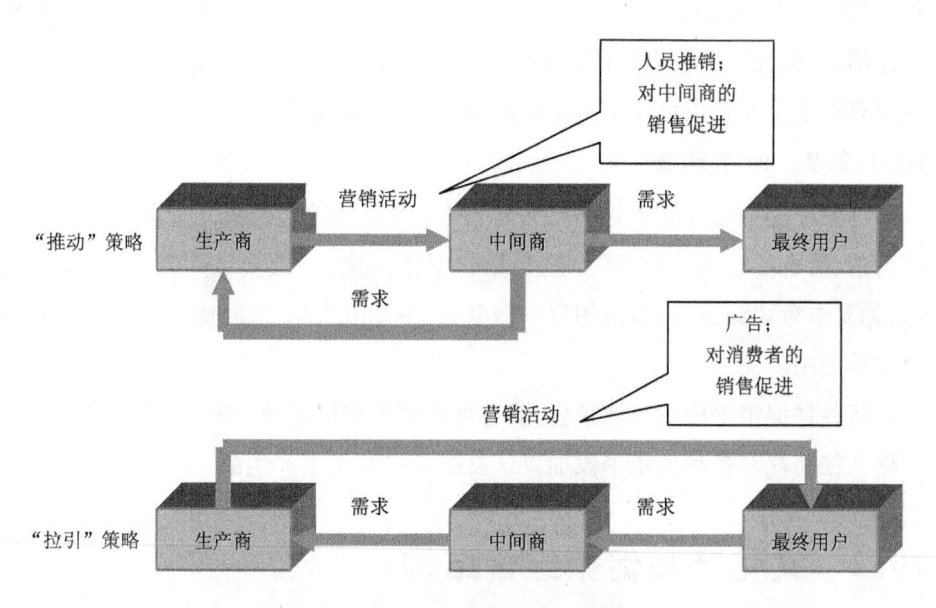

图 10-2 "推动"与"拉引"促销策略

企业采取"推动"的策略,以人员推销和对中间商促销为主;企业采取"拉引"的策略,则以公关促销、广告促销和对消费者促销为主。

10.1.2.7 企业财力

不同的促销方式、促销组合,需要投入的资金总量不同。因此,企业的实力及其促销投资预算影响和制约着对促销组合的选择。既要量力而行,又要用最少的费用实现最佳的促销组合,使其促销费用发挥最好的作用。要合理分配促销费用,对于促销费用的预算,既要考虑总的预算水平应保持在一个最佳的规模上,又要考虑在不同的销售阶段和不同的促销组合中各种促销手段费用的合理分配,使各种促销手段都有可能达到预期目的,而总的预算水平又不至于被突破。

10.1.2.8 管理因素

不同的促销方式、手段,其管理的复杂程度有所不同。一般来说,公共关系和销售促进的管理更为复杂,如果企业管理水平不高,一般不愿意选择这两种方式;广告和人员促销的管理相对说来简单些,容易被企业选择使用。管理上应利用各种促销手段的互补性,防止其互斥性,即应使组合中的各种促销手段能相互补充,形成促进销售的合力,而应防止两种以上促销手段同时利用时可能造成的能量相互抵消,甚至产生逆向效应。在促销活动的组织上要有主有次,形成立体效应。在每一组促销手段的组合中,一般都应有一个在某阶段作为主体的促销手段发挥主要作用,其他促销手段则发挥辅助作用,这样就可能有效地防止互斥性的出现,而且也有利于企业有重点地实施促销策略,形成立体效应。

10.1.2.9 时机因素

任何商品都会面临销售时机和非销售时机。显然,在销售时机(如销售旺季、流行期、特别活动和节假日等)应当掀起促销高潮,一般要以广告、销售促进为重点,如夏季海边旅游、春节前的贺岁档电影、冬季滑雪等;平时则应以公共关系和人员促销为主。

将各种促销手段适当地组合,就有可能产生积极的综合效应,企业产品的促销策略往往是在对各种促销手段加以认真组合的基础上产生的。

10.2 文化产品促销组合结构

促销组合的构成要素可从广义和狭义两个角度考察。从广义上讲,市场营销组合中的各个要素都可以归入促销组合,例如,文化产品的式样、包装的色彩与外观以及价格等都从某个侧面向目标消费者传播了某些信息;从狭义上讲,促销组合只包括具有专用性沟通性质的促销工具,主要由广告、人员推销、销售促进和公共关系四种工具组成。这里的分析仅限于狭义的促销组合。

10.2.1 广告

广告是文化企业促销组合中十分重要的组成部分,是运用最为广泛和最为有效的促销手段。广义的广告即"广而告之",是指向广大公众传递文化信息的手段和行为;狭义的广告,即商业广告,是指文化企业为扩大销售获得赢利,以付酬的方式利用各种传播手段向目标市场的广大公众传播文化商品或服务信息的经济活动。例如,在旅游市场上,广告是旅游企业的主要促销手段,类型主要有电视、广播、报纸、杂志、户外广告牌、广告宣传单以及印有旅游产品信息的纪念品等。广告是文化产品的一种表现形式,可以体现出文化产品的特点和风格;广告可以在文化产品推出之前就助其树立形象,并在文化产品推出之后强化其市场定位。

10.2.1.1 广告的特征

广告是利用各种传播媒体来传递商品和服务信息的,这就形成了广告宣传的一些固有特征。

(1)传播面广。由于传播媒体能大量地复制信息并广泛地进行传播,所以广告的信息覆盖面相当大,可以使文化企业及其产品在短期内迅速扩大影响。

(2)间接传播。由于是通过传播媒体进行宣传,广告主同广告的接受者并不直接见面,所以,广告的内容和形式对于广告的宣传效果就会产生很大影响。

(3)媒体效应。由于消费者是通过传播媒体获得产品和服务信息的,所以,媒体本身的声誉、吸引力及其接触的可能性都会对广告信息的传播效果产生正反两方面的效应。

(4)经济效益。由于广告对传播媒体的利用是有偿的,所以,文化企业的广告活动就必须重视对广告费用的投入及其产生的促销效果进行核算和比较。

10.2.1.2 广告促销方案的制订

作为一个文化企业的营销经理,在围绕某一营销目标进行广告促销步骤策划时,必然要考虑五个主要问题:任务(Mission):广告的目标是什么?资金(Money):要投放多少费用?信息(Message):要传送什么信息?媒体(Media):选择什么样的媒体?测评(Measurement):如何评价广告效果?我们也可将其称为"5M"决策(见图10-3)。

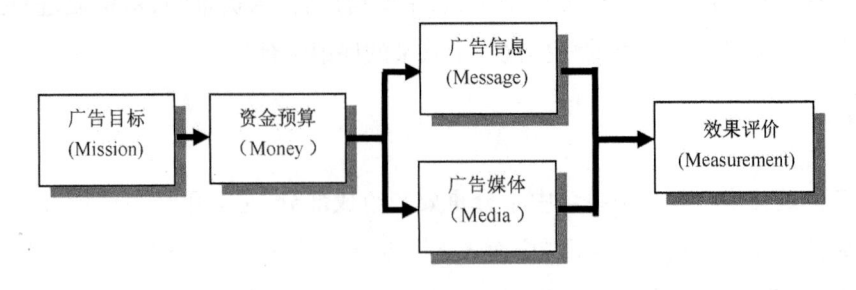

图 10-3　广告策划的主要步骤(5M)

（1）广告目标。广告决策的第一步是确定广告目标。广告目标是文化企业通过广告活动要达到的目的,其实质就是要在特定的时间对特定的目标受众完成特定内容的信息传播,并获得目标受众的预期反应。广告目标的确定取决于文化企业整体营销目标,并服从于已制定的目标市场、市场定位和营销组合等。广告的基本目标主要有三类:提供文化商品和文化服务信息广告,用于文化产品和文化服务开拓阶段,目的是开发初级需求,如新的节目预告、开辟了新的旅游线路、新影片上映等信息;诱导(劝说)消费者广告,用于产品的竞争阶段,目的在于建立对品牌的选择性需求,如告知消费者本企业区别于竞争对手的产品特色;提醒消费者使用广告,用于产品成熟期,目的在于强化消费者记忆,提醒购买使用。一般而言,完整的广告目标包括五个方面的内容:时间跨度,即广告活动的规划期,从何时起至何时止;地域范围,即广告活动传播的地域范围;目标受众,广告目标中明确地界定面向哪一部分广告受众进行宣传;性质描述,即期望通过广告活动获得什么样的效果,例如,是销售量上升还是美誉度提高;达到的数量指标程度也是广告实施后进行效果评定的重要依据,如销售增长目标等。

（2）资金预算。广告是有偿地使用传播媒体进行宣传的,因此,广告必须投入大量的费用。文化企业在广告策划时必须根据广告目标和自身能力对广告费用的提取和使用作出预算。在制定广告费用预算时一般要考虑五个方面的因素:一是文化产品生命周期阶段。处于导入期新的文化产品一般要投入大量的广告费用,以扩大产品的影响,而已经建立了较高品牌知名度的文化产品,或已处在成长期的文化产品广告费用的投入就可少一些。二是市场份额和顾客忠诚度。市场份额已经比较大的文化企业不需要利用广告拓展更大的市场,一般要比市场份额较小文化企业广告的投入少一些。同样,已建立了一批忠诚顾客群体的文化企业比那些仍需要建立自己的忠诚顾客群体的文化企业广告的投入也可能会少一些。三是竞争与干扰。如果市场竞争者众多，对于文化企业广告宣传的干扰因素较多，那么文化企业就需要投入较多的广告费用，因为只有加强宣传的力度，才可能抵御各种干扰；反之，广告的投入就可能少一些。四是广告频率。广告必须达到一定的宣传频率才能给受众留下较深的印象，所以，根据受众对信息的接收规律，安排一定的广告宣传频率也就决定了所需投入的广告费用的大小。五是产品的替代性。往往具有大量同类品牌的产品（如书刊、旅游、节目等）为了突出产品的差异性特征，争取更多的顾客，需要投入大量的广告费用进行促销宣传，而同类替代产品比较少的文化产品广告就可能少做一些。

在实践中，文化企业广告费用的提取一般有以下几种方法：

第一，比率提取法。比率提取法是文化企业依据产值、销售额或利润的适当比率提取广告费。如某文化企业全年的销售额为1 000万元，该文化企业按3%的比率提取广告费，则全年的广告费应为30万元。比率提取法简便易行，使文化企业的广告费用能有相应的保证。但是，由于这种提取法是根据已经获得的经济效益，而不是根据实现未来经济效益的需要来确定广告费用的，这就同广告费用的功能和作用相矛盾，在实践中有可能出现销售额下降，广告费用提得少，从而缺乏必要的经济实力开展促进销售增长的广告宣传，形成恶性循环的局面。因此，比率提取法主要适用于那些产品组合面较宽、整体经济实力较强的大文化企业。

第二，贡献提取法。贡献提取法主要是指文化企业的广告费用只能在超出企业预期利润的收入中提取，如某文化企业的产品销售量为12万件，单位产品利润为50元，全部产品利润为600万元，企业目标利润为500万元，那么该文化企业的广告费用最多不得超出100万元。这种提取方法也是比较保守的，考虑的只是文化企业的目前利益，而不是长远利益。

第三，目标达成法。目标达成法是根据实现未来经济的需要提取广告费用的方法，即根据某一广告活动的实际需要进行费用预算，然后根据预算"盘子"的大小来提取广告费用。这种做法能真正为广告活动的开展提供足够的资金，同时也有助于合理地进行广告预算，但采取这一做法的文化企业必须有较强的经济实力。实际上，一些文化企业往往将比率提取法和目标达成法结合起来使用。首先根据文化企业的实际经济效益提取一笔总的广告费用；然后再根据本年度各种广告活动的实际需要用目标达成法来确定广告预算，即用比率提取法框住总的"盘子"，用目标达成法来决定广告费如何使用。

第四，竞争比照法。竞争比照法是文化企业根据其主要竞争对手的广告费支出水平来确定自己相应的广告费用。一般来讲，文化企业应尽可能保持同竞争对手相差不多的广告费用水平。这是因为，一方面，文化企业不愿意使自己的广告费低于其竞争对手，否则就可能由于广告宣传量的差异而使企业处于不利的竞争地位；另一方面，文化企业一般也不想使自己的广告费用过多地超出其竞争对手。因为任何文化企业都清楚，其竞争对手是不可能容忍自己的广告宣传费用长期低于对手的。只要发现对手的广告费用增加，就会相应的提高自己的广告费用。所以，任何一方增加广告费用所产生的效应不久就都会相互抵消，这样竞相提高广告费用的结果只能使各方的广告总成本上升。为了避免这一现象，文化企业除在特殊的情况下，一般都不愿意因过多地增加广告费用来刺激其竞争对手，而只希望能使自己的广告费用同竞争对手保持均衡，这就是竞争比照法的依据。

第五，目标任务法。目标任务法是文化企业根据自己特定的营销目标，确定达到这一目标必须完成的任务以及估算完成这些任务所需要的费用，以此决定促销预算。其方法为：首先确定广告目标；然后决定为达到这一目标必须执行的工作任务；再估算出执行这些工作任务所需的各种费用，这些费用的总和就是计划广告预算。目标任务法的缺点是没有从成本的观点出发来考虑某一广告目标是否值得追求。

在广告预算策划中，应当对广告费用的具体分配和使用作出安排，通常有以下几种做法：

第一，按地区分配。文化企业若要同时在各个不同地区的市场开展广告宣传，在费用安排上就可以按地区进行分配，根据不同地区的重要性、广告量和实施宣传的难度投放不同的广告费用。

第二，按时间分配。由于文化企业的广告宣传是一个持续性的活动，所以广告费用的安排也要根据不同阶段和时期的广告活动统筹安排，以体现其持续性，即应根据不同阶段和时期的广告活动内容分阶段地规划广告费用的投入。

第三，按媒体分配。文化企业的广告活动通常是一种多媒体的宣传活动，用于各种媒体的广告费用也有所不同，文化企业应当根据对各种媒体的使用状况和各媒体的费用水平，将广告费用合理地分配到各种媒体上，以形成最佳的广告媒体组合。

第四,按活动分配。如果文化企业在规划期内要组织几次大型的广告宣传活动,在广告费用的安排上,则可根据各种活动的需要加以分配,在总费用水平确定的前提下,按各个活动的规模、重要性和技术难度投入广告费用。

以上几种广告费用的分配和使用方法,在实际广告活动中通常是结合在一起的,即在规划广告费用使用时,要综合考虑到地区、时间、媒体和活动等各方面的因素,使广告费的使用能实现最佳的效益。

(3)选择并确定广告信息。广告信息即广告要向目标市场公众传播的内容。广告的效果好坏关键在于广告的主题和创意。广告主题决定广告表现的内容,广告创意决定广告表现的形式和风格。只有广告内容迎合目标受众的需求,广告表现具有独特性,广告才能引人注意,并给目标受众带来美好的联想,并促进销售。

第一,广告信息的选择。对于一种文化产品和文化服务而言,能够吸引顾客的因素是很多的,如果广告什么都想说,结果必然是不能给人留下任何印象,也不可能建立自身的品牌特色,所以,在进行广告宣传之前,必须对所要传播的信息进行认真选择,从各种能反映文化产品和文化服务优势的要素中挑选出一两种对顾客最有吸引力、对竞争对手最有竞争力的要素,将其作为传播的主要内容。如电影预告片要对观众形成一种冲击力,激发观众的好奇心和观看欲望,才能使观众心甘情愿地走进影院。

第二,广告设计。广告信息的设计是营销人员根据文化企业所要传递的商品、服务信息,结合文化企业营销的内外部环境,运用广告艺术手段塑造形象、传递信息的创作活动。广告设计的基本内容主要包括主题设计、文稿设计、图画设计和技术设计四部分。

广告主题必须明确,广告主题应当以广告的诉求为取向,只有明确的诉求才能达到说服受众的目的,如果主题含糊不清,受众就不知所云,难以产生共鸣及购买欲望。广告主题应当唯一、突出。尽管一个文化企业或文化产品的不同广告作品可以拥有多个主题,但每一则广告的主题却只能是唯一的,它不可能包罗广告内容的所有信息,必须传递最主要、最富特色或优势的信息。广告的主题应包含目的、好处、承诺三个基本要素。广告的主题设计应围绕一定的目的展开。由于消费者关心的是文化商品或文化企业为自己带来什么利益,给予多少承诺,因此,广告主题应考虑给予受众的好处和承诺,以赢得消费者的好感和信服。

广告文稿是表现广告主题和内容的文字材料,在广告的实际制作中,它常与广告主题一起被统称为广告文案。广告文稿是传递广告信息的主要部分,一般由三个要素构成,即广告标题、口号和正文。广告标题即广告的题目,其作用是引起受众的注意,概括引导和提示广告内容,同时能在一定程度上美化版面,活跃布局;广告口号又称为广告语,是反映文化商品基本特征或文化企业形象的一种相对固定的宣传语句,广告口号是广告文稿的重要内容,好的广告口号不仅能够传递信息,甚至会因脍炙人口而在大众中广为流传,成为文化企业或文化产品的特定标志,如"南方周末:让无力者有力,让悲观者前行"、"南方周末一纸风行";广告正文是广告的主体部分,其主要功能是把标题提示的内容进一步具体化,能说明文化产品的基本功能、特征,直接向受众传达信息,以期引起他们的购买欲望。对广告文案的评价有多项标准,但一般要符合三个要求:其一,具有吸引力,即广告信息首先要使人感兴趣,引人入胜;其二,具有独特性,即广告信息要与众不同,独具特色,而不要人云亦云;其三,具有可靠性,广告信息必须从实际出发,实事求是,而不要以偏概全,夸大其词,甚至无中生有。只有全面客观的广告传播,才能增加广告的可信度,才能持久地建立文化企业和文化产品的信誉。

广告图画是指运用线条、色彩及其组成图案对广告主题的表达。在平面广告中,图画通常以绘画或摄影的形式来表现,或为黑白,或为彩色;在电视或电影广告中,图画则以摄制的画面为载体,画面几乎占据了广告的全部。无论哪一种广告,图画的作用都主要表现在三方面:一是吸引受众注意、强化受众记忆;二是展现广告的主题和内容;三是愉悦受众精神、美化社会环境。

技术设计是广告设计中的最后一道环节,是由广告设计向广告制作的过渡。不同的广告形式,其技术设计的重点也不一样。就平面广告而言,技术设计的重点体现在版面布局上,版面布局的主要任务包括确定广告面积的大小,确定广告版面的基本形状,确定广告各部分的位置,勾画广告的装饰轮廓等。广播广告的一个突出特点是听觉效果非常强,其技术设计的基本内容主要是音响与文字的和谐搭配,包括广告歌词的谱曲、背景音乐的选择及播音或对话的语气界定等。电视广告中,技术设计偏重于场景的布置、人物的造型、音乐的穿插等。霓虹灯或 POP 广告则注重空间的结构、灯光的烘托等。总而言之,技术设计就是将广告设计中的所有元素进行最佳组合,使广告效果尽可能的理想化。

第三,广告创意。广告的创意即广告的艺术表现手段。广告创意是广告设计人员对广告的主题思想和表现形式所进行的创造性的思维活动,它指导着广告的设计和创作。与普通的创意相一致，广告创意的关键也在于一个"新"字，一定要有所突破，而且能给予受众愉快、兴奋的艺术享受。然而，广告创意与一般创意又有所不同，它必须符合文化企业的广告目标，在受众心目中塑造文化企业所期望的形象，一切都是为广告的现实目的——激发消费者的购买动机服务的，所以广告的创意具有很强的目的性，即要寻求最佳的广告诉求的表现形式。

（4）选择广告媒体。广告作品只有通过恰当的广告媒体投放才能实现广告传播的目标。目前常用媒体主要有广播、电视、报纸、杂志和因特网等五大大众媒体，除此以外还有招牌、墙体等户外媒体，车身、车站等交通媒体，信函、传单等直接媒体等等。

对广告媒体的选择，主要依据下列因素进行：

第一，文化商品的性质与生命周期。文化商品本身的性质、特点是选择广告媒体的重要根据。一般而言，企事业单位集团购买的文化产品技术性强、结构用途复杂，所以宜用文字图形印刷广告，如报纸、杂志及产品说明书等。这些广告媒体能够详细地说明产品的结构、性能、保养、维修方法，如文物拍卖、团体旅游产品介绍等。个人消费者购买的产品最好用形、声、色兼备的电视媒体或广播媒体，因为这种媒体具有形象感，能诱发消费者的购买欲望。比如，在电视里做休闲娱乐品广告，感兴趣的人就会多，广告效果就比较好。从文化产品生命周期看，导入期要利用覆盖面广的广告媒体，以便于"广而告之"；成长期则要界定目标受众，增加广告频次，应对竞争的加剧；成熟期需针对使用者实施媒体的重点覆盖，形成购买偏好；衰退期是主要针对品牌忠诚者，针对品牌忠诚者做少量的提醒式广告。

第二，目标受众的媒体习惯与接受能力。选择媒体时要考虑到目标受众媒体的偏好，根据目标受众经常接触的媒体、接触媒体的时间选择恰当的媒体和恰当的时间来刊载和播放广告。如年轻人接触互联网比较多，老年人主要接触广播、电视和报刊媒体，儿童主要是电视动画片和漫画书等。此外，还必须根据消费者的接受能力选择广告媒体，这样才能保证广告信息被准确传达给受众。

第三，广告信息的时效性。广告信息有不同的时效要求。以扩大市场销售额为目的的广告应选择时效性快、表现性强、针对性准的媒体传递，以便捷足先登，取得"先入为主"的市场竞争优势。如文艺演出、比赛等文体活动必须尽快发布广告信息，这一类的广告可以借助报纸、广播或海报等媒体。反之，广告信息传播的时间要求不是太迫切，如树立形象的广告就可以考虑制作时间或发行间隔较长的电视、杂志等广告媒体。

第四,媒体的覆盖范围与特点。从地域上来说,媒体有全国性媒体和地区性媒体之分,由于广告的最终目的是为了销售,所以广告的传播范围应当与文化商品的销售范围基本一致。如果是地产地销的产品,就不必到全国性的广告媒体上做广告;反之,如果是面向全国市场的产品,本文化企业又有巨大的资本能力及扩产潜力,就可以选择有全国影响的电视、广播、报刊等媒体做广告。

第五,广告媒体特征和广告费用。各类广告媒体都有各自的广告适应性,如电视的优势是形象生动,时效性强,多手段传播,但不易保存,费用高;报纸价格便宜,易保存,但不生动。选择广告媒体一定要对各类媒体的广告属性有充分的把握,如通过电视和互联网传递电影的播映信息效果比较好。广告费用是选择广告媒体的制约因素之一,不同的广告媒体的广告费用不同。一般而言,电视、电影媒体的广告费用最高,广播、报刊次之,路牌、橱窗、招贴的广告费用则较低。对文化企业来说,广告费用的制约主要体现在两方面:一是经济承受力,若一次性支付的广告费用很高,而文化企业经济实力又不是很强,文化企业就难以选择这样的广告媒体;二是广告的经济效果,即广告费用的投入和产出之比。比如,虽然利用某种媒体的一次性广告费用较高,但其所引发的经济效益却远远超出广告费用的投入,文化企业也愿意利用这样的广告媒体;反之,若效益低于广告费用的支出,那么即使该媒体的广告费用很低,文化企业也不会愿意投入。

第六,国家广告法规。广告法规关于广告媒体的规定是选择广告媒体的重要依据。

(5)广告效果评价。就本质而言,广告活动是一种经济活动,它是以大量的广告费用为代价的。因此,任何一位文化企业主都不可能漠视广告的效果,而应当根据其投入和产出并对比广告目标进行综合评价。虽然广告效果的评价属于事后评价,但它却可以在总结前期活动的基础上,有效地指导下一步的广告计划和广告策略。

对广告效果最直接的评价就是广告对文化企业经营活动所产生的促进作用。广告效果的性质表现为滞后性、交融性、隐含性和难测定性。滞后性是由于消费者接受广告存在时间间隔和购买决策需要一定的过程,在广告播出或刊登之后,其效应不可能立即产生;交融性是由于文化企业产品的销售和市场环境的改善还会受到如价格、质量、竞争环境等许多因素的影响,这些因素相互交融在一起,成为推动文化企业产品销售和企业形象提高的合力;隐含性是由于广告效果的交融性,使广告效果隐含在广告的其他经营销售情况之中,难以从各种相互交融的因素中分离出来,广告活动的"产出"是无形产品,所以广告效果可能体现在文化企业的产品销售上,可能体现在市场中的知名度或美誉度上,很难明显地分辨和测量;难测定性是指广告效果的测定难以从经济效益上进行准确的分辨和测定,这是因为大部分广告活动是借助大众媒体,广告作用的对象广泛而分散,增加了信息反馈、收集的难度,从而也给广告实际效果的测定带来困难。

广告效果的评价分为三个方面:对广告传播效果的评价;对广告促销效果的评价和对广告形象效果的评价。

第一,广告传播效果的评价。广告的传播效果可以通过接收率、注意率、阅读率和认知率等指标来分析。

$$接收率 = (接收广告信息的人数) \div (目标市场总人数) \times 100\%$$

接收率测试是对广告受众接收广告的情况所进行的定量测试,以此来评价广告传播的广度和深度。接收率一般是指接收该媒体广告信息的人数占目标市场总人数的比率。

$$注意率 = (注意到此广告的人数) \div (接触该媒体的总人数) \times 100\%$$

这里"注意到"广告的人包括只对广告有点印象的人和所有粗略或详细阅读过广告的人。注意率说明广告被接收的最大范围,反映广告的接收广度。

$$阅读率 = (阅读过此广告的人数) \div (接触该媒体的总人数) \times 100\%$$

这里"阅读过"广告的人包括只粗略地阅读过广告的人和详细阅读过广告的人。阅读率在一定程度上说明广告被接收的深度,但由于大多数人可能只是粗略地阅读广告,所以,阅读率基本上还只能算是一个接收广度的指标。

$$认知率 = (理解广告内容的人数) \div (接收到广告信息的总人数) \times 100\%$$

认知率是指接收到广告信息的人数(包括所有注意过、粗略读过和详细阅读过广告的人)中,真正理解广告内容的人所占的比率,这个指标才真正反映了广告被接受的深度。

第二,广告促销效果的评价。广告促销效果的评价是指通过广告活动实施前后销售额的比较,监测广告对产品销售业绩的影响。化广告促销效果可以通过销售增长率、广告增销率、广告费占销率和单位广告费收益等指标来衡量:

$$销售增长率 = (广告实施后销售额 - 广告实施前销售额) \div (广告实施前销售额) \times 100\%$$

销售增长率是指广告实施后的销售额相对于广告实施前所增长的比率,能在一定程度上反映广告对促进产品销售所发挥的作用。但是,由于销售增长的影响因素比较复杂,单以销售增长率评价广告促销效果未免有失准确,所以,通常是将销售额的增长情况同广告费的投入情况相比较,以求更准确地反映广告的促销效果。

广告增销率是指一定时期销售额的增长幅度与同期广告费投入的增长幅度的比率,以反映广告费增长对销售带来的直接影响。其计算公式为:

$$广告增销率=(销售增长的幅度)\div(同期广告费增长幅度)\times 100\%$$

广告费占销率是指一定时期内文化企业广告费的支出占该企业同期销售额的比例。这也是一种通过广告费和销售额的比较反映广告效果的方法。其计算公式为:

$$广告费占销率=(广告费支出)\div(同期销售额)\times 100\%$$

广告占销率越小,表明广告的促销效果越好。

单位广告费收益是以平均每元广告费支出所带来的促销收益评价广告效果的一种方法,其计算公式为:

$$每元广告费效益=(销售增长额)\div(同期广告费用)\times 100\%$$

值得一提的是,每元广告效益这个指标不仅可用于考察各时期的广告费的效益,也可用于不同媒体或不同地区的广告效果的分析比较,有利于文化企业进一步的广告决策。

第三,广告形象效果评价。广告的效果不仅仅反映在文化产品的促销上,而且可能会在消费者心目中建立一定的印象或观念,尽管不会立即形成购买行为,却会在以后根据这些印象选择和购买。广告效果的一个重要方面就是塑造文化企业和文化产品的良好形象,广告形象效果评价就是对广告所引起的文化企业或文化产品的知名度和美誉度的变化情况进行的测定和评价。文化企业形象可分为总体形象和具体形象两个方面。

一是总体形象评估。总体形象是指文化企业或文化产品品牌在公众心目中的综合印象,一般以知名度、美誉度和品牌忠诚度三项指标来衡量。知名度反映的是企业的名称或品牌,或主要产品的消费者知晓程度;美誉度反映的是文化企业或文化产品在市场上的地位。例如,在消费者最喜欢的产品中,将该品牌排在第几位,或有多少比例的消费者喜欢该文化企业的产品;品牌忠诚度反映的是顾客对于某些品牌的特殊偏好,即在购买此类产品时不再考虑其他品牌,而达到认牌购买的习惯行为。

二是具体形象评估。具体形象是指受众对文化企业或文化产品的各方面的具体形象的评价,如文化企业的文化产品、售后服务、效率、创新以及便利性等指标,而文化企业的总体形象也往往是建立在这些具体形象之上的,进一步了解受众对文化企业各具体印象的变化才能掌握影响文化企业总体形象变化的主要因素。

案例 10-1　　《舌尖上的中国》的新媒体推广营销[①]

央视制作拍摄的美食纪录片《舌尖上的中国》是一部制作精良并且广受观众好评的作品。该片首播平均收视率达 0.5%,实现了纪录片难得的高收视,甚至超过了同时段的电视剧的收视率,在近几年掀起了排山倒海的蝴蝶效应,收到海内外观众的追捧。该片除了制作精良以外,善于运用新媒体推广也是其迅速受到关注的重要原因之一。

《舌尖上的中国》在播出一周之内收视率居高不下,热门论坛的关注帖讨论火爆。主流网站和论坛关于"舌尖"的话题不断,新浪微博有关"舌尖"的讨论话题爆炸式增长,长居热门话题榜首的位置,有关各地方美食的"舌尖体"也接连不断。在淘宝网等购物网站上,也掀起了和"舌尖"有关的热潮,纪录片中的美食网络成交量暴增,网友们纷纷晒美食,观众们茶余饭后也持续讨论舌尖的拍摄内容,几乎实现了全媒体谈"舌尖"的热潮。对于一部纪录片来说,得益于新媒体的推广方式,实现了传播渠道的多样化。

在新媒体推广方式没出现之前,纪录片相对影视剧来说属于"小众化"的作品。优秀的纪录片通常在局部的圈子或是规模一定的社区完成局部的分享。新媒体搭建了更大的分享平台之后,口碑效应发挥了威力。以美食为题材的纪录片和生活息息相关,所以在微博进行推广可以产生有效的互动,成为热点,口碑让《舌尖上的中国》完成了事倍功半的推广。如《舌尖上的中国》总导演陈晓卿就在新浪微博拥有十多万的粉丝量,该片播出之时陈晓卿曾发微博介绍该片,一时间大量的转发和评论就引发了人们对该片的好奇和关注,每天一集的播出主题不断地产生更多话题,吸引更多的人观看该片,而一些名人和大V转发和发布的感受更让"舌尖"迅速产生了口口相

[①] 李晓东. 从舌尖上的中国看美食节目的新媒体推广[J]. 当代电视,2014(8).

传和持续发酵的反应。

10.2.2 人员推销

人员推销是文化企业派销售人员直接同目标市场的顾客建立联系、传递信息、促进文化商品和文化服务销售的活动。人员推销是文化企业促销组合中唯一利用人员所进行的直接促销活动，因此具有同其他促销手段不同的显著特点：亲切感强，销售人员同顾客直接见面，便于交流感情、增强沟通、消除对立情绪，培养与顾客间的友好关系；说服力强，销售人员能当场示范，回答问题，解释疑虑，介绍使用方法，容易使顾客信服；灵活性强，销售人员能根据时间、场合、环境及顾客心理随时调整销售手法，有的放矢地开展销售，提高销售业绩；反馈及时，销售人员能及时带回顾客的意见、建议，促使文化企业随时调整营销策略；竞争性强，销售人员在一定的利益机制驱动之下，相互间会展开竞争，从而能促使销售量不断上升。

人员推销的这些特点决定了其在顾客评估、决策、采取购买行为的阶段以及促使顾客对文化企业和文化产品建立长期信心方面能发挥最有效的作用，但是由于人员推销接触的顾客面毕竟有限，所以，运用人员推销作为促销手段比利用其他促销手段的平均费用水平要高得多。

10.2.2.1 人员推销的功能

一般认为，人员推销的基本功能就是通过销售人员的努力使具有购买能力的顾客接受和购买文化企业的产品，但是成功的销售人员不仅同现有的顾客保持关系并接受订货，而且还不断地寻求和发掘潜在的市场；他们不仅以一个普通销售员的身份同顾客打交道，而且还力图使自己成为文化企业信誉和品质的象征；他们不仅着眼于目前交易的成功，而且还努力同顾客建立长期关系，培养和发展文化企业的"主顾圈"。因此，从创造性销售工作的要求来看，人员推销应具备以下一些基本功能：

(1)销售功能：接受文化企业的产品销售任务，努力寻找顾客，开发市场，促进文化产品的销售，如大型演艺活动的推销。

(2)宣传功能：积极扩大文化企业及其文化产品的社会影响，并以文化企业代表者的身份，通过自身的行为树立和维护文化企业的良好形象。

(3)协调功能：主动发现文化企业与顾客之间存在的矛盾，努力协调并解决文化企业与顾客之间的摩擦。

(4) 服务功能:指导和帮助顾客选购满意的商品,向顾客提供好的建议,帮助顾客解决选购商品过程中所遇到的各种技术问题。

(5) 反馈功能:开展市场调查和情报收集,反映顾客的意见和市场的变化状况,向文化企业提供市场有关情况的报告。

(6) 评价功能:对文化企业的市场地位和顾客群体的基本特征作出评价,以帮助文化企业做好营销规划。

人员推销的这些基本功能一般是通过销售人员访问顾客(电话访问或面对面的交谈)、参加销售会议、接待采购客户、举办展销会以及进驻柜台销售等工作得以发挥的。在现代市场营销观念的指导下,销售人员的全部工作应强调以市场为导向,应把满足顾客的需要看得比销售额的增长更为重要,应具有一定的营销战略眼光和分析能力,从而使人员销售的功能得到更充分的实现。

10.2.2.2 人员推销的过程

要使人员推销的功能得以充分实现,销售人员必须掌握一定的销售技术。一般来讲,主要是应当准确把握销售活动的进程和熟练掌握销售进程各环节中的技巧。

销售进程是销售人员围绕一定的销售目的而设计的达到预定目标的工作程序,一般表现为以下几个步骤:

(1) 寻找并识别目标顾客。销售人员必须首先寻找自己的销售对象——目标顾客。哪些消费者能够成为自己的目标顾客?这取决于销售人员的识别能力。识别有误,会使销售的成功率下降。所以,准确寻找和识别顾客应当是销售人员的基本功。寻找目标顾客的方法有:利用公司内部各种有助于销售的信息、人员和手段,如从公司其他部门获得顾客目录清单及有关顾客的信息,公司广告、展销会、电话和邮寄导购等;利用公司外部资源,如其他非竞争公司的销售人员可以提供有用的顾客信息,企事业名录、社团和组织、报纸和杂志等都可以从中寻找到潜在顾客的线索;销售人员个人资源,如朋友或熟人、个人的关系网络、个人的游说兜售和细心观察、当前顾客的连锁介绍等都是寻找目标顾客线索良好的渠道。要识别是否会成为我们的目标顾客,一般而言,主要看目标顾客是否具备五个条件:有需要;有购买力;有购买决策权;有接近的可能性;有使用能力。只有对这五个条件都满足的顾客才会成为真正的顾客。

(2) 前期调查与拜访准备。对于已确定的目标顾客,销售人员应当首先搜集他们的有关资料,如他们的需求类型、经济实力、谈判方式、购买方式,他们的业务特点、市场占有率、信用等级、公司政策、影响其购买的因素、当前的经济形势、其在行业中存在的问题和机遇以及发展趋势、技术创新等,主要竞争对手的情况、购买决策者的个人情况,包括姓名(注意字要写正确)、年龄、学历、职业、住址、家庭情况、兴趣、爱好、人际关系和个人习惯等各种信息,以便针对不同的对象制定相应的销售方案。在进行销售拜访前还要整理好要推销的文化产品和文化服务的信息和公司的信息,如文化产品的生产过程、文化产品使用的材料、文化产品的功能和特性、质量检测、售后服务及各种保修措施、文化产品的促销方式、与竞争对手的区别和优势、文化产品的操作以及公司的历史、主要客户、技术发展和声誉等。根据以上综合信息制定出拜访顾客的具体计划,并根据顾客的情况,采用不同的预约技巧与顾客约定会面的时间。最常用的方法是电话预约,通常遵守以下五步骤利用电话进行成功预约:作自我介绍和公司情况的介绍;陈述打电话的目的;引起潜在顾客的兴趣;要求安排一次会面;应对对方的各种推辞。销售拜访前要准备好销售需要携带的各种资料和文件,如价格表、契约书、订货单、公司的货品说明书(包括样品)、买主名单一览表、权威机构评价、报纸剪贴、各文化企业同类文化产品比较表、影像资料和幻灯片等等,另外还务必随身携带一些日用品,如手帕、手表、皮包(钱夹)、打火机(火柴)、名片(或身份证件)、小梳子、记事本、备忘用具、地图、出入许可证和小礼品等。当做了这些认真的调查和准备后,顾客就很容易接受销售人员提出的解决方案,不需要再做很多工作,顾客就会毫不迟疑地购买销售人员介绍的商品。

案例 10-2　　　　　　鼓浪屿馅饼

销售代表接到新的客户时应该怎么开始销售?销售代表需要一个借口来接触客户并迅速与客户建立起互信的关系。

一位销售代表在参加他们部门的销售会议中,他的主管通知他开始负责向《上海晨报》推销,《上海晨报》是华东地区最有影响的报社之一。会议后,销售代表开始做销售的计划和准备。谁负责计算机的采购?应该与谁联系?最近有采购吗?什么时间?谁做决定?他首先必须知道这些最基本的客户资料后,才能与客户接触。但是《上海晨报》是一个全新的客户,应该怎样收集这些资料呢?

10 文化市场营销的促销策略

首先，销售代表来到《上海晨报》的网页上，了解报社的组织结构、经营理念、通信地址和电话，然后销售代表把这些资料记录到客户资料中。他还有一些报社的老客户，所以打了一个电话给另一家上海报社的信息中心主任，了解到报业的计算机系统主要应用于编辑排版系统和记者采编系统。接着，销售代表向行业界的朋友打听了关于《上海晨报》的资料，他们告诉销售代表《上海晨报》信息中心有一位工程师叫做达奂，经常与厂家联系，最近达奂一直在了解Internet数据中心方面的进展。最后，销售代表从邮件中找到了市场部定期发送给每个销售代表关于最近市场活动的时间表，发现两周以后将会有一个新产品发布会在上海商城举行。所有的准备工作结束后，销售代表拨通了达奂的电话：

"您好，请问达工在吗？"

"我是。"

"达工，您好！我是××公司的销售代表。我们公司即将在上海商城举办一个新产品展会，时间是5月16日，请问您可以参加吗？"

"我现在还不能确定。"

"我们所有的产品都有展示，而且我们请来了我们公司电子商务的专家，他对互联网的数据中心很有经验，您一定会感兴趣。"

"有数据中心的讲座？如果有时间我一定去。"

"我马上寄请柬给您并会提前打电话与您确认。另外，达工，我可以了解一下《上海晨报》的情况吗？"

"我一会儿要去开会。"

"那好，我抓紧时间。《上海晨报》发展很快，上一周我在厦门出差时，厦门的报摊上也可以买到《上海晨报》了。报社高速发展依赖于信息系统的支持。《上海晨报》的信息系统主要有哪些部分？"

"我们主要有编辑系统、记者采编系统、办公系统和我们的网站。"

"您现在的主要工作重点是什么呢？"

"我们现在正在研究报社的Internet数据中心。我们刚刚在厦门开了一个这方面的研讨会。"

"是吗？我也常去厦门，您喜欢厦门吗？"

"厦门很好，风景和气候都很好。"

"饮食呢？您喜欢厦门的小吃吗？"

"不错，鼓浪屿馅饼很有特点。"

"哦，您的会议开得怎么样？"

"很好，所以我对你们的会议有一些兴趣。对不起，我要去开会了。"

"好吧，我现在就将请柬寄给您，我们上海商城见。"

一周以后，达奚收到了请柬。与请柬一起还有几盒各种味道的鼓浪屿馅饼。

（案例选自网络《51个销售案例及讲解》）

（3）接近顾客。接近顾客时的开场白很重要，开场白一定要有创意，预先准备充分，才会有完美的表现。可以谈谈客户感兴趣的话题，投其所好；可以通过赞美顾客开始，因为欣赏别人就是恭敬自己，顾客才会喜欢；在进行自我介绍时，要清晰地说出自己的名字和文化企业的名称。自我介绍的第一句话应简练。在表达拜访的理由时，要以自信的态度表达出拜访的理由，让顾客感觉销售人员的专业及可信赖。在与陌生顾客进行寒暄说明来意时，要学会运用一些技巧以引起客户的注意。通常，与陌生人第一次见面时多少都会产生防备的心态，想要消除这种紧张的关系，最好的方法便是敞开胸怀，主动向对方打招呼，否则双方一直保持沉默，就永远只能当对方是陌生人了。不过，有些高傲的人，每当与别人初见面时总是不愿先开口，反而期待对方主动打招呼。实际上，如果能主动与别人打招呼，一定会给人留下深刻的印象。要注意激发客户的好奇心，因为好奇心是人类的天性，巧妙地利用消费者的好奇心，会促进整个销售工作的顺利开展。在实际销售工作中应利用客户的好奇心，引起其注意和兴趣，然后转而道出产品的各种益处，转入销售面谈。要记住，赢得别人好感的七个技巧：微笑、发展与客户间的兴趣、谈论客户感兴趣的话题、合适地称谓对方、给予赞美、倾听、让客户感到自己很重要。在正式向目标顾客销售之前，要做这些试探性的接触，而不要急于向目标顾客直接销售，这些对于推销工作的开展是非常必要的。在销售人员成功地接近客户之后，需要与客户建立起友善的关系，以保持在客户心中已经树立起来的热心并且讨人喜欢的形象。接下来，还需要努力使客户对销售人员本人做出积极的评价。因为客户会考虑销售人员是否诚信以及是否拥有良好的判断能力。

（4）确认需求和介绍示范。销售人员应先确认客户的需求，然后推销公司，介绍文化产品或服务，运用各种方法说服顾客购买。确认需求这个环节需要销售人员帮助客户发现并确认他们真正的需求。然后,销售人员可以根据客户的真实需求制定有针对性的销售计划。需要注意的是,一名优秀的销售人员是"施予者"而非"索取者"。如何才能有效地了解到客户的真实需求呢? 最经济的方法莫过于提出恰当的问题来获取答案。优秀的销售人员在拜访客户之前会将问题准备好并列出清单。在对目标顾客的需求已有充分了解的基础上,销售人员才可以直接向目标顾客进行文化产品的介绍。介绍产品要陈述事实,即说明产品的原材料、设计、颜色和规格等;要解释说明,即说明产品的每个性质或特征,或具有的意义或功能;要明确客户利益,即说明功能给客户带来的利益。销售人员应当根据所掌握的情况和顾客的六个购买动机(对收益的渴望、对损失的忧虑、追求舒适与方便、追求安全与保护、拥有自豪和情感的满足)的判断,有针对性地介绍目标顾客可能感兴趣的方面,以提高销售的成功率。必要时,应主动地进行一些文化产品的使用示范,以增强目标顾客对文化产品的信心。

(5)处理异议、排除障碍。在销售过程中,顾客在产品展示过程中表示的不赞同、反对、质疑等异议,在大多数情况下是销售活动中几乎必然会出现的障碍。销售人员只有善于排除这样的障碍,才能顺利地完成销售任务。有经验的销售人员对于销售中可能出现的各种障碍都有事先准备,往往能随机应变,有效地排除障碍,达到销售目的。当客户提出的异议是其关注的重要事项时,销售人员必须解释清楚后才能继续进行推销的说明。销售人员处理异议的原则应是:正确对待,保持积极态度;避免争论,不要反驳客户;先了解反对或怀疑的原因,避开枝节;正确地选择处理异议的最佳时机。

(6)实现交易。当各种障碍被排除之后,销售人员就有可能同目标顾客达成交易。销售人员要注意顾客准备购买的信号,及时达成交易。成交信号是客户通过语言、行动、表情显示出来的购买意图。客户产生了购买欲望常常不会直言说出,而是不自觉地表露其心态。顾客的购买信号通常有三个:一是语言信号,即客户询问使用方法、售后服务、交货期、交货手续等;二是动作信号,即客户频频点头、端详样品、细看说明书、手触订单等;三是表情信号,即客户紧锁的双眉分开、上扬,显示深思的样子、神色活跃等。此时,销售人员把先前向客户介绍的各项文化产品利益,将特别获得客户认同之处一起汇总,扼要地再提醒客户,加重客户对利益的感受,并表示出一个达成协议的动作,以确认这些利益是否是顾客关注的利益点。在进行交易时,应当注意各种交易所必需的程序不要疏漏,应当使交易双方的利益得到保护。

(7) 跟踪服务、巩固销售。着手履约的各项工作,尽可能确保买主对所购买的物品达到完全满意。交易实现并不意味着销售活动的结束,各种后续工作必须跟上,如备货、送货、配套服务及售后服务等。这些工作的顺利完成,将有利于文化企业同目标顾客间建立起稳固的交易关系,这正是文化企业销售活动所追求的最终目标。销售人员应有一个基本的认识,那就是,开发一位客户远不如维持一位客户来得重要,开发客户在功能上是属于"治标",而真正能维持一位客户才算"治本"。老客户并不是永久客户,如果不注意维护的话也会流失。如果和顾客的联系能够一直持续下去,最终会建立一种相互受益的伙伴关系。伙伴关系是基于相互信赖和相互满意的基础上,双方都可从中受益,一方获得了满意的服务,一方得到了利润。顾客因为能得到高水平的服务而从中受益,缩短了决策时间,减少了冲突,节省了费用;销售方得到的好处在于销售额增加,费用降低。相互伙伴关系还可以给销售人员带来新的交易机会。良好的产品、高水平的服务通过口耳相传,可以吸引更多的顾客上门,成为一种更省钱的口碑广告。

经常拜访客户非常重要,拜访并不一定是为了销售,主要目的是让客户感觉到销售人员和企业对客户的关心,同时也是向客户表明企业对销售的产品负责;邮件、电话都是联络感情的工具。当有些新资料需要送给客户时,可以附上便笺用邮寄的方式寄给客户;当客户个人、家庭或工作中有喜忧、婚丧等变故时,可以致函示意,通常,客户对收到的函件会感到意外和喜悦;成功的销售机构和销售人员为客户提供包括赠送纪念品在内的各种服务。这种方式至少可以起到两种作用:一是满足人们对意外之礼的喜悦心理;二是可以藉此作为再次访问及进一步沟通的契机,这是成功销售的一种技巧;与客户联络感情时,不管是在电话里、在办公室或在其他场所,销售人员都应有意识地、很有技巧地询问和了解客户的背景,包括其家庭背景、职业背景及社会关系。对于这些客户的背景资料,销售人员应及时记录、整理。通过接触客户,有可能会找到有益于销售的线索;老客户可以成为文化企业及销售人员的义务"传播者"。销售人员以真诚和热情打动客户,客户往往愿意做一些介绍,这些由客户口中道出的"情报"往往具有很大的价值。因此,在开展售后服务的各种场合,除了要以售后服务的热忱让客户感觉有所便利外,还应与其探讨一些有利于连锁销售的情报。

10.2.2.3 推销人员的组织管理

推销人员的组织管理主要包括销售人员的挑选和招聘、培训、激励和评价。

10 文化市场营销的促销策略

(1)销售人员的挑选和招聘。销售员是公司和客户之间的纽带,对许多客户来说,每一个销售员对外代表的就是公司;反之,销售员又从客户那里带回许多公司需要的有关客户的信息。因此,要顺利开展公司的销售工作,很大意义上取决于是否有一支素质高、业务能力强的销售队伍。

由于人员推销基本上是基于销售人员个人的努力而获得成功的,所以,销售人员的素质是很重要的。文化企业可从众多的社会应聘者中挑选素质较好的人员作为企业的销售员,也可从企业现有人员中选拔和培养自己的销售员。无论采用哪种方式,企业都应对销售员的素质有一个基本的衡量标准。

第一,良好的职业道德。守信、负责、公平是现代营销最主要的也是最基本的道德要求。营销人员在营销过程中应随时考虑到自己所肩负的社会责任,考虑到自己的行为是否有利于社会公众的利益。从长远看,遵守营销职业道德,坚持守信、负责和公平的道德原则,对营销人员个人、企业、顾客乃至社会都是有百利而无一害的。

第二,优良的品质。主要包括从他人的角度考虑问题的能力、自我激励、自制力、诚实等;还有一些品质也是非常重要的,如自律、智力、创造力、灵活性、适应力、毅力和个性等。

第三,良好的个人技能。包括人际沟通技能、分析问题和解决问题的能力、使各种因素处于有序状态的组织能力(如顾客信息、产品信息、行业信息和经济信息,每种信息都必须以可用的方式组织起来。)、正确估计时间需求和安排日常行动的时间管理能力等。技能可以培养,技能是销售人员品质的行动化。

第四,熟练的业务知识。通常,销售人员应当掌握的业务知识包括文化产业知识、文化产品知识、客户知识、竞争的知识以及自己公司的知识。对于销售人员来说,关键是具有在需要信息时知道如何去寻找、收集和利用这些信息的能力。

第五,整洁的仪表和掌握一定的语言艺术。精干的外表、得体的服饰和适宜的体态会形成良好的形象,可以产生巨大的作用,尤其是第一次向顾客推销商品,第一印象的重要性是绝对不能忽视的。低调的语言比高调的语言温暖,要克服常见的语言毛病,如语调单一、语速过快、发音错误、滥用俗语和对话时表情冷漠。还要纠正不良的说话习惯,如攻击他人、爱争辩或开粗俗的玩笑(刺伤别人的自尊心)等。

第六,熟悉营销知识、同销售活动有关的各种政策法规并掌握一定的推销技巧。

　　能否选聘到优秀的销售人员关系到公司销售业绩,优秀推销人员的能力是否能最大限度地发挥取决于能否将适当的人员安置在适当的销售岗位上。因为,人才的优秀往往是体现在各个不同方面的,能说会道的是人才,具有韧性和耐心的也是人才,善于计划安排的更是人才,把他们放在合适的岗位上,才能使他们的特长得以充分地展示;相反,如果用人不当,在不合适的岗位上,人才也可能会变成"蠢材"。所以,企业要对文化企业的销售岗位进行分类,明确各个岗位的任务与性质,编制出科学的岗位说明书,然后再考虑在相应的岗位上安置合适的销售人员,这样才能使销售人员的才能得到充分发挥。

　　(2)销售人员的培训。选聘销售人员只是销售队伍建设的第一步,接下来的重要任务就是对销售人员的社会化和培训过程。社会化过程是指使销售人员能够同化到文化企业的文化理念和活动方式中去的过程,这是一个非正式的过程,主要是通过销售人员在文化企业的工作过程中逐步地适应和完成,最终使新的销售人员产生强烈的归属意识和团队意识,形成同其他成员相一致的价值观念。培训过程是引导销售人员为实现公司的目标和期望而努力的途径,培训有专门的、明确的目标和程序,是训练一名专业销售人员的必由之路。

　　对企业销售人员进行培训主要应做好三方面的工作:明确培训目标、确定培训内容、选择培训方法。

　　第一,明确培训目标。文化企业必须十分明确为什么要对销售人员进行培训,培训要解决什么问题,哪些工作是销售人员所不知道的或还不能做得很好的?使他们知道所不知道的,训练他们做得更好,是对销售人员进行培训一般意义上的目的。由于销售人员的来源不同,知识和能力结构不同,所以,对销售人员培训的目标往往也不尽相同。如来自商业院校的学生,他们已经在学校里接受过基本的营销理论和销售知识的系统教育,所以,对他们进行培训的目标主要是对文化行业和文化产品的熟悉,对销售实践过程的认识,以及对销售实践技能的培训;对长期工作在销售第一线的人员来说,应注重于营销理论和销售理论的系统培训,引导他们用理论重新认识和总结销售实践的经验,从而产生一种新的认识的飞跃。

　　对于安置在不同工作岗位上的销售人员,培训的目标有时也是不同的,这主要是由于不同岗位的销售人员所需要的知识和技能是不同的,但是销售人员往往会有岗位之间的流动,所以,培训的目标也不能过于单一或功利,应将培训销售人员的普遍适应性与岗位专业性有机地结合起来,形成岗位技能的组合。

销售人员的培训应当是持续的和阶段性的,新选聘的销售人员、工作一段时间的销售人员和准备提拔重用的销售人员都需要接受相应的培训。文化企业应当根据培训对象的不同确定不同的培训目标,并形成文化企业系统的培训计划,实施对销售人员的持续培训和终身培训。

第二,确定培训内容。如前所述,对于不同对象、不同岗位、不同阶段销售人员的培训应当有不同的目标和内容,但基本的内容主要是以下方面:

一是销售技能培训。销售技能是销售人员需要掌握的基本技能,是人员销售获得成功的关键因素,所以也是对销售人员进行培训的最基本的内容。特别是对新聘用的销售人员,销售技能的培训是必不可少的。销售技能的内涵十分丰富,但最为基本的是聆听技能、表达技能、调研技能、时间管理技能、顾客服务技能、组织技能、交易技能等等。

二是文化产品知识培训。文化产品知识是销售人员的必备知识,因为销售人员要向自己的顾客介绍文化产品,首先要对文化产品十分熟悉。文化产品知识的培训可分为两个层次:一个层次是基本的文化产品知识。对于以推销某一类产品为主要任务的销售人员来说,对这一类文化产品的性质、种类、特点和价格应当有广泛的了解;另一个层次是对当前所推销的新的文化产品的了解。对于一个即将推出的新产品,由于要集中时间和力量予以推广,就必须对其有专门的培训。

三是顾客知识培训。对于顾客的了解是销售成功的前提,所以,对销售人员的培训就必须将顾客知识的培训作为重要内容。对顾客的了解并不仅仅是指对销售人员所面对的具体顾客的了解,而是指对其文化产品所面对的市场群体的性质、特点、影响因素和行为方式的了解。对顾客需求的了解还必须关心其派生需求。

四是行业(竞争者)知识培训。了解竞争者的知识和了解文化企业自身同样重要,"知己知彼,百战不殆",销售人员不仅要了解自己所在文化企业的优势在哪里,更重要的是要了解企业比竞争对手强在哪里,弱在哪里。只有这样才能在向顾客推销文化产品时扬长避短,充分展示本企业和产品的竞争优势。同时,对文化行业的总体情况及发展变化趋势的了解也是十分重要的,这能使销售人员在推销文化产品时给顾客以更强的信任感和说服力。

五是文化企业知识培训。对文化企业的了解是销售人员的必修课程,这不仅是为了使销售人员在向顾客进行介绍时有充分的资料和依据,也是为了对销售人员进行企业文化的熏陶,其中包括文化企业理念、文化企业道德标准、文化企业部门之间的关系以及文化企业对各种社会和经济问题的看法等等。当然,这里也包括对文化企业各项主要政策和规章制度的学习。销售人员在同顾客开展业务时,其个人实际上代表的是整个文化企业的形象,所以,只有在其对企业有深刻了解的情况下,才能知道如何规范自己在销售活动中的语言和行为。这也是销售人员在文化企业中"社会化"的途径。

第三,选择培训方法 。确切地讲,培训方式和培训方法并不是一回事,培训方式是指用什么样的形式将销售人员组织起来进行培训,比如,是课堂培训还是上岗培训,或是远程培训(电子培训);培训方法则是指用什么样的方法传授知识或进行训练,如教师讲演、案例分析、角色演练、项目讨论以及情景模拟等等。课堂培训是最常见的一种培训方式,通常适用于对新聘用的销售人员进行培训,以便进行基础知识的系统教育,对公司和文化产品情况作系统介绍。但是仅有课堂培训是不可能训练出优秀的销售人员的,必须通过实践训练才能学会如何处理各种复杂的情况。所以,即使已经接受过课堂培训的销售人员也仍然要进行必要的上岗培训;现代信息手段的发展使得培训的方式越来越多,录音、录像、VCD、光盘、因特网和可视电话等都可以被用来进行销售培训。这些方式可以使讲授人员和接受培训者在不同的时间和地点进行培训。这些培训方式被称为远程培训或电子培训,不仅可以使培训的时空限制被打破,而且由于可选择的技术手段比较多,从而使培训变得更加生动、活泼、贴近现实,从而效果也就会更好。讲授固然是一种最常见的培训方式,但往往由于过于抽象而不易被理解和记忆,所以,在销售人员培训中,案例分析、角色演示和情景模拟等方法往往成为受欢迎且十分有效的培训方法。如经常让两三名学员模拟一次文化产品的推销过程,其他人通过单面镜或录像直播的方式进行现场观摩,然后对整个过程进行讨论和评价。这种方法对于提高推销技能和预先发现可能出现的一些情况是很有效果的。

(3)销售人员的激励和评价。对销售人员有效的激励方式,在于对销售人员的了解,在了解顾客需求之前,先了解销售人员的需求,这是公司销售成功的前提条件。在激烈竞争的市场中,文化企业的前途取决于企业的管理者是否有能力理解业绩显著的销售人员,洞悉他们的心灵和需求。

有效的激励有几种常见的方式:制定科学合理的销售定额、组织对销售人员的关心、各种奖励和认可。

第一,制定科学合理的销售定额,即规定销售人员在一定时期内应完成的销售定额,并按不同产品加以确定,然后将报酬与定额完成情况挂钩,根据销售定额完成情况给予报酬和奖励。科学合理的销售定额有利于为每一位销售人员确立明确的工作目标。有了明确的工作目标才能最大限度地调动销售人员的积极性;有利于促进销售业绩的增长,以使文化企业的经营目标能如期实现;有利于测定一定销售水平下的销售费用投入,以使总销售费用能得到有效控制。销售定额的类型主要有销售量定额、利润指标定额、销售费用定额、完成销售活动定额(如对目标市场顾客的访问次数,新客户建立的数量,组织各类促销活动的数量等等)以及组合定额(将以上各种定额进行组合,对各项定额进行评分,根据重要程度赋予权重,然后对分值进行综合后作为考核销售人员的依据)。制定科学合理的销售定额必须遵循三项原则:一是连续性,即必须充分考虑原有的销售定额,并在此基础上制定新的销售定额,相互间要有衔接;二是先进性,即销售定额不宜太低,应使销售人员感到只有付出努力才可能完成规定的定额;三是可行性,即销售定额可略高一些,以成为努力的方向和目标,但也不可脱离环境和市场的限制以及销售人员能力的限制。定额应当是经过努力后大多数销售人员都可能完成的指标。

第二,组织对销售人员的关心,即对销售人员给予重视和关心,在收入、晋升和培训方面给他们提供机会,并创造良好的人际关系氛围。要经常与销售人员进行多种形式的沟通,对他们的工作和生活给予必要的关心。如果公司提升机会不多时,可以根据工作年限和业绩,把销售人员分为不同级别,每一级别有不同的权责、福利待遇及工作权限,以解决晋升通道狭窄的问题。

第三,各种奖励和认可,即通过多种手段奖励优秀的销售人员,如宣传他们的先进事迹、发放纪念品、大会表扬、成立优秀销售人员俱乐部、参与高级主管会议、佩带特殊的工作卡等。还可以设立多种形式的奖项,如销售竞赛奖、提高销售业绩奖、开发新客户奖、新人奖、训练新人奖、市场情报奖、最佳服务奖、淡季特别奖、货款回收奖、降低退货奖和各种荣誉称号等,公司可以根据实际情况设立不同的奖项。

销售人员的计酬和奖励办法是调动销售人员积极性的重要方面。目前常用的计酬方法有三种:一是固定工资,即报酬与销售业绩分开,按时向员工颁发固定工资。这种方法能使销售人员的收入趋于稳定,但对刺激销售的力度并不大。二是销售提成法,即按照实际销售量的一定比例进行提成计酬的方法。这种方法简便易行,对销售刺激的力度大,但销售人员的收入稳定性很差,从而也可能使销售人员的流动性比较大。三是混合奖酬法,大多是以一部分基本工资为底数(俗称"底薪"),然后再根据销售业绩提成。这种方法既能维持销售人员基本收入的稳定,又能在一定程度上刺激销售人员提高销售额的积极性,因而被越来越多的文化企业采用。

10.2.3 销售促进

销售促进是文化企业在某一时期内采用特殊的手段对消费者实行强刺激,以促进文化企业销售迅速增长的一种策略。销售促进常用的手段包括赠送样品、发放优惠券、有奖销售、以旧换新、组织竞赛和现场示范等。销售促进有时也用于对中间商的促销,如转让回扣、支付宣传津贴和组织销售竞赛等。各种展销会和博览会也是销售促进经常采用的手段。

销售促进同其他促销策略的显著区别在于:它以强刺激和特殊的优惠为特征,给消费者以不同寻常的刺激,从而激发起他们的购买欲望。销售促进不能作为一种经常的促销手段使用,但在某一个特定时期内对促进销售的迅速增长是十分有效的。

10.2.3.1 销售促进的作用

销售促进的主要作用在于这样几个方面:文化企业可利用各种销售促进手段吸引新顾客和新用户,因为销售促进对消费者的刺激比较强烈,很有可能吸引一部分新顾客的注意,使他们因追求某些利益方面的优惠而转向购买和使用本公司的文化产品;文化企业可利用各种销售促进手段来报答那些忠诚于本公司品牌产品的顾客,因为如"赠券"、"奖售"等手段所体现的利益让渡,受惠者大多是企业的品牌忠诚者,这就有可能增加这部分顾客的"回头率",稳定企业的市场份额;企业可利用各种销售促进手段补充和配合广告等其他促销策略,实现文化企业的营销目标,因为广告等手段的促销效应是长期的,从消费者接受广告信息到采取购买行为往往有一段时间。在这期间,广告的促销效果可能减弱也可能增强,而销售促进的促销效果则是即时的,反应较快。销售促进和广告同时使用,就有可能强化广告的促销效果,促使消费者尽早采取购买行为。

如果说,广告主要是为了建立消费者的品牌忠诚,促使消费者指名购买本企业产品的话,销售促进则在很大程度上是为了打破消费者对于其他文化企业产品的品牌忠诚,以特殊的手段扩大文化企业产品的消费市场。在大多数情况下,品牌声誉不高的产品采用销售促进的手段比较多,而名牌产品若过多地采用销售促进的手段,则有可能降低其品牌声誉,所以,企业在运用销售促进策略时必须慎重。

由于销售促进一般都表现为文化企业对购买者在利益上的让渡,所以,对于价格弹性较大的文化产品来讲比较适用;价格弹性小、品质要求高的文化产品则不宜过多采用。

10.2.3.2 销售促进的基本策略

文化企业利用销售促进手段时,首先应根据文化企业的营销目标确定销售促进的目标,比如,或是争取新顾客,扩大市场份额;或是鼓励消费者多购,扩大产品销量;或是推销反季节产品,延长产品的生命周期。销售促进目标一旦确定,文化企业就应选择适当的销售促进手段实现既定目标。

(1)对消费者的销售促进。销售促进的手段多种多样,其中对消费者推广的手段主要有以下几种:

第一,赠送样品。文化企业将一部分产品免费赠给目标市场的消费者,通过消费者的体验激发消费者的购买欲望。如国家大剧院免费赠送参观券和音乐、剧目欣赏讲座票等。可直接赠送,也可随销售其他商品时附送或凭文化企业广告上的附条领取。这种方式对新的文化产品的介绍和推广最为有效。

第二,发放优惠券。文化企业向目标市场的部分消费者发放优惠券,凭券可按实际销售价格折价购买某种商品。如2009年,许多省市发放旅游门票等优惠券。优惠券可分别采取直接赠送或广告附赠的方法发放。这种方式可刺激消费者购买品牌成熟的产品,也可用于推广新产品。

第三,开展奖售。文化企业对购买某些商品的消费者设立特殊的奖励,如凭该商品中的某种标志(如电影票根)可免费或以很低的价格获取此类商品或得到其他好处;也可按购买商品的一定数量(如10个以上)赠送一件消费者所需要的礼品。奖励的对象可以是全部购买者,也可用抽签或摇奖的方式奖励一部分购买者。这种方式的刺激性很强,常用来推销一些品牌成熟的文化消费品。

第四,组织展销。文化企业将一些能显示文化企业优势和特征的文化产品集中陈列,边展边销。由于展销可使消费者在同时同地看到大量的优质文化商品,有充分挑选的余地,所以,对消费者的吸引力很强。展销可以一个文化企业为单位举行,也可由诸多生产同类文化产品的企业联合举行,若能对某些展销活动赋以一定的主题,并同广告宣传活动配合起来,促销效果会更佳。如文化博览会、书市、电影电视节等。

第五,现场示范。文化企业派人将自己的文化产品在销售现场当场进行使用示范表演。现场示范一方面可以把一些技术性较强的文化产品的使用方法介绍给消费者;另一方面也可使消费者直观地看到文化产品的使用效果,从而能有效地打消顾客的某些疑虑,使他们接受企业的产品。因此,现场示范对于使用技术比较复杂或是效果直观性比较强的文化产品最为适用,特别适宜于推广一些新的文化产品和手工艺品。

(2)对中间商的销售促进。对于中间商文化企业通常可采用以下一些销售促进的手段:

第一,批发回扣。文化企业为争取批发商或零售商多购进自己的产品,在某一时期内可按批发商购买企业产品的数量给予一定的回扣。回扣的形式可以是折价,也可以是附赠产品。批发回扣可吸引中间商增加对本企业产品的进货量,促使他们购进原先不愿经营的新产品。

第二,推广津贴。文化企业为促使中间商购进本企业的产品,并帮助文化企业推销产品,还可支付给中间商一定的推广津贴,以鼓励和酬谢中间商在推销本企业产品方面所作的努力。推广津贴对于激励中间商的推销热情是很有效的。

第三,销售竞赛。文化企业如果在同一个市场上通过多家中间商销售本企业的产品就可以发起由这些中间商参加的销售竞赛活动。根据各个中间商销售本企业产品的实绩,分别给予优胜者以不同的奖励,如现金奖、实物奖,或是给以较大的批发回扣。这种竞赛活动可鼓励中间商超额完成其推销任务,从而使文化企业产品的销量大增。

第四,交易会或博览会。同对消费者的销售促进一样,文化企业也可以举办或参加各种商品交易会或博览会的方式向中间商推销自己的产品。由于这类交易会或博览会能集中大量优质产品,并能形成对促销有利的现场环境效应,对中间商有很大的吸引力,所以也是一种对中间商进行销售促进的好形式。

文化企业对于各种销售促进策略的选择应当根据其营销目标,根据其产品的特性,根据目标市场的顾客类型以及当时当地的有利时机灵活地加以选用。但任何销售促进的前提都是产品必须能够达到规定的质量标准或具有明显的优势,而绝不能利用销售促进来推销损害消费者利益的假冒伪劣产品。

10.2.4 公共关系

公共关系是文化企业促销的又一重要策略。公共关系是文化企业利用各种传播手段,同包括顾客、中间商、社区民众、政府机构以及新闻媒介在内的各方面公众沟通思想情感,建立良好的社会形象和营销环境的活动。

公共关系作为文化企业促销活动的一大策略提出,有如下各项背景条件。

首先,随着商品经济的发展,消费者的需求层次有了很大的提高,面对日益繁荣的商品市场,消费者开始倾向于商品的品牌选择,偏好差异性增强,习惯于指名购买。而消费者品牌忠诚的建立则取决于文化企业在消费者心目中的形象。形象对于文化产品促销影响力的增大使得现代文化企业由单纯的产品宣传转变为越来越重视企业形象的宣传。如目前许多电视台致力于专业化频道形象的塑造。

其次,随着消费者需求层次的提高,购买行为已由单纯的物质追求转为同时对精神方面也有相应的追求。不少消费者把购买文化商品的活动看做是消遣和享乐,讲究在购买过程中的精神满足,如旅游、书市、文体竞赛活动、电影欣赏和参观博物馆等。现代文化企业把同消费者的情感沟通看做是促销活动的重要方面。

再次,随着现代社会的发展,社会活动各方面的关联性增强,相互间的影响作用越来越大,文化企业营销活动所面临的环境制约条件增多,如环境保护法、消费者权益保护、反垄断、贸易限制等等。现代文化企业的经营活动必须同其环境条件相适应,处理好同社会各方面的关系,寻求社会各方面的认同,才有可能改善文化企业的营销环境。

正因为如此,现代文化企业的营销活动必须把公共关系作为重要的促销手段。

10.2.4.1 公共关系的基本特征

(1)公共关系不是为了推销文化企业的产品,而主要是为了树立文化企业的整体形象。通过企业良好形象的树立改善文化企业的经营环境。

(2)公共关系的传播手段比较多,可以利用各种传播媒体,也可以进行各种形式的直接传播。公共关系对传播媒体的利用,通常是以新闻报道的形式,而不像广告那样需要支付费用。

(3)公共关系的作用比较广泛,作用于文化企业内外的各个方面,而不像广告那样只是针对文化企业产品的目标市场。

10.2.4.2 公共关系的基本手段

文化企业公共关系的主要决策包括:确定开展公共关系的目标;选择公共关系

宣传信息和工具;实施公共关系方案。文化企业公共关系的策略可分为三个层次:一是公共关系宣传,即通过各种传播媒体向社会公众进行宣传,以扩大企业的影响;二是公共关系活动,即通过支持和组织各种类型的社会活动树立文化企业在公众心目中的形象,以获得公众的好感;三是公共关系意识,即文化企业营销人员在日常经营活动中所具有的树立和维护企业整体形象的意识。公共关系意识的建立,能使公众在与企业的日常交往之中就能对文化企业产生深刻的印象。从这个意义上讲,公共关系经常融入企业的其他促销策略之中,同推销、广告、销售促进等手段结合使用,从而使促销的效果得以提高。

具体来讲,文化企业营销活动中的公共关系通常采用以下一些手段。

(1)新闻宣传。文化企业可以通过新闻报道、人物专访、纪实特写等形式,利用各种新闻媒介对企业进行宣传。新闻宣传不需支付费用,而且具有客观性,能取得比广告更为有效的宣传效果。但是新闻宣传的重要条件是:所宣传的事实必须具有新闻价值,即应具有时效性、接近性、奇特性、重要性和情感性等特点。所以,企业必须十分注意提高各种信息的新闻性,使其具有被报道的价值。文化企业可通过新闻发布会、记者招待会等形式,将企业的新产品、新措施、新动态介绍给新闻界,也可有意制造一些新闻事件,以吸引新闻媒介的注意。制造新闻事件并不是捏造事实,而是对事实进行适当的加工。如利用一些新闻人物的参与,创造一些引人注目的活动形式、在公众所关心的问题上表态亮相等等,都可能使事实的新闻色彩增强,从而引起新闻媒介的注意并予以报道。公共关系的新闻宣传活动还包括对不良舆论的制止和处置。如果在新闻媒介上出现了对文化企业不利的报道,或在社会上出现了对文化企业不利的流言,文化企业应当积极采取措施,及时通过新闻媒介予以纠正或澄清。当然,若确因文化企业经营失误而导致不良舆论,则应通过新闻媒介向公众表示诚恳的歉意,并主动提出改进措施,这样才能缓和矛盾,重新获得公众的好感。

(2)广告宣传。文化企业的公共关系活动中也包括利用广告进行宣传,这就是前文所提及的公共关系广告。公共关系广告同一般广告的主要区别在于:以宣传文化企业的整体形象为内容,而不仅仅是宣传文化企业的产品和服务;以提高文化企业的知名度和美誉度为目的,而不仅仅为了扩大销售。公共关系广告一般又可分为以直接宣传文化企业形象为主的声誉广告;以响应某些重大的社会活动或以政府某些号召为主的响应广告,以及通过广告向社会倡导某项活动或以提倡某种观念为主的倡议广告。

（3）文化企业自我宣传。文化企业还可以利用各种能自我控制的方式进行企业的形象宣传。比如，在公开的场合进行演讲；派出公共关系人员对目标市场及各有关方面的公众进行游说；印刷和散发各种宣传资料，如文化企业介绍、商品目录、纪念册等等，有条件的文化企业还可创办和发行一些文化企业刊物，持续不断地对文化企业形象进行宣传，以逐步扩大文化企业的影响。

（4）社会交往。文化企业应通过同社会各方面的广泛交往扩大企业的影响，改善企业的经营环境。文化企业的社会交往活动不应当是纯业务性的，而应当突出情感性，以联络感情、增进友谊为目的。比如，对各有关方面的礼节性、策略性访问；逢年过节发礼仪电函、送节日贺卡；进行经常性的情况通报和资料交换；举办联谊性的舞会、酒会、聚餐会、招待会等等，甚至可以组建或参与一些社团组织，如联谊会、俱乐部、研究团体等等，同社会各有关方面发展长期和稳定的关系。

公共关系对于促进销售的效应不像其他促销手段那样容易立见成效，但是一旦产生效应，其作用将是持久的和深远的，对于文化企业营销环境的根本改善能发挥特殊的作用，是文化企业促销策略组合中不可忽视的重要因素。

10.3 文化产品的整合营销传播

10.3.1 文化产品整合营销传播的概念

整合营销传播（Integrated Marketing Communications，简称 IMC）的概念是 20 世纪 90 年代后期在促销策略组合的基础上发展起来的。整合营销传播是以消费者为中心，建立在对消费者的深入了解基础上的一种传播方式，它将所有的营销传播手段协调、统一起来，将一度各自为政的广告、公关、促销、组织传播等各种传播方式看做一个整体，向目标受众传递统一的说服性信息，在企业与消费者之间建立一种独特的关系，从而达到企业的营销目的。对整合营销的概念有两方面的解释。科特勒的解释是："整合营销传播是一种从接受者的角度考虑全部营销过程的方法。"其含义是组织促销策略组合必须从信息接受者的需要、兴趣和接受习惯等方面设计营销传播计划。同时指出这是一个从确定目标受众开始，了解受众特征、组合营销信息、设计传播符号、整合传播方式和测定传播效果的全过程整合。美国广告代理商协会的解释是:"整合营销传播是对各种传播方法及策略进行综合计划的增值效应的确认,如对一般的广告、销售促进和公共关系进行组合,通过对这些分散信息的无缝结合,以提供出明确的、连贯一致的和最大的传播影响。"这一解释强调了对各种单一传播活动进行统一整合所能产生的增值效应。这两方面的解释实际上是从不同的角度强调了整合营销传播的系统性特征,即整合营销传播实际上是系统理论在企业营销传播中的实际运用。它突出了以下一些特征:

一是整体性:要求围绕企业的营销目标对可利用的各种营销资源(系统要素)加以统一整合,从而形成具有层次感和节奏感的营销传播计划(系统结构),最终产生出最佳的传播效应(系统功能)。

二是目标性:要求营销传播必须从接受者的需求和特征出发,有的放矢,具有针对性。而且不仅是传播内容上的针对性,还应包括传播符号、传播方式以及传播媒体方面的针对性。

三是动态性:要求整合营销传播必须是贯穿全过程的,是对每一个时点和节点的准确把握,同时要根据传播过程中的情况变化不断调整传播计划,以保证最佳的传播效果。

整合营销传播概念的提出主要是由于20世纪后期市场的多元化、复杂化程度提高,信息传播手段的多样化局面出现,信息可信度的下降,大众媒体传播的费用上升和效果下降等原因促成的。长期单纯地使用一两种传播工具和传播手段已经无法使企业的营销目标顺利实现,所以,企业必须综合分析市场顾客和受众的差异,更加细分媒体与受众,分析各种传播手段和传播方式的适用性和局限性,从而对各种传播要素加以有机整合,有的放矢地开展营销传播,这样才能保证企业的营销目标顺利实现。

10.3.2　文化产品整合营销传播模型

整合营销传播是一个战略的概念,其中"整合"包含多重的意义:不同工具的整合,即各种营销传播工具(如广告、直接营销、互动营销与互联网销售、销售促进、公共宣传与公共关系、人员销售等)用"一个声音"互相配合,实现传播的整合;不同时间的整合,即在与消费者建立关系的各个不同时期、不同阶段,传播的信息应当协调一致;不同空间的品牌整合,即全球品牌在不同国家和地区,应传达统一的定位、形象和个性;不同利害关系者的传播整合,即对向公司各种不同的利害关系者(中间商、零售商、客户、股东、政府等)进行传播时,应保持公司统一的形象等。

整合营销传播的实践过程既复杂又简单,由于企业所处的内、外部环境中存在着多种类别的利害关系者,而这些利害关系者同企业之间形成的关系往往错综复杂,难以整合。因此,整合营销的核心是整合各种不同利害关系。从利害关系者出发,研究他们与企业的利害关系,确定其价值后制定能够强化他们行为的方法,使得利害关系者的行为向预定方向发展,这是整合营销传播的目的。这些过程可以通过9S模型来实践。

为了具体地解说9S模型,先说明整合营销传播的两个基本观点:一个是"宽度",是指将广告、促销、公共关系、直销等各领域的专家们组合到一起解决整合营销传播问题;另一个是"深度",即如何组织的问题,这才是更重要的。下面以深度为中心具体说明整合营销传播的执行过程。

10.3.2.1 洞察利害关系者

从"深度"观点考察整合营销传播,第一要素就是对利害关系者的洞察,我们常听到的"熟知顾客"正符合这一观点的要求。这里所谓的利害关系者是指那些对企业的政策和方法能够施加影响的所有个人或集团。整合营销传播不仅以消费者,而且还把从业人员、投资者、社区、大众媒体、政府、同行业者等作为利害关系对象,不是对这些对象进行一次性整合,而是分阶段一步步地进行。近年来,企业信息的作用越来越大,而且企业能得到的利害关系者的信息量也不断增加。如今,先进企业不仅搜集顾客的态度和嗜好资料,而且花费很大精力搜集投资者的投资行为等方面的资料。往往是少数利害关系者对企业发展做出很大贡献,所以,重要的是必须关注忠诚顾客的数目是否理想。

10.3.2.2 保存利害关系者信息

从以上的论述可知,记录利害关系者的信息具有很重要的意义。假设某企业虽然有数量很少、但经常光顾的顾客集团,这种情况下企业应记住这些顾客;否则,会给顾客一种挫折感,甚至于这些顾客将变成起负面影响的意见先导者,这将是企业的隐患。举例来说,假设某公司每年都向某出版社购买一批图书,但每次购买时总被出版社当做"新顾客"对待,这样就会令采购人员产生不悦。相反,如果有企业能够对"回头客"给予某种形式的优惠,顾客再次购买时肯定还会选择这家企业。因此,企业记录顾客信息、邮寄宣传广告时将他们区别对待,让他们感觉到企业把他视做客户,这对企业是很必要的。

10.3.2.3 细分利害关系者

为了避免上述隐患,企业必须细分利害关系者,否则就无法判断谁是以前购买过的顾客或联系过的利害关系者,更无法从行为状态判断谁对企业更重要。虽然顾客给企业许多反馈,但是企业不记录、不保存这些反馈信息,造成很重大的损失是不可容忍的。例如,电视台在引进国外电视剧等节目时,对国内观众的意见是非常重视的。他们会详细记录各类观众的需求,在以后的引进中会先查阅观众数据库,根据观众的需求引进节目和重新编辑节目,以满足观众的要求。

10.3.2.4 战略竞争优势

了解顾客就是战略竞争优势。对于文化产品生产商和销售商来说,比竞争者更深入地了解顾客需求就是竞争优势。因为他们知道接近消费者的最好方法,这样就可以减少其他竞争企业发生过的很多失误,如在顾客不便购买的时间、地点销售等。如前所述,真正重视消费者的企业,对某些特定的消费者的信息进行完整的记录,努力了解有关这些消费者的情况。做好了这些工作也就形成了竞争优势,而且顾客也会认为与这个企业或销售商来往有意义。如果把经常光顾的客户当做新顾客,那么顾客一定想换个地方。

10.3.2.5 调整计划的战略性

为了实现 IMC 战略的目标,要从计划阶段开始进行调整。如果不知道营销部门在做什么,就无法进行广告企划;如果不知销售部门在做什么,就不可能制定推销计划。因此,由一个部门负责企划、实施一个促销活动是不可能的。首先要找出企业细分市场,然后制定能够把信息传达到这些市场的方法。比如,一些顾客虽然经常购买商品,但总是优惠购买,而另一些顾客却经常按定价购买。对于这两类顾客需要采取不同的分析方法。在美国,企业通常采取把"按定价购买商品的顾客留住,把优惠购买商品的顾客让给其他企业"的战略。"顾客管理"就是要做到"管理好细分后的消费者"。营销传播管理者要考虑的不仅是争取了几名消费者,而且要看他们是否是真正重要的消费者;不仅要调查前期记录的消费者现在剩下多少,而且要调查为何失去了原先的消费者。

10.3.2.6 持续地改善

在进行以上作业的同时,还要确定顾客管理存在的问题和目标。对于企业来说,知道如何争取好顾客是非常重要的,其关键之一就是持续地改善。有些企业对于解决问题的方法很在行,但却不善于改良商品。要实施 IMC,不断地改良是不可或缺的条件。

10.3.2.7 战略传播组合

对维持和管理消费者来说,最好的"改善"方法是提高沟通传播的质和量。举例来说,顾客看了联合航空公司的"Fly the friendly sky"(飞向友好的天空)口号去乘坐飞机,结果发现服务并不很热情,有时甚至想和乘务员吵架,那么,再好的"Friendly Sky"(友好的天空)口号也是无用的。对于经常乘坐飞机的顾客来说,飞机误时后的解决方法比那些空洞的口号更有意义。如今,传播的量很多,但要测定哪些是真正高质量的传播却很困难,因为测定商业活动效果的基本标准不同。

10.3.2.8 系统控制

确定以上新概念后就需要研究相关新方法的管理和组织。对 IMC 来说,消费者管理、经营活动过程管理等都很重要,但更重要的是测定成果的方法,即新的尺度和标准。营销传播管理者不仅要负责自己部门的事务,而且还要关注其他部门;不是评价一部分工作的成败,而是从整个商业活动去考虑问题。从 IMC 的营销传播管理者角度看,IMC 需要全公司的支持和合作,并要求权力下放,可以影响企业的重大决策。营销传播管理者虽然不能给其他部门的经理下命令,但可使他们更加正确地判断、决策。实践 IMC 的成败不是由企业决定的,而是由消费者决定的,取决于消费者是如何对活动感兴趣的,这就是 IMC 的系统控制观。

10.3.2.9 共享企业价值

IMC 战略的最终目标是通过与消费者形成更密切的关系而分享企业价值。对于企业而言,它想持续保持与最重要的消费者的利益关系、持续拥有消费者是很自然的。企业要让消费者认为自己的存在是有意义的、必要的,并且这种关系只能同整个企业建立,而不只是某一个部门。这样,企业就不会远离重要的消费者集团,并且能够与它们建立持久的关系。企业营销传播不应只重视美丽的词句和信息量,而应当摸索与各种消费者集团建立能够共享企业价值的方法。

表 10-2 整合营销传播战术过程

S1:洞察利害关系者(Stakeholders & Interest Groups Insight)
S2:储藏利害关系者信息(Save Information)
S3:细分利害关系者(Strategic Segmentation)
S4:战略竞争优势(Strategic Competitive Advantage)
S5:调整计划的战略性(Strategic Planning Coordination)

续表

S6：持续地改善（Sequential Improvement）
S7：战略传播组合（Strategic Communication Mix）
S8：系统控制（Systematic Control）
S9：共享企业价值（Share of Corporate Value）

资料来源：申光龙，《整合营销传播战略管理》，2001年，第181页

案例10-3　　《来自星星的你》背后的营销策略

韩剧一向深得中国女性欢心，而一部《来自星星的你》更是为这股韩流推波助澜。有人沉迷其中不能自拔。企业开展营销可以借势热播剧，但如果能够从剧中获得营销创新，效果会更出人意料。

"下雪了，怎么能没有炸鸡和啤酒。"

如果没有追过《星你》，就不会明白"炸鸡和啤酒"含义。在百度中输入"炸鸡和啤酒"甚至还会飘起雪花。《来自星星的你》百度指数超过200万，是一部超过200万的韩剧；另外，它轻松超越《继承者们》，问鼎"韩国第一神剧"桂冠；主演金秀贤也代替了李敏镐成为"韩国第一男神"。

韩潮来袭，击中的不仅仅是粉丝，还有众多营销推广者。与其借势热播剧，不如从热播剧中学习如何开展整合营销。

第一，好剧好产品，产品力才是营销关键点。

《来自星星的你》演员阵容华丽,场景制作精良,故事情节扣人心弦,400年的爱情更是让粉丝激动不已。好剧好产品,没有养眼的明星和足够精彩的故事,《来自星星的你》也不至于会这么成功。因此,当我们做营销推广的时候,需要从产品的层面考虑传播点。好的产品,才有好的卖点,才能让粉丝产生兴奋点,最后将营销元素整合其中。营销成功的基础在于产品要好。

第二,好的播出平台,渠道助推营销。

中国粉丝看《来自星星的你》,都是通过互联网。在互联网时代,信息传播的速度更快、更便捷。《来自星星的你》播出大结局的时候,北京和上海的数百名铁杆粉丝在北京三里屯爱奇艺咖啡馆和上海天文台佘山站,共同收看了与韩国同步的直播。这说明,要想产品得到更好的传播,要找准平台。将平台和产品结合起来,营销的速度会更快。

第三,意见领袖的挖掘与培养。

为什么《来自星星的你》能火得这么快?这很大程度上和意见领袖的追捧有关。赵薇、伊能静、高圆圆等都在微博中分享观看该剧的感受,和粉丝一起讨论剧中台词。这些人都有百万、千万的粉丝,正是因为这些意见领袖的尝鲜体验让粉丝们跟进观看。剧本身很不错,这样一来,宣传推广的效果就更好了。企业在开展营销推广活动的时候需要认真挖掘和培养意见袖的意见。

第四,自媒体口碑分享。

在这样一个火爆的韩剧出现后,各大粉丝团、贴吧、明星粉丝网站都建立起来,很多都是网友自发,这是娱乐产品特有的,其他产品很难比拟,但是类似粉丝团、贴吧等这些粉丝基地的模式值得学习,做一款产品是要把喜欢这个产品的粉丝聚集起来,不管是在第三方网站建立的专区还是自己建立专属论坛,或者是一个专门的微博、微信账号,总之是关于粉丝的,为这个专有的族群服务的,就如同小米社区、魅族社区一样。

第五,借助热点,大事件提升关注度。

一个热点存在的时间不会太长,那就需要懂得日常的运营,要维护好它的关注度,比如我们看《来自星星的你》在新浪微博的热门话题,基本最近的热门榜都会是它相关内容,如:"来自星星的你""金秀贤0216生日快乐"

"我们要掉金秀贤""你最近在追什么剧""李敏镐金秀贤服兵役"等,还有一些热心网友整理了诸多明星关于该剧的分享微博,汇总微博被一度被疯狂转发。

另外在情人节时疯狂的粉丝包了《新京报》的广告祝福金秀贤,当时报社发布消息,很多媒体转载,关注度可见一斑。在我们做产品营销推广时,怕就怕只火一时,而不会做持续的维护,在这点上要学习韩剧,这些热门话题、网友汇总以及粉丝包广告,未必是有幕后公司管理,一个热剧能到达这个高度确实也是可信的,不过这些方法绝对是可以借鉴学习的,在营销者推广自己的产品时,话题的借势、意见领袖分享内容的汇总以及吸引眼球的大事件的创造,让你的产品不火都不行。

尽管《来自星星的你》已经播出了大结局,但粉丝们明显意犹未尽,还期待个续集什么的。从它的营销中,企业可以挖掘出适合自身的营销创新方式。①

10.3.3 文化产品整合营销传播的过程

10.3.3.1 整合营销传播的阶段

美国西北大学商学院的整合营销传播教授唐·舒尔茨总结了组织在进行整合营销传播时必经的四个阶段。舒尔茨认为,不存在互不相干的、有严格边界的阶段。实际上,我们可以看到许多操作跳过了其中一些阶段。换言之,由于组织独特的资产或者机遇,当它们刚开始一个阶段的工作时,它们就已经在下一阶段的工作上取得了突破性的进展。然而,要使营销传播真正实现整合,组织必须出色地计划、实施四个阶段的各项活动,达到每一阶段的要求。根据唐·舒尔茨教授等人的观点,整合营销传播的四个阶段具体如图10-4所示。

第一阶段:战术性协调。组织开始协调营销传播活动。通常,组织制定一些品牌计划或品牌管理计划,或者说,首先决定管理其品牌以及发布与品牌有关的信息。这是通常的"一种形象和一个声音"的概念或定义。这意味着组织在各方面整合广告信息;同时,组织希望在多媒介、多维度的传播过程中形成协同效应。

第二阶段:重新界定营销传播范围。在这一阶段,组织开始定义新的或者广义

---

① 经理人网.《来自星星的你》背后的营销策略[OL]. http://www.jingliren.org/1181.html. 2014-3-7.

10 文化市场营销的促销策略

```
┌─────────────────────────────┐
│ 第四阶段：财务及战略整合    │
└─────────────┬───────────────┘
              ↓
┌─────────────────────────────┐
│ 第三阶段：信息技术的应用    │
└─────────────┬───────────────┘
              ↓
┌─────────────────────────────┐
│ 第二阶段：重新界定营销传播范围 │
└─────────────┬───────────────┘
              ↓
┌─────────────────────────────┐
│ 第一阶段：战术性协调        │
└─────────────────────────────┘
```

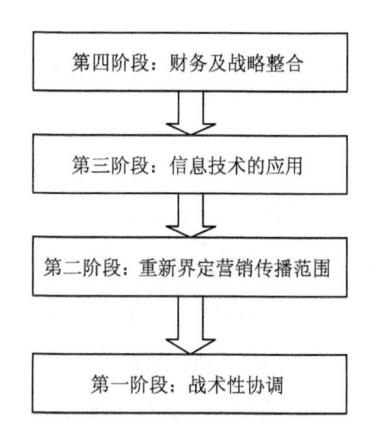

图 10-4　整合营销传播的四个阶段

的传播概念。组织试图考虑得更加广泛而不是局限于传统的功能性广告活动、销售促进、直接营销等等。通常，组织首先通过品牌接触和品牌传播评估来决定在哪里和在哪种情况下品牌或公司与其顾客和潜在顾客建立联系，这意味着在进行传统的外部传播方法之前就采取行动，这些行动包括内部营销或与组织雇员和销售队伍有关的活动。在某些情况下，组织开始尝试在营销渠道和业务伙伴中制定整合营销传播计划，希望能有一个清晰、简明的信息流和组织对顾客的激励及顾客反馈的信息。通常，组织的这些行为包括建立多功能小组，这些小组关注的是顾客和最终使用者而不是组织的产品和服务。

第三阶段：信息技术的应用。在这一阶段，营销组织开始利用信息技术整合过去使用过的各种营销传播形式。例如，通过使用包括数据库技术在内的各种研究方法，组织开始研究顾客态度和行为数据上的差异以及如何使这两者相一致。利用更多的外部顾客信息，传播计划小组开始区分顾客的个人标准。也就是说，从大量营销方法转换到通过辨别顾客的独特的需要和欲望来确认顾客。运用这种方法，组织可以进行定制化传播。通过定制化传播，组织开始在他们的传播计划中使用不同的评估工具和技巧。换句话说，组织开始关注顾客群及他们的需求和潜在需求，而不是简单地关注市场份额，这也包括以经济状况区分顾客和潜在顾客。

第四阶段：财务及战略整合。在这一阶段，组织开始制订计划说明书，说明书是基于对顾客和他们的市场或财务价值及潜在价值的评估，而不是简单地基于组织所想要达到的目标。通过关注顾客，组织通常能够制定出能使用更好的计划和测量方法的营销传播"封闭回路系统"。也就是说，这种顾客价值知识使得公司能以可评估的"投资回报率"为基础进行营销传播投资。通常,组织希望利用这些方法测量市场投资回报率,因为高层管理者想要知道整合营销传播能给公司带来的价值。

10.3.3.2 整合营销传播的步骤

如何使一个产品在短时间内有效地深入人心,树立鲜明一致的品牌形象,这是整合营销传播研究的内容。整合营销传播以消费者为核心,重组企业行为和市场行为,综合、协调使用各种传播方式,以统一的目标和统一的传播形象,传递一致的产品信息,实现与消费者的双向沟通,迅速树立产品品牌在消费者心目中的地位,建立产品品牌与消费者长期密切的关系,更有效地达到广告传播和产品营销的目的。简单地说,企业实施整合营销传播一般分为五个步骤,如图10-5所示。

```
步骤一:建立以客户行为为特征的数据库,识别客户及潜在客户
              ↓
步骤二:对客户及潜在客户进行价值衡量
              ↓
步骤三:生成并且传播品牌信息和动机
              ↓
步骤四:预测客户投资的回报
              ↓
步骤五:预算、部署、评估再进入下一个循环
```

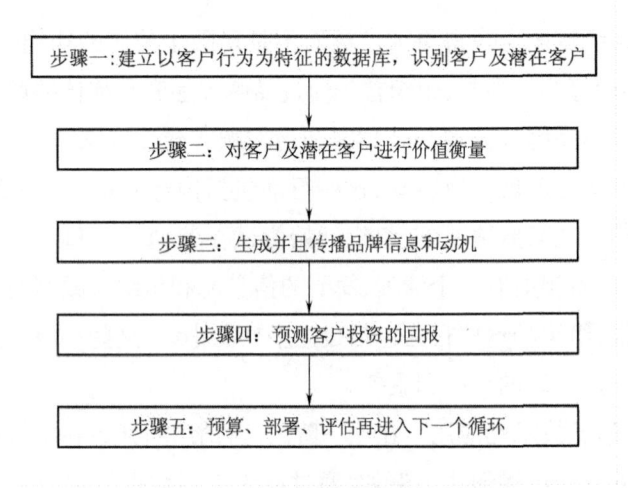

图10-5 整合营销传播实施流程图

步骤一:建立以客户行为为特征的数据库,识别客户及潜在客户。消费者是对文化企业经营效果产生影响的集团,对文化企业生存和发展至关重要,因此可以把这些集团看做本文化企业的客户,建立一种"大客户"的营销观念,融入到文化企业客户关系管理(CRM)之中。这些客户的信息非常重要,需要进行收集和整理,并建立各自的数据库为文化企业所用。通过客户行为信息来了解其他企业的消费者及其消费的行为,识别他们是新的消费者还是老的消费者?他们住在哪里?有什么样具体的需求等。因此,为了对消费者进行充分了解和掌控,必须建立全面、详细的客户资料数据库,这是建立双向沟通系统的最佳方法。

步骤二:对客户及潜在客户进行价值衡量。只有正确评估自己和客户,才能够

理性地对客户进行投资。评估客户价值需要使用统计学、行业数据或其他信息建立财务模型,计算或估算客户或潜在客户的财政价值。确定当前客户价值的分析工具是 RFM 分析。RFM 分析法主要以最近一次购买的时间(为了更方便计量,也可以把它看做是最近一次购买时间到统计当日所持续的天数/周数/月数等,即停止采购的时间;也可以把它看做从统计周期起始日到最近一次购买日期持续的天数/周数/月数,即持续采购的时间)、购买频率(即客户在统计周期内购买的次数)、购买金额(即客户在统计周期内每次购买的平均金额)为分布标准建立一个矩阵,表明客户的分布情况,同时考虑客户获取成本、保持成本和迁移或服务成本进行综合分析,了解客户当前的潜在价值,以便作出正确的投资决策。通过对每一个顾客或潜在顾客在财务效果上进行评估,辨别哪些客户从财务上来说是重要客户,然后对客户进行区分,对每一种类型的客户的需求进行更加详细的量化。

另外,文化企业对客户满意度及忠诚度的测量和了解也是非常重要的。客户满意度及忠诚度可以由客户调查、客户自愿反馈、正式市场研究、服务一线员工报告、客户实际参与及服务组织的特定活动等方式来测量。

步骤三:生成并且传播品牌信息和动机。信息是客户脑海里关于品牌的记忆,即客户观念中的价值;诱因是能够用来解决问题或是提供优势的一种产品或价值,即客户手中的价值。开发文化企业信息和诱因计划建立在了解和确认文化企业客户和潜在客户基础之上,从品牌构建开始。通过各种促销手段的整合营销传播,把文化企业的信息传递到客户的观念当中去。

可以使用"5R 方法"评估外向型信息和诱因策略的价值。

(1)恰当性:对客户和潜在客户来说,产品或服务的信息在多大程度上体现出它的重要性、价值、用途或者令人感兴趣?对购买人来说,产品或服务的信息在多大程度上能够满足购买人的兴趣爱好,符合他们的生活方式?对文化企业来说,文化产品生产者、文化产品消费者、经销商等需要的是什么文化产品?哪些文化产品对他们最适合?

(2)可接受性:即信息或诱因传递给客户或者传递给客户的时间安排。在一个特定的时间点,品牌信息对特定的人来说是否有价值或者令人感兴趣?也就是"关键时刻"传送适宜的信息。

(3)响应程度:当客户有需求时,应怎么应答他们?"关键时刻"传送适宜信息的同时,采取正确的行为服务客户、获取客户。

（4）认可：文化企业在市场中的地位和美誉度，也即品牌的知名度、认知度，通过调查问卷等统计方法获得。

（5）关系：文化企业与客户之间长期互相促进的所有活动，需要循环往复的双向沟通来建立，这些活动直接影响品牌权益的增值。

如何整合文化企业内外资源，以提升文化企业品牌价值？根据文化企业整合营销的实践，应从以下几个方面采取行动：

第一，搭建现代客户导向型组织架构，成立高效的客户管理团队——IMC中心。整合就是资源的优化利用，整合的过程就是拆掉各部门之间的隔墙，打破僵化的部门化结构，创造能对市场竞争、消费者需求做作迅速反应的灵活性组织，实现股东权益、品牌权益最大化。以客户为导向的组织体系，应当是客户——销售人员和生产人员——中层管理人员——高层管理人员的倒三角形模式，通过IMC中心增加客户与中高层管理人员、文化企业的多层面接触。这种模式的优势在于：真正体现顾客至上的原则；体现全员营销的概念，即客户是大家的客户，全员（包括供应、生产、研发等部门）服务客户，传播一种声音、一个形象；由单向沟通到循环往复的双向沟通，提高效率。IMC中心直属总经理领导，负责客户数据收集、处理，保持与不同外部利害关系者的接触，协调文化企业内部各部门间的关系，筹划文化企业内外部的传播活动，做好文化企业新闻、广告、形象设计，对外对内宣传本企业及文化产品，策划或参与本企业的促销计划，推动区域终端形象建设等。

第二，建立现代企业制度，按公司化运作模式进行运作，建立良好的激励制度等。

第三，建立良好的销售队伍及商业网络，采取激活终端的销售模式。

第四，注重对文化企业中高层管理人员、销售人员和客户的培训，实现彼此之间双向沟通的目的。

第五，积极参与电子商务，构建自己的平台，为网上招标采购打下基础，利用网上客户资源宣传文化企业及文化产品，提高文化企业的品牌知名度。

步骤四：预测客户投资的回报。文化企业的目标是创造股东权益最大化，这需要健全的财务保障和谨慎地投资，整合文化企业的所有资源。为此，文化企业采取办事处与经销商共同开发市场的原则，争取达到资源的最优化利用。要评估对每一个顾客或者每一种顾客的投资是否值得。

步骤五：预算、部署、评估再进入下一个循环。品牌和品牌化将是21世纪竞争优势的本质。文化企业的品牌究竟值多少钱？如何对品牌进行投资？投资多少？这是文化企业必须考虑的问题。首先要把前面几个步骤的工作做好，知道顾客是谁，他们的需求是什么，据此确定花多少广告费是合适的。要建立一个概念：是顾客在帮我们创造价值，而不是产品在帮我们创造价值。

案例10-4　　　　　天猫的整合营销传播

天猫，作为淘宝网的组成部分成立于2008年4月，2011年6月从淘宝网分拆独立，2012年1月1日宣布更名为"天猫"，完成了破茧成蝶的品牌蜕变。2014年"11·11购物狂欢节"，天猫交易总额571亿，再创历史新高，宣布天猫在这个所有商家都全力以赴的销售黄金日中打了个漂亮的胜仗，奠定了天猫在中国电子商务B2C领域第一把交椅的地位。天猫成功整合公共关系、广告、销售促进、人员推销等营销传播活动，精心打造B2C购物平台，目前，已成为国内最大B2C购物平台。

第一，公共关系

2011年10月，淘宝商城公布了2012年的招商新规，将保证金从1万元提高到5万、10万、15万三档，技术服务费从6 000元一年提高到了3万和6万两档，引起了商家的抗议，但凸显了天猫打造品质之城的决心。2012年1月11日，淘宝商城正式更名为天猫，重塑品牌。天猫营销过程中调整了与商家的关系并重塑品牌，在公共关系方面下足了功夫并取得了不俗的效果。

第二，广告

广告使营销传播能够很大程度上提高产品知名度、推广品牌发展。天猫当然在广告方面下了一番功夫。

（1）电视广告。以下是"11·11光棍节"的两则广告。一则广告请来高晓松、小柯、杨幂、李晨、高圆圆等明星助阵，分别有层次地念天猫的广告词："11·11"购物狂欢节，上天猫，就购了"；另一则的广告词是"这一天，不去纽约，也能买空第五大道，不到香港，也能疯抢铜锣湾，天猫11月11日购物狂欢节，5折狂购，仅此一天，上天猫，就购了"。

天猫的电视广告中，利用明星效应、促销的方式对受众进行狂轰滥炸，形成节假日强大的舆论浪潮，促进销售狂潮的实现。

（2）网络广告。天猫是电子商务网站，商品的选择、交易均在网上实现，所以网络广告是天猫整体广告策略中非常重要的一部分。天猫根据网络特点制作了一些适合网络传播的广告：①视频缓冲时插入广告。②视频暂停时出现在播放框中的商品展示广告。③出现在 PPS 这一类播放器右侧的特价商品广告。④通过 QQ 等聊天工具跳出的弹窗广告。

（3）赞助。天猫赞助了湖南卫视金鹰独播剧场，目前已赞助了《隋唐英雄传》等电视剧。天猫选择湖南卫视这样的赞助对象，一来是看重它的品牌效应，与之联合对于天猫的品牌传播无疑具有很大的推动作用；二来是看重它的高收视率，有利于扩大其传播范围。另外，这个时段的核心受众是家庭主妇以及追逐偶像剧的青少年，也包括一些白领。这些人是网购的主力军，对他们进行定向传播，是有针对性、机智的选择。

第三，销售促进

销售促进是商家使用激励措施吸引消费者购买产品的有效营销手段。这一营销方式为天猫立下了汗马功劳，主要有以下方式：

（1）节假日折扣。例如"11·11"天猫筹划的购物狂欢节，全场 5 折优惠的口号，吸引大量"粉丝"涌入天猫。其实并非所以商品都是 5 折优惠，但仍是刺激了交易额的猛增。

（2）会员制。天猫可以直接免费注册成为会员，从而建立商家与消费者的紧密联系。会员可以享受诸如累计积分（积分买特定的产品可以抵部分现金）、退货保障、生日礼包等优惠。这是商家稳定客源的常用办法，天猫也不例外地使用。

节假日折扣，能够吸引大量的顾客，不仅有利于交易额的提高，更为其带来了潜在消费者，接下来会员制提供诸多优惠进一步为维护和加强顾客的忠诚度增添砝码，所有这些都为天猫的发展、壮大起到关键的基础性作用。

第四，微博营销

随着网络技术的不断改进，微博因其良好的信息交互性和传播及时性获得广大受众的亲睐，成为更富创意的网络营销传播模式。通过微博推广商品，是 B2C 营销的趋势。天猫作为 B2C 营销的领头羊，也很好地应用了这一营销方式。

以天猫身份开通的微博用户包含天猫商家微博、公司成员个人微博、营销社区微博三种层次,形成了一种自上而下的总体营销格局。从天猫的微博内容看,一方面,提供商城相关的新闻资讯、产品和服务信息、品牌文化,从而构建商城的品牌价值,提升受众的品牌意识;另一方面,即时跟进促销活动状况,方便粉丝获取有关商品打折、优惠活动、抽奖活动等信息。另外,不时发布一些生活常识、名人名言、幽默笑话等,并且,在发布信息时,十分讲究语言,竭力以用户容易接受的方式,拉近与粉丝之间的距离,达到良好的传播效果。微博营销作为商城线上和线下营销的耦合剂,应与其他营销策略相互促进、相辅相成,形成强势的营销力量。

天猫对于整合营销传播的运用,对我国的文化产业具有重要的启示作用,在当今信息时代背景下,企业必须有机结合各种传播形式,以达到良好的营销传播效果。①

小 结

本章介绍了文化产品的促销和促销组合的概念。文化产品促销是指文化企业把提供文化产品或服务的信息及时通过各种有效的方式传递给目标市场,以激发、促进或创造对企业产品和服务的需求,并引起消费者的购买欲望和购买行为的综合性策略活动。本章阐述了文化产品促销的过程,包括确定目标受众、确定沟通目标、设计促销信息、选择信息沟通渠道、制定促销预算和确定促销组合。影响文化产品促销组合的因素主要有产品类型、市场状况、产品生命周期、营销环境、目标因素、策略因素、企业财力、管理因素和时机因素;剖析了文化产品促销组合的结构:广告、人员推销、销售促进和公共关系;对广告的特征、广告促销方案的订定、人员推销的功能、人员推销的过程、推销人员的组织管理、销售促进的作用、销售促进的基本策略、公共关系的基本特征和公共关系的基本策略等进行了阐述,阐述了文化产品整合营销传播的概念、文化产品整合营销传播的模型、文化产品整合营销传播的过程等新的营销理论。通过本章的学习,使读者对文化产品的促销理论、方法及促销策略的应用更加系统化,对整合营销传播理论有进一步的认识。

---

① 谭爱芳,蒋娟娟.天猫整合营销传播案例分析[J].新闻世界,2013(5):198-199.

思考题

1. 文化产品促销的概念及过程是什么?
2. 影响文化产品促销组合的因素有哪些?
3. 如何制定广告促销方案?
4. 人员推销的步骤是什么?
5. 如何管理推销人员?
6. 销售促进的基本策略有哪些?
7. 公共关系的基本特征是什么?公共关系的基本策略有哪几项?
8. 整合营销传播的概念是什么?文化产品整合营销传播的过程是怎样的?

参考文献

1. [美]汤姆·邓肯,等.品牌至尊[M].北京:华夏出版社,2000.
2. 蔡嘉清.文化产业营销[M].北京:清华大学出版社,2007.
3. 周本存.文化与市场营销[M].合肥:合肥工业大学出版社,2005.
4. 包国强.媒介营销[M].北京:清华大学出版社,2005.
5. 郭国庆.市场营销学通论[M].北京:中国人民大学出版社,2000.
6. [美]菲利普·科特勒.营销管理[M].11版.上海:上海人民出版社,2003.
7. 朱春阳.传媒营销管理[M].广州:南方日报出版社,2004.
8. 全球品牌网 http://www.globrand.com/.
9. 申光龙.整合营销传播战略管理[M].北京:中国物资出版社,2001.
10. 张海潮.眼球为王[M].中华电子书库 www.shu.com.cn.
11. 尼尔·雷克汉姆,约翰·德文森蒂斯.销售革命[M].北京:电子工业出版社,2002.
12. [美]菲利普·科特勒.市场营销管理[M].北京:中国人民大学出版社,1997.
13. [美]艾·里斯,左占平.营销革命[M].北京:中国财政经济出版社,2002.
14. [美]特劳特.新定位[M].北京:中国财政经济出版社,2002.
15. [美]艾·里斯,杰克·特劳特.定位[M].北京:中国财政经济出版社,2002.

16. 吕一林.营销管理[M].北京:中国人民大学出版社,2007.

17. 苏尼尔·乔普拉,彼得·迈因德尔.供应链管理[M].北京:中国人民大学出版社,2008.

18. 张淑君.市场营销学[M].北京:经济科学出版社,2002.

19. 周莹玉.营销渠道与客户关系策划[M].北京:中国经济出版社,2003.

20. [美]菲利普·科特勒.市场营销导论[M].北京:华夏出版社,2001.

后 记

近年来,伴随我国文化产业的发展,在人们精神生活需求日益多元化的形势下,文化企业如何生产出满足消费者需求的文化产品?在文化市场竞争日趋激烈的境遇下,文化企业如何增强自身的实力扩大市场份额?市场营销学已经是一门较为成熟的学科,但由于文化市场有其特殊性,所以需要在一般市场营销理论的基础上,构建具有文化产业及其微观经济主体特征的经营管理分析框架。为此,我们应首都经贸大学出版社之约,在2010年组织编写了这部《文化市场学》。本书各章的撰稿人分工如下:金雪涛负责第一章、第二章、第三章、第四章;程静薇负责第五章、第八章;刘戈负责第六章;王颖聪负责第七章;孟庆顺负责第九章、第十章。

承蒙读者朋友的厚爱,首印册数已经售完。在我国文化产业蓬勃发展的今天,文化产品的样态越来越丰富,文化企业的营销策略及渠道越来越多元化。有鉴于此,作者于2014年着手第二版的修订工作,在营销理论框架下,丰富了教材的内容并增加了相关案例。

首都经贸大学出版社的王玉荣老师为本书的出版付出了大量心血,在此表示特别感谢。由于时间经验有限,本书中可能存在值得商榷的地方,欢迎读者批评指正,提出宝贵意见,使我们进一步提高教材质量,以推动文化产业经济与相关学科的发展。

李怀亮　金雪涛
2015年1月26日